Zu diesem Buch

Die allem körperlichen Leben zugrunde liegende subtile Lebenskraft und ihre Bedeutung für die physische und psychische Gesundheit des Menschen war in allen alten Kulturen bekannt. Heute wird sie von Wissenschaft, Heilkunde und Psychotherapie wiederentdeckt.

Dieses Buch ist die erste umfassende und interdisziplinäre Darstellung der verschiedenen Manifestationen der Lebensenergie und der Möglichkeiten, sie zur Gesundung von Körper, Geist und Seele zu nutzen.

Alle physischen und psychischen Phänomene lassen sich nämlich als verschiedene Erscheinungsformen der Lebensenergie begreifen: Sinneswahrnehmungen, Emotionen, Gesundheit und Krankheit, Sexualität, psychische und spirituelle Entwicklung werden hier erklärt als Energie-Fluß, Energie-Blockade und Energie-Umwandlung.

Der Psychologe Dr. Stephano Sabetti, Dozent für klinische Psychologie und Gründer des Institute for Life Energy in München, hat die Wirkungsgesetze der Lebensenergie in Ost und West studiert: bei A. Lowen, I. Fromm und L. Perls ebenso wie bei östlichen Meistern der Akupunktur, des Kundalini-Yoga, des Shiatsu und T'ai Chi. Auf seine umfassenden Kenntnisse und langjährigen Erfahrungen mit den verschiedenen Anwendungsmöglichkeiten des Lebensenergie-Prinzips aufbauend, entwickelt Sabetti eine neue Form der ganzheitlichen Therapie, die unserer Psychologie und Medizin neue Wege weist.

Stephano Sabetti

Lebensenergie

Erscheinungsform und Wirkungsweise –
ein ganzheitliches Modell

Deutsch von Jochen Eggert

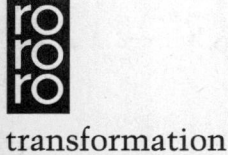

transformation

rororo transformation
Herausgegeben von Bernd Jost
und Jutta Schwarz

Umschlagentwurf Peter Keller

Einzig berechtigte Übersetzung
aus dem Amerikanischen von Jochen Eggert

Veröffentlicht im Rowohlt Taschenbuch Verlag GmbH,
Reinbek bei Hamburg, September 1987
Copyright © 1985 by Scherz Verlag, Bern, München, Wien
Lizenzausgabe mit Genehmigung des Scherz Verlags, Bern und München
Alle Rechte vorbehalten
Gesamtherstellung Clausen & Bosse, Leck
Printed in Germany
1280-ISBN 3 499 18356 0

Inhalt

Inhalt

Vorwort

Unter der Oberfläche unserer Gesellschaften vollzieht sich eine stille (R)Evolution. Sie wirkt sich auf unsere Lebensmuster aus, auf unser Verständnis von den Abläufen im Universum und auf unsere Anschauungen von Krankheit und Gesundheit. Es ist ein fast unmerklicher und doch radikaler Wandel, der sich in alle Bereiche des modernen Lebens einschleicht.

Diese (R)Evolution ist die Wiederentdeckung des Gefühls der Ganzheit[1]. Ganzheit bedeutet einen Körper, der sich seiner Lebendigkeit freut, einen Geist, der in jeder Aktion zum Ausdruck kommt, eine spontane Bewußtheit, die nichts ausschließt. Ganzheit manifestiert sich als eine Gesellschaft, die sich all ihren Menschen zuwendet – nicht nur denen, die am lautesten schreien oder am meisten Geduld haben –, als eine Umwelt, in der alle Elemente der Erde in einander ergänzender Beziehung stehen, frei von Giftabfällen und schädlichen Strahlungen. Damit sind aber nicht Idealzustände gemeint, sondern Schritte in Richtung auf eine größere Bewußtheit, bei denen Ganzheit der Weg und das natürliche Ziel ist. Das ist in unserer Welt linearer Vorgaben und schneller Produktion leider zu oft vergessen worden. Ganz allmählich wird uns jedoch wieder bewußt, daß unsere sämtlichen Aktivitäten in der Biosphäre, zu Hause und im Büro Energiekreisläufe sind, die auf uns zurückfallen. Darin besteht die Revolution (lat. *revolvere*, zurückrollen): in der Rückkehr zur Ganzheit, die das Wesen unseres Universums ist. Die Völker der Antike wußten um diese Einheit und praktizierten dieses Wissen in ihrer Architektur, ihrer Religion und ihren Heilmethoden. Die heute stattfindende Revolution ist eine Rückkehr zu dieser uralten Weisheit.

Ganzheit manifestiert sich jedoch auch als Evolution, denn

sofern wir die Kreisläufe der Ganzheit bewußt erfahren, wird die Bewegung der Lebensenergie eine Spirale der Evolution, die uns über unsere persönlichen Welten hinaus in den Bereich des universalen Bewußtseins trägt, in dem wir alle Dinge als Eins erfahren. In der Revolution wie in der Evolution hin zur Ganzheit zeichnen sich zwei Tendenzen ab, die im täglichen Leben sichtbar werden: Ansätze zu neuer Integration und eine Bewegung zu Auflösung und Zerfall.

Integration zeigt sich vor allem in den Naturwissenschaften und angrenzenden Gebieten als Zusammenschluß spezieller Wissensbereiche zu umfassenderen Einheiten. So postulieren etwa in der Physik die Relativitätstheorie, die Quantenmechanik und die Supergravitationstheorie eine Ganzheit, die mit der klassischen Physik Newtons nicht zu vereinbaren ist. In Medizin und Psychologie basiert die Entwicklung ganzheitlicher und psychosomatischer Ansätze auf der Ganzheit von Geist, Körper und Emotionen. In der Psychotherapie wird durch Richtungen wie Milieutherapie, Familientherapie und ökosystemische Ansätze deutlich, daß der einzelne und seine Umwelt als Teile eines größeren Ganzen gesehen werden müssen. Auf dem Feld der Wirtschaft sehen immer mehr Staaten, daß es notwendig ist, multinationale oder Weltmärkte für ihre Güter zu erschließen. Ölverteuerung und Weizenüberschüsse erzwingen neue Handelsübereinkommen, die den alten Isolationismus durchbrechen. Das Geschäftsleben und Organisationen aller Art orientieren sich immer stärker an Systemkonzepten. Der Arbeiter wird immer mehr als ein Teil der Arbeitsumwelt gesehen, deren Beziehung zu ihm selbst, seinen Kollegen und zum Management die Qualität der von ihm/ihr produzierten Güter beeinflußt. Nie zuvor sind sich die Wissenschaften in einem solchen Geist interdisziplinärer Zusammenarbeit begegnet. Daraus ist eine Fülle neuer Forschungsgebiete hervorgegangen, etwa Psychotronik, Dermoptik, Psychohistory, Soziobiologie und Photobiologie. Alte Wissensgebiete wie die Homöopathie, Ayurveda, Kräuterheilkunde, Farbtherapie und Radiästhesie erfreuen sich im Bereich der Heilkunde wegen ihrer Unschädlichkeit und Ganzheitlichkeit wieder wachsender Beliebtheit.

Die Medien haben sich dieses neuen Interesses an der Ganzheit angenommen und neues Material über die Synthese östlicher und westlicher Ideen in Physik, Religion und Ernährungskunde zugänglich gemacht. Durch Zeitungen, Fernsehen und Film hat heute schon fast jeder von «Wunder»-Heilungen und «Wunder» wirkenden religiösen Kulten auf der ganzen Welt erfahren. Nirgendwo ist die Faszinationskraft der Ganzheit deutlicher zu erkennen als in dem neuen Bewußtsein von dem, was Heilen bedeuten kann. Einige Beispiele:

– In Hongkong macht ein Akupunkteur einen entzündeten Zahn, der gezogen werden muß, schmerzfrei, indem er einfach vier Nadeln in den Körper einsticht.

– Ein indischer Yogi wird ohne Wasser, Nahrung oder einen Sauerstoffvorrat in einer Holzkiste eingegraben und kommt vierzig Tage später unversehrt wieder heraus – ein Beweis für die Macht der kontrollierten Lebensenergie.

– In Boston wird eine Krankenschwester mittleren Alters durch Körper-Psychotherapie von ihrer Arthritis befreit, nachdem sie von ihren medizinischen Kollegen schon als hoffnungsloser Fall aufgegeben worden war.

– In Tokio legt sich ein Karatemeister auf ein Nagelbrett und läßt einen Assistenten einen fast zwanzig Kilogramm schweren Zementblock auf seinem Bauch zerschlagen, ohne daß auch nur ein Nagel seine Haut durchdringt.

– In Rio de Janeiro verhilft ein Heiler in Zusammenarbeit mit Ärzten und Medien einem gelähmten Arzt nach mehreren halbstündigen Sitzungen dazu, wieder zu gehen.

– In München lokalisiert ein Radiästhesist einen vermißten Jungen mit Hilfe seines Pendels; er braucht dazu nichts weiter als ein Foto des Jungen und eine Landkarte der Gegend.

Heute tritt das Sensationelle solcher Vorkommnisse immer mehr hinter das wachsende Interesse an den Prinzipien der Lebensenergie zurück, auf denen solche scheinbaren Wunder beruhen. Dieses neu erwachte Interesse ist ein Teil der oben angesprochenen Evolution. Im Osten ist die Beziehung der Menschen zu den Ausdrucksformen der Lebensenergie seit Jahrtausenden ungebrochen geblieben. Im Westen hat der «Buchstabe» einer technologisch verstandenen Naturwissenschaft diese Beziehung zum Schaden des wissenschaftlichen «Geistes» zerstört. Die Lebenskraft hält sich nicht überall an die anerkannten Gesetze der Wissenschaft und wurde deshalb oft einfach als nichtexistent betrachtet – ganz anders als etwa die Elektrizität, die sich ebenfalls mit diesen Gesetzen nicht erschöpfend erklären läßt.

Dieses Buch vertritt die Idee, daß Elektrizität und Magnetismus und alle übrigen anerkannten Arten von Energie Ausdrucksformen der Lebensenergie sind, einer vitalistischen Naturkraft, die die Grundlage dessen ist, was wir Ganzheit nennen. Diese Kraft ist in fast allen Kulturen bekannt gewesen und genutzt worden, besonders bei den Ägyptern, Chinesen, Japanern, Tibetern, Indern und Juden und bei allen Naturvölkern. Die frühen griechischen Philosophen wußten um diese Lebenskraft, die ich hier einfach Lebensenergie nenne, und heute befassen sich selbst im Westen wieder Ärzte und Forscher mit ihr.

Ganzheit ist ein universales Schwingungsfeld, das durch das Medium Lebensenergie Harmonie, Ordnung und Integration schafft; sie ist damit das grundlegende Organisationsprinzip des Universums, das sich im Körper als Gesundheit, im spirituellen Bereich als Seele und auf der emotionalen Ebene als Liebe manifestiert. Im größeren Rahmen kommt die Ganzheit in den ökologischen Bestrebungen unserer Zeit zum Ausdruck, in menschlichen Beziehungen dort, wo Harmonie entsteht und das Gemeinsame das Trennende überwiegt.

Auflösung, die zweite Tendenz in der (R)Evolution zur Ganzheit, manifestiert sich ebenfalls auf allen Ebenen: als Krankheit, Chaos, politischer Kampf und Existenzangst. Auflösung und Zerfall ist gewiß kein neues Phänomen und auch nicht einfach das Gegenteil von Integration, sondern nur der andere Pol eines Kontinuums von Wirkungsmöglichkeiten der Lebensenergie im Universum. Wo eine dynamische Ganzheit bestehen soll, müssen die Kräfte des Zusammenschlusses durch trennende Kräfte der Zerstreuung ausgeglichen sein. Wie die welken Blüten und dürren Blätter dieses Jahres den Humus für das nächste bilden, so können Wirrnis und der Zusammenbruch unserer Gesellschaften zur Grundlage einer neuen Ganzheit werden – wenn wir sie nur mit einem anderen Bewußtsein betrachten. Es erscheint widersinnig, daß die Abspaltung von der Ganzheit, die alle Krankheiten und Übel heraufbeschwört, die Saat einer neuen Ganzheit in sich tragen soll, aber genau das ist ein Grundgesetz aller Lebensenergie-Prozesse.

Aus dieser Perspektive gesehen, sind alle Formen von Disharmonie oder Krankheit zugleich ein Versuch, die Ganzheit wiederherzustellen. So sind alle Krankheiten, mögen sie spiritueller, physischer, ökologischer oder politischer Natur sein, als Störungen der Lebensenergie zu betrachten, die nach einer Wiederherstellung des Gleichgewichts auf einer anderen Ebene streben.

Während ich diesen Grundgedanken ausarbeitete, habe ich mich oft gewundert, wie leicht die meisten Leute die destruktive Kraft in den Zyklen der Ganzheit erkennen, während sie das Konstruktive und Harmonische oft übersehen. Weshalb erkennen wir die Mängel in unserem Leben soviel schneller als die positiven Schritte, die zur Veränderung nötig wären? Weshalb klammern wir uns an Teile unserer Persönlichkeit, die eindeutig ungesund sind? Ich fragte mich deshalb, ob hier eine Verbindung zum existentiellen Problem der Sinnlosigkeit besteht, dem wir in der Therapie so oft begegnen. Den Schlüssel zum Verständnis dieser Probleme fand ich bei der Betrachtung unserer Einstellung zur Ganzheit. Mir wurde klar, daß Ganzheit zwar der natürliche Zustand des Lebens ist, daß aber viele von uns diese Tatsache nie bewußt erfahren haben und deshalb auf einer tieferen Ebene Furcht vor der Ganzheit empfinden. Unsere Neigung, in Negativität und Krankheit zu verharren oder uns in Vergnügungen zu flüchten ist eine antrainierte Reaktion auf die Furcht vor der Ganzheit. Glücklicherweise fand ich auch einen gangbaren Weg, zur Ganzheit zurückzukehren; dazu war es notwenig, zuerst die Prinzipien der Lebensenergie zu verstehen und dann den Zustand der Ganzheit durch eine neue psychotherapeutische Methode, die ich *Life-Energy-Therapie* (L. E. T.) genannt habe, erfahrbar zu machen. Die Entdeckungen, die ich bei dieser Arbeit machte, haben mich veranlaßt, dieses Buch zu schreiben.

Indem ich der Frage nach der Natur der Ganzheit nachging und dabei insbesondere den Aspekt der Furcht vor der Ganzheit im Auge behielt, mußte ich mich in viele Gebiete der Forschung und Erfahrung einarbeiten und mich mit antiken Kulturen und moderner Technologie, mit spirituellen Wegen des Ostens und Therapietechniken des Westens befassen. Letztlich führte diese Frage mich natürlich zu mir selbst zurück, zum einzigen Ort, von dem sie ausgehen und zu dem sie hinführen kann. Aber tut sie das wirklich? Nein, die Lebensenergie ist ein kontinuierlicher Prozeß, der keinen Anfang und kein Ende kennt. Unterbrechen wir diesen Prozeß auf irgendeiner Ebene, so wäre es illusorisch, das ein Ende zu nennen. Jeder Versuch, in diesen Fluß der Lebensenergie einzugreifen, bedeutet eine Abspaltung von der Ganzheit und muß zu irgendeiner Form von Krankheit führen. Die Lebensenergie bewirkt eine (R)Evolution des Bewußtseins, die uns gerade heute zwingt, noch einmal ernsthaft über unsere Theorien und Ideen von dem nachzudenken, «was die Welt im Innersten zusammenhält». Die Revolution hin zur Ganzheit ist unsere Chance, auf den Pfad der Evolution zurückzufinden.

Im ersten Kapitel untersuchen wir das überlieferte Wissen um die Lebensenergie in Ost und West, und zwar nicht nur im Zusammenhang von Ritual, Religion, Philosophie und Wissenschaft, sondern auch in seiner Auswirkung auf das tägliche Leben. In fast allen Kulturen, so werden wir feststellen, hat es dieses Wissen um die Lebensenergie und ihre Anwendung gegeben, Lehren über ihre Bedeutung für Gesundheit, Krankheit und Evolution.

Das gilt vor allem für den Osten, wo die Prinzipien der Lebensenergie in Philosophie, Politik, Ernährung und Heilkunde integriert und so ein Teil des Lebens geworden sind. Im Westen ist diese einheitliche Perspektive weitgehend verlorengegangen und nur in der überlieferten Naturheilkunde und anderen Randgebieten der Kultur erhaltengeblieben. Hier überleben die Energiekonzepte seit den frühen Tagen Griechenlands, vielleicht seit noch früheren Zeiten der versunkenen Kulturen wie Atlantis. Im Osten wie im Westen hat die Idee der Lebensenergie Zeiten der Erneuerung und des Verfalls erlebt, ganz ähnlich der bipolaren Wirkungsweise, die dieser Kraft selbst eignet.

Die Geschichte der menschlichen Zivilisationen ist voller «neuer» Entdeckungen, von denen sich später herausstellte, daß sie schon früheren Völkern bekannt waren. Je mehr wir über diese alten Völker in Erfahrung bringen, desto deutlicher erkennen wir, daß wir längst bekannten Prozessen nur neue Namen gegeben oder neue Aspekte an ihnen entdeckt haben.

Das zweite Kapitel soll deutlich machen, daß unsere gegenwärtigen Vorstellungen von Energie angesichts neuerer Forschungsergebnisse auf den Gebieten der subatomaren und Strahlungsphysik dringend revisionsbedürftig sind. Das Spektrum wissenschaftlich anerkannter Energieformen reicht nicht aus, um gewisse paranormale, psychotronische oder Psi-Ereignisse zu erklären, die aber zu gut dokumentiert sind, als daß man sie einfach übergehen könnte – etwa die Fähigkeit, Metallgegenstände zu verbiegen, ohne sie zu berühren, oder das Verhalten von subatomaren Teilchen in einer Nebelkammer (Teilchendetektor) zu beeinflussen. Das Konzept wissenschaftlicher Beweisführung wird auf seine Stichhaltigkeit hin untersucht – ein möglicher Ansatzpunkt für eine Umwandlung des Denkens über unser Universum und die Gesetze, die es regieren. Der Schlüssel zum Verständnis dieser Gesetze liegt nämlich in einer

radikalen Umorientierung unseres gegenwärtigen Wissenschafts-
verständnisses und wissenschaftlichen Denkens. Viele Wissenschaftler sind nicht bereit, sich Forschungsergebnisse ihrer Kollegen auch nur anzusehen, weil sie eben einfach «unglaublich» sind.
Das ist in der Tat merkwürdig, da sich alle diese Wissenschaftler
andererseits zu dem Grundsatz bekennen, daß die Wissenschaft nur
vorankommen kann, wenn sie sich neuen Möglichkeiten öffnet, die
daraus abgeleiteten neuen Hypothesen überprüft und wenn nötig
die anerkannten «Gesetze» revidiert. Es ist also durchaus nicht die
Regel, daß die Wissenschaft nach ihren eigenen Regeln verfährt.

Viele unserer heutigen Probleme sind aus der Annahme entstanden, daß man Teile des Ganzen einzeln analysieren kann. Die
westliche Wissenschaft sucht den Schlüssel zum Verständnis der
Natur in immer kleineren Bruchstücken dieses Ganzen. Neueste
Forschungen auf vielen Gebieten beweisen aber, daß gerade das
Gegenteil zutrifft, daß die Details nur in der Gesamtschau eine
Bedeutung gewinnen. Die Teile und deren Teile usw. erweisen sich
selbst nämlich immer wieder als kleine Ganzheiten, wie weit man
auch ins Detail vordringt, und letztlich führt kein Weg an der
Einsicht vorbei, daß es aus der Ganzheit kein Entkommen gibt. Im
Licht dieser wiederentdeckten Ganzheitsperspektive untersuchen
wir das Bewußtsein als einen besonderen Aspekt der Lebensenergie.

Im dritten Kapitel stellen wir eine Reihe von Manifestationen der
Lebensenergie und Ganzheit vor. Die Seele wird hier als der
spirituelle Aspekt dieser Ganzheit beschrieben und ihr Wirken in
unserem Universum als Geist. Alle diese Begriffe erhalten eine
energetische Interpretation, so daß etwa der Geist einer Person oder
eines Objekts als Energie einer bestimmten und charakteristischen
Schwingungsfrequenz (oder eines Frequenzbandes) zu verstehen
ist. Wir diskutieren Beziehung von Seele und Geist zu Körper,
Bewußtsein und Emotionen und entwickeln ein neues Verständnis
psychosomatischer Prozesse. Liebe wird dabei als das zentrale
Prinzip der emotionalen Ebene dargestellt, Traurigkeit, Furcht und
Wut als Ausdruck für den Verlust der Ganzheit der Liebe. Schließlich betrachten wir Gesundheit und Krankheit unter dem Gesichtspunkt der Lebensenergie.

Im vierten Kapitel weitet sich die Perspektive vom persönlichen
Bereich zur Umwelt, und wir sehen, welche Auswirkungen Licht,
Farbe, Schall und Form auf unser Leben haben und wie sich die

Strahlung aus der Atmosphäre, aus der Erde und aus unserem engeren Lebensbereich auswirkt. Es wird erörtert, in wieweit solche Einflüsse die Ganzheit stören oder fördern.

Im fünften Kapitel betrachten wir Medizin und Psychotherapie, was uns zu der Einsicht führt, daß für die heutigen Bedürfnisse eine neue Therapieform erforderlich ist. Eine solche Therapie müßte auf Energieprinzipien und einer Philosophie der Ganzheit basieren.

Im sechsten Kapitel schließlich wird die «Life-Energy-Therapie» vorgestellt, ein therapeutisches System, das auf Energiekonzepten aus Ost und West beruht. Kernpunkt dieses Kapitels ist die These, daß Krankheit und Gesundheit Formen von Lebensenergie-Prozessen sind und daß nur durch Verständnis und Anwendung der Energieprinzipien im Kontext der Ganzheit tiefgreifender Wandel und spirituelle Evolution möglich sind.

Ich glaube, daß wir den Übeln unserer Zeit nur begegnen können, wenn wir uns um ein Verständnis der Lebensenergie und ihrer Funktionen im Rahmen der Ganzheit bemühen. Ich glaube auch, daß es eine tiefliegende Furcht vor der Ganzheit gibt, die verhindert, daß wir uns in den verschiedenen Bereichen der Gesellschaft, vor allem aber in den Naturwissenschaften auf mehr Ganzheit einlassen. Aus dieser neuen Perspektive betrachtet, erweist sich, daß unsere sämtlichen Probleme Aussagen über Ganzheit enthalten, die wir nur in konstruktive Aktion umsetzen müssen. Dieses Buch möchte seinen Lesern einen Eindruck von der durchgängigen Verbundenheit des Universums durch das Wirken der Lebensenergie vermitteln. Allgemein gesagt hat das Interesse an den sogenannten physikalischen Energien wie Kernkraft, Elektrizität, Magnetismus usw. die sehr reale menschliche Seite der Energiefrage gänzlich überdeckt. Tatsache ist jedoch, daß wir es uns nicht mehr leisten können, uns selbst als von den Energieprozessen, die sich alle direkt oder indirekt auf uns auswirken, getrennt zu betrachten. Letztlich sind Sie selbst, der Leser, das Ganze, aus dem dieses Buch gemacht wurde.

1. Eine Kulturgeschichte der Lebensenergie

Der Orient

In fast allen Kulturen, antiken und modernen, gab und gibt es
Vorstellungen von einer universalen Kraft, die alle Dinge durch-
dringt und in Bewegung bringt. Was prähistorische Völker über die
Lebensenergie dachten, hing sehr stark von ihrer Beziehung zu den
Elementen der Natur ab, Sonne, Mond, Wind, Wasser und so
weiter. Viele dieser Aspekte der Natur wurden je nach der Art ihrer
Wirkung als Götter oder Dämonen betrachtet, da sie eine große
Bedeutung für die Gesundheit, die Ernährung und letztlich das
Überleben hatten.

Frühe Stammesgesellschaften glaubten, daß jedes Ding seinen
eigenen Geist hat, der als Manifestation der diesem Ding innewohnenden Lebenskraft verstanden wurde. Gesundheit bedeutete, daß
diese Geister in Harmonie miteinander lebten; Krankheit entstand,
wenn sie verärgert wurden. Da die Menschen die Feinstruktur
energetischer Prozesse, etwa bei Krankheiten, beim Wetter und bei
kriegerischen Auseinandersetzungen, noch nicht kannten, konnten
sie für diese Dinge nur einen übernatürlichen Ursprung annehmen.
Die Natur sahen sie als materielle Manifestation der übernatürlichen Kräfte, die den verschiedenen Energiephänomenen Leben
gaben.

Später begannen unsere Vorfahren, Zusammenhänge zwischen
den Energieprozessen zu sehen, und bauten diese Erkenntnisse in
ihre mündliche Überlieferung ein. Manche Leute wurden zu «Ener-
giespezialisten», weil sie sich mit «Berufungen» auskannten
(Anfälle oder Delirien wurden oft so interpretiert, daß die Geister
den Kranken als Medium beriefen). Diesen Heilern oblag es, die

energetische Seite einer Krankheit zu deuten und herauszufinden, auf welche Geister oder welche Verstöße die Störung zurückzuführen war. Dieses Wissen über Energie, Geister und Krankheiten wurde im Laufe der Zeit erweitert und vertieft und ist auf die modernen Zivilisationen überkommen, wo es einerseits in der Volksmedizin weiterlebt und andererseits von Ärzten und Wissenschaftlern systematisch gesammelt und erforscht wird.

In manchen Fällen war das «primitive» Wissen über Energie und ihre Anwendung dem Erkenntnisstand neuzeitlicher Zivilisationen beträchtlich voraus. Archäologen finden immer wieder sogenannte *Ooparts*, das sind Artefakte – teilweise technische Geräte –, die es in der Zeit, aus der sie stammen, nach der heute vorherrschenden Meinung noch gar nicht geben konnte und die manchmal erst Tausende von Jahren später in modernen Zivilisationen «entdeckt» wurden. Nehmen wir nur die batterieähnlichen elektrischen Zellen aus dem Irak des 1. vorchristlichen Jahrhunderts. Achtzehn Jahrhunderte später, so heißt es bei uns, entdeckte Benjamin Franklin die Elektrizität! Die alten Iraker stellten einen Zylinder aus Kupferblech in einen Tontopf und hängten einen Eisenstab in die Mitte dieses Zylinders; als «Batteriesäure» benutzten sie vermutlich Traubensaft.[1] In Ägypten fand man ein sonderbar geformtes Stück Sykomorenholz, das erstaunliche aerodynamische Eigenschaften besaß. Dieser 142 cm lange *«Saqqara*-Vogel» konnte tatsächlich fliegen und wurde deshalb als Modellflugzeug interpretiert. Interessanterweise plante die Regierung der Vereinigten Staaten zur Zeit seiner Entdeckung gerade den Bau eines Nurflügelflugzeugs, das dem 2000 Jahre alten ägyptischen Fund ähnlich sehen sollte.

Anderes Material, das durch chemische Untersuchungen gewonnen wurde, deutet darauf hin, daß die großen Steinstrukturen der Vergangenheit – wie Stonehenge in England, die ägyptischen Pyramiden, die gewaltigen Steinköpfe der Olmeken in Zentralamerika (die bis zu 24 Tonnen wiegen) und das Sonnentor, ein zehn Tonnen schweres Tor, daß allein auf einer einsamen Hochebene von Bolivien steht – ihr Entstehen dem Umstand verdanken, daß ihre Erbauer Steine verflüssigen konnten. Joseph Davidots, ein französischer Chemiker, ist der Ansicht, die Molekularstruktur des Sonnentors zeige, daß es einmal flüssig gewesen sein muß. Seine Hypothese lautet, daß das Baumaterial in den Steinbrüchen mit Hilfe von Oxalsäure (von der man jetzt noch Rückstände im

Sonnentor findet) verflüssigt, dann an den Standort des Tors transportiert und dort in Formen gegossen wurde.

Solche und ähnliche Funde demonstrieren, daß unseren Vorfahren Anwendungsmöglichkeiten der Lebensenergie in Heilkunde und Technik bekannt waren.

Ägypten

Eine der ältesten beurkundeten Wissenschaften der Lebensenergie ist die der Ägypter; sie benutzten den Ausdruck *Ka* oder *Ga-llama* für diese Kraft. Ga-llama wurde mit dem Atem aufgenommen, und der Atem war das Symbol dieser Kraft, auf der ein Schulungssystem aufbaute, das jetzt als «kaukasischer» oder «ägyptischer Yoga» bekannt ist. Über diese Methode der Integration ist wenig mehr bekannt, als daß sie vielleicht die Grundlage des indischen Yoga bildete.

Die Ägypter glaubten an eine ursprüngliche Ganzheit, die sie *Nun* nannten und die über kosmische Kräfte namens *Neteriv* wirkte. Als Nun sich selbst Ausdruck geben wollte, entstand *Atum*, der EINE, der Schöpfer aller Dinge. In einer Version des Schöpfungsmythos erschafft Atum sich selbst aus seinem eigenen Herzen und erzeugt achtzehn Elementarprinzipien. In der gesamten ägyptischen Überlieferung werden die Bewegungen der Lebensenergie mit dem Prinzip der Polarität erklärt, etwa wenn Osiris (der Nil) Isis (die Erde) befruchtet und so das Leben entsteht. Der Geist, ausgedrückt mit der Wurzel AKH, inkarniert sich im Körper, KHA, und strahlt Licht aus. AKH bezeichnet auch das «Dritte Auge», das zornig oder gütig sein konnte. Die Seele, *Ba*, hatte kosmische Qualitäten, wohnte im Menschen und reinkarnierte sich nach dem Tode. Ob man dem Zyklus von Geburt und Tod entkam, hing von *Maat*, dem Bewußtsein, ab, das im Herzen wohnte.[2] Hinter allem aber stand Ka, die Lebensenergie.

Für die Ägypter bedeutete Krankheit, daß böse Geister oder die Seele eines Verstorbenen in den Körper eingedrungen waren. Der Priester-Arzt wurde gerufen, damit er die Götter anrief oder ein Mittel verschrieb. Thoth, so glaubt man, ist die Vergöttlichung einer legendären Gestalt namens Hermes Trismegistos, der ein uraltes Weisheitssystem namens Kybalion begründet haben soll. Soweit bekannt ist, gibt es kein schriftliches Zeugnis von Hermes und seinen Lehren, aber es gibt eine jahrtausendealte mündliche Überlieferung gewisser Maximen, Axiome und Lehren, die auf ihn zurückgehen sollen. Manche glauben, Hermes sei Ägypter gewesen und habe zur Zeit Abrahams gelebt oder sei gar einer seiner Lehrer gewesen. Anhänger des Kybalion behaupten, Hermes habe eine Geheimlehre entwickelt, die die Gesetze des Universums beschreibt und nur von denen verstanden werden kann, die den Schlüssel kennen. Eine nähere Untersuchung der hermetischen Axiome zeigt, daß sie im Grunde Gesetze der Lebensenergie sind und Schwingungen, Frequenzen, Rhythmen und Polaritäten beschreiben.

Unter diesen hermetischen Gesetzen finden sich die folgenden: Es gibt verschiedene Energieebenen; alles befindet sich in schwingender Bewegung; die verschiedenen Formen im Universum gehen auf unterschiedliche Schwingungen zurück; es gibt eine Grund-Polarität, die in allen Manifestationen gegenwärtig ist; alle Bewegung folgt Gesetzen – Zufall gibt es nicht; in der Alchemie geht es um Umwandlung auf der mentalen, nicht auf der physikalischen (stofflichen) Ebene; es gibt eine absolute, göttliche Energie, das All, das sie substantielle Wirklichkeit unseres Universums ist.

Hermes soll Gelehrte aus aller Welt unterwiesen haben, die dann in ihre Heimatländer zurückreisten und dort Systeme entwickelten, die auf diesen Gesetzen fußten: die chinesische Medizin, das indische Ayurveda, die Kabbala der Hebräer. Im Westen haben die hermetischen Lehren in okkulten Schulen wie etwa der Theosophie und bei den Freimaurern und Rosenkreuzern überlebt.

Selbst die Pyramiden stehen im Zusammenhang mit der Lebensenergie. Man hat entdeckt, daß die Spitze einer Pyramide kosmische Energiefelder bündelt. Flugzeugpiloten werden angewiesen, nicht über Pyramiden zu fliegen, da ihre Instrumente falsche Daten anzeigen oder ganz ausfallen können. Wissenschaftler der «University of the Trees» fanden

«zwei Energiespiralen, die an der Spitze der Pyramide entspringen. Eine positive, im Uhrzeigersinn gedrehte Energiespirale tritt an der Spitze nach oben aus, während eine negative, entgegen dem Uhrzeigersinn gedrehte Spirale in das Innere der Pyramide hinunterstrahlt.»[3]

Tatsächlich nahm die Pyramidenforschung einen neuen Aufschwung, als ein Mann namens Boris entdeckte, daß Katzen, die in die Pyramiden gelangt waren, «mumifiziert» wurden. Andere

Untersuchungen haben ergeben, daß die Energie der Pyramiden mit der Form dieser Bauwerke zusammenhängt. Jeder Granitstein der Pyramiden war genau für seinen Platz zurechtgehauen, und zwar so präzise, daß man die Fugen zwischen den Steinen nur in Tausendstelmillimetern angeben kann. Wir müssen annehmen, daß die Ägypter über eine hochentwickelte Technik verfügten oder von Spezialisten aus Kulturen wie Atlantis unterstützt wurden. Nur mit Laserstrahlen könnte man heute beispielsweise diese riesigen Steine von etlichen Millionen Tonnen Gesamtgewicht so genau zurechtschneiden. Außer diesen bekannten Pyramiden gibt es an verschiedenen Orten der Welt auch noch sogenannte Negativpyramiden, die mit abwärts gerichteter Spitze unter der Erdoberfläche liegen. Wie wir im nächsten Abschnitt sehen werden, entsprechen diese beiden Pyramidenformen den chinesischen Symbolen für Yin und Yang.

Man hat die Wirkung der Pyramidenenergie an maßstabsgetreuen Modellen studiert. Beispielsweise kann man Fleisch und Pflanzen darunter austrocknen, ohne daß sich Fäulnis einstellt. Pflanzen wachsen unter Einfluß der Pyramidenenergie zwei- bis dreimal schneller als sonst. Obst hält sich länger, Kaffee verliert seinen bitteren Geschmack, Tiere werden zu Vegetariern. Menschen, die ihre Hände in ein solches Energiefeld halten, berichten von intensiver Erwärmung und einem Gefühl des Kribbelns.

Die Autoren Allen et al. stellten fest, daß der abwärts gerichtete Energiestrom in der Pyramide das Zelleben zerstört und deswegen Fäulnis verhütet oder sogar zu einer Mumifizierung führt. Die Königskammer, so schreiben sie, war so angelegt, daß sie den größten Teil der negativen Strahlung abhielt und nur einen besonderen Strahl konzentrierter Lebensenergie, den sogenannten Pi-Strahl, auf den «Sarkophag» fallen ließ. Dieser Raum war entgegen der landläufigen Meinung keine Begräbnisstätte, sondern ein Ort, an dem sich kultische Eingeweihte der Prüfung unterziehen mußten, ob sie rein genug waren, dieser negativen Energie standzuhalten.

Die Schlange ist in vielen Kulturen ein Symbol der Lebensenergie, weil sie deren Aktivität, Beweglichkeit und Anpassungsfähigkeit, ihre Kraft zum Guten wie zum Bösen in sich vereinigt. In Ägypten stand die Schlange vor allem mit der Frau in enger Verbindung und wurde oft als Symbol für weibliche Gottheiten benutzt. Eine zum Kreis gerundete Schlange, die sich in den eigenen

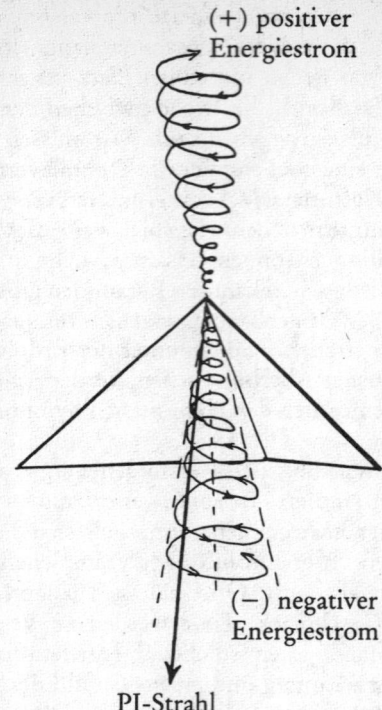

(+) positiver
Energiestrom

(−) negativer
Energiestrom

PI-Strahl

Energieströme bei einer ägyptischen Pyramide

Schwanz beißt, war eine Darstellung der Ganzheit. Dieses Symbol der Ganzheit ist in allen Zeitaltern erhaltengeblieben, vor allem in Verbindung mit anderen Symbolen wie etwa dem Hexagramm. Eine geflügelte Schlange mit einer Sonne (einem weiteren Symbol der Ganzheit) im Zentrum versinnbildlicht die Reise in die höheren Sphären. Im hinduistischen Denken wird dies der «Pfad der Evolution» genannt. Eine Schlange auf einem Stirnschmuck diente hier dem Schutz des «dritten Auges», das mit dem 6. Chakra, einem höheren Energiezentrum, in Verbindung steht.

China
Einige der frühesten Zeugnisse für systematische Erforschung und Anwendung der Lebensenergie stammen aus dem Fernen Osten, vor allem aus China. Die Beziehung zwischen dem Diesseits (der

Erde) und dem Jenseits (dem Himmel) scheint für die Menschen dieses Lebensraums schon immer lebendige Wirklichkeit gewesen zu sein. Die jahrtausendealte Ackerbaukultur dieses Volkes sorgte überdies für eine enge Beziehung zur Natur und ihren Elementen. All das schlug sich in der Lehre vom *Tao* nieder, deren Urheber, Laotse, im 6. vorchristlichen Jahrhundert lebte.

«Tao» bedeutet ursprünglich «Weg», und diesem Weg zu folgen, hieß, bewußt durchs Leben zu gehen, das heißt in Übereinstimmung mit den Bewegungen der Lebensenergie in den Jahreszeiten, im Wechsel von Erschaffung und Zerstörung, in Krankheit und Gesundheit. So wurde Tao gleichbedeutend mit Ganzheit und Harmonie. Wer diesem Pfad folgte, stand in Resonanz mit dem Geist des Lebens und den Energieströmen des Universums, und dieser Weg führte zu Gesundheit und Wohlergehen. Ein Abweichen von diesem Weg, also Mißachtung der universalen Gesetze, führte unweigerlich zu Disharmonie und Krankheit.

Das Tao steht eigentlich für ein System von Energieprinzipien, die in allen Lebensbereichen gelten. Die frühen Chinesen nannten diese Energie *Ch'i* (in Japan wird sie *Ki* genannt, in Korea *Gi.*). Ch'i ist ebenso für das Funktionieren unseres Körpers wie für die Bewegung der Gestirne verantwortlich. Ch'i ist in allem, auch in den Bewegungen, die wir in der Natur sehen, etwa im Wind.

Der allgegenwärtige Strom der Lebensenergie in allen Formen und Prozessen besitzt zwei Aspekte, die sich wie Himmel und Erde ergänzen und im Zusammenspiel ihrer scheinbaren Gegensätzlichkeit das erzeugen, was wir Harmonie nennen. Der eine Aspekt, *Yin* (ursprüngliche Bedeutung: «die schattige Seite des Hügels»), steht für eine Energiequalität, die mit Mond, Erde, Nacht, Wasser, Kälte, negativer Ladung, Weiblichkeit und zentripetaler Bewegung assoziiert ist und mit dem Symbol ▽ dargestellt wird. *Yang*, die Entsprechung, ursprünglich «die sonnige Seite des Hügels», steht für Sonne, Himmel, Tag, Feuer, Trockenheit, Licht, positive Ladung, Männlichkeit und Zentrifugalkraft und wird mit dem Symbol △ dargestellt. Yin und Yang sind die beiden Seiten einer Einheit oder Ganzheit, und keins von beiden kann ohne das andere existieren. Alle Phänomene lassen sich in Yin- und Yang-betonte unterteilen. Wo Yin- und Yangtendenzen gemeinsam einen Prozeß erzeugen, entsteht ein komplementäres Bewegungsmuster, ein spiraliger Energiestrom aus beiden Komponenten, wie er in dem uralten chinesischen *T'ai-chi-Tu*-Symbol dargestellt ist.

Das T'ai-chi T'u, das chinesische Diagramm des kosmischen Prin-
zips. Die Kräfte Yin und Yang, polare Manifestationen der Lebens-
energie, sind in zyklischer Bewegung. Der helle und der dunkle
Punkt zeigen, daß beide Kräfte auf dem Höhepunkt ihrer Entwick-
lung schon den Samen der komplementären Kraft in sich tragen.

Yin- und Yangkräfte sind nach dieser Vorstellung in allen Dingen
und Vorgängen in harmonischem Kräfteverhältnis wirksam und
ergänzen einander, wenn auch mal das eine und mal das andere
mehr im Vordergrund steht. So kann man auf der biologischen
Ebene beispielsweise feststellen, daß jeder Mann und jede Frau
nicht nur die Hormone des eigenen Geschlechts, sondern in
geringeren Mengen auch die des anderen besitzt. Abhängig ist die
Proportionierung dieser Hormone in jedem von uns von Erbfaktoren, Ernährungsgewohnheiten, dem emotionalen Ausdrucksverhalten und der spirituellen Praxis. Unsere Ganzheit setzt sich aus
vielen solcher von Yin- und Yangelementen gebildeten Komponenten zusammen.

Eine der Grundaussagen des Taoismus lautet, daß alles in steti-
gem Wandel begriffen ist – der Wandel ist das einzig Dauernde. Der
Wandel entsteht durch das niemals ruhende Strömen von Yin- und
Yangbewegungen in allen Dingen und Prozessen. Um diesen
Energiestrom aufrechtzuerhalten und zu fördern, entwickelten die
Taoisten eine Abfolge von Bewegungen (der Überlieferung nach
den Tieren abgeschaut), das *T'ai Chi Ch'uan,* das sich streng an die
Bewegungsgesetze der kosmischen Lebensenergie hält und deshalb

ein wirksames Instrument der Gesundheitspflege und Selbstverteidigung ist. Jede Bewegung beruht auf dem ausgewogenen Wechselspiel von Yin und Yang und schafft so die Voraussetzungen für
Harmonie auf der körperlichen, emotionalen und spirituellen
Ebene.

Ein anderes chinesisches System mit ähnlicher Ausrichtung ist
das *Kung-Fu,* das viele Menschen im Westen als einen bloßen
«Kampfsport» mißverstehen. Ursprünglich hat Kung-Fu aber
genau wie T'ai Chi viel mehr mit Tanz gemein. Wörtlich bedeutet
Kung-Fu soviel wie «übender Mensch», das heißt «ein Mensch, der
die Lenkung der Lebensenergie (Ch'i) übt, um Krankheiten zu
verhüten und zu heilen».[4] Kung-Fu war ein ganzheitliches System
wie die Philosophie des Tao selbst und lehrte Bewegungen, Atemre-
gulierung, Haltungen und Massage, die den Strom der Lebensenergie unterstützen oder dort wieder in Gang brachten, wo er unterbrochen oder blockiert war, die also ebenso vorbeugend wie
heilend wirkten.

Im Laufe der Zeit haben sich etliche andere Methoden entwikkelt, die das gleiche Ziel verfolgen, zum Beispiel das *Aikido,* das aus
Elementen des Schwertkampfs entstand, sowie *Ju-jitsu, Eiki-jitsu*
und *Karate* in Japan und *Tae Kwon Do* und *Hapkido* in Korea. Eine
große Rolle spielt bei diesen sogenannten Kampfkünsten ein Energiezentrum namens *Tan-t'ien* (jap. *Tanden),* das sich zwei Finger
breit unterhalb des Nabels im Bauchraum befindet.

Zur Behandlung von Krankheiten entstanden in China mehrere
Heilsysteme, und zwar entwickelten sich interessanterweise in den
einzelnen Landesteilen verschiedene Systeme je nach den klimatischen und sonstigen Gegebenheiten. In den bergigen Regionen im
Westen wurden Mineralien und Kräuter bevorzugt. Im Osten, wo
man sich mehr von Haustieren, Wild und Fischen ernährte, entstand die Chirurgie. Der Norden mit seinem kalten Klima erfand
die Moxibustion (Wärmebehandlung durch Verbrennen von Beifuß
auf bestimmten Körperpunkten), der Süden die Akupunktur. Im
gemäßigten Klima von Zentralchina stand die Massage mit ihrer
ausgleichenden Wirkung im Vordergrund.

Bei der heutigen chinesischen Medizin gehören Akupunktur und
Moxibustion ebenso wie die Kräuterheilkunde zu einer vollständigen Behandlung. Die Akupunktur beruht auf der Theorie, daß das
Ch'i entlang sogenannter Meridiane fließt, auf denen die Akupunkturpunkte liegen. Mit diesen Punkten wird seit mindestens fünf-

tausend Jahren gearbeitet, wenn sie auch erst viel später systematisch erfaßt wurden. Untersuchungen mit Hilfe des Tobiskops (Meßgerät für den elektrischen Widerstand) haben erhärtet, daß es diese Punkte (jap. *Tsubo*) wirklich gibt. Gesund ist ein Organismus dann, wenn die Lebensenergie ganz ungehindert in den Meridianen fließen kann (was nichts mit dem Lymph- oder Blutkreislauf oder den Nerven zu tun hat). Die Meridiane stellen ein System des *Energie*kreislaufs dar, für das es in der westlichen Medizin bislang kein Gegenstück gibt. Immerhin glaubt aber der koreanische Arzt Kim Bong Han die organische Entsprechung der Akupunkturpunkte entdeckt zu haben. Er fand direkt unter der Haut, aber auch tiefer im Körperinnern, Gruppen kleiner ovaler Zellen und außerdem eine Reihe feiner Kanäle, in denen sich eine frei bewegliche Zellflüssigkeit befindet, die DNS, RNS[5], essentielle Aminosäuren (Eiweißbausteine), Adrenalin (einer der stärksten organischen Anregungsstoffe) und bei Frauen Östrogen (weibliches Geschlechtshormon) enthalten. Kim Bong Han hat nach Tausenden von Experimenten außerdem behauptet, daß diese Energiemeridiane in allen vielzelligen Organismen existieren und sich (bei Küken) schon innerhalb von fünfzehn Stunden nach der Befruchtung zeigen. Die Organe scheinen sich entlang dieser Meridiane zu bilden, wenn die Flüssigkeit, die sie enthalten, zu zirkulieren beginnt.

Die Heilwirkung der Akupunktur beruht darauf, daß Lebensenergie-Prozesse wieder in Gang gebracht werden, die örtlich oder entlang eines ganzen Meridians zum Erliegen gekommen sind. Um den Energiestrom zu beeinflussen, wurden Stein-, Knochen- und Bambussplitter und werden neuerdings Metallnadeln in die Haut eingestochen, bis sie den angezielten Punkt erreichen; diese Anregung löst Stauungen und Giftablagerungen auf. Auch östliche Massagetechniken, die wir unter der Bezeichnung Akupressur oder *Shiatsu* kennen, setzen bei diesen Tsubo an. Es gibt etliche Techniken dieser Druckmassage, doch sie stimmen alle darin überein, daß Krankheiten durch Stagnation von Ch'i oder Ki ausgelöst werden und daß man solche Störungen als kleine Knötchen oder Körnchen unter der Haut ertasten kann. Die Behandlung besteht in rhythmischem Druck oder Zug und knetenden Bewegungen oder ähnlichem, wodurch die Ansammlungen von Stoffwechselrückständen abgebaut und diese Stellen mit frischer Energie versorgt werden. Interessant ist an diesen Punkten, daß sie ihre Wirkung auf

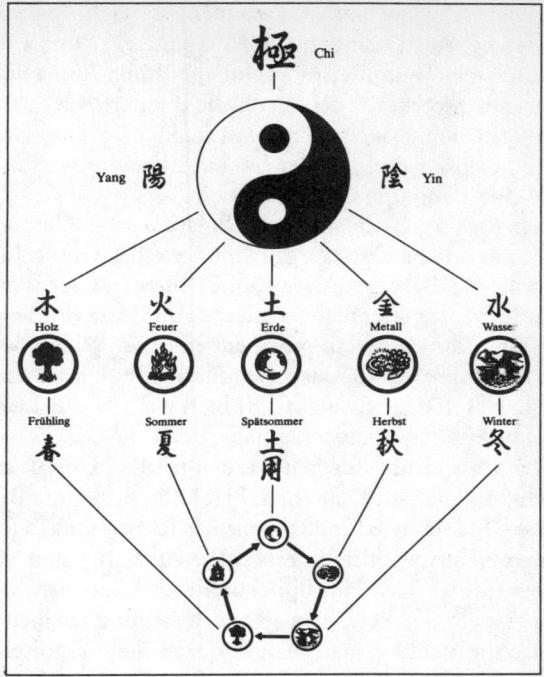

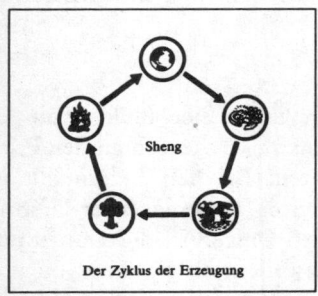

Der Zyklus der Erzeugung

Der Zyklus der Zerstörung

Die Differenzierung der Lebensenergie nach dem chinesischen Modell: Aus dem Absoluten (Chi, nicht zu verwechseln mit Ch'i, der Lebensenergie) treten die polaren Kräfte Yin und Yang hervor, deren Zusammenwirken die fünf Elemente erzeugt. Nach dem «Zyklus der Erzeugung» und dem «Zyklus der Zerstörung» erzeugen und zerstören sich diese «Elemente» oder Wandlungsformen in zyklischer Abfolge.

verschiedenen Ebenen entfalten können, je nach der Stärke des angewendeten Drucks. Eine leichte Anregung der Punkte unter den Ohrläppchen kann zum Beispiel sinnliche Empfindungen wachrufen, während ein etwas tieferer Druck innere Organe anregt. Verstärkt man den Druck weiter, so kann man eine emotionale Entladung auslösen und auf der letzten Ebene (etwa im Ju-jitsu) stellt sich eine Lähmung ein.

Die Lebensenergie, die in ihrer Polarität von Yin und Yang ebenso die Meridiane eines Organismus wie das Universum selbst durchströmt, manifestiert sich in fünf Elementen oder Wandlungsformen. Vier dieser Elemente, Feuer, Erde, Luft (in der chinesischen Medizin durch Metall repräsentiert) und Wasser werden in fast allen Kulturen als die vier Grundaspekte der Lebensenergie betrachtet. Das fünfte Element, Holz, steht für die Lebenskraft selbst, die alle anderen entstehen läßt.

Diese fünf Wandlungsformen werden in allen Gestaltungen der Natur sichtbar, auch im Menschen. Jedes Organ steht in Beziehung zu einem der Elemente, aber auch zu einer Jahres- und Tageszeit, zu bestimmten Nahrungsmitteln, Emotionen usw. In einem so umfassenden System der Medizin, Philosophie und Lebensführung läßt sich jeder Aspekt des Lebens in seiner Beziehung zu allen anderen verstehen. Alle Lebensprozesse sind durch den organischen Fluß der Lebensenergie auf der Basis der Ganzheit miteinander verbunden.

Indien

In Indien entstand ebenso wie in China eine Philosophie, eine Medizin und eine spirituelle Lebensweise, die sich an den Prinzipien der Lebensenergie orientierten. Bei den Indern gilt eine Lebenskraft, die *Prana* genannt wurde, als universaler Ursprung aller materiellen wie nichtmateriellen Dinge. Alle bekannten Energieformen wie Wärme und Licht werden als Formen von Prana betrachtet. Prana – das Wort enthält als wichtigsten Bestandteil die Verbwurzel *an* («atmen») – wird mit der Luft ein- und ausgeatmet und läßt sich mit Hilfe einer Atempraxis, die *Pranayama* genannt wird, anreichern und nutzbar machen.

Energieleitbahnen namens *Nadis* durchziehen den ganzen Körper und leiten das Prana in alle Körperteile. Unter den zahlreichen Nadis sind drei besonders wichtig: *Sushumna* entspringt unterhalb des sogenannten Wurzelchakras an der Basis der Wirbelsäule und

Die Lage der Zentren der Lebensenergie (Chakras) und die Bewegung der drei Hauptströme der Lebensenergie im menschlichen Körper. Die der Wirbelsäule entsprechende vertikale Linie stellt den Sushumna-Nadi dar, die spiralig gewundene Doppellinie den Ida-Nadi und die gegenläufig gewundene einfache Linie den Pingala-Nadi.

verläuft durch die Wirbelsäule, um an der Stirn zu enden. Zwei andere Nadis, *Ida* und *Pingala*, umwinden Sushumna in entgegengesetzten Spiralen wie Schlangen. Tatsächlich ist die Schlange das Symbol für die sogenannte Kundalini-Energie, die durch den Sushumna-Nadi aufsteigt; sie wird oft dargestellt durch eine zusammengerollte ruhende Schlange. Sushumna ist die zentrale harmonisierende Kraft für den negativ geladenen Ida-Nadi und den positiv geladenen Pingala-Nadi. Diese Vereinigung der Gegensätze ist in der Yantrakunst[6] durch ein Hexagramm dargestellt, das durch Überlagerung des weiblichen Symbols *Yoni* (▽) mit dem männlichen Symbol *Linga* (△) entsteht. Wie Yin und Yang in der chinesischen Philosophie bezeichnen *Shakti* und *Shiva* im Hinduismus die beiden Aspekte der Lebensenergie. Der tantrische Yoga, der Yoga der Vereinigung der Gegensätze, arbeitet mit dieser polarisierten Energie um die spirituelle Entwicklung zu fördern (Weißes Tantra), Macht über andere zu gewinnen (Schwarzes Tantra) oder die sexuelle und andere Lustempfindungen zu steigern (Rotes Tantra).

Bei der Inkarnation steigt das Prana in seiner Manifestation als Kundalini durch diese drei Kanäle ab und läßt im Prozeß der Durchdringung der Materie von oben nach unten sieben Energiezentren entstehen. Von einem dieser sogenannten *Chakras* («Räder») zum nächsttieferen nimmt die Kundalini-Energie an Schwingungsintensität ab. Schließlich kommt Kundalini an einer Stelle zwischen dem Anus und den Genitalien zu Ruhe und «schläft» dort, bis sie wieder dazu angeregt wird, durch die drei Kanäle aufzusteigen.[7] Im Verlauf des spirituellen Erwachens entfaltet sich die Macht der Kundalini in den jetzt ebenfalls erwachenden Chakras mit ihren verschiedenen Energiefrequenzen. Dieses Erwachen stellt sich in seltenen Fällen spontan ein, ist aber in der Regel Ergebnis einer viele Jahre dauernden Schulung und beharrlicher bewußter Übung.

Es gibt verschiedene Wege zur Erweckung der Kundalini; der indische Weg ist der Weg der Meditation und des *Yoga*. Yoga (das Wort bedeutet im Sanskrit soviel wie «Vereinigung») ist im Westen weithin als ein System von körperlichen Übungen bekannt. Nichts könnte der Wahrheit ferner liegen! Zunächst einmal gibt es über zwanzig verschiedene Yogaschulen, deren Methoden für sich allein geübt oder auch kombiniert werden können. Die im Westen bekannteste Form ist der *Hatha*-Yoga, bei dem zwar die *Asanas* («Stellungen») eine wichtige Rolle spielen, der aber doch weit mehr als bloße Gymnastik ist. Wir können ihn einen Prozeß der Harmonisierung nennen, der zwar auf der körperlichen Ebene ansetzt, aber über den Körper hinausgehen soll und auf spirituelle Entwicklung zielt. Die Atemschulung des Pranayama wird hier für die kontrollierte Mobilisierung der Energie eingesetzt. Im *Kriya*-Yoga wird die Vereinigung durch Bewegungen angestrebt. Unwillkürliche Kriyas (Bewegungen) treten oft auf, wenn Kundalini aufzusteigen beginnt; solche Bewegungen sind auch im Hatha Yoga zu beobachten, wenn auch seltener. Die Yogas selbst werden als eine Form der Meditation oder als Vorbereitung für die Meditation angesehen.

Die körperliche Entsprechung des Sushumna-Kanals ist die Wirbelsäule, während Ida und Pingala mit dem Nervensystem verbunden sind. Die Chakras stehen in Beziehung zu bestimmten Nervengeflechten. So beeinflussen Prana und Kundalini das gesamte Nervensystem und über die Nerven auch das ganze innersekretorische System.

Gesundheit ist in der indischen Medizin ebenso wie in der chinesischen eine Frage von Ausgewogenheit und Harmonie. Wenn Prana richtig fließt, kann keine Krankheit entstehen. Zum Ausgleich von Energiestörung, zur Behandlung von Krankheiten also, entwickelte sich in Indien das *Ayurveda*, ein Heilsystem, das vermutlich schon seit vielen Jahrtausenden praktiziert wird, aber erst vor etwa dreitausend Jahren zum ersten Mal systematisch dargestellt wurde. Ayurveda ist «die Wissenschaft vom langen Leben in Gesundheit auf der Grundlage der heiligen Texte *(Vedas)*». Für das Ayurveda besteht der Mensch aus Seele, Geist und Körper (Materie); diese Heilkunst will nicht nur innere und äußere Probleme und Krankheiten beheben helfen, sondern den Menschen auch von seiner Verhaftung ans Materielle befreien. Dieser letzte Aspekt ist besonders wichtig, weil er zeigt, daß Ayurveda sich nicht nur mit der stofflichen und mentalen Seite der Energie befaßt, sondern auch mit ihrem spirituellen Aspekt. So geht es hier also nicht nur um körperliche und psychische Gesundheit, sondern um echte Befreiung von allen Verhaftungen – die auch das Grundanliegen des ebenfalls in Indien entstandenen Buddhismus ist.

Der Ayurveda-Arzt interessiert sich deshalb nicht in erster Linie für Symptome, sondern fragt sich, woran sein Patient sich klammert. Je nachdem empfiehlt er dann eine Behandlung – oder auch nicht. Ich kenne eine Frau aus dem Westen, die sich wegen einer Blasenentzündung an einen nepalesischen Ayurveda-Arzt wandte. Als sie in sein Zimmer gebeten wurde, traf sie ihn dort teetrinkend und zeitunglesend an. Nachdem sie eine Weile darauf gewartet hatte, daß er sich ihr zuwandte, wurde sie ungeduldig und verlangte, daß er sich um ihre Beschwerden kümmerte. Das lehnte er höflich ab und fügte hinzu, sie möge am nächsten Tag zur gleichen Zeit wiederkommen. Sie kam am nächsten Tag, erlebte aber wieder, daß er nicht bereit war, sich ihre Klagen auch nur anzuhören; er bestellte sie vielmehr noch einmal für den nächsten Tag. Sie kämpfte lange mit sich, entschloß sich dann aber doch, wieder hinzugehen. Diesmal sah er sie an und fragte lächelnd: «Geht schon besser, nicht?» Verblüfft stellte sie fest, daß sie in ihrer Verbitterung ihre Blase vergessen hatte und die Schmerzen fast verschwunden waren.

Die Medizin, die sie jetzt bekam, war nur noch dazu da, die Behandlung abzuschließen. Der Arzt behandelte sie in ihrer Ganzheit, indem er sich zuerst mit ihrer ganzen Einstellung und ihrem Verhalten befaßte und nur ergänzend ein Medikament gab. Die Erfahrung, die sie machte, war gewiß weit wertvoller als die bloße Befreiung von der Blasenentzündung.

Im Ayurveda wie in der chinesischen Medizin wird der Mensch nicht dadurch behandelt, daß man seine Symptome beseitigt, denn diese Symptome werden stets nur als Manifestation tieferliegender Probleme betrachtet und erst behandelt, wenn die Basis dafür geschaffen ist. Aufgeschlüsselt werden diese Symptome nach einem ganzen System von Kategorien, zu denen die fünf grobstofflichen Elemente *(Bhutas)* Äther, Luft, Feuer, Wasser, Erde und die fünf feinstofflichen Elemente oder Energieformen *(Tanmatras)* gehören. Bei jeder Diagnose müssen auch die drei Qualitäten der Energie berücksichtigt werden. Die erste, *Sattva*, bezeichnet den Zustand der Ausgewogenheit oder das Wesen (entsprechend der Wirkungsweise des Sushumna-Nadi); *Rajas* ist die Qualität der Aktivität oder Bewegung (entsprechend dem positiv geladenen Pingala-Nadi) und *Tamas* die Qualität der Ruhe oder Trägheit (entsprechend dem negativ geladenen Ida-Nadi).

Außer der Einschätzung der Einstellung und Symptomatik eines Patienten nach diesen Kategorien werden noch andere Informationen wie familiäre und andere Lebensumstände berücksichtigt, um ein vollständiges Bild von der tieferen Problematik zu gewinnen. Im allgemeinen wird der Ayurveda-Arzt dem Patienten vor allem Richtlinien für seine Lebensführung empfehlen, die sich auf seine persönlichen Gewohnheiten, seine Ernährungsweise, sein Geschlechtsleben und möglicherweise sogar auf seinen Ehepartner beziehen. Der Patient selbst hat sich um Reinigung von seinen «animalischen» Instinkten und seiner mechanischen Lebensweise zu bemühen.

Tibet

Der tibetische Buddhismus ist reich an Lehren und Praktiken für die spirituelle Entwicklung. Dazu gehört auch der tibetische Yoga, der mit dem indischen Kundalini-Yoga eng verwandt und von ihm abgeleitet ist. Auch die Tibeter glauben an eine fundamentale Lebensenergie, die das gesamte Universum durchströmt und alle Phänomene ins Leben ruft. *Tummo* heißt in Tibet die Energie, die der indischen Kundalini entspricht und aus dem universalen Prana hervorgeht. Auch hier gibt es einen Weg, diese Energie zu mobilisieren und im Körper anzureichern, um sie im Bedarfsfall in psychophysische Wärme umzuwandeln. Die den Nadis entsprechenden Leitbahnen für Tummo werden *Tsa* genannt. Die Tsas sind feinstoffliche Gefäße, die Tummo vor allem in die Körpermitte, aber auch in die Extremitäten leiten. Sie verbinden die verschiedenen Energiezentren, die in Tibet *Khorlo* genannt werden und den indischen Chakras entsprechen, zu einer Einheit. Diese Zentren sind wirbelnde Energieumwandler für kosmische Energie von außen und persönliche/spirituelle Energie von innen.

Nach Jahren der Schulung werden die Eingeweihten an einem See hoch in den Bergen einer Prüfung unterzogen: Sie sitzen nackt in der eiskalten Winterlandschaft und versuchen nasse Kleidungsstücke zu trocknen, die ihnen umgelegt werden. Manchmal wetteifern sie darum, wer nach einer ganzen Nacht der Tummo-Übung am meisten Kleider mit seiner bloßen Körperwärme trocknen kann. Manchmal geht es auch darum, wer am meisten Schnee um sich her wegschmelzen kann. Entsprechendes, nur auf dem entgegengesetzten Extrem, ist aus Indien bekannt, etwa wenn ein Yogin unter der sengenden Mittagssonne zwischen vier Feuern aus Holz und Kuhdung sitzt, die nur einen Schritt von seinem Körper entfernt brennen. Damit demonstriert er seine Unempfindlichkeit gegen Hitze. Auch die Feuertänze auf manchen Südseeinseln sind hiermit zu vergleichen.

Solche Darbietungen sind jedoch kein Selbstzweck, sondern sollen zeigen, daß das Haften an körperlichen Bedürfnissen überwunden wurde. Die Eingeweihten überantworten sich einer höheren Macht und überschreiten dadurch ihre persönlichen Grenzen; indem sie mit den Elementen einswerden und selbst den Charakter der Lebensenergie annehmen, können äußere Einflüsse ihnen nichts mehr anhaben.

Die Tibeter kennen eine weitere Form der Energie, *Shugs* oder *Tsal,* die mit dem Denken zusammenhängt. Für sie ist das Denken eine Energie, die von Mensch zu Mensch übertragen werden kann. Diese Übertragung geschieht durch Berührungen oder Vorstellungen oder auch in Trance. Das gilt nicht nur für Einzelpersonen, sondern auch für ein ganzes Volk, das sozusagen eine nationale Schwingung erzeugt. Jeder Angehörige dieser Kultur ist dieser Schwingung ausgesetzt und wird von ihr beeinflußt. Mit entsprechend geschultem Bewußtsein können wir die negativen Einflüsse unserer jeweiligen Nationalschwingung zwar neutralisieren, doch zunächst einmal müssen wir überhaupt gewahrwerden, worin diese Schwingung besteht.

Hawaii

Auch die frühen Bewohner der Hawaii-Inseln verfügten über ein Heilsystem, das auf lebensenergetischen Prinzipien beruhte. *Huna* hieß diese Energie hier; sie war in drei Formen bekannt: als *Mana* (Körperenergie), *Mana Mana* (Denkenergie) und *Mana Loa* (spirituelle oder okkulte Energie). Mana Loa wurde als die am höchsten entwickelte Form betrachtet, weil nach dieser Auffassung alle Dinge ihrem Einfluß unterliegen. Ihr Symbol ist die Sonne, die Quelle aller Lebensenergie. Das entspricht der hinduistischen Überzeugung, daß Prana von der Sonne ausgesendet wird.

Für jede dieser Manifestationen der Lebensenergie Huna gibt es einen zugehörigen Körper auf der jeweiligen Energieebene. Sie werden *Aka*-Körper genannt und bilden zusammen die «Dreieinigkeit» des Menschen. Mana Aka besteht aus schwacher Energie, die sich als chemische oder magnetische Energie zeigt, in Holz gespeichert und von Mensch zu Mensch übertragen werden kann. Mana Aka ist wegen seiner weitgehend unbewußten Natur die energetische Form dessen, was man das niedere Selbst nennt. Wer in der Lage ist, Mana willentlich zu übertragen, kann damit Lähmungen oder Bewußtlosigkeit auslösen. Die Hauptfunktion dieser Energie besteht jedoch darin, den physischen Körper zu vitalisieren, das heißt, aus dem bloß stofflichen Körper einen lebendigen Energieumwandler zu machen.

Mana Mana ist eine höherfrequente Energie, die das Bewußtsein des mittleren Selbst für seine Denk- und Projektionsprozesse benutzt – etwa für eine Art Hypnose, durch die man jemand anderem einen Gedanken einpflanzen und in ihm wachsen lassen kann.

Mana Loa ist die machtvollste Manifestation der Lebensenergie Huna. Sie ist das Mittel, dessen sich das höhere Selbst zum Heilen und für die spirituelle Entwicklung bediente. Huna-Heiler, die *Kahunas*, praktizierten eine Form des Handauflegens, das *Lomi Lomi*, wendeten aber auch Bäder, Massagen und andere manuelle Methoden an. Sie praktizierten das Einatmen von Mana (ähnlich dem indischen Pranayama) und ließen Mana durch Visualisierungs-

praktiken in sich aufsteigen, bis es überströmte (ähnlich der tibetischen Tummo-Übung). Max Long, der die Huna-Medizin jahre-
lang studierte, schreibt, daß die Kahunas nicht nur außerordentli-
che Heilerfolge erzielten, sondern auch die Winde beherrschten
und die Zukunft vorhersagen konnten.

Die Juden

Bei den Juden der Antike war das Konzept der Lebensenergie als
Cheim, das dynamische Prinzip allen Lebens, vertreten. Allen
lebenden Dingen, so glaubten sie, war diese Lebenskraft einge-
haucht und manifestierte sich als ihr Geist. Diesen belebenden Geist
nannten sie *Ruach* (im Arabischen *Ruh*); er war es, der bei einer
Krankheit aus dem Gleichgewicht war. Eine andere Manifestation
von Cheim nannten sie *Koach*, was «Macht» oder «Kraft» bedeutet.

Im Mittelpunkt des jüdischen Lebensenergie-Konzepts steht
natürlich Gott als die Totalität all der vielen Manifestationen dieser
Kraft, und die Bücher des Alten Testaments bilden die Grundlage
dieses Verständnisses. Die Bibel wird leider meistens als ein rein
historisches Werk mißverstanden; sie hat jedoch mehrere Sinnebe-
nen, von denen die historische nur die oberste ist. Darunter liegt die
allegorische Ebene, die eine Darstellung der Schritte der spirituellen
Entwicklung gibt, die kryptische Ebene, in der sich ein mit einem
geheimen Code verschlüsseltes esoterisches Wissen verbirgt, und
die kabbalistische Ebene. Diese letzte Ebene bezieht sich auf ein
religionsphilosophisches System, das älter ist als die Bibel und seine
Wurzeln im antiken Ägypten hat. Man kann sogar noch eine fünfte
Interpretationsebene für die Bibel annehmen, nämlich die energetische, auf der sich die Gesetze und Prinzipien der Lebensenergie
manifestieren. Da ein solches Unterfangen aber weit über das
hinausgehen würde, was uns hier interessiert, und zudem die
kabbalistische Tradition Komponenten dieser Energieperspektive
enthält, wollen wir uns hier der Kabbala zuwenden.

Kabbala leitet sich von dem hebräischen *Qabal* ab, das «empfangen» und «offenbaren» bedeutet. Das «Geheimwissen» der Kabbala
soll seit der Zeit Mosis von Generation zu Generation unter den
Eingeweihten, die in die Geheimnisse der Energie initiiert wurden,
weitergegeben worden sein. Diese uralte Überlieferung und manche neuere Interpretationen lassen einige wichtige Züge jüdischen
Denkens und Lebens zutage treten.

Gott stand schon immer im Mittelpunkt des jüdischen Denkens.

Sein unaussprechlicher Name wird von vier hebräischen Buchstaben gebildet, deren Transskription sich JHWH liest. Obgleich dieser Name, wie Jeff Love in seinem Buch *Die Quantengötter* schreibt, «manchmals als Jehova übersetzt wird, ist er an sich kein Name, sondern eine Formel, die einen universalen Prozeß beschreibt». Dieser «vierfältige Prozeß», der eine Dreiheit und als Viertes die Einheit dieser Dreiheit beschreibt, wird in der Kabbala *Tetragrammaton* genannt. Betrachten wir einmal die hebräischen Buchstaben, die diesen Prozeß repräsentieren:

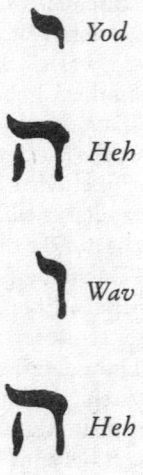

Yod

Heh

Wav

Heh

Dazu Jeff Love[8]: «*Yod* hat die einfachste Konstruktion aller hebräischen Buchstaben. Er ist die Grundform, auf der die anderen ...fußen. Er symbolisiert eine Flamme, ist männlich, aktiv und schöpferisch. Er ist das Prinzip der Kraft.» Da Kraft aber etwas ist, das Ereignisse und Abfolgen von Ereignissen in Gang setzt, enthält *Yod* auch die Vorstellung Zeit. «Der zweite Buchstabe, *Heh*, ist weiblich, passiv und stellt das Empfangende oder das Formprinzip in Bezug auf *Yod* dar. *Heh* ist das Prinzip der Struktur.» Da aber nur Gestalten oder Formen Struktur besitzen können, ist mit *Heh* zugleich die Ausdehnung, der Raum, gesetzt. «Der dritte Buchstabe, *Wav*, ist die Aktivität von *Yod* (Kraft), die sich in der Struktur von *Heh* bewegt. *Wav* ist das Prinzip der Bewegung.» Bewegung aber setzt verschiedene Orte voraus, also Trennung, und Trennung erzeugt stets eine gewisse «Spannung», ein «Potential». Daher steht *Wav*, die Bewegung, zugleich auch für Energie. In seiner vierten Position im Tetragrammaton bedeutet *Heh* eine Struktur oder Form, die sich daraus ergibt, daß die ersten drei Buchstaben als Einheit zusammenwirken. «Das zweite *Heh* bedeutet Manifestation oder Form», in dieser Position jedoch im Sinne von «Dinghaftigkeit oder Festigkeit». Während das erste *Heh*, die Struktur, verschiedene Orte, also den Raum, voraussetzt, verbindet sich mit dem zweiten *Heh,* daß etwas Dinghaftes sich durch eine Abfolge von solchen Orten bewegt; damit ist das gegeben, was wir Masse nennen. Mit diesen im unaussprechlichen Namen JHWH enthaltenen Manifestationen Gottes, nämlich Kraft, Struktur, Bewegung und Form, beziehungsweise Zeit, Raum, Energie und Masse, sind alle Voraussetzungen gegeben, die für die Schöpfung notwendig sind.

Wie ich später noch im einzelnen erläutern werde, ist Energie der Angelpunkt aller anderen physikalischen Prinzipien. Damit wäre Gott die Totalität sämtlicher möglicher Energiephänomene, die nur qualitativ und quantitativ verschiedene Manifestationen der Lebensenergie sind. In der Bibel gibt es elf Namen Gottes, die für verschiedene Bewußtseinszustände oder Energieniveaus stehen. Etliche dieser Namen beginnen mit «El», das sich aus den Buchstaben *Aleph* und *Lammed* zusammensetzt. *Aleph* symbolisiert die göttliche Energie oder den göttlichen Atem, während *Lammed* für sich genommen «das Anregende» bedeutet. «El» heißt also: göttliche Energie, die anregt. Samuel Bousky entdeckte einen kabbalistischen Code und entschlüsselte mit ihm den Gottesnamen *El Shaddai* als Lebenskraft, entsprechend dem indischen Prana oder dem chinesischen Ch'i. *El Elohim* bezeichnet den Geist und *El Elyon* die Seele. *Elohim,* der Name, der im Zusammenhang mit der Erschaffung der Welt gebraucht wird, kann als das Organisationsprinzip betrachtet werden. Da Elohim sowohl maskulin als auch feminin ist und in der Pluralform erscheint, drückt sich in ihm sowohl die Harmonie der Polaritäten (Yin/Yang, Shakti/Shiva) als auch die Einheit in der Vielheit, also die Ganzheit aus.

Ein Schlüssel zum Verständnis der Beziehung, die die alten Juden zur Lebensenergie hatten, ist das Symbol des Lebensbaums. Die hebräischen Wörter, die als «Baum des Lebens» übersetzt werden, bedeuten jedoch wörtlich «Seins-Plan».

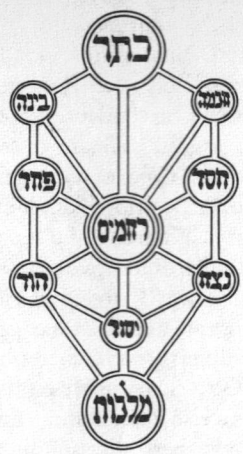

Der «Baum des Lebens», das kabbalistische Diagramm der Wechsel-wirkungen zwischen den verschiedenen Manifestationen der Lebensenergie.

Die Kreise, die den Baum des Lebens bilden, werden *Sephirot* (Sing. *Sephira*) genannt; das Wort bedeutet Licht oder Emanation, und man kann eine Sephira als eine Einheit des Universalen Ganzen oder als Energiequantum in einem kosmischen Feld des Energieaustauschs betrachten. So kann man den Baum des Lebens als ein universal anwendbares Schema des Energieflusses verstehen. Die verschiedenen Verbindungswege zwischen den Sephirot, die bestimmte Prozesse bezeichnen, bilden ein Energieflußdiagramm ähnlich dem chinesischen Akupunktursystem von Punkten und Meridianen oder dem indisch/tibetischen System der Chakras und Nadis.

Wie im indischen Meru-Danda-Symbol finden wir auch im biblischen «Baum der Erkenntnis» (von Gut und Böse) eine Schlange. Im allgemeinen wird diese Schlange nur als jene Kraft verstanden, die Adam und Eva zur Sünde verführte. Aus einem anderen Gesichtswinkel aber wird die Schlange, ein uraltes Symbol der Lebensenergie, nur für denjenigen zur Verführung, der der Polarität von Gut und Böse verhaftet bleibt. Lösen wir uns von dieser Verhaftung, so kann die im Grunde neutrale Energie, die die Schlange symbolisiert, zu einem Hilfsmittel bei der Verwirklichung der Ganzheit werden. Und genauso wie beim indischen Symbol für Yoni und Lingam sowie beim chinesischen Symbol für Yin und Yang benutzten auch die Juden ein mit der Spitze nach oben und ein mit der Spitze nach unten weisendes Dreieck zur Bezeichnung der polaren Energien. Übereinandergelegt ergeben diese beiden Dreiecke den sechszackigen «Davidsstern», der später zu einem Symbol der nationalen Identität der Juden wurde, ursprünglich aber ein esoterisches Symbol für die Harmonisierung der polaren Kräfte von Licht und Dunkel, Bewußtsein und Unbewußtem, Himmel und Erde war.

Natürlich glaubten und glauben nicht alle Juden an die Kabbala, aber auch der jüdische Philosoph Spinoza, kein Anhänger der Kabbala, glaubte, daß Gott das Lebensprinzip in allen Dingen sei, daß er reine Energie sei, das Bewegungsprinzip einer in stetem Wandel begriffenen Welt. Auch Wissenschaftlern sind solche Vorstellungen nicht unbedingt fremd. Als Albert Einstein, auch er ein Jude, gefragt wurde, ob er an Gott glaube, sagte er: «Ich glaube an Spinozas Gott.»

Nachdem wir die Energiekonzepte einiger großer Kulturen des Ostens betrachtet haben, wollen wir uns noch zwei von vielen Einzelpersonen aus diesem Bereich zuwenden, die für die Entwicklung des Energiegedankens von besonderer Bedeutung waren.

Galen

Sechshundert Jahre nach Hippokrates brachte der in Pergamon, Kleinasien, geborene Arzt Galenos die Entwicklung der Medizin einen entscheidenden Schritt voran, indem er alles seit Hippokrates gewonnene medizinische Wissen zu einem organischen Ganzen zusammenfaßte. Er glaubte an eine Kraft namens *Physis*, von der alles Lebendige durchdrungen ist und deren Einzelaspekte Anziehung, Festhalten und Abstoßung in ihrem Zusammenspiel für Gesundheit und Wachstum verantwortlich sind. Physis ist eine Manifestation der Lebensenergie, die sich in materiellen Gestaltungen darstellt. Galen postulierte auch eine Art Lebenshauch, das *Pneuma*, das die Physis in Bewegung versetzt. Hier haben wir eine direkte Entsprechung zum indischen Prana, aus dem alle Energieprozesse ihre Kraft beziehen. Galen glaubte, daß dieses Pneuma über Nervenbahnen im ganzen Körper verteilt wird, ähnlich wie das Ch'i über die Meridiane der chinesischen Medizin. Im übrigen arbeitete er wie Hippokrates mit einem System von «Körpersäften»

oder «Temperamenten» (lat. *humores),* deren Wechselspiel über
den Gleichgewichtszustand im Körper und damit über Gesundheit
und Krankheit entschied.[9] Auch die Ernährung spielte in Galens
Konzept der Ganzheit eine wichtige Rolle, da die Nahrungsmittel
sich ebenfalls in verschiedenan Gewichtungen aus den Temperamenten zusammensetzen (was auch für den Boden gilt, auf dem die
Nahrungspflanzen wachsen und ebenfalls für die Ernährung der
verzehrten Tiere) und eine falsche Ernährung Temperamentsüber-
schüsse, also Disharmonie erzeugt.

Avicenna
Weitere neunhundert Jahre vergingen, bis die lebensenergetischen
Prinzipien in der Medizin durch Avicenna einen neuen Aufschwung erfuhren. Obgleich man ihn als einen der Väter der
Naturheilkunde und der Pharmakologie betrachten kann, ist er im
Westen weitgehend unbekannt geblieben. Als Abu Ali Al-Husayu
ibn Sina in Buchara (in Usbekistan, heute UdSSR) geboren, ver-
faßte er das *Buch der Genesung der Seele,* ein vielbändiges Werk,
daß alles bis dahin gewonnene medizinische Wissen zusammenfaßt.
Im Nahen und Mittleren Osten und in Indien ist dieses Werk noch
weithin die Bibel der medizinischen Lehre und Praxis.

Nach Avicenna ist die Gesundheit von einer Lebensenergie
abhängig, die im islamischen Kulturkreis *Ruh* genannt wird. Ruh
ist eine quasi-materielle Substanz, die anders als das Pneuma Galens
eher einem Lichtstrahl zu vergleichen ist. Gebildet wird diese
Energie im Herzen aus den lichten und flüchtigen Bestandteilen der
Humores (Säfte, Temperamente). Ruh ist die Basis aller funktionellen Aktivität im Körper und wird über die Blutbahnen transportiert
und durch die Atmung modifiziert; die Organe des Körpers
entwickeln sich gemäß wechselnder Mischungsverhältnisse der
Humores.

Nach L. C. Shah entspricht der Ruh-Energie auf der physischen
Ebene der Blutzucker. Hier tritt Avicennas Lebenskraft also in der
Gestalt einer elementaren Stoffwechselenergie auf, die dem Leben
und den Funktionen aller Organe und Gewebe zugrundeliegt.
Ähnlich der tibetischen Tummo-Energie manifestiert sich Ruh als
Körperwärme, die durch die Atmung reguliert wird. Dabei spielen
auch die Emotionen eine große Rolle, wie wir auch aus der heutigen
klinischen Praxis wissen, daß mit manchen Emotionen eine Abküh-
lung des Körpers einhergehen kann.

Auch Avicenna sah eine Polarität der Lebensenergie, deren «männliche» Qualitäten er mit den Ausdrücken heiße, trockene Luft oder Feuer bezeichnete und die «weiblichen» Aspekte als kalte, feuchte Materie oder Wasser. Die Interaktion dieser Polaritäten schafft ein Gleichgewicht, das aber nie statisch ist, sondern von den jeweiligen Umständen der Gesamtsituation abhängt. Diese ganzheitliche Perspektive zeigt, daß Avicenna hier ein dynamisches Gleichgewicht meint, wie es zum Beispiel auch im japanischen Aikido angestrebt wird.

Das Abendland

Auch wenn das nur wenig bekannt ist, hat es im Westen ebenfalls Ansätze zu einem Verständnis und einer praktischen Umsetzung der Prinzipien der Lebensenergie gegeben. Tatsächlich hat auch hier das Konzept der Lebensenergie eine lange und vielgestaltige Geschichte. So liest sich zum Beispiel die Geschichte der griechischen Philosophie wie ein Buch über etwas, das wir «Philosophie des Energismus» nennen könnten. Der Energismus behauptet, daß sich alle Phänomene nach energetischen Gesichtspunkten interpretieren lassen, daß die quantitativen und qualitativen Eigenschaften der Energie Phänomene wie spirituelle Entwicklung, Bewußtsein, Information, Feld und Form entscheidend mitbestimmen. Er behauptet weiterhin, daß alle Erfahrung (Denken, Fühlen, Handeln usw.) einer universalen Ganzheit entspringt und letztlich in sie zurückführt.

Betrachten wir die frühe griechische Philosophie von diesem Energiestandpunkt aus, so finden wir zahlreiche Gedankenkeime, die mit den Lebensenergie-Systemen des Orients stark übereinstimmen. Wichtige Grundsätze des Energismus, die wir in diesem Buch betrachten wollen, sind in der griechischen Philosophie schon deutlich zu erkennen, etwa Aussagen über die Funktion der Seele, die Natur des universalen Mediums, das alle Phänomene ins Leben ruft, die Natur der Bewegung und schließlich die Natur der Ganzheit als universales Medium und ihr Abstieg in die Form.

Die Griechen

Thales von Milet (etwa 624–546 v. Chr.), den Aristoteles den ersten griechischen Philosophen überhaupt nannte, war der erste Vertreter einer Schule, die «ionische Naturphilosophie» genannt wird. Charakteristisch für diese Schule war die Lehre des Hylozoismus, der alle Materie als von Hause aus belebt betrachtet: alles war belebt, beseelt und von Göttlichkeit erfüllt. Hier finden wir schon die erste Übereinstimmung mit den Prinzipien der Lebensenergie, die auf sogenannte unbelebte Objekte wie Steine ebenso anwendbar sind wie auf Organismen. Nach Thales gibt es ein einziges materielles Substrat des gesamten Universums, das Wasser oder die «Feuchtigkeit». Anaximander, Schüler und Nachfolger des Thales, ging ebenfalls von einem unendlichen Urstoff *(apeiron)* aus, von dem sich die Elemente der Schöpfung ableiten. Hier sehen wir die Lebensenergie zum ersten Mal nicht mehr nur als Inhalt, sondern als Prozeß. Wie die Hindus glaubte Anaximander an die Seelenwanderung und einen unendlichen Umwandlungsprozeß der Materie im Kreislauf von Erschaffung und Zerfall. Für Anaximenes, den dritten Vertreter der ionischen Schule, war die Luft dieser Urstoff, aus dem durch Verdünnung Feuer und durch Verdichtung Wind, Wolken, Wasser, Erde und Steine entstehen.

Xenophanes, der Begründer der eleatischen Schule der Philosophie in Unteritalien, lehrte, daß Gott und das Universum Eins seien. Gott sei als *Arche* (Anfang, Urgrund) das kosmische und unwandelbare Prinzip, das in allen Dingen gegenwärtig ist. Heraklit behauptete andererseits, daß alle Dinge im Fluß seien, also in stetigem Wandel begriffen. Die Idee des stetigen Fließens erinnert an die taoistische Anschauung, daß aller Wandel die Manifestation des dynamischen Wechselspiels der Gegensätze ist, das eine implizite Einheit erzeugt. Heraklit benutzte das Feuer als Symbol für die Kraft, die die Welt entstehen ließ, und die er schlicht «Bewegung» nannte. Er bezeichnete mit dem Ausdruck *Logos* die universale Ordnung oder Ganzheit, deren Gesetze die Natur regieren. Auch die «Gesetze» der modernen Naturwissenschaft basieren auf den Prinzipien der Ganzheit, und den Logos finden wir als die Endsilbe der Namen fast aller Einzelwissenschaften wieder: Bio-logie, Psycho-logie und so weiter. Für Heraklit war die Seele, die sich nach dem Tod reinkarniert, der Geist des Universums.

Empedokles, der erste der sogenannten metaphysischen Pluralisten, sagte, daß alles aus vier Grundelementen aufgebaut sei: Feuer,

Luft, Wasser und Erde. Entstehen und Vergehen im eigentlichen Sinne gibt es nicht, sondern nur Mischung und Entmischung, Verbindung und Trennung dieser vier Elemente durch die beiden polaren Kräfte Liebe und Haß oder Anziehung und Abstoßung. Gewisse Ähnlichkeiten mit dem Wechselspiel von Yin und Yang im chinesischen Denken sind unverkennbar. Liebe war für Empedokles das universale Prinzip, das Einheit, Ordnung und Ganzheit schafft, während Haß Trennung, Unordnung und Zerfall herbeiführt. Anaxagoras von Klazomenai sah in der Schöpfung eine Art Geist, eine Vernunft walten, die er *Nous* nannte. Nous hat Ähnlichkeit mit Heraklits Logos; er wirkt in der Materie, vermischt sich aber nicht mit ihr; er ist verantwortlich für Ordnung, Schönheit und Gesetzmäßigkeit der Dinge.

Pythagoras war nicht nur Mathematiker und Astronom, sondern auch einer der ersten Griechen, die von einer heilenden Lebenskraft sprachen. Er nannte diese Lebenskraft «Zentralfeuer»; sie war göttlichen Ursprungs, aber auch im Menschen gegenwärtig. Gesundheit war für ihn eine Funktion der richtigen Ernährung, des richtigen Denkens und eines ausgewogenen, maßvollen Lebenswandels. Nur wenn Leib und Seele richtig aufeinander abgestimmt sind, kann eine harmonische Energieschwingung entstehen. Pythagoras setzte bereits Musik und Farben zu Heilzwecken ein.

Aristoteles benutzte den Ausdruck *Energeia*, um den Vorgang der Überführung von Potentialität in Aktualität zu beschreiben. Energeia charakterisiert daher eine Existenzweise, in der das Wesen (das Potential) von etwas vollständig verwirklicht ist. Jedem Ding wohnt ein gestaltendes Prinzip inne, die *Entelechie*, eine Form, die danach strebt, sich mittels Energeia im Stoff zu verwirklichen. So nennt Aristoteles die Seele die Entelechie des Leibes, die sich in den Gestaltungen, in den Veränderungen und Tätigkeiten des Körpers verwirklicht. Entelechie (der Ausdruck enthält das griechische Wort *telos* = Ziel) gibt also die Richtung des Prozesses an, während Energeia, der Name sagt es, die Kraft ist, die ihn in Gang setzt.

Dieser Überblick über einige, wenn auch längst nicht alle Konzepte der griechischen Philosophie zeigt, daß energetische Vorstellungen in ihr stets eine große oder gar zentrale Rolle spielten. Trotz aller scheinbaren Widersprüche zwischen den Systemen der frühen Philosophen, können wir ihre Schlußfolgerungen über das Leben insgesamt als eine Entwicklung von Lebensenergieprinzipien betrachten, die einander nicht ausschließen. Eine der Hauptschwierigkeiten des westlichen Denkens besteht in der Neigung, verschiedene Ansichten als einander widersprechend zu betrachten. Betrachtet man die Dinge jedoch aus einer ganzheitlichen Perspektive, wie sie für den Osten charakteristisch ist, so erschließt jede These in der Zusammenschau mit anderen eine neue Verständnisebene derselben Ganzheit. Die verschiedenen Grundbausteine oder Grundkräfte, die von den frühen griechischen Philosophen angeführt werden, sind in Wirklichkeit nur komplementäre Aspekte der Lebensenergie.

Die Griechen interessierten sich besonders unter dem Gesichtspunkt der Ordnung und Ganzheit für die Natur des Universums. Die Einheit von Materie und Leben in der ionischen Schule, die Einheit von Gott und Universum bei Xenophanes, die Einheit des Universums bei Parmenides und Zenon von Elea zeugen für diese Tatsache. Für einige war die Seele diese Ganzheit (Platon und Aristoteles), und sie unterschieden materielle, geistige und kosmische Aspekte in den Manifestationen der Seele. Wie die Hindus sahen viele der griechischen Philosophen das Leben von Geist durchdrungen; sie glaubten an Seelenwanderung und sprachen von der lebenspendenden Kraft der Seele. Der Körper war letztlich eine Gestaltung der Seele.

Die Vorstellungen von einer vermittelnden Substanz oder Lebensenergie reichten vom «Atom» des Leukippus und Demokrit über das Sein des Parmenides, den Nous des Anaxagoras, den Logos des Heraklit, das Zentralfeuer des Pythagoras bis zu den Elemententheorien von Anaximander, Thales und Anaximenes. Mit Ausnahme der Atomtheorien sind alle frühgriechischen Kosmogonien ihrem Wesen nach dynamisch und vitalistisch. Doch selbst der Atomismus eines Leucippus oder Demokrit zeigt, daß auch das Atom eine Einheit der Ganzheit ist, denn wenn wir davon ausgehen, daß das Atom auf seinem Energieniveau unteilbar (gr. *atomon*) ist, so stellt es wie die Zelle, das Molekül, der Köper und so weiter eine Ganzheit dar, die auf einem bestimmten Frequenzband der Lebensenergie operiert. Pythagoras schrieb der Lebensenergie bereits heilende Eigenschaften zu, und Aristoteles sah nicht nur, daß die Energie das Medium aller Aktivität ist, sondern auch, daß ein Leben im Bewußtsein dieses Zusammenhangs ein Leben der Erfüllung und Evolution ist. Hippokrates, ebenfalls einer der großen Pioniere, übertrug diese Ideen auf die Heilkunst.

Hippokrates

Um das Jahr 460 v. Chr. auf der Insel Kos geboren und um 377 gestorben, wird Hippokrates häufig als der Vater der modernen Medizin bezeichnet. Auf der Grundlage pythagoreischer Ideen und eines vitalistischen Lebensenergiekonzepts entwickelte er die Medizin zu einer eigenständigen, praktischen Erfahrungswissenschaft. Er glaubte, daß alles Leben eine Einheit darstellt und von einer besonderen Kraft getragen ist, die *Enormon* (innewohnende Kraft) genannt wurde.[10] Hippokrates gründete seine Philosophie der Gesundheit auf den Begriff der Physis, worunter er nicht nur den Organismus in seiner Ganzheit verstand, sondern auch das ihm innewohnende geistige Wesen. Die vier Humores oder «Säfte» bestimmten durch ihr wechselndes Mischungsverhältnis die Gesundheit des Menschen. Eine «eingeborene Hitze» hielt diese Säfte in Bewegung, und eine besondere Form dieser Hitze, das «heilige Feuer», schützte vor Krankheiten. In vielen medizinischen Systemen hat man dieser besonderen Heilkraft den Namen *Vis medicatrix naturae* oder einfach «Lebensenergie» gegeben.

Paracelsus

Auch Paracelsus, der in der ersten Hälfte des 16. Jahrhunderts lebte, glaubte an die Ganzheit der Natur. Die Himmelskörper, so sagte er, beeinflussen den Menschen durch eine Kraft, die er *Munia* nannte. Diese Form der Lebensenergie ist die Kraft, die dem Fleisch innewohnt und die Krankheiten erzeugen oder heilen kann – je nachdem, wie man mit ihr umgeht. Diese Lebenskraft, die nach Paracelsus auch über den Körper hinaus strahlt und ihn wie eine leuchtende Sphäre umgibt, wirkt wie der Magnetismus und kann direkt, aber auch aus der Ferne angewendet werden. Für Paracelsus sind Energie und Materie eng miteinander verbunden; sein Begriff *Iliaster* steht sowohl für Lebenskraft als auch für belebte Materie. Gesundheit ist der Ausdruck der Harmonie zwischen diesen beiden, und diese Harmonie ist gegeben, wenn der Mikrokosmos (Mensch) sich in Übereinstimmung mit dem Makrokosmos befindet. Er beschrieb mit dem Begriff *Archeus* (etwa: schöpferische Kraft, Lebensgeist) diese Beziehung zwischen dem Universum als Ganzem und der Person mit all ihren Teilen. Archeus wirkt, so glaubte er, wie ein Stoffwechsel feinstofflicher Kraftemanationen. Der Körper ist die Widerspiegelung eines halbkörperlichen «Sternenleibes» (auch Astralkörper genannt), der dem Körper innewohnt und ihn am Leben erhält. Wir sehen hier Übereinstimmungen mit dem griechischen Begriff der Seele, doch hier kommt noch ein Strahlungsaspekt hinzu, der an die Vorstellung von einem Ätherleib oder einer Aura gemahnt.

Paracelsus' Begriff der «Quintessenz», des medizinisch hochwirksamen energetischen Wesenskerns einer Substanz, fand später im Potenzierungsprinzip der Homöopathie seine wichtigste Anwendung. Der wahre Heiler war für Paracelsus jedoch das «Feuer», das durch entsprechende Medizinen entfacht wurde und die Krankheit ausbrannte. Das beste Beispiel dafür ist das Fieber, das ja in der Tat den Stoffwechsel anregt und Viren und Bakterien in ihrem Wachstum hemmt.

Mesmer

Anton Mesmer (1734–1815) glaubte an eine die gesamte Natur durchdringende Lebenskraft, die er «animalischer Magnetismus» nannte. Dieser Kraft schrieb er unter anderen folgende Eigenschaften zu: sie durchdringt alle Materie, wirkt über die Entfernung, kann akkumuliert und transportiert werden und vermag Nervenkrankheiten zu heilen.

Um diese heilende Energie einzufangen, bestreute Mesmer den Boden eines Zimmers mit pulverisiertem Glas und Eisenfeilspänen. Darauf legte er Flaschen, in denen sich die Lebensenergie sammeln sollte. Ketten übertrugen die Energie vom Boden zu den Patienten, die einander bei den Händen hielten. Bei solchen Sitzungen kam es häufig zu emotionaler Katharsis, konvulsivischen Ausbrüchen oder Zuständen einer stumpfen Mattigkeit, ganz ähnlich wie bei den spiritistischen Zusammenkünften in Brasilien, bei denen böse Geister ausgetrieben werden.

Gesundheit bedeutete auch für Mesmer Ganzheit – ein Leben im Einklang mit den Gesetzen der Natur. Krankheit war eine Störung dieser Ganzheit. Das Pulsieren der Energie beschrieb er mit den Ausdrücken Intensivierung und Remission; kleinere Energieeinheiten des universalen Fluidums («animalischer Magnetismus») nannte er «Ströme». Außerdem erkannte Mesmer bei seiner Arbeit mit Kranken offenbar schon das Problem der Körperpanzerung. Er nannte solche Energieblockaden «Okklusionen» und schrieb sie chronischer Erschlaffung oder Spannung der Muskeln zu. All das gemahnt stark an die spätere Arbeit Wilhelm Reichs, dessen Patienten ein «Strömen» pulsierender Lebensenergie empfanden, wenn sie von ihrer Charakterpanzerung befreit oder in Reichs Orgonakkumulator behandelt wurden. Für Mesmers Methode therapeutischer Körperarbeit hat sich der Ausdruck «Handauflegen» eingebürgert.

Anthroposophie

Gegen Ende des vorigen Jahrhunderts begann Rudolf Steiner mit der Entwicklung eines Systems, das er Anthroposophie nannte und das seine Wurzeln in der Theosophie und den Naturwissenschaften hat. Der Anthroposophie liegt der Glaube zugrunde, daß das Erkenntnisvermögen des Menschen als Integration von Wahrnehmung und geistiger Durchdringung grenzenlos ist. Durch seinen ganzheitlichen, vitalistischen Ansatz wollte Steiner die Ur-Erfahrung der spirituellen Welt mit der sekundären Welt der physischen Manifestation in Einklang bringen. Bewußtsein, so glaubte er, entsteht aus dem beständigen Absterben von Nervenzellen, bei dem das Leben aus seiner Bindung an die Materie freigesetzt wird.

Krankheit sah Steiner als Entwicklungsmöglichkeit zu umfassenderer Ganzheit, und daher ist Gesundheit niemals allein durch die Ausschaltung von Symptomen zu erlangen. Er teilte die Krankheiten in zwei Hauptkategorien ein: Überaktivität des Stoffwechselpols (Entzündungen, warm und aktiv) oder Überfunktion des Nerven-Sinnespols (degenerative Zustände und Tumore, still und kühl). Das Blut strömt zwischen dem Yang des Stoffwechselpols und dem Yin des Nervenpols.

Steiner glaubte auch, daß alle unsere sogenannten physikalischen Energieformen wie Wärme, Licht usw. Manifestationen einer fundamentalen Energieform sind, die er «ätherisch-formative Kräfte» nannte. Diese Kräfte, von denen es in unserem Bezugsrahmen der positiven Raum-Zeit[11] vier Formen gibt, sind Medien, die er «Äther» nannte: Wärmeäther, Lichtäther, chemischer oder Schalläther und Lebensäther. Jeder dieser Äther ist durch seine energetische Schwingung oder Wellenlänge und andere Merkmale charakterisiert. Der Lebensäther vereinigt als die am höchsten entwickelte Stufe die drei anderen Äther in sich. Auch hier wird wieder eine Polarität der Kräfte angenommen: Wärme- und Lichtäther sind expansiv oder zentrifugal, chemischer und Lichtäther sind einwärtsgerichtet oder zentripetal.

Diese Äther lassen sich als lebensenergetische Medien für andere Energieformen interpretieren; sie transportieren sozusagen die

wissenschaftlich anerkannten Energieformen. So erzeugt der Lichtäther (den wir nicht wahrnehmen) das Licht, das wir sehen,
während der Lebensäther sich etwa zu Magnetismus und Schwerkraft entwickelt.

Homöopathie

Im späten 18. und Anfang des 19. Jahrhunderts entwickelte der
Arzt Samuel Hahnemann (1755–1843) ein lebensenergetisches
Heilsystem, in dem minimale Dosen sogenannter «potenzierter»
Heilmittel eine wesentliche Rolle spielen. Gesundheit, so glaubte
er, beruht auf der freien Bewegung der Lebensenergie, die er
«dynamische» oder «Lebenskraft» nannte. Die Lebenskraft ist nach
Hahnemann mit formativer Intelligenz begabt, sie ist konstruktiv,
weil sie den Körper ständig überwacht; sie sorgt für die Anpassungsfähigkeit des Körpers in allen Lebensumständen. Die Krankheit wird nicht in erster Linie durch Keime oder Gifte ausgelöst,
sondern durch energetische Störungen, die den Menschen erst
anfällig machen. Daß Krankheitskeime sich im Körper festsetzen
und dort vermehren können, ist also nicht die Ursache der Krankheit, sondern bereits eine Auswirkung. Die Krankheit ist überdies
kein eigenständiges Ding, sondern nur Ausdruck des Versuchs, den
der Körper unternimmt, um seine Ganzheit wiederherzustellen.
Diese Ansicht über die Natur der Krankheit wird von der vitalistischen Schule der Medizin favorisiert: Das Leben läßt sich mit
mechanischen oder chemischen Begriffen nicht erschöpfend erklären; man braucht dazu noch ein vitalisierendes Prinzip wie die
Seele.

Bei akuten Krankheiten versagt die Abwehrkraft des Körpers
zunächst, aber schließlich erlangt er seine Ganzheit zurück –
vielleicht mit der Hilfe eines homöopathischen Heilmittels, das die
Krankheit nicht kuriert, sondern nur die Selbstheilungskraft des
Körpers anregt. Bei chronischen Krankheiten ist der Selbstheillungsprozeß so schwer gestört, daß man die regenerativen Kräfte
zuerst aktivieren muß. Bei der Heilung verlagert sich die Krankheit
von lebenswichtigen zu weniger lebenswichtigen Organen, wobei
sie die Stufen ihrer manchmal langen Geschichte oft in umgekehrter
Reihenfolge durchläuft. Vielfach beginnt die Heilung auch mit
einer sogenannten Heilungskrise, bei der sich die Symptome
zunächst verschlimmern. Das ist ein Zeichen dafür, daß die
Lebenskraft aktiv wird. Auf dem Höhepunkt der Verschlimmerung

wird die Kraft der Krankheit gebrochen, und danach verschwinden die Symptome allmählich.

Das Prinzip der Lebensenergie wirkt im System der Homöopathie jedoch nicht nur in Gesundheit und Krankheit, sondern auch in den Heilmitteln. Wie die Hindus und die beiden großen Ärzte Hippokrates und Paracelsus glaubte Hahnemann an das Prinzip «Gleiches (Ähnliches) heilt Gleiches (Ähnliches)». Während allopathische[12] Heilmittel nur in hoher und oft schädlicher Dosierung wirksam sind, arbeitet die Homöopathie mit den Energiemustern ihrer Heilsubstanzen; jede dieser Energiestrukturen hat eine sehr spezifische Wirkungscharakteristik und wird aus der Substanz, die selbst nur noch in verschwindend geringen Mengen im Heilmittel vorhanden ist, mittels sogenannten Schüttelschlägen oder Schüttelungen freigesetzt. Diesen Vorgang nennt man Potenzierung oder Dynamisierung. Der Energiewissenschaftler Mark Gallert glaubt, daß die Schüttelung die Moleküle der Substanz streckt, wodurch die einzigartige Signatur einer Substanz als Energieprozeß freigesetzt wird – ähnlich dem Strahlungseffekt der Nuklearenergie. Eine homöopathische Arznei ist dann wirksam, wenn ihre Signatur der der Krankheit ähnlich ist, so daß der Körper ihr keinen Widerstand entgegensetzt und sich sogar zu vermehrter Abwehrtätigkeit gegen die Krankheit anregen läßt.

Deshalb müssen homöopathische Arzneien sehr exakt auf die Symptomatik einer Krankheit abgestimmt sein, sonst sind sie entweder wirkungslos oder führen zu einer Symptomverschiebung – doch in beiden Fällen besteht kaum die Gefahr schädlicher Nebenwirkungen. Um das richtige Heilmittel zu finden, muß der Arzt – ganz ähnlich wie im Ayurveda – die ganze Person mit ihren äußeren Lebensumständen und ihrer inneren Haltung berücksichtigen. Die niederen Potenzen (die ganz anders als bei allopathischen Heilmitteln am meisten von der Substanz enthalten) beeinflussen Energiestörungen auf der stofflichen Ebene, während die höheren Potenzen auch die psychische Ebene erreichen.

Das Wirkungsprinzip homöopathischer Heilmittel beruht darauf, daß sich zwischen dem Mittel und der Krankheit eine Resonanz bildet, die das energetische Muster der Krankheit schließlich zerstört – wie Glas bei einer bestimmten Tonfrequenz und -intensität bricht. Alles Gesunde bleibt unbeeinflußt, da es in einer anderen Frequenz schwingt; daher sind bei homöopathischer Behandlung kaum Nebenwirkungen zu erwarten.

Reichenbach

Carl Ludwig Freiherr von Reichenbach (1788–1869) betrieb –
inspiriert von Goethe, der das Leuchten um die Planeten als
biologische Energie bezeichnet hatte – ausgedehnte Forschungen
auf den Gebieten Magnetismus, Elektrizität, Wärme, Licht und an
Kristallen, die ihn schließlich dazu führten, eine Lebensenergie, die
er «Od» oder «Odyl» nannte, zu postulieren. Od durchdringt alle
Materie, belebte und unbelebte. Es existiert als positives und
negatives Od, das man spüren kann, wenn kristalline Substanzen
am Körper entlanggeführt werden. Aufwärts gerichtete Bewegungen können Wärme, unangenehme Empfindungen oder gar
Krämpfe auslösen, während Bewegungen nach unten als kühl und
angenehm empfunden werden.

Sensitive konnten das Od als ein Leuchten sehen, das vom
Körper ausstrahlte, den Reichenbach als natürlichen Akkumulator
und Übermittler solcher Strahlen ansah. Solche odylen Emanationen verändern sich in ihrer Intensität mit den wechselnden Stim-
mungen und mit der Tageszeit.

Radionik

1910 machte Albert Abrams, ein Arzt aus San Francisco, eine
bedeutsame Entdeckung, die später zur Entwicklung der Radionik
führte. Während er einen Patienten durch Abklopfen (Perkussion)
untersuchte, stellte er am Bauch einen dumpfen Klang fest, der aber
nur zu hören war, wenn der Patient sich nach Westen wandte. Er
nahm an, dieser Befund müsse etwas mit dem Erdmagnetismus zu
tun haben. Als er sich in den Gegenstand vertiefte, fand er heraus,
daß die bloße Nähe eines Kranken genügte, um bei einem Gesunden diesen dumpfen Klang zu erzeugen. Weitere Untersuchungen
ergaben, daß jede Krankheit einen spezifischen Klang hat, der sich
mit der Hilfe eines Apparates (bekannt als «Abrams schwarze
Kiste», von ihm selbst «Reflexophon» genannt) quantitativ darstellen läßt. Jede Krankheit ist damit durch eine spezifische Schwingungsfrequenz identifizierbar. Anschließend machte Abrams sich
an die Konstruktion eines Apparates, der gesunde Schwingungen
abstrahlen und den Gebrauch von Medikamenten überflüssig
machen sollte.

Das war ein ungeheurer medizinischer Durchbruch, und ein
wissenschaftlicher Untersuchungsausschuß mußte 1924 widerwil-
lig einräumen, daß Abrams' Behauptungen zutrafen. Die Radionik

arbeitet wie die Homöopathie mit Energieschwingungen, doch ohne Medikamente (Kräuter oder homöopathische Arzneien werden allenfalls ergänzend gegeben).

Spätere Forschungen haben sogar ergeben, daß man für die Radionik nicht einmal elektrische Apparate braucht, weil es bei der Behandlung vor allem auf die Fähigkeit des Behandelnden ankommt, Energieemanationen zu empfangen und zu senden; der Apparat ist nur ein quantifizierendes Hilfsmittel für Leute, die so etwas brauchen. Wie andere Radiästhesisten, die mit Rute oder Pendel arbeiten, ist der Radioniker nur soviel wert wie seine eigene Klarheit und Energiesensibilität.

Interessanterweise hat sich auch gezeigt, daß ein Haar oder eine Blutprobe oder sonst irgendeine Gewebeprobe des Patienten für die Diagnose und Behandlung ausreichend ist, weil jeder Teil unseres Körpers unser einmaliges Energiefeld abstrahlt. Durch Einstimmung auf diese Frequenz ist es sogar möglich, Krankheiten über große Entfernungen zu behandeln.

Diese Methode der Diagnostik und Therapie hat zahlreiche Vorteile: Krankheiten lassen sich schon vor ihrem akuten Ausbruch erkennen; man kann verschiedene Ebenen der Krankheit identifizieren; die Behandlung hat keine Nebenwirkungen; die Krankheit wird nicht bekämpft, sondern die Selbstheilungskraft des Körpers unterstützt; sie ist ganzheitlich, das heißt, in der Behandlung sind Bewußtsein, Körper und Geist des Menschen integriert; und wenn die Energieübermittlung aus einer höheren Quelle gespeist ist, kann sie sogar die spirituelle Entwicklung fördern.

Lakhovsky

In den 1920er Jahren entwickelte der französische Ingenieur Georges Lakhovsky die Theorie, daß Zellen Oszillatoren sind, die in einer für jede Zelle spezifischen Frequenz schwingen, und daß man alle Organismen als hochfrequente Schwingungskreise betrachten kann. Lebensenergie kosmischen Ursprungs, sogenannte Tellurische Energie, wird auf der Erde empfangen und versorgt alle lebenden Organismen. Dabei dienen bestimmte Fasern und die Chromosomen im Zellkern als Leiter.

Krankheiten, so sagte Lakhovsky, entstehen, wenn die Zelloszillation aus dem Gleichgewicht gerät; er entwickelte ein Gerät, den «multiplen Wellenoszillator», der schwache elektrostatische Wellen aussendet, mit denen Störungen behoben werden können. Der

Apparat ist so konstruiert, daß er einen weiten Bereich von Wellenlängen abdeckt, so daß jede Zelle in Harmonie mit der ihr entsprechenden Frequenz schwingen kann.

Diese Energieschwingungen beeinflussen ähnlich wie die homöopathischen Heilmittel nur die Zellen mit gestörter Schwingungsharmonie. Gleichfalls zielt auch hier die Behandlung nicht auf die Ausschaltung von Krankheitskeimen, sondern auf eine Vitalisierung der Zellen selbst, die sich in der Folge besser gegen Krankheitserreger wehren können.

Vorbeugend und für die Behandlung setzte Lakhovsky außerdem isolierte offene Kupferspiralen ein, die um den Leib oder die Arme getragen oder auch um kranke Pflanzen gelegt wurden; sie sollten kosmische Energie sammeln und gezielt dem Organismus zuführen. Reifen aus Kupfer und anderen Metallen sind auch in Indien und in buddhistischen Kulturen weit verbreitet und werden dort zum gleichen Zweck benutzt.

L-Felder

In den 1930er Jahren wurden – wieder durch einen Arzt – weitere experimentelle Forschungsergebnisse erzielt, die auf die Existenz einer Lebensenergie hindeuten. Harold Burr und seine Mitarbeiter an der Yale School of Medicine entdeckten Lebensenergiefelder, die «elektrodynamische Lebensfelder» oder einfach «L-Felder» genannt wurden. Nach Burr kann man diese Felder je nach Meßverfahren als elektrostatisch, elektromagnetisch oder elektrodynamisch betrachten. Grundsätzlich aber sind sie organisierende Kraftfelder, die bei allen Arten von Lebewesen vorkommen; sie mögen verschiedene Eigenschaften aufweisen, steuern jedoch überall Wachstum und Zerfall der Zellen und bleiben sich in allen Wandlungen des Organismus stets gleich. Sie unterliegen nur den periodischen atmosphärischen Schwankungen, die von den Planeten, Sonne, Mond und anderen Einflüssen ausgehen.

Anders als die Energiestrahlungen der Radionik sind L-Felder von der gleichen Natur wie andere naturwissenschaftlich anerkannte Felder, nur feiner. Tausende von Experimenten haben bestätigt, daß man sie mit Mikrovoltmetern messen kann; sie zeigen ein gleichbleibendes Energieniveau für jeden Organismus – keinen elektrischen Strom. Man kann Krankheiten an der Struktur des Feldes erkennen, und zwar wie bei der Radionik schon bevor sie sich körperlich manifestieren. Bei Untersuchungen an fast tausend

Frauen in New York stellte sich heraus, daß sich die Entwicklung eines bestimmten Krebstyps in fast neunzig Prozent der Fälle zutreffend (später durch konventionelle Untersuchungsmethoden bestätigt) voraussagen ließ.

In Zusammenarbeit mit Dr. Ravitz könnte Burr auch demonstrieren, daß emotional unstabile Versuchspersonen ein unregelmäßiges Energiemuster zeigen, während man bei Gesunden eine regelmäßige Kurvenstruktur sieht. Ravitz behauptete im Anschluß an seine Untersuchungen über emotionale Intensität unter Hypnose sogar, Emotionen seien mit Energie gleichzusetzen. Emotionale und physische Stimuli sind in ihrer Auswirkung auf die L-Felder nicht zu unterscheiden; Wilhelm Reich kam in den vierziger Jahren zu ähnlichen Ergebnissen bezüglich der Charakterpanzerung.

L-Felder reagieren (ähnlich der Energie der Radionik) auf den ganzen Menschen, das heißt, jede örtliche Störung zeigt sich im gesamten Feld. Wir bekommen hier auch ein Bild von der erstaunlichen Sensibilität unseres Nevensystems für alle möglichen Energieeinflüsse und von seiner Fähigkeit, trotz all dieser Einflüsse seine Stabilität und Funktionsfähigkeit zu wahren. L-Felder könnten eine Brücke zwischen den bekannten Energieprozessen der orthodoxen Physik und feineren Strahlungen sein, die hier noch nicht akzeptiert werden.

Orgon-Energie

Freud führte zu Anfang unseres Jahrhunderts für die Energie des psychischen Apparats die Bezeichnung *Libido* ein. Wilhelm Reich, einer seiner Schüler und später sein Kollege, ging noch einen Schritt weiter und behauptete, diese Lebensenergie sei nicht nur psychischer, sondern auch physikalischer Natur. Reich nannte diese Kraft «Orgon», ein Wort, in das die Begriffe Organismus und Orgasmus eingegangen sind.

Im Normalfall fließt die Lebensenergie harmonisch durch den Körper; durch unausgedrückte Gefühle können aber Blockierungen entstehen, die diesem Strom den Weg verlegen. Das Festhalten, so beobachtete Reich, bewerkstelligen einzelne Muskeln oder ganze Muskelgruppen, und wenn sich keine Lösung einstellt, bildet sich mit der Zeit eine dauerhafte Verkrampfung, die sogenannte Charakterpanzerung. Die Unterbrechung des Energiestroms hat nicht nur dauernde sexuelle Frustration und abwegige sekundäre Triebreaktionen wie den Sadismus zur Folge, sondern auch eine

Fülle von psychosomatischen Problemen bis hin zum Krebs. Geist und Körper wirken als ein Ganzes zusammen, und Energiestörungen auf der einen Seite zeigen sich auch auf der anderen: als chronisch verspannte Muskeln oder als festgefahrene Einstellungen und psychische Strukturen. Reich wendete sich deshalb von der klassischen Psychoanalyse ab und entwickelte die «Vegetotherapie» und später die «Orgontherapie», die an der energetischen Seite psychischer Probleme ansetzen. Mit diesem Schritt wurde er zum Begründer der körperorientierten Psychotherapie.

Reich experimentierte mit unbelebten Stoffen wie Kohle oder Rost, die er hitzesterilisierte und in eine sterile Nährlösung brachte; es bildeten sich Bläschen, die er «Bione» nannte und die sich bewegten wie organische Teilchen. Diese Bläschen betrachtete Reich als Übergangsformen von unbelebter zu belebter Materie. Sie bestehen aus einer Membrane, einem flüssigen Inhalt und einer bestimmten Menge Orgon-(Lebens-)Energie. Bione werden überall ständig erzeugt und entwickeln sich zu Protozoen oder degenerieren zu Bakterien. Wenn Sand auf die gleiche Weise behandelt wurde wie die anderen Materialien, so sendete er ein bläuliches Leuchten aus, das im Auge Bindehautentzündung auslöste wenn man zu lange hinschaute; beim direkten Hautkontakt entstanden Verbrennungen. Reich hatte eine Energieform entdeckt, die der Wissenschaft noch völlig unbekannt war.

In weiteren Untersuchungen fand er, daß das Orgon in der Form von bogenartigen Bewegungen weißer Punkte in der Atmosphäre zu beobachten ist, eine Erscheinung, die schon vor Tausenden von Jahren von indischen Yogins erwähnt wurde. Reich konnte außerdem zeigen, daß er das Orgon in Akkumulatoren anreichern und gezielt zur Behandlung von körperlichen und psychischen Störungen einsetzen konnte. Das Weiterdenken seiner Resultate führte Reich zu der Annahme, daß man mit gebündelter Orgon-Energie das Wetter beeinflussen und Automotoren ohne Elektrizität betreiben könnte.

Reichs wichtigster Beitrag zur Lebensenergieforschung war vielleicht die Entwicklung eines psychotherapeutischen Ansatzes auf energetischer Basis, der die Psyche über das Medium des Körpers beeinflußte. Wie die Radionikerin Ruth Drown kam Wilhelm Reich ins Gefängnis, weil er nicht von der praktischen Anwendung seiner Entdeckungen lassen wollte. Dort starb er einen Tag vor seiner Freilassung.

McDonagh

Zwischen 1929 und 1954 entwickelte Dr. McDonagh eine lebens-energetische Theorie der Materie. Materie, so sagt er, bildet sich aus den uranfänglichen Bewegungen der Lebensenergie, der «Aktivität», in einer Abfolge von evolutionären Spiralwindungen. Die Lebensenergie hat in der Materie drei grundsätzliche Funktionen: Speicherung, Strahlung und Anziehung. An Metallen zeigt sich überwiegend die Eigenschaft der Strahlung, an Nichtmetallen die Anziehung und an Edelgasen die Speicherfunktion. Im dritten Entwicklungszyklus (der erste bildet die subatomaren Partikel, der zweite die Elemente) bilden sich Kristalle, wie etwa die verschiedenen Formen des Kohlenstoffs. Kohlenstoff ist als Grundlage des organischen Lebens von besonderer Bedeutung.

In der vierten Entwicklungsphase der Lebensenergie bilden sich Proteine und Vorformen von Zellen. Auf dieser Entwicklungsstufe gibt es erstmalig Materie, die anders als die Kristalle oder Moleküle alle drei Energiefunktionen in sich vereinigt. In der fünften Phase differenziert sich die Pflanzenwelt heraus und in der letzten Phase die Tierwelt mit dem Menschen als höchster Entwicklungsstufe.

McDonaghs Lebensenergie («Aktivität») ist eine pulsierende hochenergetische Strahlung. In diesem Pulsieren (Expansion und Kontraktion) der Energie manifestieren sich ihre drei Funktionen Strahlung, Anziehung und Speicherung. Gesundheit ist der Ausdruck für das harmonische Zusammenspiel dieser Funktionen.

McDonaghs Theorie erinnert stark an Wilhelm Reichs Orgon-Energie, die ebenfalls pulsiert und deren unbehinderter Fluß mit Gesundheit gleichbedeutend ist. George Lawrence griff McDonaghs These auf, überprüfte sie und gliederte sie in seine Praxis als Radiästhesist und Heiler ein. Er konnte damit jedes Ungleichgewicht im Körper erkennen und gezielt behandeln (meist mit homöopathischen Mitteln). Die Anwendung der Theorie McDonaghs auf die Medizin ist als unitarische Theorie der Krankheit bekanntgeworden.

Osteuropa

In vielen Kulturen finden wir Beschreibungen von bläulichen oder bläulich-weißen Lichterscheinungen um den Körper; schon die Bibel berichtet an zahlreichen Stellen von solchen Phänomenen. In Osteuropa wurden schon in den 1890er Jahren Untersuchungen angestellt, um die Natur dieser Emanationen zu ergründen. 1889 und 1898 gelang es zwei unabhängig voneinander arbeitenden Wissenschaftlern, Yakov Markevich-Todko und dem tschechischen Physiker Navratil, fotografische Aufnahmen von Phänomenen zu machen, die als elektrische Entladungen gewertet wurden. In den Jahren 1939 bis 1958 gelang dem russischen Elektronikingenieur Semjon Davidowitsch Kirlian und seiner Frau die Entwicklung einer fotografischen Technik, mit deren Hilfe sich das Energiefeld, das alle Dinge, vor allem aber lebende Objekte, umgibt, aufnehmen ließ. Nähere Untersuchung ergab, daß dieses Energiefeld sich bei verschiedenen emotionalen Zuständen beträchtlich verändern kann. Auch Krankheiten in ihren verschiedenen Stadien, psychische Störungen und Wetterumschwünge zeichnen sich in den Bildern ab. Die Atmung hat einen starken Einfluß auf die Zu- und Abnahme der Energiestrahlung.

Das Feld, das auf den Fotos zu erkennen ist, wird von manchen als «Aura» gedeutet, als feinstofflicher Energiekörper, den manche hellsichtigen Menschen sehen können. In den antiken Überlieferungen und in den okkulten Wissenschaften wird die Aura als ein Energiefeld betrachtet, das kosmische Energie anzieht, aber auch abstrahlt. Es scheint außerhalb des physischen Körpers tatsächlich mehrere solche Energiekörper zu geben. Überdies scheint das Energiefeld relativ unabhängig vom physischen Körper zu sein, denn wenn man etwa ein Stück von einem Blatt abtrennt und dann eine Kirlianaufnahme macht, ist das Energiefeld des fehlenden Teils noch deutlich zu erkennen. Es ist gut möglich, daß die sogenannten Phantomschmerzen, also Schmerzen in einem nicht mehr vorhandenen Körperteil, etwa in einem amputierten Bein, etwas mit dem Energiefeld zu tun haben, das noch Informationen sendet, obgleich sein physisches Gegenstück nicht mehr da ist. Dr. Worsley vom Chinese College of Acupuncture in England deckte folgenden Zusammenhang auf: «Je deutlicher die Phantomschmerzen sind, desto klarer ist der amputierte Körperteil auf den Fotos zu erkennen.»[13] Obwohl noch weitere Untersuchungen notwendig sind, um diesen Zusammenhang zu bestätigen, könnte es doch sein, daß eher das Energiefeld den Körper hervorbringt als umgekehrt. Aber was ist diese Energie eigentlich?

Die Naturwissenschaft kennt vier Grundzustände der Materie: feste, flüssige, gasförmige Stoffe und das Plasma. Ein Plasma ist ein besonderes Gas, dessen Elektronen aus dem Atomverband gelöst sind. Solches Plasma gibt es im Weltraum und es kann im Labor bei sehr hohen Temperaturen erzeugt werden. 1944 schlug der russische Wissenschaftler V. S. Grischenko den Namen «Bioplasma» für einen fünften Zustand der Materie vor, der in lebenden Organismen anzutreffen ist. Seitdem ist viel Forschungsarbeit geleistet worden, um Grischenkos Ideen zu erhärten. Nach Inyuschin ist das Bioplasma ein Energiefeld, das aus Ionen, freien Elektronen und freien Protonen besteht. Seine Experimente zeigen, daß das Bioplasma relativ stabil ist, wenn es auch durch Umweltkräfte beeinflußt wird, und daß es eine Biolumineszenz ausstrahlt, wie man sie etwa bei Glühwürmchen sieht. Es scheint vor allem auf das Gehirn und die Wirbelsäule konzentriert zu sein, strahlt von den Augen aus und wird über die Atmung mit der Atmosphäre ausgetauscht. Inyuschin sagt auch, daß bei der Kirlianfotografie möglicherweise bioplasmische Partikelstrahlen (sog. Mikroströmer) freigesetzt werden und an der Entstehung der Abbildung mitbeteiligt sind. Diese Forschungen weisen auf eine neue Energieform hin, die von der Schulwissenschaft noch nicht anerkannt ist. Weitere Untersuchungen lassen annehmen, daß diese Energie für jede Art von organischem Gewebe und vielleicht sogar für jedes Biomolekül spezifisch ist. Das Bioplasma weist eine sehr komplexe Organisation auf, und seine Funktion hängt von einem ganzen Fächer energetischer Einflüsse ab. Es ist mit anderen Worten holistisch. Mögen verschiedene Moleküle, Gewebe und Organismen auch ganz spezifische Bioplasmafelder haben, so bilden sie doch ein energetisches Ganzes – solange Harmonie und Gesundheit gegeben sind.

Die Bioplasmaforschung hat in Verbindung mit der Kirlianfotografie erhärten können, daß es die Akupunkturpunkte tatsächlich gibt. Ein rumänischer Wissenschaftler, Ivan Dumitrescu, behauptet, er könne mit Hilfe eines Zusatzgerätes zur Kirlianapparatur die Qualität der energetischen Abstrahlung einzelner Zellen erkennen. Gesunde Zellen, so sagt er, erscheinen dunkler als kranke; er untersuchte sechstausend Chemiearbeiter und sagte für siebenundvierzig von ihnen eine Krebserkrankung voraus, was in einundvierzig Fällen später bestätigt wurde. Offenbar ist das körperliche Geschehen von Energiefeldern abhängig, und Störungen in den Energiefeldern verursachen Krankheiten – sofern nicht etwas unternommen wird, um die Felder zu ändern.

Alexander Gurwitsch entdeckte in den dreißiger Jahren, daß alle Zellen eine unsichtbare Strahlung aussenden, die sogenannte mitogenische Strahlung. Weitere Untersuchungen in Paris haben gezeigt, daß Körperteile, deren Gewebe besonders schnell ersetzt wird – zum Beispiel die Handflächen und Fußsohlen –, auch besonders stark strahlen. Weitere Experimente, die der russische Wissenschaftler Dubrov später anstellte, ergaben eine energetische Strahlung während der Mitose (Zellteilung), bei der ebenfalls eine Biolumineszenz und außerdem Ultraschallwellen freigesetzt werden. Die mitogenische Strahlung kann man dadurch erklären, daß die Zellwände in Verbindung mit den «flüssigen Kristallen», die den Inhalt der Zellen bilden, wie Halbleiter der Lebensenergie funktionieren. Flüssigkristalle haben die Fähigkeit, Lebensenergie zu sammeln und auszustrahlen, und diese Strahlung erzeugt nicht nur die Leuchterscheinungen, sondern bewirkt auch die Organisation energetischer Felder.

Dubrov glaubt, daß wir ein ganz neues Konzept in die Physik einführen müssen, um solche Forschungsergebnisse erklären zu können. Die mitogenische Strahlung, so sagt er, ist mit den gültigen Gesetzen der Physik nicht zu vereinbaren und muß deshalb eine neue Energieform darstellen. Er glaubt, daß in lebenden Organismen ein Feld wirksam ist, das Eigenschaften der Schwerkraft und Eigenschaften belebter Materie aufweist – er spricht daher vom Biogravitationsfeld. Dieses Feld, so sagt er, ist auch für Gedankenübertragung (die jede Entfernung und jede Form der Abschirmung überwindet[14]) und für die Psychokinese (Bewegung von Objekten durch mentale Kräfte) verantwortlich. Die Russen behaupten überdies, einen extrem hochfrequenten Hirnstrom – Ultra-Theta genannt – entdeckt zu haben, der das Medium solcher Energieübertragungen sein könnte.[15] Natürlich muß noch viel geforscht werden, um diese Behauptungen zu erhärten. Wenn sie aber korrekt wären, so hätten wir die physikalische Bestätigung für eine mentale Energie, die alle sogenannten Psi-Phänomene (Telepathie, Psychokinese, Hellsehen, Hellhören usw.) erklären könnte. Nach dem heutigen Erkenntnisstand besitzt nur die Schwerkraft annäherungsweise die geforderten Eigenschaften. Ihre Anwendung auf die Biologie ist aber bis heute nicht gelungen, und wäre es möglich, so müßte dabei eine neue Energieform entdeckt werden, denn lebende Organismen empfangen nicht nur Gravitationswellen, sondern müßten sie auch aussenden können, was die gegenwärtigen Gesetze der Schwerkraft nicht zulassen.

Ein weiteres faszinierendes Forschungsgebiet entstand in den sechziger Jahren, als mehrere internationale Wissenschaftler aus verschiedenen Ländern sich zusammentaten, um Informationen über Energieformen zu sammeln, die mit der herkömmlichen Physik nicht zu erklären waren. Diese neue Wissenschaft ist Psychotronik genannt worden (die Bezeichnung setzt sich aus den griechischen Wörtern für Atem/Geist und Messung zusammmen). Geforscht wird in der Psychotronik nach einer Energieform, für die die Lichtgeschwindigkeit keine Schranke bildet (was in der herkömmlichen Physik undenkbar ist) und die stärker ist als Elektromagnetismus, Kernkraft und Gravitation.

Der tschechische Ingenieur Robert Pavlita hat gezeigt, daß er mit seinem psychotronen Generator die Energie seiner Gedankenwellen verstärken und damit kleine Objekte bewegen kann. Pavlita kann auch Holz magnetisieren und dann die Polarität umkehren, indem er sich einfach einen seiner kleinen Generatoren an die Stirn hält und so die Energiestruktur umpolt. Mit seinem Generator kann er sogar etliche Meter entfernte Fliegen töten. Interessant ist an diesen Generatoren, daß sie keinerlei elektrisches oder mechanisches Innenleben haben, wie man es sich bei einem Generator vorstellt. Sie arbeiten auf eine Weise, für die die Wissenschaft bisher keine Erklärung hat.

Die Idee der Strahlung, die von Lebewesen ausgeht, ist von der IBM für die Entwicklung eines nützlichen Gerätes ausgenutzt worden. Man entwickelte dort einen Infrarot-Empfänger für einen Computer, den man nicht über Drucktasten bedient, sondern indem man einfach den Blick auf das gewünschte Symbol auf einem Bildschirm richtet. Ursprünglich entwickelt, um auch Behinderten die Arbeit am Computer zu ermöglichen, registriert der Computer den Blick als Lichtstrahl und reagiert entsprechend.

Westliche Forscher, die den Ostblock besucht haben, heben einen wichtigen Unterschied in der Energieforschung zwischen Ost und West hervor: In Osteuropa sind die Wissenschaftler von der Existenz eines neuen, mit den gegenwärtigen Kategorien der Wissenschaft nicht zu erfassenden Energietyps überzeugt und suchen nach neuen Wegen, dieses Phänomen zu erforschen, während westliche Wissenschaftler noch weitgehend damit beschäftigt sind, ihren skeptischen Kollegen seine Existenz zu beweisen.

Außer den genannten Naturwissenschaftlern und Medizinern gibt es im Westen noch eine große Anzahl von Forschern, die Formen der Lebensenergie entdeckt haben, und von denen wir hier nur noch einige namentlich erwähnen können:

Name des Forschers:	*Bezeichnung der Lebensenergie:*
Robert Fludd	Spiritus
Luigi Galvani	Lebenskraft
Charles Richet	Ektoplasma
E. P. Blavatsky	Astrallicht
Prosper Blondlot	N-Strahlen
A. Wendler	Magnetoismus
Henri Bergson	Élan vital
Hans Driesch	Entelechie
Paul Kammerer	Formative Energie
Charles Littlefield	Vitaler Magnetismus
Oskar Brunler	Dielektrische biokosmische Energie
Henry Margenau	Quasielektrostatisches Feld
George De la Warr	Biomagnetismus
Ludwig von Bertalanffy	Anamorphosis
Ambrose Worrall	Paraelektrizität
Charles Musès	Noetische Energie

2. Die Physik der Energie

> Das Offensichtlichste an der Energie ist, daß es nichts anderes
> gibt. Ihre Rhythmen sind nicht nur außerhalb von uns und in
> uns, sondern sie sind wir...[1]

Energie ist ein universales Phänomen, und da sie uns stets umgibt
und in allem, was wir tun, gegenwärtig ist, entgeht sie oft unserer
Aufmerksamkeit. Energie, so lernen wir es in der Schule, ist
definiert als die Kapazität, Arbeit zu leisten. Und Arbeit (A) ist
wiederum nichts anderes als die Anwendung einer Energie oder
Kraft (k) über eine bestimmte Strecke (s); daher das physikalische
Gesetz A = k × s. Wenn man mit diesem Gesetz die Elektrizität
oder den Magnetismus beschreiben will, so erklärt man damit nur
Verhaltensaspekte dieser Energieformen, aber nicht das Wesen der
Energie selbst. Das liegt daran, daß Energie ein Prozeß ist, den man
niemals ganz als Inhalt beschreiben kann. Das bedeutet, daß wir
umdenken müssen, da der «Stoff» des Lebens letztlich nichts
Dinghaftes ist, sondern ein Prozeß – eben die Energie.[2]
  Eine der frühesten Definitionen der Energie (gr. *energeia*)
stammt von Aristoteles: «Energie ist das, was alles in Bewegung
setzt.» Eine von der klassischen physikalischen Definition mit Hilfe
des Arbeitsbegriffs recht verschiedene Perspektive. Um die beiden
Anschauungen auseinanderzuhalten, spreche ich im Zusammenhang mit dem vitalistischen Konzept von Lebensenergie. Lebensenergie ist das Medium, das alles aktiviert, das für die Lebendigkeit
aller Dinge und Prozesse im Universum verantwortlich ist. Untersuchen wir die Bedeutungsgeschichte des Wortes Physik, so stoßen
wir auf etwas ganz Ähnliches: Das griechische Wort *Physis*, von
dem «Physik» abgeleitet ist, bedeutet ursprünglich «die Wesens-

natur der Dinge ergründen».[3] So ist also die Physik der Lebensenergie ein Erforschen jener Kräfte, die unser Universum mit Leben erfüllen. Das ist natürlich ein riesiges Unterfangen, das wir im Rahmen dieses Buches nur ansatzweise verwirklichen können, indem wir einige Aspekte dieser Lebenskraft beleuchten.

Wie wir aus der geschichtlichen Betrachtung der Lebensenergie gesehen haben, war der vitale Aspekt dieses Mediums in den Überlegungen über die Natur und das kosmische Geschehen von Anfang an dabei. Erst als sich viel später eine mechanistische und reduktionistische Sicht der Dinge durchsetzte, traten in den Energiekonzepten die qualitativen Aspekte ganz hinter die quantitativen zurück.

Für die frühen Griechen war die Wesenssuche ein fast ausschließlich philosophisches Unterfangen. Erst in der Renaissance wurde Physis immer mehr zur Experimentalphysik, der es nurmehr auf Beobachtung und mathematische Berechnung ankam. So entstand das, was wir heute die Klassische Physik nennen. Ihre drei wichtigsten Stützpfeiler sind die euklidische Geometrie, die newtonsche Physik und die kartesianische Dualität. Euklid entwickelte auf der Grundlage einiger Axiome eine in sich geschlossene und streng logische Geometrie. Newton benutzte diese Geometrie, um die Gesetze der Mechanik, der Thermodynamik und so weiter, zu formulieren. Descartes postulierte zwei Aspekte der Natur, den Geist *(res cogitons)* und die Materie *(res extensa)* die zwar zusammen die ganze Wirklichkeit ausmachen, aber streng voneinander getrennt sind.

In diesem klassischen Weltbild gilt der Raum als dreidimensional, leer, absolut, immer in Ruhe und unveränderlich. Das ganze Universum ist ein geschlossenes Energiesystem ohne Austausch mit dem, was außerhalb ist – eine große, von Gott erschaffene Maschine. Newton betrachtete die Materie und die auf sie einwirkenden Kräfte als einen sorgsam erdachten Mechanismus, der dann nur noch von der göttlichen Kraft in Gang gesetzt wurde. In diesem Rahmen ist das Leben nichts weiter als ein nach mechanischen Gesetzen ablaufender und daher voraussagbarer Prozeß. Die Materie besteht aus festen, unteilbaren und gegeneinander austauschbaren Partikeln.

Dieser mechanistische Standpunkt hat jahrhundertelang das physikalische Weltbild des Abendlandes beherrscht, bis seine Fundamente zu Beginn unseres Jahrhunderts von einer dynamischen neuen Welle des Denkens erschüttert wurden, für deren Beginn der Name Albert Einsteins zum Symbol geworden ist. Diese neue Welle hatte jedoch Vorläufer. Gegen Ende des vorigen Jahrhunderts wiesen Faraday und Maxwell nach, daß Elektrizität und Magnetismus nicht zwei ganz verschiedene Kräfte sind, sondern in Wirklichkeit eine Kraft, die jetzt Elektromagnetismus genannt wird. Zudem entwickelten sie den Begriff des Kraft*felds*, der eine radikale Abkehr von der herkömmlichen Anschauung war, daß Kraft an materielle Objekte gebunden sei. Zum ersten Mal wurden hier subtilere, von der Materie unabhängige Energieprozesse in Betracht gezogen. Dann kam Einstein. Er glaubte an die Ganzheit der Natur, und er zeigte in seiner speziellen Relativitätstheorie, daß der Elektromagnetismus und die Newtonsche Mechanik miteinander zu vereinbaren sind – allerdings mußte man dazu die bis dahin gültigen Vorstellungen von Raum und Zeit aufgeben. Nach Einstein ist der Raum nicht dreidimensional und auch nichts grundsätzlich anderes als die Zeit. Deshalb nahm er ein Raum-Zeit-Kontinuum an, womit die Absolutheit von Raum und Zeit verschwand und sie beide zu Aspekten einer Ganzheit wurden.

Mit der Entdeckung der Felder und dem allmählichen Verfall des Isolationsmodells der Klassischen Physik wurde es immer weniger vertretbar, einzelne Aspekte aus dem Ganzen herauszulösen. In der Theorie ist es zwar möglich, Elemente vom Ganzen oder voneinander abzutrennen – zum Beispiel den Geist von der Materie (Descartes) oder ein physikalisches Ereignis von einem anderen (Newton) –, doch die Lebensenergie, Grundlage aller Bewegung, ist selbst ganz frei von solchen schizophrenen Zügen. Sie wirkt vielmehr nach Gesetzen der Ganzheit und strebt stets nach Vervollständigung und Einheit. Deshalb können wir sie nur als ein *ganzes* Phänomen betrachten.

Bei dem Versuch, uns einen Überblick über die Physik der Lebensenergie zu verschaffen, schälen sich vier Aspekte ihrer Ganzheit als relevant für unsere gegenwärtige Diskussion heraus: Form, Kraft, Medium und Bewußtsein. In ihrem Zusammenwirken lassen diese Manifestationen erkennen, wie die Lebensenergie als Ganzes wirkt.

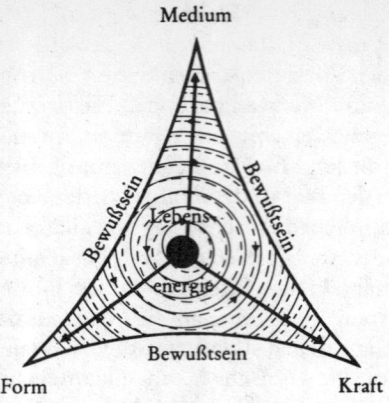

Form

Den Begriff der Form, wie er von Platon eingeführt wurde, entwickelte Aristoteles weiter zu der Vorstellung von einer intelligiblen Struktur, deren Wesen die Bildung von Materie ermöglicht. Für Aristoteles erhält die Materie ihre Masse, ihr Gewicht, ihren Inhalt und ihre Bewegung durch den Prozeß der Form, der die Materie erst zum Leben erweckt und daher manche Ähnlichkeit mit der Wirkungsweise der Lebensenergie hat, wie ich sie verstehe. Form wird als der Geist hinter der Substanz verstanden. Auch Thomas von Aquin betrachtete Materie als eine Kontraktion frei beweglicher Form. Materie verkörpert für ihn das Prinzip der Individuation, denn durch die Kontraktion der Form*prozesse* zu Materie gehen aus der ungeteilten Ganzheit getrennte Einzeldinge hervor. Aristoteles glaubte demgegenüber, daß Individuation nur durch die Vereinigung von Form und Materie möglich ist. Er formulierte den Begriff der *Entelechie*, um zu erklären, wie Materie und Form zusammenkommen. Alle Materie besitzt nach Aristoteles eine innere Ausrichtung, ein Verlangen nach Vervollständigung, das vom Prinzip der Form herrührt. Ohne dieses Prinzip besäße die Materie überhaupt keine Form. In energetischen Begriffen könnten wir sagen, daß dem Formprozeß ein Ganzheitssinn innewohnt, der auf dem Weg seiner eigenen Verwirklichung die Materie erzeugt. Materie ist demnach nur eine Auswirkung der Form, und beide existieren und wirken als Manifestationen der Lebensenergie in Harmonie miteinander.

In unserem Jahrhundert kam Albert Einstein zu einer ganz ähnlichen Schlußfolgerung, nämlich daß Materie als eine Erscheinungsform der Energie betrachtet werden kann. Dargestellt ist dieser Zusammenhang in Einsteins berühmter Gleichung $E = mc^2$: Die Energie ist gleich der Masse multipliziert mit dem Quadrat der Lichtgeschwindigkeit. Wie Elektrizität und Magnetismus sind Materie und Energie nicht verschieden, sondern Teile eines größeren Ganzen. Tatsächlich existieren all diese scheinbaren Dualismen nur auf der grobstofflichen Ebene als komplementäre und austauschbare Manifestationen desselben, während eine umfassendere Perspektive enthüllt, daß die Lebensenergie stets eine einzige Ganzheit ist. Aus der oben angeführten Gleichung Einsteins geht hervor, daß selbst kleinste Massen eine ungeheure Energiemenge enthalten, da die Lichtgeschwindigkeit (c) bei 300 000 Kilometern in der Sekunde liegt und auch noch ins Quadrat erhoben wird. Mit dem Gedanken, daß Materie eine Form der Energie ist, wird sie zugleich auch sehr lebendig – die alte Trennung von belebter und unbelebter Materie ist hinfällig geworden.

Mit der Entwicklung der Quantentheorie verlor die klassische Physik noch mehr Boden. Fritjof Capra hat diesen Prozeß in seinem Buch *Das Tao der Physik* so hervorragend beschrieben, daß ich hier einige Abschnitte daraus zitieren will:

«Die ganze Entwicklung begann, als Max Planck entdeckte, daß Wärmeenergie nicht kontinuierlich ausgestrahlt wird, sondern in Form von ‹Energiepaketen›. Einstein nannte diese Energiepakete ‹Quanten› und erkannte sie als fundamentalen Aspekt der Natur. Er war kühn genug zu behaupten, daß Licht und jede andere elektromagnetische Strahlung nicht nur als elektromagnetische Welle, sondern auch in Form dieser Quanten auftreten kann. Die Lichtquanten, nach denen die Quantentheorie benannt ist, werden seither als gültig akzeptiert, man nennt sie jetzt Photonen. Sie sind jedoch Teilchen von besonderer Art, masselos, und bewegen sich immer mit Lichtgeschwindigkeit.

Der offensichtliche Widerspruch zwischen dem Bild der Teilchen und Wellen wurde auf völlig unerwartete Weise gelöst, die die Grundlage des mechanistischen Weltbildes in Frage stellte, nämlich den Begriff der Realität der Materie. Auf der subatomaren Ebene existiert Materie nicht mit Sicherheit an bestimmten Orten, sondern zeigt eher eine ‹Tendenz zu existieren›, und atomare Vorgänge laufen nicht mit Sicherheit zu definierten Zeiten und auf bestimmte Weise ab, sondern zeigen eher ‹Tendenzen zu erscheinen›. In der Formalsprache der Quantentheorie werden diese Tendenzen als Wahrscheinlichkeiten ausgedrückt und hängen mit mathematischen Größen zusammen, die die Form von Wellen aufweisen. Daher können Partikel gleichzeitig Wellen sein. Sie sind keine ‹wirklichen› dreidimensionalen Wellen wie Schall- oder Wasserwellen. Sie sind ‹Wahrscheinlichkeitswellen›, abstrakte mathematische Größen mit all den charakteristischen Eigenschaften von Wellen, die über die Wahrscheinlichkeit Auskunft geben, mit welcher die Teilchen an bestimmten Orten und zu bestimmten Zeiten anzutreffen sind. Alle Gesetze der Atomphysik sind in der Form dieser Wahrscheinlichkeiten ausgedrückt. Wir können niemals einen atomaren Vorgang mit Sicherheit voraussagen; wir können nur sagen, wie wahrscheinlich sein Auftreten ist.

Die Quantentheorie hat somit die klassischen Begriffe von festen Körpern zerstört. Auf der subatomaren Ebene lösen sich die Festkörper der klassischen Physik in wellenartige Wahrscheinlichkeitsbilder auf, und diese Bilder endlich stellen nicht die Wahrscheinlichkeit von Dingen dar, sondern von Zusammenhängen. Eine sorgfältige Untersuchung der Beobachtungsprozesse in der Atomphysik zeigte, daß subatomare Teilchen keine Bedeutung als isolierte Gebilde haben, sondern nur als Zusammenhang zwischen der Vorbereitung eines Experiments und der darauffolgenden Messung zu verstehen sind.

Die Quantentheorie enthüllt somit die grundsätzliche Einheit des Universums. Sie zeigt, daß wir die Welt nicht in unabhängige kleinste Teilchen zerlegen können. Wenn wir in die Materie eindringen, zeigt uns die Natur keine isolierten ‹Grundbausteine›, sondern erscheint eher als ein kompliziertes Gewebe von Zusammenhängen zwischen den verschiedenen Teilen des Ganzen.»[4]

Keine Frage also, daß die Quantentheorie ein ganzheitlicher Ansatz ist.

Nun stellt sich aber das Problem: Wenn Materie im Verständnis der Quantentheorie letztlich nichts Festes ist, wie entsteht dann der

Eindruck der Festigkeit, die zum Beispiel eine Wand für uns hat? Auch auf diese Frage weiß die Quantentheorie eine Antwort:

«Die Festigkeit der Materie ist die Folge eines typischen ‹Quanten-Effekts›, der mit der Doppelnatur ‹Welle-Teilchen› in der Materie zusammenhängt, einer Eigenschaft des Subatomaren, für die es im Makrokosmos keine Analogie gibt. Wann immer ein Teilchen nur einen kleinen Raum zur Verfügung hat, reagiert es auf diese Begrenzung mit Bewegung, und je kleiner der Raum ist, desto schneller bewegt sich das Teilchen darin. Im Atom gibt es zwei entgegengesetzte Kräfte. Einerseits zieht der Kern die Elektronen durch elektrische Anziehung so dicht wie möglich an sich heran, andererseits reagieren die Elektronen auf ihre räumliche Beschränkung damit, daß sie herumwirbeln; und je dichter sie an den Kern herangezogen werden, desto größer ist ihre Geschwindigkeit. Es ergeben sich dabei Geschwindigkeiten von ca. 900 km pro Sekunde! Diese hohen Geschwindigkeiten lassen das Atom als starre Kugel erscheinen, genau wie ein schnelllaufender Propeller als Scheibe erscheint. Es ist sehr schwierig, Atome zu komprimieren, und somit geben sie der Materie das vertraute feste Aussehen.»[5]

Die wichtigste Schlußfolgerung aus der Relativitäts- und Quantentheorie besteht darin, daß die klassische Theorie, die Materie bestehe aus «Grundbausteinen», immer weniger haltbar ist. Die Entwicklung dieses Gedankens bis heute läßt sich etwa so darstellen: Bei den frühen Atomzertrümmerungsexperimenten in den ersten Teilchenbeschleunigern entdeckte man sogenannte Elementarteilchen, die für die Existenz eines «Grundstoffs» zu sprechen schienen. Bald mußte man diese Idee jedoch wieder aufgeben, weil immer mehr «Elementarteilchen» gefunden wurden und keins sich als wirklich elementar erwies. Dann wurde die Antimaterie entdeckt. Für jedes Materieteilchen, so fand man heraus, gibt es ein Antiteilchen mit gleicher Masse, aber entgegengesetzter Ladung. Treffen zwei solche entgegengesetzten Partikel zusammen, löschen sie sich gegenseitig aus, wobei große Energiemengen freigesetzt werden. Teilchen sind also offenbar nicht die letzte Wirklichkeit, denn sie können verschwinden. Bei anderen Experimenten in Teilchenbeschleunigern zeigte sich, daß Teilchen sich unter dem Beschuß mit anderen, sehr energiereichen Teilchen in zwei Partikel spalten können, die mit dem ursprünglichen identisch sind; die neuen Teilchen entstehen dabei aus der Energie, die für die Spaltung aufgewendet wurde. Bei diesem Prozeß werden Teilchen zerstört und gleichzeitig entstehen neue – aber man gewinnt keine kleineren. Und schließlich kann Materie auch spontan in einem Vakuum entstehen – aus nichts offenbar, jedenfalls aus keinem Grundstoff, den wir kennen.[6] Das würde bedeuten, daß es im Raum Partikel gibt, die wir noch nicht kennen, oder daß Materie aus unbekannten Energieprozessen entsteht. Obwohl es immer noch Physiker gibt, die nach «Grundbausteinen» suchen, deutet alles darauf hin, daß man endlos weiter Teilchen und Teilchenteilchen finden kann, aber kein letztes, wirklich elementares Teilchen. Capra faßt diesen Stand der Dinge folgendermaßen zusammen:

> «In der klassischen Physik ist ‹Masse› assoziiert mit einer unzerstörbaren materiellen Substanz, mit einem ‹Stoff›, aus dem alle Dinge gemacht sind. Die Relativitätstheorie zeigte nun, daß Masse keineswegs eine Substanz, sondern eine Energieform ist. Energie ist aber eine dynamische, mit Aktivität oder einem Vorgang assoziierte Größe. Die Tatsache, daß die Masse eines Teilchens gleich einer bestimmten Energiemenge ist, bedeutet, daß das Teilchen nicht länger als ein statisches Objekt gesehen werden kann, sondern als dynamische Struktur, als Prozeß der Energie, die sich als Masse des Teilchens manifestiert.»[7]

Materie kann also als eine Erscheinungsweise der Energie aufgefaßt werden, und ihre Form hängt ab von der Natur des Energieprozesses, der in ihrer Bewegung wirksam ist. Was wir in unserer physischen Umwelt als die verschiedenen Gestalten der Materie zu betrachten gewohnt sind, ist nichts anderes als das lebendige, bewegte Gefüge bestimmter Energiemuster.

Dem Zusammenhang von Energieschwingungen und der Strukturierung von Materie kam schon im vorigen Jahrhundert der Physiker Ernst Chladni auf die Spur, als er entdeckte, daß bestimmte Tonschwingungen spezifische Energiemuster erzeugten. Chladni benutzte mit Sand bestreute Stahlscheiben und demonstrierte, daß Töne (die auf einer Violine gespielt wurden) Muster im Sand entstehen ließen, die für jede einzelne Note charakteristisch waren. Interessant ist in diesem Zusammenhang, daß der Sand an solchen Stellen der Scheibe zur Ruhe kommt, wo am wenigsten Resonanz auftritt, die also am wenigsten schwingen.

Auf Materie generell angewendet, würde das bedeuten, daß nicht die Masse (Atomkerne, Elektronen) ihr aktivster und energiereichster Teil ist, sondern der unsichtbare prozeßhafte Aspekt. Was wir als den «stofflichen» Charakter der Materie zu betrachten gewohnt sind, ist also ihr am wenigsten lebendiger Aspekt. Das hat wichtige Implikationen für die Körperpsychotherapie, auf die wir im 5. Kapitel zurückkommen werden.

Hans Jenny entdeckte später, daß nichtorganische Materie unter dem Einfluß von Schallschwingungen organische Strukturen erzeugt und daß solche zunächst statischen Strukturen bei der Erhöhung der Tonfrequenz und -intensität in Bewegung geraten. Sollte hier der Schlüssel zum Verständnis der Beziehung zwischen «lebendiger» und «toter» Materie liegen? Auch auf diese Frage werden wir noch zurückkommen.

Gary Zukav gibt uns in seinem Buch *Die tanzenden Wu Li Meister* den interessanten Hinweis, daß das chinesische Zeichen *Wu* sowohl Materie als auch Energie beschreibt; zwischen ihnen ist keine Trennung möglich. Das Wort Physik wird mit den Zeichen *Wu Li* wiedergegeben, was je nach Zusammenhang «Muster organischer Energie» oder «Erleuchtung» bedeuten kann. Die Physik, «die Suche nach der Wesensnatur der Dinge», hat demnach über den Erleuchtungsgedanken auch eine Beziehung zur Spiritualität. Erleuchtung wird von den großen spirituellen Lehrern als ein Zustand vollkommener Wahrheit beschrieben, in dem die relativen Wirklichkeiten als komplementäre Aspekte der absoluten Einheit verstanden werden. Die absolute Wahrheit liegt in der Erfahrung der vollständigen Ganzheit. Erleuchtung kann deshalb als ein Stadium der Evolution betrachtet werden, in dem man beständig im Licht der Wahrheit lebt. Wenn Einstein vom Licht und seiner Beziehung zu Masse und Energie sprach, meinte er natürlich das physikalische Licht, wie wir es aus unserer Erfahrung kennen. Licht wird aber auch oft metaphorisch als Ausdruck für Klarheit und Wesensschau benutzt. Ich glaube, daß das naturwissenschaftliche Interesse an Materie, Energie, Licht und so weiter eine tiefe Sehnsucht nach einer Verbindung zum spirituellen Bereich zum Ausdruck bringt. Materie und Energie sind austauschbar, und beide stehen in Beziehung zum Licht. Die Physik nähert sich der uralten Einsicht, daß im Grunde alles Eins ist, wenn sich auch auf der Ebene konkreter Existenz verschiedene Formen manifestieren können. Ist das nicht eigentlich auch das Ziel der Physik (wenn auch auf einer anderen Ebene): die fundamentalen Wahrheiten des Lebens aufzudecken? So betrachtet ist das Studium der Materie als einer Form von Energie auch ein Pfad zur Erleuchtung, jedenfalls aber ein Weg zur Ganzheit.

Kraft

Schauen wir uns die in der Natur wirkenden Energieformen einmal näher an. Gegenwärtig nimmt die orthodoxe Naturwissenschaft vier eigenständige Naturkräfte an: die starke Kernkraft, den Elektromagnetismus, die schwachen Kräfte und die Schwerkraft. Starke Kräfte halten den Atomkern zusammen; sie sind über hundertmal stärker als der Elektromagnetismus. Der Elektromagnetismus ist die bekannteste Kraft, denn in sein Spektrum fallen Erscheinungen wie Radiowellen, Mikrowellen, Infrarotstrahlen, sichtbares Licht, ultraviolettes Licht, Röntgenstrahlen, Gammastrahlen und so weiter. Diese Kraft hält auch die Atome im Molekülverbund zusammen und wirkt im Atom selbst als die Kraft, die die Elektronen in ihren Schalen hält. Die schwache Kraft ist die am wenigsten erforschte Kraft. Sie wurde aus bestimmten subatomaren Interaktionen erschlossen und hat ihren Namen daher, daß sie schwächer als der Elektromagnetismus ist. Die letzte der wissenschaftlich anerkannten Kräfte ist die Schwerkraft oder Gravitation. Sie ist verantwortlich für die makrokosmischen Interaktionen, etwa zwischen Sonnensystemen oder ganzen Galaxien.

Die Energieformen unserer täglichen Erfahrung, Licht, Schall, mechanische Energie und so weiter aber auch chemische oder Nuklearenergie sind Manifestationen der genannten vier Grundkräfte. Ein ganzheitliches Energiekonzept müßte jedoch in der Lage sein, diese vier Kräfte zu einem umfassenderen Ganzen zu vereinigen. Es gibt gute Gründe für die Annahme, daß diese Vereinheitlichung einmal stattfinden wird: zunächst einmal gibt es nichts, was die Möglichkeit ausschließt, daß die verschiedenen Kräfte, nur weil sie unterschiedliche Eigenschaften aufweisen, aus ein und derselben Quelle stammen. So ist beispielsweise in jüngster Zeit auf dem Feld der Elementarteilchenphysik eine sogenannte Supersymmetrie entdeckt worden, die den Wissenschaftlern erlaubt, ehemals isolierte subatomare Teilchen zu größeren Einheiten (sogenannten subatomaren Familien) zusammenzufassen.

Überdies gibt es, wie im ersten Kapitel beschrieben, in Ost und West die Überlieferung eines einheitlichen Lebensenergiekonzepts. Viele der dieser Kraft zugeschriebenen Eigenschaften (die seit Jahrtausenden auch praktisch angewendet werden) sind allerdings mit unseren gegenwärtigen wissenschaftlichen Anschauungen unvereinbar – oder scheinen es wenigstens zu sein.

Im übrigen mehren sich auch in der Physik selbst die Anzeichen dafür, daß die Annahme von vier Grundkräften kein zutreffendes Bild der Wirklichkeit darstellt. Seit Newton, der die irdische und die kosmische Gravitation zu einem einheitlichen Schwerkraftmodell verband, hat die Geschichte der Physik immer wieder gezeigt, daß scheinbar verschiedene Energiephänomene sich später als Manifestationen ein und desselben erweisen. Das war auch bei Elektrizität und Magnetismus (Elektromagnetismus) und später bei Raum und Zeit (Raum-Zeit) der Fall. Einstein selbst hat die letzten fünfundzwanzig Jahre seines Lebens dem Versuch einer einheitlichen Darstellung der bekannten Naturkräfte in einer *einheitlichen Feldtheorie* gewidmet.

1968 bekam der Gedanke der Ganzheit aller Energie neue Nahrung, als Steven Weinberg und Abdus Salam behaupteten, die schwache Kernkraft und der Elektromagnetismus seien im Grunde dasselbe. Spätere Untersuchungen erwiesen die Richtigkeit dieser Behauptung. Manche Physiker sprechen seitdem von der «elektroschwachen» Kraft. Jetzt sind also nur noch drei Kräfte zu vereinigen, um ein ganzheitliches Bild der Energie zu zeichnen, und vielleicht liegt diese Möglichkeit gar nicht mehr so fern. Eine neue Theorie der «Supergravitation» benutzt den schon erwähnten Begriff der Supersymmetrie als Konzept der Vereinheitlichung. Nach dieser Theorie, deren experimentelle Überprüfung noch aussteht, gab es bei der Entstehung des Universums nur eine einzige Kraft; weil aber das Energieniveau inzwischen stark abgesunken ist, entsteht der Eindruck, als existierten verschiedene Kräfte. Die Verfechter dieser Theorie nehmen an, daß sich in stärkeren Teilchenbeschleunigern, als es sie heute gibt, zeigen läßt, daß alle Kräfte auf höherem Energieniveau einswerden.[8]

Es ist also gut möglich, daß die Wissenschaftler irgendwann in der Zukunft einmal von Polaritäten anstatt von verschiedenen Kräften sprechen werden. Manche ziehen seit Bestehen der Quantentheorie ohnehin schon den Begriff «Interaktion» oder «Wechselwirkung» dem Begriff «Kraft» vor, weil das Wirken der Kraft darin besteht, Materie zu beeinflussen und Partikel auszutauschen. Partikel jedoch sind Materie und Materie ist strukturierte Energie; Kräfte sind also einfach Energiemanifestationen, die miteinander interagieren. Bei diesen Interaktionen gibt es zwei grundsätzliche Bewegungsrichtungen: aufeinander zu (Anziehung) und voneinander weg (Abstoßung).

Betrachten wir die vier Grundkräfte unter diesem Gesichtspunkt, so zeigt sich sofort eine grundsätzliche Einheit: Im Elektromagnetismus finden wir sowohl Anziehung als auch Abstoßung. Die Schwerkraft ist andererseits stets anziehend. Allerdings gibt es auch Hinweise auf die Existenz einer weiteren Kraft, die man analog «Leichtkraft»[9] (oder «Levitation», nicht zu verwechseln mit dem gleichnamigen Phänomen der Parapsychologie) nennen müßte und die vielleicht nur der andere Aspekt einer einzigen Kraft ist. Und wie schon erwähnt, postuliert der russische Wissenschaftler Alexander Dubrov ein «Biogravitationsfeld», das beide Eigenschaften aufweist, Anziehung und Abstoßung.

Die schwache Kernkraft im Atom ist stets anziehend. Allerdings zeigt ja ihre Vereinigung mit dem Elektromagnetismus, der sowohl anziehend als auch abstoßend wirken kann, daß auch hier die Situation nicht ganz so eindeutig sein kann. Die starke Kernkraft ist viel stärker als der Elektromagnetismus, wirkt aber nur über sehr kurze Entfernungen. Capra schreibt:

«Sie wirkt nur, wenn sich Nukleonen stark annähern, d. h. wenn ihr Abstand das Zwei- bis Dreifache ihres Durchmessers beträgt. Auf diese Entfernung wirkt die Kernkraft stark anziehend. Bei verringertem Abstand wirkt sie stark abstoßend, so daß die Nukleonen sich nicht weiter annähern können. Auf diese Weise hält die Kernkraft den Kern in einem extrem stabilen, wenn auch extrem dynamischen, Gleichgewicht.»[10]

Die starke Kernkraft ist also sowohl abstoßend als auch anziehend. Es ist durchaus möglich, daß man auch die starke Kraft und den Elektromagnetismus irgendwann einmal als Manifestationen ein und derselben Kraft verstehen wird. Wie das Salz auf den Strom der Flüssigkeiten im Körper regulierend einwirkt, könnten starke und elektromagnetische Kräfte eine Art Yin/Yang-Energiehomöostase schaffen, die zentrifugale und zentripetale Partikelaktivitäten im Gleichgewicht hält.

So erscheint es denkbar, daß die Trennung zwischen den vier wissenschaftlich anerkannten Kräften willkürlich ist und sich mit der Zeit als akademisch erweisen wird. Man wird wahrscheinlich feststellen, daß die Lebensenergie zahlreiche Formen hat, von denen einige mit den bekannten Energieformen in Einklang zu bringen sind, während andere Neuentdeckungen darstellen.[11] Die bekannten Kräfte werden in einem erweiterten Spektrum des Elektromagnetismus ihren Platz finden und sich nur in Stärke, Form und Ausrichtung unterscheiden. Je stärker die Kraft, desto größer die Restriktionen für ihre Interaktionen – wodurch auch hier wieder ein dynamischer Ausgleich geschaffen wird zwischen der Größe einer Kraft und ihrem Aktionsspielraum. Eine Integration unseres gegenwärtigen Wissens über Kräfte unter dem Aspekt der Energiebewegung (Anziehung und Abstoßung) und die Einführung von Interaktionskonzepten anstelle des Kraftbegriffs wird zu einer erweiterten Sicht des Elektromagnetismus führen, die starke und schwache Kernkräfte und auch die Gravitation als Sonderfall des Magnetismus großer Körper einschließt. Dabei werden wir auch Energiequalitäten und -quantitäten berücksichtigen müssen, die von der Schulwissenschaft noch nicht akzeptiert sind, deren Existenz aber auf anderen Forschungsgebieten von fähigen Wissenschaftlern aus aller Welt nachgewiesen wurde.

Tatsächlich haben einige hochrangige Wissenschaftler in den frühen Sechziger Jahren ein neues Forschungsgebiet betreten, die bereits erwähnte Psychotronik; ihr Ziel ist es, Energiephänomene zu erforschen, die sich mit den bekannten physikalischen Gesetzen nicht erklären lassen. Die Psychotronik umfaßt das Gebiet der subatomaren und Astrophysik, aber auch die Parapsychologie, Biologie und die Physik der Radiästhesie.[12] Hier sammeln sich die Anzeichen für eine weitere Energieform in unserem Kosmos, und es wird deutlich, daß wir ein neues Verständnis der Energie brauchen. Dieses «neue» Energie wird häufig «X-Energie» (X – unbekannt) genannt, und sie scheint die wissenschaftliche Verbindung zu den uralten Energiekonzepten des Orients, aber auch zu den Entdeckungen von Lakhovsky, von Reichenbach, Reich und anderen zu sein. In den sechziger Jahren setzte das «American Institute of Electronic Engineers» eine besondere Kommission ein mit dem Auftrag, Energieformen zu studieren – und seien sie noch so bizarr –, die in der Natur vorkommen, aber nicht mit den bekannten Kräften übereinstimmen. Aufgrund der Untersuchungsberichte dieser Kommission machte ihr Vorsitzender Rexford Daniels die Aussage, daß es eine der Wissenschaft unbekannte Kraft gibt, die «alles durchdringt, mit konventionellen elektronischen Instrumenten normalerweise nicht meßbar ist, nicht gemäß den anerkannten Formeln mit der Entfernung abnimmt und über unglaubliche Distanzen augenblickliche Reaktionen auslösen kann.» Zusammenfassend sagte er: «Die vielfältige Anwendbarkeit dieser Kraft läßt die Vermutung zu, daß sie sogar ein eigenes Spektrum hat.»[13]

Hiroshi Motoyama (Tokio) hat gezeigt, daß die Konzentration eines Mediums auf eine andere Person in einem Raum, der gegen alle *bekannten Kräfte* abgeschirmt ist, Veränderungen in Puls- und Atemfrequenz auslösen kann.[14] Offenbar fand also doch eine Kraftübertragung statt. An der Stanford University hat Ingo Swann (ebenfalls ein Medium) demonstriert, daß er den Ausschlag eines Wärmemeßgeräts über eine Distanz von 30 Zentimetern ändern und den Zeiger eines magnetischen Meßgeräts dreißig Sekunden lang ablenken kann – in einem Raum, der gegen alle physikalischen Krafteinflüsse abgeschirmt war.[15] Die Fähigkeit, Materie durch «übernatürliche» Kräfte zu beeinflussen, wird Psychokinese genannt. In einem anderen psychokinetischen Experiment zeigte die Geistheilerin Olga Worrall, daß sie in einer Nebelkammer pulsierende Wellen erzeugen konnte, indem sie nur ihre Hände in die Nähe des Geräts brachte; später wiederholte sie diese Demonstration an einem Gerät, das Hunderte von Kilometern entfernt war.[16] Taylor arbeitete mit Kindern, die eine in ein Plastikrohr eingesiegelte dreißig Zentimeter lange Aluminiumstange zu einem S verbiegen konnten, indem die nur mit den Händen darüberstrichen. Und je starrer die Stange war, desto leichter konnten die Kinder sie verbiegen.[17] Das ist das Gegenteil von dem, was nach den anerkannten Gesetzen der Physik zu erwarten wäre.

Untersuchungen mit Heilern haben ergeben, daß der Wirkungsmechanismus ihrer Methoden dem des Magnetismus ähnelt, was den Gedanken nahelegt, daß Geistheilung eine Form des Magnetismus ist. Es ist jedoch nie gelungen, bei solchen Heil-Seancen Magnetfelder aufzuspüren. Wahrscheinlich ist diese Art des Heilens eine Manifestation der Lebensenergie, die zwar gewisse Eigenschaften des Magnetismus aufweist (weil auch der Magnetismus eine Manifestation der Lebensenergie ist), aber nicht im bekannten Spektrum des Elektromagnetismus auftaucht. Auch das spricht für die Idee, daß es Ausdrucksformen der Lebensenergie gibt, die in einer anderen Dimension liegen als die wissenschaftlich anerkannten Kräfte, aber doch in unmittelbarer Verbindung zu ihnen stehen.

Andere Untersuchungen haben gezeigt, daß durch diese X-Energie Informationen über große Entfernungen übermittelt werden können. In einem Experiment wurde gezeigt, daß eine Kaninchenmutter mit ihren Kindern in Verbindung steht, selbst wenn diese sich gegen elektromagnetische Wellen abgeschirmt in einem getauchten Unterseeboot befinden, während sie selbst an Land bleibt. Man tötete die Jungen im U-Boot eines nach dem anderen, und jedesmal zeigte sich im gleichen Moment in der Hirnstromkurve der Mutter ein deutlicher Ausschlag. Dieses Phänomen wird Rapport genannt und wird auch in Versuchen mit anderen Arten beobachtet. Man kann zum Beispiel Pflanzen als Monitoren benutzen; sie verzeichnen augenblicklich Reaktionen, wenn man etwa lebendige Krabben in kochendes Wasser wirft oder Gras schneidet.[18] Backster hat dieses Phänomen, das ihm bei seinen Forschungen begegnete, «Primär-Wahrnehmung» genannt. Der Prozeß weist Züge auf, die den Schluß nahelegen, daß die Information zwischen den Lebewesen mit großer Schnelligkeit und auf eine für die akzeptierten Energieformen sehr untypische Weise übermittelt werden. Es muß also noch etwas anderes geben – aber was ist diese unbekannte Energie?

Der Physiker Jack Sarfatti gibt uns einen Hinweis. Er kommt zu dem Schluß, daß Informationen dieser Art mit Über-Lichtgeschwindigkeit reisen müssen. Das ist jedoch nach der Relativitätstheorie ausgeschlossen. Manche Physiker neigen jedoch zu der unkonventionellen Anschauung, daß es Teilchen gibt, sogenannte Tachyonen, die sich schneller als mit Lichtgeschwindigkeit bewegen können. Sollten sie tatsächlich existieren, so vermuten manche dieser Wissenschaftler, so müßten sie anhand der Cerenkov-Strahlung aufzuspüren sein, eines bläulichen Lichts, das von hoch geladenen Teilchen ausgesendet wird. Dieses Licht mag uns an indische Vishnu-Darstellungen erinnern, auf denen er mit blauem Gesicht abgebildet ist, oder an die bläulichen Formationen, die Astronomen bei vermehrter Sonnenfleckentätigkeit feststellen, oder an das bläuliche Schimmern von Reichs Orgon-Energie. Vielleicht haben östliche Yogis und westliche Wissenschaftler an der gleichen Erfahrung der Lebensenergie teil, ohne sich dessen voll bewußt zu sein.

Die Experimente beweisen, daß tatsächlich eine Kommunikation mit Überlichtgeschwindigkeit stattfindet, doch es läßt sich kein Signal feststellen, und Sarfatti vermutet deshalb, daß mit diesem Vorgang keine Energieübertragung verbunden ist. Eine solche Theorie ist zwar für die Schulwissenschaft ein Ding der Unmöglichkeit, dafür kann sie aber Forschungsergebnisse erklären, vor denen die traditionelle Physik bislang kapituliert. Sollte Sarfatti recht haben, so wäre wieder ein Beweis dafür erbracht, daß alle Dinge im Universum miteinander verbunden sind – und zwar nicht durch Signale, sondern durch ihre Teilnahme an einer Ganzheit, in der alle Teile «wissen», was alle anderen tun, und entsprechend reagieren. (Das führt uns direkt zu der Möglichkeit, Energie als Bewußtsein zu betrachten; wir werden weiter unten darauf zurückkommen.)

Es ist offenbar notwendig, ein neues Energiespektrum zu entwickeln, in dem alle bis heute gefundenen Energiephänomene ihren Platz finden. Ich schlage für dieses Spektrum die Bezeichnung «Lebensenergie-Kontinuum» vor. William Tiller, Professor der Stanford University, hat ein Energiemodell entwickelt, das als Bezugsrahmen für die Anlage eines neuen Energiespektrums dienen könnte. Er schlägt ein dreidimensionales Pardigma vor, das aus positiver Raum-Zeit, negativer Raum-Zeit und Deltron-Energie besteht. Positive Raum-Zeit umfaßt die bekannten Energieformen wie Elektromagnetismus, Kernenergie und Schwerkraft. In dem neuen Lebensenergiekontinuum müßte das Band des Elektromagnetismus verbreitert werden und Schwingungen einschließen, die höher oder niedriger sind als die gegenwärtig akzeptierten. Das wären zum Beispiel niederfrequente Schwingungen «unbelebter» Objekte (etwa von Steinen und Kristallen) und die höheren Schwingungen etwa des Denkens – wenn diese auch noch nicht physikalisch nachgewiesen sind. Die positive Raum-Zeit umfaßt, kurz gesagt, alle Signale, deren Ausbreitungsgeschwindigkeit bis zur Grenze der Lichtgeschwindigkeit reicht.

Die negative Raum-Zeit beinhaltet alle Schwingungen, die sich schneller als Licht ausbreiten und für Phänomene wie Telepathie, Levitation, Psychokinese und Präkognition verantwortlich sind. Tiller hat für Energie in diesem Bereich den Begriff «magnetoelektrisch» geprägt.

Die Partikel dieser negativen Raum-Zeit haben eine negative Masse und sind als Antimaterie bekannt. Sie besitzen magnetischen Charakter und sind im täglichen Leben nicht zu beobachten. Sie können die Lichtgeschwindigkeit überschreiten und würden sich dabei – könnte man sie sehen – scheinbar dematerialisieren, nehmen jedoch aufgrund ihrer höheren Frequenzen nur einen anderen Charakter an. Zudem würde es auf der Ebene der negativen Raum-Zeit eine «Leichtkraft» oder «Leviation» geben, Gegenstück der Schwerkraft oder Gravitation in der positiven Raum-Zeit. Und schließlich wäre die negative Raum-Zeit ein Erklärungsmodell für die oben beschriebenen Energieübertragungen bei Abschirmung gegen alle bekannten Kräfte.

Nach Tiller kann Energie, die sich in der negativen Raum-Zeit mit Überlichtgeschwindigkeit ausbreitet, nicht in direkte Interaktion mit der langsamen Energien in der positiven Raum-Zeit treten. Deshalb postuliert er eine Zone der «Deltron»-Energie, die als Verbindung und Medium der beiden Bereiche dient. Die Einzelheiten eines solchen Modells darzustellen, würde den Rahmen dieser Betrachtung sprengen, aber halten wir fest, daß seine Entwicklung unabdingbar ist, wenn wir das gesamte Erfahrungswissen aus Vergangenheit und Gegenwart zu einem organisierten Ganzen zusammenschließen wollen.

Medium

Energie existiert nicht nur in Form von Materie und Kraft, sondern auch in einer dritten Manifestation, die Medium genannt wird. Für das kosmische Medium ist seit Alters der Ausdruck «Äther» im Gebrauch; so bedeutet das chinesische Wort Ch'i nicht nur Lebensenergie, sondern auch Äther oder Gas (im hinduistischen Raum lautet der entsprechende Ausdruck *Akasha*). Im Westen gewann die alte griechische Idee des Äthers neue Bedeutung, als Newton zu dem Schluß kam, es müsse ein Medium geben, durch das Wärme, Licht und andere Energieformen sich ausbreiteten. Dieser Äther mußte feiner als Luft sein, eine eigene Schwingung besitzen und alle Materie durchdringen. In alten Physikbüchern wird der Äther deshalb als eine Art allgegenwärtiges, unbewegtes Weltenmeer dargestellt. Dieser Äther entsprach genau dem klassischen mechanistischen Weltbild, und er wurde angenommen, weil er einfach existieren mußte – denn irgend etwas muß ja schwingen, damit sich beispielsweise die Lichtwellen ausbreiten können.

1887 wurde die Äthertheorie von Michelson und Morley experimentell überprüft, und das Ergebnis ihrer Versuche sprach klar gegen die Existenz eines Äthers. Auch Einstein kam mit seiner Relativitätstheorie zu der Ansicht, daß der Äther nicht existiert. Damit schien diese Frage ein für allemal erledigt, doch sie war es nicht. Selbst Michelson konnte nicht so recht an seine eigenen Forschungsergebnisse glauben, und vielleicht mit gutem Grund. H. C. Dudley, Professor für Strahlenphysik, ist der Meinung, das Ergebnis des Michelson-Morley-Versuchs sei durch den Aufbau der Experimentalapparatur bereits vorweggenommen und daher nicht gültig. Überlegungen der beiden Nobelpreisträger Paul Dirac und Victor de Broglie sowie manche Entdeckungen der Astrophysik deuten erneut die Möglichkeit an, daß es doch einen Äther gibt. Der Raum, so hat sich gezeigt, ist nicht leer, sondern von einander durchdringenden Energiefeldern und Neutrinos erfüllt. Sollten diese Phänomene doch einen Äther darstellen, so wären die Relativitätstheorie und die Quantenphysik in ihrer gegenwärtigen Form nicht mehr haltbar. Nach den bisherigen Forschungen scheinen am ehesten die Neutrinos als die Substanz dessen in Frage zu kommen, was man möglicherweise Äther nennen kann. Neutrinos sind ungeladene und möglicherweise masselose Teilchen die sich mit Lichtgeschwindigkeit bewegen. Aufgrund ihrer Ladungs- und (was noch nicht mit letzter Sicherheit feststeht) Masselosigkeit reagieren sie kaum mit anderen Teilchen und besitzen die erstaunliche Fähigkeit, Materie fast ungehindert zu durchdringen (um einen Strom von Neutrinos auf die Hälfte seiner Stärke zu verringern, müßte man ihm einen Bleiklotz von 950 Billionen Kilometern Dicke in den Weg stellen). Ist vielleicht dieses Meer von Neutrinos, das die Astrophysiker entdeckten (aufgrund einer schon 1930 von Wolfgang Pauli gemachten Voraussage), eine Manifestation des indischen Prana, des chinesischen Ch'i oder der Orgonenergie Wilhelm Reichs?

Sehr wahrscheinlich wird sich zeigen, daß das Medium der Energie nicht aus einer einzigen Substanz besteht, sondern eine Art Meer von Bewegung ist, das Aspekte der positiven wie der negativen Raum-Zeit besitzt. Dieses allesdurchdringende Meer wird sich als eine besondere Manifestation der Lebensenergie erweisen, die sich je nach Frequenz als Materie oder als Energie des Denkens oder Heilens ausprägen kann. Da Lebensenergie ohnehin kein Ding ist, sondern Prozeßcharakter hat, muß sie notwendigerweise Übertragungseigenschaften besitzen, wie man sie in Heil-Séancen erfahren kann, aber auch andere dynamische Eigenschaften, wie sie etwa bei der Psychokinese sichtbar werden, wo Wirkungen stattfinden, ohne daß Signalübermittlungen nachweisbar wären. So wäre der Äther dann *eine* Emanation der Lebensenergie auf einer bestimmten Ebene des Seins, nur durch Bewegungsgrößen von Materie oder Kraft verschieden und genau wie diese letztlich nur ein Aspekt einer zugrundeliegenden Ganzheit.[19]

Das Hin und Her um die Existenz oder Nichtexistenz eines Äthers wirft die grundsätzliche Frage nach dem Stellenwert wissenschaftlicher «Beweise» auf. Mit der Formulierung der Relativitätstheorie und der Quantenmechanik ging ein radikaler Umsturz des wissenschaftlichen Selbstverständnisses einher. Zuvor konnte ein Wissenschaftler seine Forschungsergebnisse als objektiv (d. h. unparteiisch) und präzise betrachten, doch die Quantentheorie machte deutlich, daß auf der subatomaren Ebene nichts mehr so verläßlich, vorhersehbar und exakt meßbar ist, daß es solche Überzeugungen rechtfertigte. Ein durch exakte Messung und Berechnung zustandegekommener Beweis, so glaubt man häufig, ist eine Garantie für Wahrheit, doch tatsächlich ist er, wie Zukav ausführt, viel weniger:

«Ein wissenschaftlicher ‹Beweis› ist eine logische Folge mathematischer Sätze, anhand derer man zeigt, daß die zur Debatte stehende Aussage logisch folgerichtig ist. Im Reich der reinen Mathematik hat eine Aussage möglicherweise überhaupt keinen Bezug zur Erfahrung. Nichtsdestoweniger wird sie akzeptiert, wenn sie von einem in sich logisch folgerichtigen Beweis gestützt wird.»[20]

Er fährt fort, daß man solche folgerichtigen Theorien in der Physik am besten einfach als nützlich und hilfreich betrachtet, aber nicht unbedingt als Ausdruck der Wirklichkeit verstehen sollte. Die quantentheoretische Forschung hat gezeigt, daß man keine objektive Wahrheit finden kann, weil der Experimentator das Problem aus seiner persönlichen Perspektive sieht und danach sein Experiment aufbaut und ausrichtet – mithin das Ergebnis von seiner persönlichen Erfahrung mitbestimmt sein muß. Dann liegt die Objektivität vielleicht in den Berechnungen, in den Zahlen? Auch das muß verneint werden. Kurt Gödel hat mit seinem (bisher unwiderlegten) Unvollständigkeitstheorem gezeigt, daß Systeme logischer Deduktion auch nicht-logische Komponenten haben und daß gerade diese nicht-logischen Komponenten notwendig sind, um bestimmte arithmetische Aussagen abzuleiten. Das bedeutet, daß die Axiome, die unbeweisbaren Grundannahmen der Logik, nicht ausreichen, um die abgeleiteten Theoreme zu erklären. Im übrigen kann man von eben diesen Axiomen auch falsche Aussagen ableiten. Und die Axiome selbst? Selbst bei ihnen, so Gödel, kann man nicht mit Sicherheit sagen, ob sie auch nur mit dem System dem sie zugrunde liegen, übereinstimmen. So kann Kenneth Pelletier sagen:

> «Der Wissenschaftler, der reiner Logiker bleibt, hat keine wirkliche Basis, von der aus er mit absoluter Gewißheit argumentieren kann. Die Verbundenheit mit einem bestimmten persönlichen, wissenschaftlichen oder kulturellen Paradigma ist weniger durch Notwendigkeit und objektive Information diktiert als vielmehr eine Sache des Glaubens.»[21]

Und ähnlich Einstein:

> «Rein logisches Denken verschafft uns keine Erkenntnis über die wirkliche Welt: Alle Erkenntnis der Wirklichkeit beginnt mit der Erfahrung und endet in ihr. Alle Aussagen, zu denen man auf rein logischem Wege kommt, sind, was die Realität angeht, vollkommen leer.»[22]

Diejenigen unter uns (Wissenschaftler eingeschlossen), die am klassischen Objektivitätsanspruch der Naturwissenschaft festhalten wollen, werden wohl ungern hören, daß selbst die euklidische Geometrie, die Basis der newtonschen Mechanik und des ganzen alten Weltbilds, auf unbeweisbaren Grundannahmen aufbaut. Es ist sogar bewiesen worden, daß andere lgoische Systeme möglich sind, die die gleiche innere Stimmigkeit aufweisen wie das euklidische und ihm doch widersprechen. Einstein hat gezeigt, daß der Raum gekrümmt ist und nicht bis in die Unendlichkeit geradlinig wie der Raum der klassischen Physik; zudem widersprechen astrophysikalische Phänomene wie die Gravitationszusammenbrüche großer Sterne und die Bildung schwarzer Löcher den Gesetzen der klassischen Physik. Halten wir also fest, daß wissenschaftliche Beweise letztlich so subjektiv sind wie alles andere[23] und daß der mathematische Beweis, Basis aller Naturwissenschaft, fehlbar ist oder jedenfalls nicht unbedingt ein Abbild der Wirklichkeit sein muß.

Solche Überlegungen haben manche Wissenschaftler wie zum Beispiel John A. Wheeler zu der Überzeugung geführt, daß der «objektive Beobachter» in den Naturwissenschaften in Wirklichkeit Teilnehmer ist. Interessanterweise entspricht diese Akzentverschiebung vom Objektiven zum Subjektiven dem uralten tantrischen Glauben, daß Beobachter und Beobachtetes Eins sind.

Der wahre Wissenschaftler ist jemand, der nach dem Wesen des Lebens forscht – und das mag ein Physiker, aber auch ein spiritueller Sucher sein. Er/sie hat den Mut, sich allen Möglichkeiten zu öffnen, die Grenzen des Bekannten zu überschreiten, manchmal einen durch keinerlei Garantien abgesicherten Sprung in neue Erfahrungen und Perspektiven zu wagen – in dem Wissen, daß die Erfahrung *eines* Lichts noch nicht einem Leben im Licht der Wahrheit, noch nicht der Erleuchtung gleichkommt. Immer wieder müssen wir zulassen, daß die Pforten der Wahrnehmung sich öffnen, müssen wir weiterwachsen und uns entwickeln. Am Ende ist die Wissenschaft wie jedes menschliche Unterfangen ein Abenteuer des Bewußtseins, dessen Ausgang nicht abzusehen ist, das wir nur so annehmen können, wie es ist. Wie der Physiker muß der spirituelle Sucher forschen, und das ist ein beständiges Suchen – oder Erinnern – dessen, was das Wesen des Lebens ausmacht.

Im naturwissenschaftlichen Bereich ist die Energie für diese Suche nach dem Wesentlichen ein naheliegender, erforschbarer und der Erfahrung zugänglicher Anknüpfungspunkt, von dem aus man die Erkenntnisse verschiedener Wissenschaftszweige integrieren und neue Wege des Erkennens finden kann, die letztlich zu uns und unserer spirituellen Entwicklung zurückführen. Der Glaube, daß die Wissenschaft jemals etwas wirklich «Neues» finden wird, ist ein Mythos; wir können nur wiederentdecken und unser Bewußtsein erweitern und daran arbeiten, daß immer mehr Menschen sich der Wahrheit öffnen. Dazu kann die Naturwissenschaft ein ausgezeichnetes Hilfsmittel sein.

Eine interessante Entwicklung in der Physik, die S-Matrix-Theorie genannt wird («S» von engl. *scatter* – Streuung), demonstriert, daß Form, Kraft und Medium als drei Aspekte eines umfassenderen Energieganzen betrachtet werden können. Die Streuung bei subatomaren Kollisionsexperimenten mit Hadronen stellt nach Capra einen Energiestrom durch sogenannte Reaktionskanäle dar. Diese Kanäle sind wie Hohlräume, in denen Kräfte miteinander reagieren und unter bestimmten Voraussetzungen Resonanzen bilden. Diese Resonanzen sind keine Teilchen im klassischen Sinne, keine Objekte, sondern eher Ereignisse. Materieteilchen (Form) sind sozusagen Zwischenstadien einer beständigen Energieinteraktion (Kraft), gebildet durch Resonanzen bestimmter Schwingungen im Reaktionskanal (Medium).

Daraus kann man auch für unsere makroskopische Welt zweierlei ableiten, nämlich daß alle Zustände und Dinge nur Übergangsstadien darstellen und daß die Existenz von allem auf kontinuierlicher Energieinteraktion beruht. Alles entsteht durch Energieresonanzen und besteht nur so lange wie diese Resonanzen. Ich glaube, daß unser Bewußtsein, das Medium der Seelenprozesse, die Energiequelle der Schwingungen ist, deren Resonanzen unsere physische Welt bilden. Unser Geist-Feld ist der Reaktionskanal, in dem Energie in bestimmten Frequenzbereichen so «verarbeitet» werden kann, daß daraus unser Körper, unsere Persönlichkeit und unser soziales Milieu entstehen.

In einem späteren Kapitel möchte ich zeigen, daß es eine Manifestation dieses Geist-Feldes gibt, den *Heilungskanal,* die für unsere physische und psychische Gesundheit, aber auch für unsere spirituelle Entwicklung von großer Bedeutung ist.

Bewußtsein

Der Satz, daß unser Bewußtsein auf die Gegenstände und Ergebnisse unseres Forschens «abfärbt», gilt nicht nur für solche eher negativen Züge wie persönliche Voreingenommenheit oder berufsbedingte Skepsis gegenüber neuen Ansätzen, sondern hat viel allgemeinere Gültigkeit. Eine Schlußfolgerung der Quantenphysik lautet, daß der Beobachter und sein Beobachtungsgegenstand nicht voneinander zu trennen sind – so wenig, wie man Elementarteilchen außerhalb ihres natürlichen Zusammenhangs studieren kann. Werner Heisenberg legte 1927 im Zusammenhang mit seinem berühmten (und später experimentell bestätigten) Unschärfeprinzip dar, daß *jede* Beobachtung das Beobachtete beeinfluß, das heißt verändert. Sobald wir unsere Aufmerksamkeit auf etwas lenken, führen wir ihm Energie zu und beeinflussen es damit. Das zeigt sich sehr deutlich in der wissenschaftlichen Forschung (und hier vor allem im subatomaren Bereich), gilt jedoch auch fürs tägliche Leben. Denken wir zum Beispiel ständig an die Schwierigkeiten des Lebens, so versorgen wir sie unaufhörlich mit neuer Energie und sorgen damit selbst dafür, daß sie bestehenbleiben. Das verstärkt dann natürlich wieder unser Bild vom Leben als vorwiegend mit Schwierigkeiten behaftet, und hier schließt sich ein Kreis, aus dem es kaum noch ein Entkommen gibt. Worauf wir unsere Energie konzentrieren und wohin wir sie lenken, hängt von unserem Bewußtseinszustand ab, doch der läßt sich nicht beschreiben, sondern nur direkt erfahren.

In dem hier vorgelegten Konzept der Lebensenergie ist das Bewußtsein der qualifizierende und richtunggebende Aspekt der Energie. Um das Ergebnis der folgenden Überlegungen vorwegzunehmen: Bewußtsein ist an jedem energetischen Prozeß beteiligt, oder mit den Worten des Physikers Jack Sarfatti: «Wir haben erkannt, daß Bewußtsein und Energie Eins sind.»[24] Charles Musès hat das Bewußtsein «noetische Energie» genannt. Das Wort selbst impliziert ein Vermögen, das unter allen Lebewesen allein dem Menschen zukommt: die Fähigkeit, vom Wissen zu wissen. Wenn wir davon sprechen, daß wir bewußt sind, so meinen wir damit, daß wir unseres Wissens innegeworden sind. Daher bemißt sich das Wissen, das wir Bewußtsein nennen, nicht nach seinen Inhalten oder seinem Umfang, sondern nach seiner Qualität. Kehren wir zur Wesensnatur *(physis)* der Energie zurück, so ist Bewußtsein hier das Wissen vom Wesen des Lebens oder der Bewegung. Durch die Bewegung der Lebensenergie bindet das Bewußtsein Struktur, Quantität und Prozeß, die sich als Form, Kraft und Medium manifestieren und ein Ganzes bilden.

Form, Kraft und Medium sind so drei Aspekte der Energie, die das Bewußtsein zu einer dynamischen Struktur verbindet, und zwar so, daß ihre Gewichtung variieren mag, ihre Proportionalität jedoch erhalten bleibt. Der Bewußtseinsaspekt der Energie diktiert, wie, wo und in welcher Form die Energie vorliegt. In einem gemeinsamen Gesamtbewußtsein, das keiner Signalübertragung bedarf, «wissen» alle Aspekte der Energie, in welcher Proportion sie zu den übrigen stehen müssen. Das ist das Gesetz der Ganzheit. Das Gesetz der Ganzheit, wie ich es definiere, besagt, daß die jeweilige Form und die Erhaltung der Energie-Ganzheit abhängt von einem universalen Bewußtsein davon, welcher Form, welcher Kraft und welchen Mediums es an jedem gegebenen Ort zu jeder gegebenen Zeit jeweils gerade bedarf. Doch wie ist dieses «Wissen» möglich?

Auf diese Frage sind zahlreiche Antworten vorgeschlagen worden. Teilhard de Chardin glaubte, daß jeder Form der Materie ein gewisses Bewußtseinspotential eignet, das im Lauf der Evolution vom primitiven Einzeller bis zum Menschen immer mehr aktualisiert wurde. Die volle Aktualisierung, das Wissen vom Wissen, wurde erst mit dem Menschen möglich. Andere Formen der Materie oder Energie besitzen auch Bewußtheit, sind jedoch nicht in der Lage, darüber zu reflektieren.

Rupert Sheldrake ergänzt diese Hypothese durch seine Theorie der «morphogenetischen Strahlung», durch die sich Entwicklungssprünge einer Art ihren sämtlichen Individuen mitteilen. Gestützt werden solche Evolutionstheorien, die ein Mitteilen von Wissen als Grundprinzip der Entwicklung postulieren, durch Forschungen, wie sie 1920 von William McDougall und später von Crew und Gregor angestellt wurden. Dabei wurden Ratten darauf dressiert, aus einem unter Wasser stehenden Labyrinth zu entkommen, und es zeigte sich, daß sie darin von Generation zu Generation geschickter wurden. Daraus ließe sich schließen, daß Erlerntes vererbt werden kann. Interessanterweise zeigte sich jedoch auch bei den Ratten der Kontrollgruppen, die nicht von dressierten Eltern abstammten, eine verbesserte Fähigkeit, die Aufgabe zu bewältigen. Das kann nur bedeuten, daß Erlerntes auch auf nicht-genetischem Wege an andere Individuen derselben Art weitergegeben wird. Information taucht plötzlich an Stellen auf, wo sie auf keinem der bislang bekannten Wege hingekommen sein kann. Sollten weitere Forschungen diese Ergebnisse bestätigen, so würde das eine Aussage über das Medium des Bewußtseins erlauben: Es besteht darin, daß alle Individuen einer Spezies sich auf das höchste Bewußtheitsniveau innerhalb dieser Spezies einstimmen. Wenn also einer von uns eine höhere Bewußtseinsebene erreicht, so stimmen wir übrigen uns auf diese neue Schwingung ein und erweitern unser Bewußtsein ebenfalls. Dieser Vorgang ist allerdings kaum jemals zu beobachten, weil die entscheidende Voraussetzung für die Einstimmung darin besteht, daß wir uns der neuen Schwingung öffnen können, und das ist im allgemeinen nicht der Fall. Je mehr wir uns aber öffnen, desto mehr Information teilen wir mit anderen und desto deutlicher werden wir durch dieses vermehrte Bewußtsein das Wesen des Lebens erfahren.

Zivilisationen steigen und fallen mit ihrer Fähigkeit oder ihrem Unvermögen, ein gewisses Bewußtseinsniveau zu halten. Die Tatsache, daß bisher keine der großen Kulturen die Höhe ihrer Entwicklung halten konnte, weist darauf hin, daß wir als Spezies noch nicht gelernt haben, permanent auf der potentiellen Höhe unserer Entwicklung zu leben.

Einem anderen Aspekt des Bewußtseinsphänomens kam die Physik auf die Spur. Thomas Young führte 1803 ein Experiment durch, mit dem er den Wellencharakter des Lichts nachwies. In diesem als «Youngsches Doppelspalt-Experiment» bekanntgewordenen Versuch demonstrierte er, daß Licht, welches durch zwei Spaltöffnungen fällt, auf dem Schirm dahinter nicht einfach zwei Lichtstreifen erzeugt, sondern eine ganze Reihe von Streifen. Das Licht wird an den Spaltöffnungen gebeugt, wodurch sich dahinter Überlagerungen von Lichtwellen (Interferenzen) bilden, bei denen sich die Wellen nach einem bestimmten Muster teils gegenseitig verstärken und teils auslöschen. Führt man nun dasselbe Experiment mit nur einer einzigen Lichteinheit (Photon) durch, und verschließt einen der beiden Spalte, so geschieht etwas ganz Erstaunliches. Das Photon passiert den offenen Spalt und kann auf eine Stelle des Schirms treffen, die stets dunkel bleibt, wenn beide Spalte geöffnet sind. Es verhält sich mit anderen Worten verschieden, je nachdem ob ein Spalt offen ist oder beide offen sind. Irgendwie «weiß» das Photon, daß es zwei verschiedene Ausgangssituationen gibt, und verhält sich entsprechend.

Aber woher weiß das Photon? Nach der Quantentheorie bestimmt lediglich der Zufall, ob ein Photon hierhin oder dahin geht; sie kann den Verlauf eines Energieereignisses nicht mit Gewißheit voraussagen. Einstein wehrte sich gegen diese Theorie mit dem berühmt gewordenen Satz: «Gott würfelt nicht.» Er versuchte den individuellen Weg eines Photons durch eine (allerdings nur mathematisch existierende) «Geisterwelle» zu erklären. In der Welt der Physik wird solch eine Erklärung als etwas an den Haaren herbeigezogen empfunden. Sollte es andererseits ein Gesetz der Ganzheit geben, so wird auch das Licht sich in jeder gegebenen Situation angemessen, das heißt ganzheitlich verhalten. Einsteins «Geisterwelle» könnte dann der Geist oder das Wesen des Photons sein, das ihm den Weg weist. Das setzt natürlich eine Art primitives Bewußtsein voraus, mit dem festgestellt wird, welcher Spalt offen ist, um sodann dieser Information entsprechend zu reagieren.

Dieses Wissen um das einer bestimmten Situation angemessene Verhalten ist genau das, was der Buddha «rechtes Handeln» nannte. Das Photon und die Amöbe wissen, was sie zu tun haben, und tun es. Selbst auf dieser primitiven Ebene gibt es also ein rechtes Handeln auf der Grundlage eines von der Ganzheit bestimmten und zur Ganzheit hinstrebenden Bewußtseins.

In seinem monumentalen Werk *The Reflexive Universe* hat Arthur Young dargestellt, daß jeder Ebene der Organisation von Materie – vom Elementarteilchen der Physik bis hin zu biologischen Organismen – eine besondere Form von Bewußtsein eignet, wobei die verschiedenen Stufen des Bewußtseins sich nur in Komplexität und Freiheitsgraden unterscheiden. Die elementaren Bewußtseinsformen der Materie sind vielleicht eine Art gestaffeltes Potential für die höher entwickelten Formen in biologischen Organismen – Bewußtseins-«Bausteine» komplexer Energieprozesse und Formen. Wir könnten höhere Entwicklungsstadien erreichen, indem wir das Wissen der niederen Bereiche benutzen, um über den gegenwärtigen Bewußtseinszustand hinauszugelangen; auf den «höheren Frequenzen» steht dann mehr freie Energie zur Verfügung. Solches Wissen erlaubt dem Individuum einer Spezies, sich auf die höchsten Entwicklungsfrequenzen dieser Spezies einzustimmen, und schafft so den nötigen Impuls für weitere Evolution.

Ein anderer Forscher, Gordon Globus, meint aufgrund von Forschungsergebnissen aus Physik und Medizin, daß man bewußtes Agieren im Tierreich bis hinunter zu den primitivsten Vielzellern beobachten kann. Selbst auf dieser elementaren Ebene fand er eine «selektive Aufmerksamkeit», die auf jeder Entwicklungsstufe ein Kennzeichen des Bewußtseins ist. Der Unterschied zwischen uns und anorganischer Materie, so behauptet er weiterhin, liegt nur im Umfang der Bewußtheit – grundsätzlich aber besitzen alle Formen der Energie das gleiche Bewußtsein. Wenn es uns schwerfällt, solche Aussagen zu akzeptieren, so liegt das vielleicht daran, daß wir uns gern für etwas Besonderes halten möchten. Oder in den Worten von Globus:

> «Der Gedanke, daß alle Organisationsformen Bewußtsein haben, mag absurd klingen, aber vielleicht zeigt diese scheinbare Absurdität nur unseren ‹menschlichen Chauvinismus› in puncto Bewußtsein.»[25]

Das «wählende» Photon hat die Frage des Bewußtseins zum Forschungsgegenstand der Physik gemacht. Auch der Physiker E. H. Walker glaubt, daß Photonen Bewußtsein haben könnten und daß «das Universum ‹bewohnt› ist von einer fast unendlichen Anzahl diskreter bewußter und für gewöhnlich nicht denkender Entitäten, die für die differenzierten Abläufe im Universum verantwortlich sind.»[26]

Sind diese Entitäten vielleicht Einheiten des Bewußtseins (von Tiller «Perzeptronen» genannt), und schwimmen sie vielleicht in einem Meer der Energie (Neutrinos), stets bereit zu einem Agieren, das den Zustand der Ganzheit aufrechterhält? Wäre das der Fall, so würde es bedeuten, daß Photonen und alle anderen Energiequanten jederzeit «wissen», was zu tun ist, weil das Prinzip der Ganzheit ihnen innewohnt. Je nachdem, was in einem gegebenen Augenblick zur Erhaltung der Ganzheit erforderlich ist, werden sie Aktivität, das heißt Energie zum Gesamtprozeß beisteuern, etwa um Quantitäten auszugleichen oder Richtungen zu korrigieren. Dabei müssen keine Informationen übermittelt werden, die die Aktivität steuern, sondern das Universale Bewußtsein, das in jedem Energieprozeß waltet, manifestiert sich in jeder einzelnen Einheit dieses Prozesses. Man benötigt hierzu nicht einmal die Vorstellung des «Wählens»: sie tun einfach, was zu tun ist. Die Idee des angemessenen Handelns stimmt auch mit der mystischen Anschauung des Ostens überein, daß der innere Zusammenhalt das Wesen aller in der Natur gültigen Prinzipien ausmacht. J. Needham schreibt über das chinesische *Li*-Symbol, das er mit «Organisationsprinzip» übersetzt:

> «Seine älteste Bedeutung ist ‹das Muster in den Dingen›, die Maserung der Jade oder die Fasern der Muskeln. Es bekam die gewöhnliche lexikalische Bedeutung ‹Prinzip›, aber bewahrte immer den Unterton von ‹Struktur›... Das impliziert auch ‹Gesetz›, dem die Teile eines Ganzen gehorchen müssen, eben weil sie Teile dieses Ganzen sind... Das Wichtigste bei Teilen ist, daß sie sich zusammen mit den anderen Teilen, genau in den Gesamtorganismus, den sie bilden, einfügen müssen.[27]

Wenn irgend etwas im Universum mit anderen Prozessen zusammenstimmen soll, muß es irgendwie «wissen», was das Ganze ist, sonst wäre der ganze Kosmos nur ein Chaos von Zufällen. Die Naturgesetze sind einfach Sonderfälle des Ganzheitsgesetzes. Sie sind Bewußtseinsprozesse, die untereinander einen inneren Zusammenhang bilden.

Ich glaube, daß jede Bewegung – vom niedrigsten Bewußtseinsgrad bis hin zur Gesamtbewegung des Kosmos – ein Bewußtsein hat. Und all diese Bewegungen werden vom Gesetz der Ganzheit beherrscht. Sie schweben in einem Meer von Energie, sind sich auf ihrer jeweiligen Ebene der Ganzheit bewußt und beteiligen sich an dem Geschehen, das zu ihrer Erhaltung dient.

Für manche Physiker ist das Bewußtsein eine versteckte Variable, die über Raum und Zeit hinausgeht, eine Art fünfte Kraft, die das materielle Universum aus seinen Grundstrukturen formt. Nach der Quantentheorie ist Materie nur eine energetische Wahrscheinlichkeit: Wie entscheidet sich also, was in unserem Universum Materie wird und was nicht? Wenn die Energie so unendlich viele Gestaltungsmöglichkeiten hat, kann es dann wirklich nichts als Zufall sein, daß sich hier Formen bilden und entwickeln und dort nicht? Nein, das kann nur zurückzuführen sein auf ein universales Bewußtsein dessen, was notwendig ist. Keine Form entwickelt sich, wenn sie nicht gebraucht wird. Alles hat seinen Platz im Ganzen und entsteht mit gutem Grund – wenn dieser Grund auch für uns nicht immer klar ist. Das Universum aktualisiert sich aus einem unendlichen Potential auf genau diese Weise, weil das Bewußtsein des Ganzen vorschreibt, daß sich unter den Myriaden Möglichkeiten nur Strukturen, Kräfte und Medien entwickeln, die für die weitere Evolution wichtig sind. Religionen, Kulturen und selbst stoffliche Gebilde behalten ihre Gestalt nur solange, wie sie energetisch notwendig ist. Haben sie ihren Dienst getan, so verschwinden sie, werden verwandelt in die nächste Gestaltung des Bewußtseins.

Daß wir uns entwickeln können, liegt daran, daß Energieformationen nicht starr festgelegt sind. Wären sie es, dann könnten sich keine neuen Formen entwickeln, es gäbe keine Lebendigkeit. Das gilt auch im menschlichen Bereich, für Forscher, spirituelle Sucher und den «normalen Mann auf der Straße» gleichermaßen. In der Beweglichkeit der Energie liegt ihr schöpferisches und innovatives Potential, die Chance der Entwicklung zu immer umfassenderer Ganzheit.

Analog zu den Gesetzen der Thermodynamik, die etwas über die Äquivalenz beziehungsweise Verteilung verschiedener Energieformen aussagen, bedeutet eine Zunahme an Bewußtsein, daß irgendwo im Universum Energie verlorengeht.[28] Nach Tiller ist höheres Bewußtsein möglich, weil die Ordnung im Universum abnimmt (positive Entropie). An die Stelle der Ordnung tritt ein größerer Austausch der Energie (negative Entropie). Hier ist impliziert, daß wir das Chaos des modernen Lebens als Ausdruck des Verlusts an Ordnung im Universum betrachten müssen, der wiederum eine Voraussetzung dafür ist, daß wir uns entwickeln können. Denn ohne die Zerstörung unserer Stabilität hätten wir nicht genügend freie Energie, um uns auf neue Formen und Prozesse einzulassen und uns zu ändern. Die Herausforderung des modernen Lebens besteht einfach ausgedrückt darin, ob wir als Spezies aus diesem Chaos lernen können, aus der Zerstörung heraus aufzubauen, die Diffusion der Energie in Ganzheit umzumünzen und uns schließlich zu entwickeln oder nicht. Ob sich wohl Politiker jemals für solche Gedankengänge interessieren werden?

Wenn wir sagen, daß alles Bewußtsein hat, so müssen wir dabei im Blick behalten, daß es ungeheure qualitative Unterschiede zwischen verschiedenen Energieformen gibt. Wenn auch alles Bewußtsein hat (oder ist), so ist ein Stein doch keine Pflanze und eine Pflanze kein Mensch. Daher gibt es verschiedene Ebenen des Bewußtseins, entsprechend den verschiedenen Qualitäten oder Frequenzen der Energie. Je höher das Bewußtsein, desto höher die energetische Frequenz und desto vollständiger die Annäherung an die Ganzheit. Wissenschaftler nennen das niedrigste Energieniveau eines Atoms den Grundzustand; entsprechend könnten wir das niedrigste Bewußtseinsniveau jeder Energieform als Grundbewußtsein bezeichnen. Wenn jemand sein Bewußtsein erweitern möchte, so braucht er einen Energieimpuls einer bestimmten Größe, um den Grundzustand zu überwinden. Jedes Atom besitzt einen Kern und eine oder mehrere Elektronenschalen. Ein Elektron kann nur dann in eine höhere Schale springen, das heißt seinen Grundzustand verlassen, wenn es durch einen Energieimpuls dazu angeregt wird. Die Tendenz, im Grundzustand zu verharren, können wir beim Menschen als Trägheit oder Bequemlichkeit bezeichnen. Wird ein Atom energetisch angeregt, so springen die Elektronen auf höhere Bahnen, doch sobald der Impuls ausbleibt, fallen sie wieder in den Grundzustand zurück.

Auch wir können, angeregt durch Impulse, solche Sprünge zu höherer Bewußtheit erfahren – doch anders als Elektronen können wir unter bestimmten Voraussetzung auf der höheren Ebene bleiben. Dazu sind jedoch erhebliche Anstrengungen vonnöten, denn wir neigen immer wieder dazu, uns ins Grundbewußtsein zurückfallen zu lassen, wo wir sicherer zu sein *glauben*. Nach der klassischen Theorie bildet die Energie ein stetiges Kontinuum, doch in der Quantentheorie wurde bewiesen, daß sie diskontinuierlich, eben in Form von Quanten auftritt. Auf das Bewußtsein übertragen, stellt sich uns die Frage, ob das Bewußtsein in bestimmten «Quanten»sprüngen oder kontinuierlich vermehrt wird. Tatsächlich sind beide Anschauungen richtig. Das Bewußtsein wird durch die Aufnahme jeder neuen Qualität der Bewußtheit oder Ganzheit erweitert, kann sich aber auf dem neuen Niveau erst stabilisieren, wenn ein ganzes Quantum von neuem Bewußtsein wirksam wird. Während also jeder Energiezuwachs das Evolutionspotential vermehrt, bedarf es auf der Empfängerseite zuerst einer gewissen Menge (sozusagen eines Quantums) gefestigter Bewußtheit, bevor wir sagen können, daß wir jetzt auf dieser Ebene des Bewußtseins leben. Deshalb führen veränderte Bewußtseinszustände, in denen man aufgrund einer Psychose oder durch Drogen oder meditative Praktiken über das Grundbewußtsein hinausgelangt, nur dann zu einem wirklichen Entwicklungsschritt, wenn solche Erfahrungen mehrmals stattfinden und vor allem integriert werden. Andererseits bedeutet die einmalige Erfahrung eines solchen Zustands, das man fortan leichter zu ihm zurückkehren kann – vorausgesetzt, es besteht ein echtes Interesse. Das liegt daran, daß ein Energiekanal geöffnet worden ist.

Der Entwicklungsschritt zu einem höheren Energie/Bewußtseins-Niveau entspricht einem Wechsel von niederfrequenten zu höherfrequenten Schwingungen. Das setzt im allgemeinen eine intensive Vorbereitung voraus, durch die man fähig wird, das neue Bewußtseinsniveau mit dem täglichen Leben in Einklang zu bringen. Wie ein Elektron bei der Rückkehr in den Grundzustand Licht aussendet, strahlen auch wir bei der Rückkehr ins normale Leben die neue Bewußtheit in allem aus, was wir tun. Die wenigen, die Erleuchtung finden, verlieren dieses «Licht» nie mehr; sie leben unter uns und doch zugleich in jener anderen Wirklichkeit. Für sie gibt es die Trennung zwischen hier und dort nicht mehr – sie haben Raum und Zeit überwunden. Der Anthropologe Roger Westcott vermutet, daß Bewußtsein eine innere Biolumineszenz ist. Vielleicht ist Erleuchtung der höchste Bewußtseinszustand, in dem Energie in Form von «Licht» einfach von innen nach außen, über das Persönliche hinaus in die universale Ganzheit strahlt.

Das Ganzheits-Prinzip

Wir können also Bewußtsein als ein Gewahrwerden der Ganzheit betrachten – je nach Energieniveau mehr oder weniger umfassend. Betrachten wir die Ganzheit noch einmal genauer aus dem Blickwinkel der Energiephysik. Die wichtigste Erkenntnis, die aus einer neuen wissenschaftlichen Perspektive zu gewinnen ist, besteht wohl darin, daß ein vollständiges Bild der Natur soviel Ganzheit wie möglich erfassen muß. David Bohm, einer der führenden Atomphysiker unserer Tage, der entscheidend das Weltbild der modernen Physik mitbestimmt hat, sagt dazu:

> «Die Wissenschaft selbst fordert ein neues, nicht-fragmentarisches Weltbild... Durch Relativitäts- und Quantentheorie hat sich gezeigt, daß sich die allgemeine Natur der Wirklichkeit viel besser und geordneter in Begriffen beschreiben läßt, die eine ungeteilte Ganzheit des Universums implizieren.»[29]

Wir müssen verstehen lernen, daß unsere wissenschaftlichen «Wahrheiten» eine Funktion unseres Verständnishorizonts sind, und beides kann sich aufgrund neuer Einsichten leicht ändern. Der isolierende Ansatz des newtonschen Zeitalters – auf die Einzelerfahrung und nicht auf Interaktion ausgerichtet – entfernte uns von der Ganzheit und engte auch unsere wissenschaftliche Perspektive ein. Halten wir uns jedoch vor Augen, daß alle Forschungsarbeit, sei sie formal-wissenschaftlich oder auf persönliche Erfahrung ausgerichtet, von einer (nicht-physikalischen) Energie, nämlich unserem Bewußtsein, beeinflußt wird.

Die wissenschaftliche Forschung und Theoriebildung zeigt uns täglich neue Beispiele, in denen die Bedeutung der Ganzheit als grundlegendes Energiekonzept deutlich wird. David Bohm, Professor für Physik an der Londoner Universität und häufiger Gesprächspartner Krishnamurtis bei öffentlichen Diskussionen, hat gesagt:

«Wir müssen die Physik umkehren. Anstatt mit Teilen zu beginnen und dann zu zeigen, wie sie zusammenwirken (die kartesianische Reihenfolge), setzen wir beim Ganzen an.»[30]

Und in einem anderen Zusammenhang:

«Teile werden von Anfang an als in unmittelbarem Zusammenhang stehend betrachtet, wobei ihre dynamischen Beziehungen bedingungslos vom Zustand des ganzen Systems abhängig sind... So gelangt man zu der neuen Vorstellung der *ungebrochenen Ganzheit* und damit zum Todesurteil der klassischen Idee von der Analysierbarkeit der Welt in getrennt und unabhängig voneinander existierende Teile.»[31]

Selbst unter dem Gesichtspunkt, daß die Quantentheorie von Natur aus ein holistischer Ansatz ist, sind das radikale Schlußfolgerungen. Bohm geht aber insofern über die Quantenmechanik hinaus, als er einzelne Ereignisse nicht als bloße Zufallsprodukte versteht, sondern behauptet, daß auch solche Einzelereignisse Teile des Ganzen sind. Für eine umfassende ganzheitliche Anschauungsweise ist es möglich, den Widerspruch zwischen dem Weltbild der klassischen Physik und der Quantentheorie aufzulösen; wir brauchen dann nicht mehr von unabhängig voneinander bestehenden Einzelheiten auf der einen Seite und unteilbarer Ganzheit auf der anderen zu sprechen, sondern gehen von einer komplementären Beziehung aus, in der die einzelnen Teile eine Funktion des Ganzen sind.

Eine Analyse von Teilchen oder elementaren Bausteinen ist für sich genommen nicht sinnvoll, weil sie reduktionistisch ist und letztlich eine größere Wahrheit leugnet; sinnvoll wird sie erst dann, wenn man dabei die Beziehung zum Ganzen nicht aus den Augen verliert, wenn jeder Teil in seiner Funktion des Dienstes am Ganzen gesehen wird. Denken wir zum Beispiel an die Gewinnung von Atomenergie durch Kernspaltung, so sehen wir, daß wir dafür einen ungeheuren Preis bezahlen müssen. Da die Spaltung ein unorganischer Prozeß ist, fallen dabei radioaktive Abfallprodukte an, deren Beseitigung ein bisher ungelöstes Problem ist, weil sie sich nicht in das Ganze der Natur wiedereingliedern lassen und für Jahrtausende oder Jahrhunderttausende ihre Gefährlichkeit behalten.

Die Kernfusion ist andererseits ein «ganzheitlicher» Prozeß, in dem bei der Verschmelzung von Wasserstoffkernen kaum radioaktiver Abfall entsteht, aber eine um das fünfmillionenfache höhere Energieausbeute möglich ist. Diese Kernfusion kommt in der Sonne als natürlicher Prozeß vor und ist – ausgelöst durch eine «schmutzige» Kernspaltungs-Zündladung – die Energie der Wasserstoffbombe, wird aber irgendwann in der Zukunft nach der Entwicklung entsprechender Techniken auch friedlich nutzbar sein. In der angewandten Physik unserer Zeit zeigt sich also schon auf der atomaren Ebene die Gültigkeit des Prinzips der Ganzheit – und trotzdem ist kaum eine Bereitschaft vorhanden, dieses einigende Prinzip auch nur zu sehen.

Manche Quantenwissenschaftler, so schreibt Zukav, bemerken zwar eine gewisse «Verbundenheit» der in der Forschung auftretender Phänomene, schreiben das aber dem Zufall zu. J. S. Bell entwikkelte jedoch ein (später experimentell überprüftes und bestätigtes) Theorem, nach dem alle Einzelteile auf holistische und keineswegs zufällige Weise miteinander verknüpft sind. Wissenschaftler, die nicht an Ganzheit glauben, müssen danach entweder akzeptieren, daß sie sich geirrt haben oder daß die Grundlage ihrer Wissenschaft, die Mathematik, inkonsistent und fehlbar ist.

Ohne ein Konzept der Ganzheit in der Physik wäre es schwer zu erklären, wieso Licht sowohl Wellen- als auch Teilchencharakter haben kann; kann man aber beide Formen als Manifestation eines beiden zugrundeliegenden Prozesses betrachten, so besteht die Schwierigkeit nicht mehr. Nach der klassischen Physik kann das Licht nur das eine *oder* das andere sein, aber nicht beides. Niels Bohr entwickelte in den dreißiger Jahren eine «Komplementaritätstheorie», nach der der festgestellte Charakter des Lichts – Welle oder Partikelstrom – davon abhängt, wie man ihn ermittelt. Durch die Wahl seiner Instrumente entscheidet der Wissenschaftler also selbst, in welcher Gestalt ihm das Licht begegnet. Das Licht selbst ist eine Ganzheit: Es ist, was es ist. Doch wenn wir es messen, greifen wir einen seiner Aspekte heraus und betrachten es dualistisch.

In Bohrs Theorie ist der Gedanke eingeschlossen, daß das Licht als solches eigenschaftslos ist, und was wir als Licht beschreiben, ist nur Resultat unserer Interaktion mit diesem Phänomen. Der «Wellikel»-(Welle/Partikel-)Charakter des Lichts kann in sich selbst nicht widersprüchlich sein, sonst würde es kein Licht geben; weil aber unsere Wahrnehmung des Lichts gespalten ist, schreiben wir ihm entweder Partikel- oder Wellencharakter zu – obgleich nur durch beides zusammen das Licht ganz zu verstehen ist. Die Komplementarität, so schreibt Zukav, führt «zu dem Schluß, daß die Welt nicht aus Dingen, sondern aus Wechselwirkungen besteht.»[32] Eben diese Wechselwirkungen oder Interaktionen zwischen den Energieprozessen erzeugen Materie (Partikel) oder Wellen. Unser Bewußtseinszustand ist der Impuls, der die Energie diese oder jene Gestalt annehmen läßt. Das bedeutet zwar nicht, daß wir die Energie beherrschen, aber wir haben vermöge unserer eigenen Energie-«Investition» Einfluß darauf, in welcher Gestalt sie sich uns darstellt.

Das Wesen der Energie können wir nicht beeinflussen, aber wir können durch unser Bewußtsein die Formen (Erscheinungsweisen) erschaffen, die aus diesem Wesen hervorgehen. Kurz gesagt: Wir erschaffen unsere Existenz selbst. Wir erschaffen auch unsere Probleme selbst, nicht zuletzt auch in der Physik. Das Universum an sich kennt keine Probleme, nur Prozesse, die nach expliziten Gesetzen der Ganzheit ablaufen. Wissenschaftler wollen aber im allgemeinen nicht diese Ganzheit erfahren, sondern die unzähligen Dinge des Universums jedes für sich erklären. Indem man die Einheit des Universums ableugnet und dann diesen selbstgeschaffenen Wirrwarr zu analysieren versucht, werden viele Probleme der Physik, die in der Natur an sich gar nicht existieren, überhaupt erst geschaffen.

Die Frage nach dem «wahren» Charakter des Lichts macht deutlich, daß wir an ganzheitliche Prozesse mit dualistischer (gespaltener) Wahrnehmung herangehen. Aufgrund dieses Dualismus ist auch unser Bewußtsein zerfasert oder gespalten. Wir begegnen zwar in der materiellen Welt allenthalben Polaritäten (Tag/Nacht, Schwarz/Weiß, männlich/weiblich usw.), aber wir betrachten sie als Gegensätze und nicht als einander ergänzend, wie es etwa das chinesische Yin-Yang-Prinzip impliziert, und das ist ein schweres Hindernis etwa für den Fortschritt der medizinischen Wissenschaften oder für die persönliche Entwicklung. Eine ganzheitliche Einstellung beinhaltete andererseits, daß man die Polaritäten des Lebens als einander ergänzende Energieprozesse betrachtet. Unser Bewußtsein bildet den Rahmen für Trennung oder Ganzheit, je nach der Höhe unseres Entwicklungsstands.

Auch in anderen Bereichen der Physik treten ganzheitliche

Aspekte immer deutlicher zutage. Denken wir nur an die Entwicklung von Laser-Geräten zu verschiedensten Zwecken in Industrie, Kommunikation und Medizin. Der Laser strahlt ein Licht aus, das «kohärent» genannt wird; im Gegensatz zu unseren herkömmlichen künstlichen Lichtquellen besitzt dieses Licht nur eine einzige Schwingungsfrequenz, und alle Schwingungen sind in Phase, laufen also exakt gleichzeitig und im gleichen Rhythmus ab. Diese Einheitlichkeit der Frequenz und der Schwingung sowie die starke Bündelung macht den Laser zu einem ungeheuer durchschlagkräftigen Instrument, mit dem andererseits auch feinste Präzisionsarbeiten ausgeführt werden können, etwa in der Augenchirurgie. Mit Laserlicht können optische und akustische Signale durch Glasfaserkabel über große Entfernungen übermittelt werden und das mit kleinerem Kabelquerschnitt als bei herkömmlichen Kabeln. Ein höherer Grad an energetischer Ganzheit erlaubt eine Informationsübermittlung, bei der weniger Störungen und Energieverluste auftreten. Das wird ein wichtiger Gesichtspunkt bei unseren therapeutischen Überlegungen im fünften Kapitel sein.

Die für das Weltbild der modernen Physik wichtigste Anwendungsart des Laserlichts ist jedoch die Laser-Photographie oder Holographie, denn hier tritt das Wesen und der Erklärungswert des Ganzheitskonzepts sehr deutlich zutage. Der inzwischen in vielen Forschungsbereichen angewendete Begriff des Hologramms (griech. für «das Ganze zeichnen») entstand, als es bei photographischen Experimenten mit Laser-Licht zum ersten Mal gelang, dreidimensionale Abbildungen herzustellen. Das Wesentliche bei diesem Verfahren ist, daß es nur mit kohärentem Licht möglich ist und zwei oder mehr Lichtwellen-Felder miteinander interagieren müssen. Der besonders interessante Zug an einem photographischen Hologramm besteht darin, daß die Information gleichmäßig über die ganze Bildfläche verteilt ist, so daß jeder Teil die gesamte Information enthält. Das bedeutet, daß man aus irgendeinem Bruchstück des Hologramms das ganze Bild reproduzieren kann (wenn dabei auch die Schärfe etwas nachläßt). Auch hier sehen wir, daß es Trennung nicht gibt, sondern jeder Teil in die Ganzheit verflochten ist – so wie jeder einzelne von uns in die Gesellschaft. Es gibt keine Teilung, denn das Individuum (lat. für «das Ungeteilte») ist nicht vom Rest isoliert, sondern *ist* der Rest, weil keine Teilung möglich ist. Wir erschaffen die Trennung in uns selbst, die es in der Wirklichkeit gar nicht gibt.

Die Komponenten eines Ganzen lassen sich physikalisch als Wellen beschreiben. Diese Wellen lassen sich trennen oder überlagern, und es gibt einen mathematischen Prozeß namens Fourier-Superposition, mit dem sich Einheiten aller Dinge, selbst des Bewußtseins, mathematisch beschreiben lassen. Wir könnten, wenn wir wollten, eine ganze Gesellschaft durch solche Wellen beschreiben; Mitglieder dieser Gesellschaft wären dabei als Superpositionen all ihrer individuellen Wellen darzustellen. So kann man sich die Gesellschaft als eine stehende Welle vorstellen, deren Ganzheit sich aus den individuellen Schwingungen (Wellen) aller einzelnen Personen zusammensetzt und von ihnen bestimmt wird. Ähnlich kann man die Lebensenergie als Superposition der Wellenkomponenten Form, Kraft und Medium verstehen, wobei das Bewußtsein als integrative Verbindungsinstanz wirkt. Durch solch eine Superposition wird Ganzheit geschaffen.

Der Feldbegriff beinhaltet die vielleicht wichtigste Manifestation der Ganzheit in der Physik. Ein Feld kann man als energetischen Einfluß im Raum beschreiben. Seit seiner Entdeckung durch Faraday und Maxwell betrachtet man Kräfte nicht mehr als ausschließlich an materielle Objekte gebunden, sondern auch als Eigenschaft von Kraftfeldern, die nicht an Matrie gebunden sind. Dies bedeutet, daß die Abhängigkeit der klassischen Physik von der Materie als dem Wesen des Lebens ersetzt wurde durch einen nichtmateriellen energetischen Ansatz. Auch bei diesem radikalen Wandel der Perspektive wirkte Albert Einstein in vorderster Front. Für ihn ließ sich Materie am besten als eine Funktion ihrer Felder beschreiben – für sich selbst genommen, besaß sie keine Existenz:

«Was sich unseren Sinnen als Materie darstellt, ist in Wirklichkeit eine hohe Konzentration von Energie auf relativ kleinem Raum. Wir können Materie als Bereiche im Raum betrachten, wo das Feld extrem stark ist... In unserer neuen Physik gibt es keinen Platz für beide – Feld und Materie; das Feld ist die einzige Wirklichkeit.»[33]

Ein Feld ist also der räumliche Einfluß der Energie, die bei genügend hoher «Verdichtung» zu Materie wird. Die Teilchen, aus denen die Materie aufgebaut ist, sind in Wirklichkeit Energiemuster, und das Feld stellt das räumliche Organisationsprinzip dar, das Energiemuster zusammenhält. Diese Tatsache macht auch verständlich, weshalb man subatomare Teilchen selbst nie zu sehen bekommt, sondern durch Teilchendetektoren wie etwa die Blasenkammer nur ihre Interaktionen verfolgen kann. Nach der Quantentheorie, der bislang erfolgreichsten Theorie für die Erklärung physikalischer Phänomene, sind Teilchen tatsächlich Ausdruck von Feldinteraktionen an bestimmten Raumpunkten. Eine Ableitung aus der Quantentheorie, die Quantenfeldtheorie, behauptet sogar, daß jedes Teilchen ein eigenes Feld besitzt. Die Welt, so lautet eine der Grundannahmen dieser Theorie, besteht aus Feldern – und nur aus Feldern. Materie ist nur der zeitliche Ausdruck von Feldinteraktionen. Damit Materie sich nicht vor unseren Augen in nichts auflöst, müssen die Felder, die die Organisation der Energie zu Materie steuern, beständig sein.

Energiefelder, so können wir sagen, sind verantwortlich für die Grundordnung des Universums; anders gesagt: sie sind die prozeßhaften Komponenten der Ganzheit. Alle natürlichen Phänomene sind von einem umfassenden Plan – eben der Ganzheit – bestimmt, und da die Felder im Dienst dieser Ganzheit stehen, sind sie teleologische, nämlich auf das Ziel der Ganzheit gerichtete Prozesse, mit denen die Natur ihren Plan ausführt. Der Begriff der Homöostase in der Biologie beinhaltet, daß der Körper trotz unterschiedlichster Reize und Umstände, denen er ausgesetzt ist, sein inneres Gleichgewicht (Temperatur, Säftehaushalt und so weiter) wahren kann. Der Biologe Hans Driesch glaubt sogar, daß Zellen von etwas geleitet werden, das er (nach Aristoteles) «Entelechie» nennt – ein Mechanismus biologischer Ganzheit, der die Aktivitäten einzelner Zellen im Verhältnis zu allen anderen steuert. Burr und Northrop haben entdeckt, daß jede lebende Form ein bestimmtes Feld besitzt – ganz ähnlich der Quantenfeldtheorie, die jedem einzelnen Partikel ein besonderes Feld zuschreibt. Burr fand, daß man an charakteristischen Abweichungen in diesen Feldern Krankheiten erkennen kann, noch bevor sie sich körperlich manifestieren. Ähnliches fand, wie bereits im ersten Kapitel erwähnt, der rumänische Krebsforscher Dimitrescu. Burr stellte darüber hinaus fest, daß man an den L-Feldern die Stärke von Emotionen, den Einfluß des Wetters auf die Persönlichkeit und sogar den Zeitpunkt einer Empfängnis feststellen kann.

Wir haben schon das Biofeld erwähnt, das der russische Wissenschaftler Inyushin entdeckte und das aus einer Lebensenergie besteht, die Bioplasma genannt wird. Dieses Biofeld denkt man sich

aus Unterfeldern zusammengesetzt, aus elektrostatischen, elektromagnetischen, akkustischen, hydrodynamischen und möglicherweise anderen, die noch nicht bekannt sind. Unter den letzteren
könnte sich auch das Biogravitationsfeld befinden, das von dem
russischen Wissenschaftler Dubrov postuliert wird (siehe Kapitel
1). Nach Dubrov könnte dieses Biogravitationsfeld die Grundlage
einer einheitlichen Feldtheorie sein, die notwendig ist, um alle
Kräfte der Physik unter einer Rubrik zusammenzufassen:

> «Mit dem Terminus Biogravitation bezeichnen wir ein Feld-
> Energie-System. Das Biogravitationsfeld ist universell konverti-
> bel, das heißt, es kann in jede andere Form von Feld und Energie
> übergehen; deshalb muß eigens für die Biogravitation eine
> einheitliche Feldtheorie erarbeitet werden.»[34]

Mit dem Konzept der Biogravitation könnte es, wie Dubrov
vermutet, sogar möglich sein, Phänomene wie Telepathie, Psychokinese oder Hellsehen zu erklären, denn sie alle fordern eine
energetische Erklärung, die unsere gegenwärtigen Vorstellungen
von Raum und Zeit sprengen und eine negative Raum-Zeit postulieren wird. Eine einheitliche Feldtheorie würde uns jene ganzheitliche Sicht ermöglichen, aus der wir alle Energieprozesse verstehen
könnten. Einstein nannte diese Organisationsstruktur «universales
Feld», und die Inder sprechen vom *Asat,* dem einheitlichen Feld
reiner Potentialität, während es für die Chinesen einfach das Tao ist,
die nicht benennbare Wirklichkeit, das Wesen des Universums. Das
Tao ist das universale Feld, aus dem alle Energie strömt. Der
Neokonfuzianismus erweiterte den Inhalt des uralten Ch'i-Begriffs
und verstand darunter jetzt die Form einer nicht wahrnehmbaren
Substanz, durch die die Universalität zu Materie werden kann,
wenn sie weit genug verdichtet wird. Wir erinnern uns, daß Ch'i
auch Äther oder Energie bedeuten kann – doch es hat auch Feld-
Eigenschaften:

> «Wie in der Feldtheorie ist das Feld – oder das Ch'i – nicht nur
> die grundlegende Essenz aller materiellen Objekte, sondern es
> trägt auch die gegenseitigen Wechselbeziehungen in Form von
> Wellen.»[35]

Die Lebensenergie (Ch'i) regt das Werden der Dinge an, und in ihren Prozessen sind die Muster der kosmischen Interaktion enthalten. Sie ist das Medium, in dem alle Dinge zum Leben erwachen; sie ist das organisierende Feld, in das hinein die Materie wächst; sie ist die Kraft, die die Evolution der Materie vorantreibt, und sie ist die Form der Materie selbst. So ist die Lebensenergie also der Prozeß, der mit den Mitteln Form, Kraft und Medium (in der Gestalt von Feldern und Materie) das Ganze erschafft. Das Bewußtsein ist das universale Feld, das diese Aktivität steuert. «Das Bewußtsein muß ein Ort im Ur-Feld sein – und vermutlich der Ort, an dem alles andere entspringt», sagt Kunz.

Untersuchungen der Beziehung zwischen Gehirn und Bewußtsein haben gezeigt, daß wahrscheinlich das holographische Modell der Hirnfunktionen am ehesten geeignet ist, die Rolle des Bewußtseins zu erklären. Karl Pribram, einer der bekanntesten modernen Hirnforscher und der erste, der das holographische Modell auf das Gehirn anwendete, zeigte auf, daß kein anderes Erklärungsmodell ausreicht, um zu verstehen, wie dieses Organ so ungeheuer viel Information auf so kleinem Raum speichern kann. Information, so sagt er, wird nicht in Form von «Paketchen in Regalen» gespeichert, sondern als Wellenfunktionen, in denen jeder Teil das Ganze erinnern kann, weil das Ganze in jedem Teil gespeichert ist. Was Paul Pietsch bei seinen Untersuchungen fand, unterstützt diese Position. Er trennte Stücke aus Salamanderhirnen heraus und zerstörte ihre physische Ganzheit (durch einzelne Schnitte, Austausch von Teilen oder Zerstückelung), um sie dann wieder einzupflanzen. Trotz all diese physischen Manipulationen zeigten die Tiere (nach einer Erholungsphase von einigen Wochen) ein normales Freßverhalten.

Andere Forschungen auf dem Gebiet der Nervenaktivität haben gezeigt, daß es außer der Impulsleitung und den Ruhephasen offenbar noch einen dritten Zustand der Nerven gibt, eine Niederpotentialschwingung, die von verschwindend kleinen Energiemengen gesteuert wird. Nerven- und Gehirnzellen (Neuronen) werden also sowohl von relativ groben als auch von sehr feinen Impulsen beeinflußt, und darauf könnten Bewußtseinsveränderungen zurückzuführen sein. Alles in allem scheint es gute Gründe für die Annahme zu geben, daß die Ganzheit als Feldphänomen nicht von einem physischen Gehirn abhängig ist, sondern ein Bewußtsein zeigt, das jenseits der Materialität ist; dieser nicht-materielle Aspekt könnte durch das Medium eines feinstofflichen Energieprozesses eine direkte Verbindung zu physischer Aktivität haben.

Als weiteres Indiz für die Feldähnlichkeit des Bewußtseins kann die Tatsache gelten, daß «übernatürliche» Phänomene wie die Beeinflussung von Teilchendetektoren, das Verbiegen von Metallstücken oder das Übermitteln von Information durch Abschirmungsbarrieren hindurch mentale Ausdrucksformen der Lebensenergie sind. Sie sind Ausdrucksformen eines entwickelten Bewußtseins, das Materie beeinflussen kann. Auf einer tieferen Ebene begegnen wir den Phänomen der Psychosomatik, also den mannigfachen Auswirkungen emotionaler Zustände auf den Körper. Beides zeigt, welchen Einfluß das Bewußtsein auf die Materie haben kann. Doch die negativen Auswirkungen, die in der psychosomatischen Medizin beschrieben werden, sind noch nicht das ganze Bild des Bewußtseins; sein Heil-Potential ist zwar weniger erforscht, doch bei entsprechender Ausrichtung genauso groß. (Darauf werden wir im nächsten Kapitel zurückkommen.)

Die Forschung, die auf dem Feld der Radionik und Radiästhesie betrieben wird, liefert weitere Argumente für die Idee, daß Bewußtsein ein Feld ist. Wie bereits dargestellt, ist die Radionik ein System des Diagnostizierens und Heilens aufgrund von Energieschwingungen. Arthur Young hat in den späteren Entwicklungsphasen der Radionik herausgefunden, daß ein Schaltplan und Symbole der Komponenten eines Radionikgeräts denselben Dienst tun wie der Apparat selbst. Was da heilt, ist also weniger das Gerät als vielmehr das Bewußtsein dessen, der damit arbeitet. Der Apparat ist nur ein Hilfsmittel, um sein Bewußtsein zu sammeln und auszurichten. Edward Russell erklärt dieses Phänomen dadurch, daß derjenige, der ein Radionikgerät benutzt, Gedankenfelder aussendet, die die «Aufmerksamkeit der Natur» auf einen Punkt ziehen, wo ihre Kräfte in Unordnung sind. Man kann auch sagen, daß das «kohärente» Bewußtsein als Feld sich in den Raum projiziert, vom Energiefeld des Patienten empfangen wird und seine Ganzheit entsprechend beeinflußt. Der französische Radiästhesist Louis Turenne, der sich eine Zeitlang erfolgreich als Rutengänger betätigt hatte, stellte ähnlich wie Artur Young fest, daß ein Symbol seiner Rute ebensogute Dienste leistete wie das Instrument selbst. Auch hier zeigt sich wieder, daß das Bewußtsein der ausschlaggebende Faktor für radiästhetische Feldfunktionen ist. Die Instrumente könnten eine Art «Wellenführer» für ihre Benutzer sein.[36]

Obgleich Felder viele Phänomene der heutigen Physik erklären können, gibt es auch Wissenschaftler, die über die Felder als Organisationsprinzipien des Universums hinausgegangen sind. Einer von ihnen war Albert Einstein. Er war der theoretischen Überzeugung, daß Felder unsere geistigen Schöpfungen sind – wenn er auch früher gesagt hatte, Felder seien *die* Realität des Universums. In seiner letzten (mathematisch noch nicht überprüften) Vision sah er, daß alle Konzepte der Physik auf Raum/Zeit und Bewegung reduzierbar und daß diese äquivalent sind. Materie und Energie verstand er als Krümmungen der Raum-Zeit und Felder als Bewegung. Nach Einstein erklären all die Kompliziertheiten der Physik nichts weiter als die simple Tatsache, daß alles in der Raum-Zeit sich so bewegt, wie es sich bewegt, weil es dem Weg des geringsten Widerstands folgt. Meiner Ansicht nach ist dieser Weg des geringsten Widerstandes nichts anderes als der Weg der Ganzheit.

Charles Musès meint, noch fundmentaler als die Felder seien die «Singularitäten», aus denen sie hervorgehen. Singularitäten kann man als einzigartige Ursprungspunkte von Wellen definieren. Manche Physiker meinen, daß es solche Singularitäten zum Beispiel am Grund sogenannter Schwarzer Löcher gibt (damit sind astronomische Erscheinungen gemeint, die durch den Gravitationszusammenbruch sehr großer ausgebrannter Sterne entstehen). In diesen Singularitäten «brechen alle Gesetze der Physik zusammen und alles wird möglich, denn Singularitäten sind Ein- und Austrittspunkte, die verschiedene Universen miteinander verbinden.»[37] Musès behauptet, auch das «Selbst» sei eine Singularität und erzeuge Bewußtseinsfelder. Aufgrund seines Modells mathematischer Hyperzahlen hat er gezeigt, daß es ein Selbst gibt, das die physische Form transzendiert und auch nach dem Tod des Körpers «lebt»; dieses Selbst erzeugt durch noetische Energie (Bewußtsein) Felder. Das Selbst – gleichgültig, ob es ein Proton oder ein Mensch ist – erzeugt ein Feld, das über seine eigene physische Existenz hinausgeht und sich in das negative Raum-Zeit-Kontinuum erstreckt.

Nehmen wir alle diese Argumente zusammen, so sind die Beweise erdrückend, daß das Bewußtsein ein universales Feld ist und Felder erzeugt, die wiederum Materie beeinflussen und sogar hervorbringen können, aber von der Materie unabhängig sind. Materie ist in ihrer Existenz andererseits von Feldern und vom

Bewußtsein abhängig. Insgesamt können wir sagen, daß die Physik der Energie oder das Wesen der Bewegung uns zeigt, daß die Lebensenergie sich durch Materie als Form, durch die Feldstärke als Kraft und durch ein Medium (etwa den Äther) als Prozeß manifestieren kann. Da diese Manifestationen von Feldern bestimmt werden, stellt sich Energie auch als Feld dar, und das wichtigste aller Felder ist das Bewußtsein – wegen seiner Organisationskraft und seiner einzigartigen Verbindung zu allem im Universum. Da die Energie eine Krümmung der Raum-Zeit ist, stellt das Bewußtsein als Erzeuger von Energiefeldern die Singularität dar, die sich über die positive Raum-Zeit hinaus in die negative Raum-Zeit erstreckt und die Brücke zwischen ihnen bildet. Dadurch schafft die Energie des Bewußtseins eine Ganzheit, die über die fixierte Raum-Zeit hinausgeht und zeigt, daß alle Züge unserer physikalischen Interpretation des Universums in Wirklichkeit Eins sind. Wir können die Energie also mit folgenden Gleichungen beschreiben:

Energie = Materie
Energie = Form
Energie = Kraft (Interaktion)
Energie = Interaktion
Energie = Medium
Energie = Information
Energie = Feld
Energie = Bewußtsein
Energie = Raum-Zeit-Krümmung

Als Hilfe für die Einordnung der verschiedenen Energieprozesse in den Rahmen der Ganzheit mag eine kurze Entwicklungsskizze der Energiekomponenten, die wir für das nächste Kapitel benötigen, angebracht sein.

Der Grundgedanke unseres Lebensenergiekonzepts besteht darin, daß die Ganzheit sich überall widerspiegelt. Jede der vielen Manifestationen der Lebensenergie fügt sich in ein organisiertes Ganzes ein, daß sich nicht abgetrennt betrachten läßt, jedenfalls nicht ohne den Verlust der Vollständigkeit. Energie ist sowohl in der Welt der Physik als auch im täglichen Leben der naheliegende Begriff, um die Manifestation dieser Ganzheit zu beschreiben. Es ist ein universaler Begriff, der auf alle Probleme anwendbar ist und daher für alle Lösungen eine Rolle spielt.

Energie ist überall. Sie existiert im Raum, umgibt uns mit einem Meer von Aktivität und druchdringt uns. Daher können wir nie von ihr getrennt sein. Jede Trennung in uns oder zwischen uns und unserer Umwelt ist notwendig auch eine Abspaltung von der Ganzheit. Schauen wir uns die Funktionen der Energie an, so stoßen wir auf zwei wichtige Aspekte. Der eine ist die zyklische Natur der Energie, ihre periodischen Bewegungen, wie sie sich in den Jahreszeiten, in Klimaänderungen, beim Energietransfer und in anderen Dingen zeigt; der andere ist ihre evolutionäre Tendenz, ihre Neigung, sich von niederen, weniger vollständigen Energieprozessen zu höheren und umfassenderen zu entwickeln. Dieser Aspekt zeigt sich in der körperlichen und psychischen Entwicklung, vor allem aber in der spirituellen Reifung.

In beiden Fällen hat die Energie keinen eigentlichen Anfangspunkt, da alles in Bewegung und der Raum unendlich ist. Immerhin können wir aber beispielsweise von der Anfangsphase in einem neuen Zyklus sprechen. Aus dem uranfänglichen Nichts, der Leere, manifestiert sich die Energie als reines Potential. Wissenschaftler mögen vom Ur-Feld oder einfach vom Raum sprechen (da das Gravitationsfeld gekrümmter Raum ist), während Mystiker dieses reine Potential als Brahman oder als Tao oder einfach als Große Leere bezeichnen. Bei den Chinesen gibt es auch den Ausdruck *Wu Chi* – das Große Ganze, aus dem alles schöpferische Potential hervorgeht. So ist also in der Physik wie auch in der Mystik die Große Leere zugleich das Große Ganze. Hier gibt es keine Dinge, alles ist Prozeß, und daher ist alles möglich. Es gibt keine Begrenzung durch die Form, aber alles ist bereit für die Entstehung des Körperhaften.

Die Energie bildet bei ihrer Bewegung im Raum Muster, die als zufällig und ungerichtet erscheinen – doch auch hier herrscht die Ordnung vor. Zufall ist *unser* Ausdruck für die Tatsache, daß wir die größere Ganzheit nicht sehen können. Sarfatti beschreibt das scheinbare Chaos in der Ordnung der subatomaren Partikel so:

«Es ist ein hyperkinetisches Pandämonium nach Art der Marx-Brothers, Slapstick à la Charlie Chaplin, hoppla, jetzt siehst du's, hoppla, jetzt nicht... Ein psychedelisches Verwirrspiel – bis man die subtile Ordnung erkennt.»[38]

Schritt für Schritt organisieren sich winzige Energiebewegungen zu größeren Einheiten. Grundlegende Energieprozesse sind größtenteils unstrukturiert (wenn auch nach ihrem Potential organisiert) und haben daher an sich keine Form. Wenn sie sich zu entwickeln beginnen, suchen sie größere Einheiten, was mehr inneren Zusammenhalt erfordert. Da die Ganzheit ein universales Phänomen ist, unterliegen alle Phänomene ihrem Einfluß (ihren Gesetzen). Das gilt auch für elementare Prozesse, die bisher allenfalls als Aktivitätsgradienten betrachtet wurden und nicht als Kräfte höherer Ordnung. Unter dem Einfluß der universalen Ordnung entwickeln sich diese Elementarbewegungen jedoch zu gerichteter, zusammenhängender Aktivität. Diese größere Konsistenz bildet das, was wir «Elementarteilchen» nennen. Wie wir aus der Quantenphysik wissen, sind diese Partikel nicht im newtonschen Sinne materiell (das heißt tot und fest), sondern lebendige Prozesse im Raum, deren Eigenschaften die scheinbare Festigkeit der Materie ausmachen.

Manche dieser Partikel lassen Elektronen, Protonen und Neutronen entstehen, die wiederum Atome bilden. In der Entwicklung von elementaren Energieprozessen zu Atomen geht keine Bewegung verloren. Das könnte man das Gesetz von der Erhaltung der Bewegung nennen.

. Die wenig strukturierte Anfangsbewegung orientiert sich immer mehr zur Form hin; dabei verliert sie Freiheitsgrade, gewinnt aber mehr Ganzheit. Der Weg in die Form, bei den elementaren Energiebewegungen beginnend, setzt sich über viele Stufen fort: Die Atome finden sich zu Molekülen zusammen und diese wieder zu höheren Formen von Materie wie Metallen und Steinen, schließlich zu Zellen, Pflanzen, Tieren und Menschen. In diesen Formationen, die uns als Materie erscheinen, ist die Energie nach wie vor als Bewegung gegenwärtig, wenn auch im Prozeßcharakter verändert. Wenn Energie von wenig strukturierten in höher strukturierte Zustände übergeht, wenn zum Beispiel die Grundprozesse sich zu Materie organisieren, verliert die Energie an Beweglichkeit, weil sie Freiheitsgrade einbüßt. Das liegt daran, daß die Form Energie bleibend bindet (sonst würde die Form nicht lange erhalten bleiben). Auch Form ist nichts weiter als Interaktion von Feldern, also letztlich auch Bewegung, und sie bleibt nur solange bestehen, wie die Feldinteraktion gleich bleibt – sonst löst sie sich wieder in andere Prozesse auf wie Eis an der Sonne.

Strahlung

Jede Energiebewegung, wie groß oder klein sie auch sein mag, erzeugt Strahlung oder Emanation. Daß unsere physikalischen Meßeinrichtungen nicht empfindlich genug sind, um auch die feinsten dieser Schwingungen zu erfassen, ist kein Beweis gegen ihre Existenz. Die moderne Wissenschaft neigt immer mehr zu der Annahme, daß solche Strahlungen auf der atomaren Ebene existieren. I. Rabi, Fakultätsmitglied der Columbia University und Preisträger der «American Association for the Advancement of Science», sagt zu diesem Thema: «Atome können sich wie kleine Radiosender verhalten, die eine Ultrakurzwelle aussenden ... Der Mensch selbst sendet wie alle Arten scheinbar unbelebter Materie ständig Strahlen aus.» Wichtig ist an dieser Aussage, daß auch unbelebte Materie Strahlen aussendet. Für mich ist alles, was Bewegung hat, ein lebendiger Prozeß. Es ist vielleicht kein biologisches Leben, aber Bewegung ist das Grundcharakteristikum von allem, was wir kennen; allem Existierenden eignet ein Lebensenergieprozeß und es ist daher lebendig. Über die Schwierigkeit, die Lebendigkeit «toter» Materie zu erkennen, schreibt Itzhak Bentov:

«Offenbar projizieren wir unser eigenes Verhalten auf andere Systeme, indem wir etwa sagen, daß Atome und Atomzusammenballungen bis zu einer gewissen Stufe kein ‹Leben› haben; dann aber, ab einem bestimmten Grad der Organisation, sehen wir plötzlich ‹Leben›, weil wir unser eigenes Verhalten darin wiedererkennen.»[39]

Puharich hat wie Wilhelm Reich, Andrew Cross und Martin Morley vor ihm gezeigt daß aus «unbelebter» Materie Formen entstehen können, die im biologischen Sinne lebendig sind. Setzt man ein bestimmtes Stoffgemisch unter Laborbedingungen eine gewisse Zeit lang starken elektrischen Impulsen aus (wie es bei den gewaltigen Gewittern in der Ur-Atmosphäre der Fall gewesen sein mag), so bilden sich Aminosäuren, die Grundbausteine des biologischen Lebens. Die akademische Unterscheidung von belebter und unbelebter Materie ist damit offenbar hinfällig, denn die Lebendigkeit «unbelebter» Materie mag im biologischen Sinne latent sein, ist aber nichtsdestotrotz Leben.

Strahlungen sind von Energiequellen ausgehende Bewegungen

einer bestimmten Qualität. Verschiedene Strahlungen wie Elektromagnetismus oder Radioaktivität unterscheiden sich also durch
charakteristische Eigenschaften. Das Medium dieser Strahlungen
sind Wellen. Eine Welle ist, einfach ausgedrückt, eine Form oder
ein Muster, das sich bewegt. Es gibt zahlreiche Arten von Wellen,
aber die wichtigsten sind für uns hier die «physikalischen» Wellen
wie Schall oder Licht, die die Umgebung beeinflussen, indem sie
Energie und Information entlang einer bestimmten Bahn transportieren. Alle Strahlung ist daher auch in Wellenform verschlüsselte
Information. Aufgrund dieser Information können wir zwischen
verschiedenen Typen der Strahlung unterscheiden.

Damit Energiestrahlung durch das Medium der Welle stattfinden
kann, muß Bewegung vorhanden sein. Wenn diese Bewegung
periodisch oder zyklisch ist, nennen wir sie Schwingung. Eine
Welle ist eine strukturierte Schwingung in Raum und Zeit.

Im Prozeß der Evolution werden ungeordnete Bewegungen der
Lebensenergie unter dem Einfluß der universalen Ganzheit immer
rhythmischer; diffuse Bewegungen bekommen Struktur und Aus-
richtung und werden dadurch zu periodischen Schwingungen,
Schwingungen strahlen Wellen aus, die nicht nur Energie aus ihrer
Quelle, sondern auch eine verschlüsselte Information über diese
besondere Emanation der Lebensenergie enthalten. Je nach den
Eigenschaften und Wirkungen der Energie interpretieren wir diese
Information als «belebt» oder «unbelebt».[40]

Um diese Informationen entschlüsseln und etwas über die Wege
der Natur und ihre Botschaften an uns erfahren zu können, hat die
Wissenschaft verschiedene Typen und Eigenschaften von Schwingungen (Wellen) isoliert. Weil die gegenwärtige Wissenschaft sich
auf die physikalisch erfaßbaren, also relativ groben Qualitäten
konzentriert, erhalten wir von ihr bisher nur über die niedrigste
Bewußtseinsebene Informationen. Es gibt jedoch zahlreiche Eigenschaften und Schwingungen, mit denen sich niedere wie höhere
Energieniveaus beschreiben lassen. Eine dieser Eigenschaften ist die
Schwingungshäufigkeit, die allgemein mit dem Ausdruck «Frequenz» bezeichnet wird. Die Frequenz legt fest, wie oft die Energie
in einer bestimmten Zeiteinheit periodisch schwingt.

Aufgrund von Frequenzunterschieden lassen sich nicht nur zum
Beispiel mit dem Radio verschiedene Sender empfangen, sondern
wir können auch ganz verschiedene Typen von Phänomenen
aufgrund ihrer Schwingungsfrequenz klassifizieren. So hat Materie

eine niedrigere Schwingungsfrequenz als etwa Gedanken. Auch die Amplitude (Schwingungsweite) und Wellenlänge einer periodischen Schwingung sind wichtig, um Informationen über verschiedene Formen der Lebensenergie zu gewinnen. Alle Wellen des elektromagnetischen Spektrums (zum Beispiel Radiowellen, sichtbares Licht und Röntgenstrahlen) breiten sich mit Lichtgeschwindigkeit aus, aber es gibt außerhalb dieses Spektrums Wellen, die sich schneller als das Licht ausbreiten. Da alle Atome schwingen und Materie aus Atomen besteht, muß alle Materie Wellen aussenden. Einzelne Formen der Materie unterscheiden sich durch die Frequenz ihrer Energieschwingung. Die klassische Wissenschaft akzeptiert zwar bislang nicht, daß unbelebte Materie Strahlungen aussendet, doch dies folgt notwendig aus der Tatsache, daß alle Materie schwingt.

Wie schon gesagt, hat die Relativitätstheorie demonstriert, daß Materie nicht unzerstörbare Substanz ist, sondern Energie in einer bestimmten Gestalt, die durch die Schwingungsfrequenz bestimmt ist. Auf der subatomaren Ebene wird noch deutlicher, daß Materie nicht einfach «Stoff» ist. So schreibt Capra im Zusammenhang mit Einsteins Gleichung $E = mc^2$:

> «Die Tatsache, daß die Masse eines Teilchens gleich einer bestimmten Energiemenge ist, bedeutet, daß das Teilchen nicht länger als statisches Objekt gesehen werden kann, sondern als dynamische Struktur, als Prozeß der Energie, die sich als Masse des Teilchens manifestiert.»[41]

Alle Materie ist in Bewegung, schwingt, sendet Wellen aus, und ihre Strukturen behalten nach der Quantentheorie ihre Form aufgrund von Feldern. Materie entsteht überhaupt erst durch die Interaktion von Feldern. Viele Jahre lang war das Bohrsche Atommodell, nach dem die Elektronen um den Kern kreisen wie Planeten um die Sonne, akzeptierte Schulmeinung der Physik. Die Quantenphysik hat jedoch gezeigt, daß die Position der Elektronen eine Frage der Wahrscheinlichkeit und nicht (wie bei den Planeten) der Gewißheit ist. Da man ein Elektron nicht mehr als ein Stück Substanz, sondern nur noch als Aktivitätsmuster verstehen kann, kann man nicht mehr von den «Bahnen» der Elektronen in ihren Schalen sprechen, sondern muß sie als Energiefeld beschreiben. Solche subatomaren Energiefelder bilden das Atom und daher alle Materie.

Wir Menschen strahlen wie alles andere Energie aus. Wir setzen Schwingungen in Bewegung, die sich als Wellen ausbreiten. Daß unser Körper im wesentlichen die gleiche Gestalt behält (wenn auch seine Zellen ständig ausgetauscht werden), geht wie bei allen anderen Dingen auf die Wirkung von Feldern zurück; das Feld, das unsere Gestalt bestimmt, setzt sich aus vielen Unterfeldern zusammen.

Wir strahlen jedoch nicht nur Energie aus, sondern nehmen auch Energie auf. Die Erfahrung zeigt, daß wir nicht alle Arten von Energie oder alle Frequenzen in gleicher Weise aufnehmen. Darüber werden wir im sechsten Kapitel unter dem Gesichtspunkt der Lebensenergie noch eingehend sprechen, so daß wir uns hier auf die Physik dieses Phänomens beschränken können.

Was wir ausstrahlen oder absorbieren, hängt von den Eigenschaften der Energie ab, zum Beispiel von Frequenz, Amplitude und Wellenlänge. Angenommen, Sie möchten zusammen mit einem Freund musizieren. Sie stimmen zunächst Ihre Instrumente, so daß die gleichen Töne beider Instrumente mit identischen Frequenzen erklingen. Das nennt man dann Resonanz. Sind zwei Instrumente derart harmonisch aufeinander abgestimmt, so werden sie gemeinsam einen harmonischen Klang erzeugen. Zwischen zwei Menschen, die miteinander in Resonanz stehen, herrscht ebenfalls Harmonie – Frieden und Liebe, Ausdrucksformen der Ganzheit.

Stehen zwei Energiesysteme miteinander in Resonanz, so bilden sie mit ihren Schwingungen sogenannte stehende Wellen. Dabei verstärken sich die Wellen gegenseitig durch die beständige Wiederholung eines gleichbleibenden Schwingungsrhythmus. Solch eine Verstärkung kann auf der physikalischen Ebene zerstörerisch sein – weshalb Soldaten auf einer Brücke klugerweise nicht im Gleichschritt marschieren, weil ihr Trittrhythmus sich mit der Eigenschwingung der Brücke so weit aufschaukeln kann, daß die Brücke einstürzt.

Außer Wellenmustern, die Resonanzen miteinander bilden, gibt es noch andere Schwingungsrhythmen, die innerlich und äußerlich wirken, um eine größere Energieganzheit herzustellen. Jede einfache Frequenz wie etwa die Note eines Musikinstruments läßt sich in andere Frequenzen unterteilen, die ganzzahlige Vielfache der ursprünglichen Frequenz sind. Diese Klänge nennt man Harmonien, und sie sind von großer Bedeutung, wenn wir verstehen wollen, auf welche Weise verschiedene Frequenzen (Teile) doch ein einheitliches Ganzes bilden können. Physikalisch ausgedrückt sind Harmonien Wellenmuster, die schneller schwingen und daher eine kürzere Wellenlänge haben als das Grundmuster. Harmonien existieren in allen Arten von Schwingungen, von den atomaren bis zu den kosmischen, und sie sind der Schlüssel für jede Erklärung verschiedener Energieebenen. Da jede Form der Energie Schwingungen eines ganz bestimmten Frequenzbereichs ausstrahlt, muß man alle Energieprozesse so verstehen, daß sie sowohl am Ganzen teilhaben als auch (je nach Frequenz) verschiedenen Energieniveaus angehören. Das erklärt, wie jede Form der Energie ihr eigenes Feld besitzen und doch Teil des universalen Feldes sein kann. Vergessen wir nicht, daß man Felder wie alle anderen Dinge nicht vom Ganzen isolieren kann. Trotz der Verschiedenheiten im Energieniveau, ist also das Wesen des Prozesses stets dasselbe; nur in seinen Ausdrucksformen gibt es qualitative und quantitative Unterschiede.

Entsprechendes gilt auch für das Bewußtsein: Die Frequenz der Energieschwingung, so könnten wir sagen, bestimmt das Bewußtseinsniveau. Die Materie hat (ist) ein niederes Bewußtseinsniveau, weil sie nicht, wie unser Geist, auf sehr feine Schwingungen reagieren kann. So hängt also Bewußtsein auch mit dem Grad der Empfindlichkeit für energetische Reize zusammen. Je höher die Empfindlichkeit und die Reaktionsbereitschaft, desto höher die Bewußtseinsebene. Da verschiedene Manifestationen der Energie spezifische Frequenzen ausstrahlen, kommen ihnen auch spezifische Feinheitsgrade und Bewußtseinsebenen zu. Wie man das Licht nur ganz erfassen kann, wenn man seinen Teilchen- *und* seinen Wellencharakter berücksichtigt, so muß man auch das Bewußtsein als zugleich kontinuierlich und diskontinuierlich betrachten.

In der Entwicklung des Bewußtseins gibt es immer wieder kritische Punkte, wo eine allmähliche, «quantitative» Zunahme des Bewußtseins urplötzlich in eine ganz neue Qualität umschlägt. So erklären sich, zum Beispiel in einer spirituellen Schulung, die langen Aufbauphasen, in denen nur graduelle Veränderungen zu erkennen sind, bis dann plötzlich eine ganz neue Qualität erreicht ist. Hier spielt sicherlich auch die bereits angeführte Beobachtung eine Rolle, daß Nerven und Gehirn sowohl auf relativ grobe Einzelimpulse reagieren als auch auf sehr viel feinere kontinuierliche Strömungen. Die Gleichzeitigkeit von Kontinuität und Diskontinuität im Bewußtsein ist ein Aspekt des Ganzheitsparadoxes, mit dem sich die westliche Wissenschaft, für die etwas nur «dies»

oder «das», aber nicht beides sein kann, so schwer tut. In einer
wirklichen Ganzheitsschau bilden das Kontinuierliche und das
Diskontinuierliche nicht nur eine komplementäre Beziehung, son-
dern hören überhaupt auf, verschieden zu sein. Dieser scheinbare
Widerspruch trägt uns jedoch über die Betrachtung der physischen
Welt hinaus auf die Energieebenen des meta-physischen Bereichs.

3. Ganzheit und Energie

Betrachten wir die Lebensenergie funktional, so stellt sie sich als Form, Kraft und Medium dar. Wir können sie jedoch auch als spirituelle Manifestation erfahren. Was wir aus einer funktionalen oder einer spirituellen Perspektive wahrnehmen, sind letztlich äquivalente Aspekte ein und derselben Wahrheit, die sich nur durch unsere Ausrichtung unterscheiden. Während wir im ersteren Fall erfahren, wie Energieprozesse ablaufen, kommen wir im letzteren mit dem tieferen Sinn dieser Prozesse in Berührung. Physiker und Mystiker sprechen also im Grunde über die gleichen Prozesse, nur in verschiedenen Sprachen und natürlich vor dem Hintergrund unterschiedlicher Erfahrung. Das Energiekonzept erlaubt uns, diese beiden Perspektiven zu einem umfassenden Ganzen zu verknüpfen. Wie die Relativitätstheorie die newtonsche Physik nicht verdrängte und ersetzte, sondern nur in einen erweiterten Rahmen integrierte, so negiert auch die spirituelle Betrachtungsweise nicht die funktionale: Sie schafft nur einen tieferen Sinn, von dem aus das Ganze neu zu betrachten ist. So ist jede Perspektive auf ihre Weise angemessen.

Wir müssen uns hier zuerst einmal klarmachen, daß Wirklichkeit absolute und relative Aspekte hat. Daraus wird verständlich, weshalb die Wirklichkeit der Physik sich ständig wandelt, während die spirituelle Wirklichkeit stets dieselbe bleibt. Jede Wissenschaft erfaßt mit ihrer ganz eigenen Perspektive eine Wirklichkeit, die gegenüber einem früheren oder späteren Erkenntnisstand oder gegenüber anderen Disziplinen von relativem Charakter ist und niemals *die* Wirklichkeit zu sein behaupten kann. *Die* Wirklichkeit, also die absolute Wirklichkeit, ist eine Manifestation des Wesens, und Wesen ist *per definitionem* umwandelbar. Wenn nun aber die

Energie ständig in Bewegung ist und sich ewig wandelt, andererseits aber die absolute also unwandelbare Wirklichkeit auch in der Energie manifest sein soll, entsteht dann nicht ein Widerspruch? Wir dürfen das Absolute nicht mit seinen Erscheinungsweisen verwechseln: Es kann verschiedene Gestalten annehmen, ohne daß sein Wesen sich dadurch verändert. So ist dieses Paradox leicht zu lösen, wenn wir uns klarmachen, daß das Wesen der Wirklichkeit nicht von ihrem Ausdruck abhängig ist. Ungeachtet jeder Form und Struktur, bleibt das Wesen immer das Wesen, das Absolute immer das Absolute. Die Welt des Relativen stellt jene Formen und Prozesse, in denen das Absolute seine verschiedenen Ausdrucksformen annehmen kann.

Keine Frage, daß die absolute Wirklichkeit der relativen übergeordnet ist und es daher angemessener ist, die relative (etwa die Welt der Naturwissenschaften) aus der Perspektive der absoluten (mystischen, spirituellen) zu betrachten als umgekehrt, denn nur auf diese Weise können wir dem wahren Sein des Universums näherkommen. Vergessen wir aber nicht, daß die Perspektive des Absoluten nur der einnehmen kann, der diese Absolutheit auch tatsächlich *erfährt*. Nur die tief Erleuchteten können aus dieser Perspektive sehen und urteilen. Wir übrigen jedoch können uns innerlich und in unserem Handeln auf die Ganzheit ausrichten und uns dem Absoluten dadurch immer weiter annähern, auch wenn wir es noch nicht erreicht haben. Das ist die spirituelle Perspektive. Jeder Schritt, den wir nach dem Gesetz der Ganzheit tun, bringt uns dem Absoluten näher, denn das Absolute ist letztlich diese Ganzheit.

Das gilt auch für unser Verständnis der Energie. Energie/Bewußtsein besitzt auf jeder Ebene charakteristische Merkmale – zum Beispiel Schwingungsfrequenz und -intensität, Farbe, Klang, Dichte – und folgt bestimmten Gesetzen. Im Rahmen dieses Buches ist es nicht möglich, darauf im einzelnen einzugehen, aber einige Grundzüge lassen sich doch aufzeigen. Verschiedene Ebenen der Energie unterscheiden sich durch ihre Schwingungsfrequenzen, und da alles in unserem Universum schwingen muß, um seinem «Leben» Ausdruck zu geben, kann man sagen, daß alles gemäß seiner spezifischen Frequenz funktioniert. Zwei besonders sinnfällige Ausdrucksformen der Energie sind Licht und Schall. Licht scheint ein universales Phänomen zu sein, das in jeder Manifestation von Energie vorhanden ist, wenn wir mit unseren Augen auch nur einen geringen Teil dieses Lichts wahrnehmen können. Andere

Formen von Licht, die ober- oder unterhalb des sichtbaren Spektrums liegen, aber von hellsichtigen Menschen wahrgenommen werden können, sind gewiß an jedem Energieprozeß beteiligt. Licht läßt sich durch ein Prisma in seine Farbkomponenten zerlegen, die verschiedenen Energieniveaus entsprechen. Auch in den Chakras (siehe Kapitel 1) zeigt sich diese Beziehung zwischen Energieniveaus und Farben – sichtbar allerdings nur für Menschen, die auch für feinere Schwingungen als die physikalischen empfänglich sind.

Auch mit dem Schall lassen sich Eigenschaften verschiedener Energieebenen beschreiben. Schall ist eine Anregung der Luft (oder anderer Medien) durch Schwingungswellen, und da alles schwingt, können wir annehmen, daß jeder Energiemanifestation ein Klang entspricht. Ähnlich wie beim Licht verhindert jedoch die Begrenztheit unseres Hörbereichs, daß wir alle diese Klänge wahrnehmen.[1] Da Licht und Schall so universale Phänomene sind, werden ihre Schwingungsqualitäten seit urdenklichen Zeiten im Rahmen von Farb- und Klangtherapien genutzt.

Verschiedene Energieebenen lassen sich auch anhand ihrer Dichte unterscheiden. Materie ist wie schon gesagt eine Erscheinungsform von Energie, die unter dem Einfluß eines Feldes zu Form verdichtet wurde. Ohne dieses Feld könnte die Materie nicht existieren. Materie ist die niedrigste und dichteste Form der Energie; zu den höheren Energieebenen hin nimmt die Dichte der formgebenden Felder und daher auch die Energiedichte ab. Auf den höchsten Energie- oder Bewußtseinsebenen ist praktisch überhaupt keine Dichte mehr vorhanden – alles ist Raum. Auf jeder dieser Ebenen herrschen andere Gesetze der Energiebewegung, denn jede Ebene hat ihre eigenen Energieprozesse und daraus hervorgehenden Formen. Unser Körper kann zum Beispiel nicht nach den gleichen Gesetzen funktionieren wie unser oft wirres und sprunghaftes Bewußtsein – er könnte nicht überleben, wäre er direkt an ein solches Bewußtsein gekoppelt. Eine Spaltung zwischen Körper und Bewußtsein ist in dieser Hinsicht überlebensnotwendig.

Die Gesetzmäßigkeiten höherer Bewußtseinsebenen haben Vorrang gegenüber den Gesetzen der darunterliegenden Ebenen. Daher können wir von einer Interaktion etwa zwischen Geist und Körper sprechen, doch der Einfluß des Bewußtseins auf den Körper ist größer als der des Körpers auf das Bewußtsein. Im *Kybalion* ist dieser Zusammenhang so ausgedrückt:

«Nichts entgeht dem Prinzip von Ursache und Wirkung, doch es gibt viele Ebenen der Kausalität, und man kann die Gesetze der niederen mit den Gesetzen der höheren überwinden.»[2]

Oder in der Sprache der Naturwissenschaft:

«Die Physiker, die den Geheimnissen der Materie auf der Spur sind, berichten uns, daß jede Ebene, zum Beispiel die atomare, molekulare und so weiter, eigene Gesetze hat, die sich mehr oder weniger stark von denen anderer Ebenen unterscheiden. Dennoch werden häufig Strukturen und Prinzipien, die auf einer Ebene gelten, in analoger Weise auf andere übertragen.[3]

Wenn die Gesetze höherer Ebenen Vorrang haben, dann bedeutet mehr Ganzheit aufgrund der größeren Nähe zur absoluten Wahrheit auch mehr Kraft. Wir können daher sagen, daß der Grad der Ganzheit oder Wahrheit die universalen Prioritäten bestimmt. Die sogenannten Gesetze der Naturwissenschaft sind nur beobachtbare Beziehungen auf einer recht niederen Ebene der Ganzheit oder des Energiebewußtseins. Sie gelten nur auf der materiellen Ebene und werden aufgehoben durch die höheren Gesetze des spirituellen und metaphysischen Bereichs.

Die relativen Wirklichkeiten verschiedener Bewußtseinsebenen mit ihren jeweiligen Gesetzen und Ordnungsprinzipien unterscheiden sich nicht in ihrem Wesen, sondern nur in der Form. So wird unser Körper von den gleichen Energieprozessen aufgebaut wie ein Tisch, auch wenn die Form beider Wirklichkeiten uns grundsätzlich verschieden vorkommt. Es ist jedoch nur Ausdruck unserer Verblendung (Sanskrit: *maya*), daß die *Sinne* uns grundlegende Unterschiede zwischen den Gestaltungen der Natur vorgaukeln. Die Sinne sind das Werkzeug der Unterscheidung und Trennung, nicht der Vereinigung. Deshalb ist der Weg des Geistes der Weg des Un-Sinns, denn das Wirken des Geistes ist nicht das Unterscheiden, sondern das Sehen der Einheit aller Dinge.

Selbst innerhalb ein und derselben Ebene kann das Phänomen relativer Wirklichkeiten sichtbar werden. Wenn zwei Menschen gemeinsam eine emotionale Erfahrung machen, kann der eine doch ein ganz anderes Gefühl dabei haben als der andere. Jeder lebt in dem Augenblick in seiner eigenen Wirklichkeit. Wenn beide an ihrer Wirklichkeit festhalten, kann leicht ein Konflikt entstehen, das heißt ein «Zusammenprall» (lat. *con-flictus*) zweier Auffassungen der Wirklichkeit. Je mehr wir uns an eine Idee der Wirklichkeit klammern, desto wichtiger wird es für uns, sie gegen alle anderen zu verteidigen. Gelingt es uns aber, eine Perspektive einzunehmen, die unterschiedlichste Wirklichkeiten zuläßt, so können wir uns auch dann anderen Menschen und Bewußtseinsebenen öffnen, wenn sie einmal nicht mit unserer eigenen Sicht der Dinge übereinstimmen; so werden wir weiter und offener, anstatt in irgendeinem selbstgemachten Weltbild zu erstarren. Jede Energieebene wächst aus der darunterliegenden hervor – so wie wir selbst in unsere wahre Natur hineinwachsen, indem wir aus unseren alten Denkmustern und Wirklichkeiten herauswachsen. So entsteht das scheinbare Paradox, daß wir der *einen* Wirklichkeit, von der alle relativen Wirklichkeiten abgeleitet sind, umso näher kommen, je mehr dieser relativen Wirklichkeiten wir zulassen können.

Jede Bewußtseinsebene arbeitet mit spezifischen Schwingungsfrequenzen, um die Informationen zu «empfangen» die für sie von Bedeutung sind. Anders jedoch als ein Radio, das immer nur die eine Frequenz empfangen kann, auf die es gerade abgestimmt ist, kann das hoch entwickelte Bewußtsein Schwingungen verschiedenster Frequenzen gleichzeitig aufnehmen und dann auswählen, auf welche es reagieren wird. Unser Bewußtsein hängt also davon ab, auf welche Informationskanäle wir uns einstimmen. In den meisten Situationen stehen verschiedene Ebenen der Information zur Wahl, und das Bewußtsein stellt sich automatisch auf den Kanal ein, der am meisten Resonanz zu unserem gegenwärtigen Zustand aufweist. Die meisten Menschen sind auf die Ebene der positiven Raum-Zeit fixiert, das heißt, sie haften an der alltäglichen Wirklichkeit. Veränderte Bewußtseinszustände, wie sie während der Meditation, unter dem Einfluß von Drogen, in einer Psychose, bei Psychokinese oder ASW-Phänomenen auftreten, gehören jedoch vorwiegend dem Bereich der negativen Raum-Zeit an, und Informationen, die aus diesem Bereich stammen, sind für die meisten Menschen nicht erfahrbar. Deshalb wird ihre Existenz im allgemeinen bestritten.

Das ist sehr schade, denn gerade die verschiedenen Wirklichkeiten machen die Lebendigkeit des Lebens aus, geben ihm Klang und Farbe. Wollen wir ein Bild vom gesamten Lebensenergiespektrum gewinnen, dürfen wir keinen Aspekt auslassen, denn die Wirkung wäre dieselbe, als würde man bei einem klassischen Musikstück einen Teil der Instrumentierung streichen. Natürlich kann man ein solches Musikstück in dieser Form spielen, und auch das Leben geht ohne die Ganzheit irgendwie weiter, aber die Fülle und Vielfalt geht verloren, wo immer wir wesentliche Teile auslassen.

Unter den vielen Manifestationen der Lebensenergie, die mit bestimmten Bewußtseinsebenen korrespondieren, sind einige für uns hier von besonderer Bedeutung: die Seele, der Geist, der Körper und die Emotionen.[4] Jede dieser Manifestationen ist ein Ausdruck der Ganzheit, wenn auch jede einzigartige Eigenschaften und Gesetze hat und mit einem spezifischen Informationsgehalt und Bewußtsein verbunden ist. Es ist zum Beispiel kein Zufall, daß wir einen Körper und Emotionen haben: Diese Manifestationen sind auf dem gegenwärtigen Stand unserer Entwicklung notwendig, damit wir uns weiter entwickeln können. Die Informationen, die wir durch jeden dieser Kanäle erhalten, geben uns die Möglichkeit, etwas über die verschiedenen Aspekte des Ganzen zu erfahren. Interessant ist, daß das griechische Wort Physis, das wir schon in der Bedeutung «Ergründen der Wesensnatur der Dinge» kennengelernt haben, auch das Prinzip des Wachstums und des Wandels ist, mit dem wir uns in diesem Kapitel beschäftigen wollen.

Die Seele

An den Zeugnissen aller Völker und Kulturen läßt sich ablesen, daß die Vorstellung der «Seele» den Menschen schon immer stark beschäftigt hat. Für die Hermetiker der ägyptischen Tradition war die Seele das *All* – Ursprung von allem. Die Ägypter kannten auch den Ausdruck *Ba* für die Seele, hier verstanden als Träger des Selbst kraft eines göttlichen Strahls, der über eine Art Fluidum – ähnlich dem Akasha der Hindus oder dem Äther der frühen europäischen Naturphilosophie – auf den Menschen einwirkt. Die Juden kannten die Seele als «Lebensprinzip», während Aristoteles sie die «Summe der Lebensprinzipien» nannte. Andere Griechen, etwa Heraklit, betrachteten die komplementäre Einheit polarer Prinzipien (ähnlich dem Verhältnis von Yin und Yang in der chinesischen Philosophie) als eine Manifestation der Seele oder des Logos, also des Prinzips der Ganzheit. Anaximenes glaubte, daß die Seele die Materie zusammenhält. Das griechische Wort «Psyche» bedeutet außer Seele auch Geist und Leben, und die beiden letzteren wurden als Manifestationen der Seele betrachtet. Für die frühen Christen war die Seele das lichte Prinzip im Gegensatz zur Finsternis des Leibes.

Die Seele ist das Organisationsprinzip des spirituellen Bereichs. Wie die Energie auf der funktionalen Ebene, so ist die Seele hier Medium einer dynamischen Harmonie oder Integration, die zur

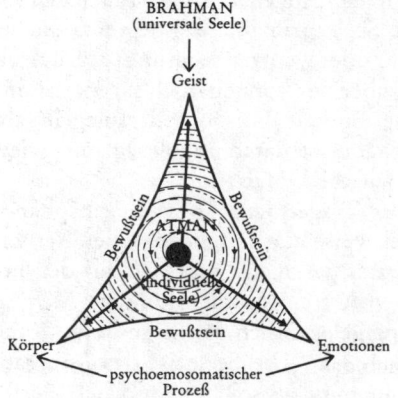

Ganzheit führt. Die Seele steht im Zentrum unseres Seins und ist sowohl Ursprung als auch Lenker aller Lebensenergie. Sie strahlt in alle Richtungen Energien aus wie eine Sonne, die alles zum Leben erweckt.

Die Seele wird oft als etwas vom Körper Getrenntes betrachtet, doch das ist ein Irrtum. Die Seele kann zwar ohne den Körper bestehen, aber nur durch ihn wirksam werden. Um ganz genau zu sein, müßten wir sagen: Die Seele ist die Gesamtheit aller Energieprozesse, die sämtliche Lebensfunktionen steuern, auch die Bildung des Körpers selbst. Wie alle Energieprinzipien zeigt sich die Seele als eine Bewegung, die innerhalb des gesamten Spektrums von Energiemanifestationen einen spezifischen Zweck erfüllt und daher einen ganz besonderen Platz einnimmt. Seltsamerweise wurde im Lauf der Geschichte immer wieder versucht, die Seele im physischen Körper zu lokalisieren. Männer wie Hippokrates, Platon, Galen und Roger Bacon glaubten, die Seele sei im Gehirn zu finden, während andere das Herz als ihren Sitz bezeichneten.

Die Seele ist jedoch kein materielles Phänomen, sondern ein holistisches Prinzip; sie kann daher nicht in einem Teil sein und in einem anderen nicht. Sie ist vielmehr in jedem, denn alle sind Teile des Ganzen. Die Seele ist das Lebensprinzip, das individuelle und kollektive Lebensprozesse in Gang setzt. Wir sind Seelen, die Körper haben, nicht umgekehrt. Und jeder Teil von uns ist wie in einem spirituellen Hologramm ein Abbild dieser Ganzheit. Die Lebendigkeit, die wir zum Ausdruck bringen, ist ein Abbild des Zustands unserer Seele oder Ganzheit. Diese Lebendigkeit zeigt sich vor allem in den Augen, die man ja auch den «Spiegel der Seele» nennt. Da die Seele prinzipiell unbegrenzt ist, können wir zwar nicht über mehr oder weniger Seele im Ausdruck unserer Lebendigkeit sprechen, aber wir können doch sagen, daß manche Menschen diese seelische Energie besser widerspiegeln als andere. Unser Entwicklungsstand ist daran abzulesen, mit wieviel Gelassenheit und Klarheit wir die Dinge tun.

Die Seele ist Träger jenes Bewußtseinsphänomens, aufgrund dessen beispielsweise alle Mitglieder einer Art wissen, was innerhalb ihrer Spezies geschieht, und sich auf den höchsten Bewußtseinsstand ihrer Art einstimmen können. Man spricht in diesem Zusammenhang gelegentlich von kosmischer Intelligenz oder universalem Bewußtsein. Die Seele ist das Integrationsprinzip aller Energiebewegung und als solches Ausdruck für die Gesamtheit des Wissens und seine Verteilung im Universum. Es geht auf den Einfluß der Seele zurück, daß alle Energieprozesse nach Ganzheit streben und in jeder gegebenen Situation wissen, was erforderlich ist, um diesen Zustand der Ganzheit zu erreichen. Die Seele ist jedoch mehr als funktionale Energie: Sie ist der Sinn hinter den Bewegungen der Energie. Ohne die Aktivität der Seele könnte die Energie keine bestimmte Richtung nehmen und bliebe sinnloses Geschehen. Erst die seelischen Prozesse geben der ungerichteten Aktivität der funktionalen Energie eine Ausrichtung und damit eine neue Dimension. So kann sich die strukturlose Aktivität zu organisierten Ganzheiten formen, wie sie für die Evolution erforderlich sind.

Immer umfassendere energetische Ganzheiten bilden sich, und daraus entstehen die vielen Formen der Schöpfung. Formen haben an sich keine Existenzberichtigung, sondern nur im Dienst der Ganzheit. So ist es zum Beispiel kein Zufall, daß wir einen Körper haben und er gerade diese Gestalt besitzt. Er ist vielmehr genau die Form, die für unsere weitere Entwicklung Voraussetzung ist. Es geht auf den Einfluß der Seele zurück, daß sich gerade diese körperliche Form entwickelte und keine andere. Die Evolution wird nicht, wie Darwin glaubte, durch das Überleben des Stärkeren vorangetrieben, sondern durch stehende Wellen des Bewußtseins, die einander in der Weise verstärken, daß eine Form genau dann entsteht, wenn sie im Verlauf des kosmischen Entwicklungsprozesses gebraucht wird. Das «Wissen vom Ganzen» ist das Hauptcharakteristikum der Seele. Nur aufgrund dieses Wissens ist überhaupt Entwicklung möglich.

Die Seele ist darüber hinaus eine Art stützender Hintergrund für jede Form von Aktivität, die der Ganzheit dient. Hier erscheint sie als das Wesen aller Energiebewegung, die als Potential auf Anregungen zu manifester und gerichteter Aktivität wartet. Zum Glück für unsere eigenen persönliche Entwicklung ist das Wachsen der Ganzheit ein automatischer Prozeß, sofern zwei Bedingungen gegeben sind: Wir dürfen den Fluß der Energie nicht behindern, und wir müssen dieses dynamischen Energiestroms stets gewahr sein. Da die meisten von uns sich vor der Macht dieses Entwicklungsprozesses fürchten, blockieren sie den Energiestrom durch engstirniges Denken und verkrampfte Muskulatur. Das begrenzt natürlich unser Bewußtsein und verlangsamt das Wachstum der Ganzheit.

In diesem Entwicklungsprozeß wirken zwei Grundbewegungen der Energie, die ich bereits genannt habe, die wir aber jetzt näher betrachten müssen. Die erste ist eine abwärts gerichtete Yin-Bewegung, die zweite eine aufsteigende Yang-Bewegung. Auf der spirituellen Ebene bezeichnen wir die Abwärtsbewegung als Involution und die Aufwärtsbewegung als Evolution.

Wie schon im ersten Kapitel kurz erwähnt, ist Involution (von lat. *involvere*, ein- oder aufrollen) der Abstieg der Energie aus dem Absoluten ins Relative. Auf dem Weg durch die Chakras oder Energiezentren gelangt die Energie schließlich ins unterste oder Wurzelchakra, wo sie als zum Schlaf «eingerollte» Schlangenkraft verharrt, bis ihr latentes Potential wieder geweckt wird – unwillkürlich oder durch methodische Übung.

Energetisch betrachtet ist die Involution der Seele das «Einrollen» eines grenzenlosen Reservoirs von Vitalität, einer Kraft oder Interaktion von unendlich hoher Frequenz zu einer stofflichen und daher wesentlich niederfrequenteren Form. Der Körper ist dabei der Frequenzumwandler der Seele. Das Absolute der Seele findet seinen Ausdruck in der Relativität der stofflichen Ebene. Da eine Verminderung der Frequenz auch einen Bewußtseinsverlust bedeu-

tet, besitzt die Energie nach ihrem Abstieg in die Materie weniger
Bewußtsein als zuvor: Das Bewußtsein wird sinnlicher und konkreter.

Materie ist die niederfrequenteste und am meisten verdichtete
Form der Energie. Betrachten wir sie, so bekommen wir eine
Ahnung von den Prinzipien der Lebensenergie. Unser Bewußtsein
reicht nämlich nicht aus, diese Prinzipien in höheren Frequenzbe-
reichen direkt zu beobachten, weil es nicht über die erforderlichen
Resonanzfrequenzen verfügt. Je geringer die Schwingungsfrequenz
der Energie und je mehr stoffliche Qualitäten wie Härte oder
Geruch sie dadurch hat, desto eher können wir sie mit unseren fünf
Sinnen erfassen.

Wären wir wahrhaft bewußt, würden wir die Vollkommenheit
(Ganzheit) in allen Gestaltungen des Lebens erkennen. Ich will
damit nicht sagen, daß diese Gestaltungen keine Mängel enthielten,
sondern daß jede Form uns ihre Energieinformation dann klar und
deutlich mitteilen würde. Der menschliche Körper zum Beispiel ist
ein vollkommener Ausdruck des Ganzen, auch wenn er vielleicht
nicht vollkommen harmonisch proportioniert ist. Ist das nicht ein
Widerspruch? Wie kann eine unvollkommene Form die Vollkommenheit des Ganzen widerspiegeln? Der Körper ist wie alle anderen
Formen eine Manifestation der Ganzheit an diesem besonderen
Punkt in der Evolution des Kosmos. So ist er ein Abbild der *jetzt*
relevanten Energieprozesse, auch wenn seine gegenwärtige
Erscheinung vielleicht nicht ganz der Seele oder dem Wesen
entspricht, aus dem er hervorging.

Während die Seele durch Involution Form annimmt, gewinnen
die so entstehenden materiellen Formen eine geistige Dimension:
Die an sich neutralen Energieprozesse (und alle Materie ist Energie
in Bewegung) erhalten Bewußtsein. Die am höchsten entwickelte
biologische Form von bewußter Materie ist das menschliche Leben.
Indem die Seele sich als menschliches Leben manifestiert, durch-
tränkt sie die Materie mit ihrer Ganzheit und erfüllt sie mit
Potentialität. Das wird am deutlichsten bei der Zeugung eines
Kindes sichtbar. Im Gegensatz zur mechanistischen Betrachtungsweise besteht die Zeugung nicht nur im Zusammenkommen von
Samenzelle und Eizelle, sondern ist eine Manifestation seelischer
Einheit. Daher bestimmt der Geist, in dem zwei Menschen sich bei
der Zeugung eines Kindes vereinigen, von welcher Art dieses Kind
sein wird. Wird ein Kind in Liebe empfangen, so teilt sich diese

emotionale Ganzheit seinem Wesen mit. Je bewußter die Eltern bei der Zeugung sind, desto eher wird das Kind später in der Lage sein, sein latentes geistiges Potential zu entfalten. Ganzheit – in diesem Fall Liebe – erzeugt mehr Ganzheit. Das Leben dieses Kindes wird ein Erfahren dieser Ganzheit sein – und mit wachsendem Bewußtsein immer mehr.

Hier müssen wir jedoch zwischen der universalen und der individuellen Seele unterscheiden, die im Hinduismus Brahman und Atman genannt werden. In der großen Leere der Energieprozesse, die ihrer Verdichtung und Gestaltwerdung harren, wird sich der universale Geist (Brahman) der Notwendigkeit bewußt, dem göttlichen Licht durch ein weiteres menschliches Wesen Ausdruck zu geben. Ein Mann und eine Frau zeugen ein Kind. Durch ihre Liebe manifestiert sich Brahman in einer neuen Einheit lebendiger Ganzheit, und in der Welt des Relativen entsteht ein weiteres Abbild des Absoluten.

Diese relative Gestaltung des absoluten Wesens ist Atman, die Seele des Individuums, die sich physisch als die Vereinigung von Samenzelle und Eizelle manifestiert. Das ist die Involution des Göttlichen oder Absoluten zu einem kleineren, das heißt relativen Ganzen, das aber das Absolute noch als Potential im Bewußtsein des neuen Menschen enthält. Jeder Mensch ist eine relative Manifestation des absoluten Potentials der Seele. Eltern sind daher die Mittler eines seelischen Prozesses, dem sie durch ihre Interaktion eine biologische Komponente hinzufügen. Sie erschaffen das Kind nicht, sondern die Seele verschafft sich durch sie körperliche Form. Bei der Involution geht das höhere Bewußtsein in die Materie ein, sie wird energetisch mit dem Absoluten aufgeladen. Das Absolute ruht unverändert in uns, bis es den Weg zurück zu den höheren Frequenzen der größeren Ganzheit findet, das heißt, bis es anfängt, den Weg der Evolution zu gehen.

Evolution (lat. *evolvere*, aus-, herausrollen, wörtlich dem deutschen «ent-wickeln» entsprechend) ist die Entfaltung unserer wahren Natur oder unseres Wesens. Dazu gehört auch eine Öffnung der Energiezentren (Chakras), damit sie durchlässig werden und ihrer jeweiligen Frequenz entsprechend Energie aufnehmen und abgeben können. Es gibt Methoden für die Öffnung der Chakras, die bei den unteren Chakras mit den niedrigsten Frequenzen ansetzen und dann Schritt für Schritt nach oben zu den höherfrequenten Chakras fortschreiten. Andere Methoden wie etwa Sri Aurobindos integra-

ler Yoga beginnen oben und öffnen die Chakras in absteigender-
Folge eines nach dem anderen. Wieder andere Methoden bestehen
aus der Konzentration auf ein Chakra (im Bhakti-Yoga zum
Beispiel auf das Herzchakra), bis dessen Energie und Bewußtsein
sich auf alle übrigen Chakras ausdehnt. In jedem Fall bedeutet
spirituelle Entwicklung die Erschließung aller Energiefrequenzen,
bis ein Zustand absoluter Einheit erreicht ist. Dieser Zustand wird
Erleuchtung genannt.

Evolution beschreiben wir am besten als fortschreitende Öffnung
für Licht, Wahrheit und Ganzheit. Je mehr von der in uns
angelegten Ganzheit wir verwirklichen, desto deutlicher wird uns
die Kraft ihrer Wahrheit. Wir erkennen immer klarer, was zuvor
wirr und nebelhaft war. Voraussetzung dafür ist jedoch, daß wir
unvoreingenommen schauen. Was wir in uns sehen, müssen wir
genau so hinnehmen, wie es ist, ohne es besser oder schlechter zu
machen, als es ist, denn ein solches Eingreifen würde uns nur
zurück in die Unwirklichkeit führen. Evolution ist nur möglich,
wenn wir unseren Seinszustand auf allen Ebenen – der physischen,
emotionalen und geistigen – akzeptieren und uns vom Licht der
Wahrheit den Weg über diesen Zustand hinaus weisen lassen.
Evolution heißt, die Wirklichkeit auf allen Ebenen des Bewußtseins zu sehen und zuzulassen, daß diese Bewußtheit sich zu
Wirklichkeiten höherer Frequenz entwickelt. Was zum Beispiel auf der stofflichen Ebene wirklich ist, kann sich auf einer
höheren Ebene ganz anders darstellen. Ein Tisch erscheint
uns fest, jedoch nur aufgrund der Schwingungen seiner Atome.
Für die Sinne ist er hart, doch für ein ganzheitliches Bewußtsein,
das Energie als Bewegung sieht, ist der Tisch nur stabilisierte
Aktivität.

Involution und Evolution kann man sich auch als Kreisbewegun-
gen mit absteigender (Involution) und aufsteigender (Evolution)
Tendenz vorstellen. Die so entstehenden Spiralen sind räumliche
Darstellungen von Veränderungen im Energie- und Bewußtseinszustand. In der Natur ist die Spiralbewegung in vielfältiger
Form zu finden. Auch die Empfindung des sich weitenden Raums
bei der Mediation oder des sich verengenden Raums beim «Fokus-
sieren» in der Psychotherapie ist ein Beispiel für die Gegenwart
dieser Spiralbewegung in unserer Erfahrung. Obgleich die Energie
in allen Prozessen der Involution und Evolution ständig in Bewegung ist, bleibt alle Aktivität des Bewußtseins eingebunden in ein

Gewebe der Lebensenergie – ein sich ständig wandelndes Mosaik aus Ladung und Entladung.

Während wir wachsen und uns wandeln, bildet die Seele den stabilisierenden Hintergrund, gleichsam als «Bauplan» einer geordneten Entwicklung. So seltsam oder gar bizarr die einzelnen Stadien des Wandels auch erscheinen mögen, sie unterliegen doch dem Gesetz der Ganzheit, dem wir uns anvertrauen können. Weil dieser Prozeß aber so schwer zu verstehen oder zu bewältigen ist, kann die Unterstützung und Führung durch einen spirituellen Lehrer von entscheidender Bedeutung sein. Wandel und Stabilität bilden im Entwicklungsprozeß eine Einheit, solange eine Verbindung zur Ganzheit besteht. Ist das nicht der Fall, so erfahren wir eine tiefe innere Spaltung: Ein Teil will sich für den Wandel öffnen, während der andere auf Stabilität beharrt. Wandel im Zeichen der Ganzheit ist jedoch stabil, ein gelenkter Prozeß, in dem sich das Neue dem Bewußtsein immer erst dann erschließt, wenn es dazu reif geworden ist. Jedes gewaltsame Vorgehen, etwa mit Hilfe von Drogen oder der Praxis von Kundalini-Yoga, kann zu schweren psychischen Störungen führen.

Es gibt Fälle eines spontanen Erwachens der schlafenden Kundalini-Energie im Menschen, doch meist ist es ein abgestufter Prozeß der Entwicklung immer größerer Kraft, womit natürlich nicht rohe physische Kraft gemeint ist, sondern die Kraft der wachsenden Klarheit und Bewußtheit. Auf dem aufsteigenden Weg zurück zur absoluten Ganzheit müssen die Manifestationen der Seele ihre im Absteigen aufgetretenen physischen und emotionalen Erscheinungsformen durchlaufen, um schließlich darüber hinaus zu gelangen. Oft treten alte Krankheiten und unterdrückte Emotionen wieder auf, die einen Ausweg aus ihrem erzwungenen «Schlafzustand» suchen. Setzen wir den Prozeß der Reinigung fort, so wird unsere Seele Schritt für Schritt geläutert, und wir werden fähig, die Ganzheit auf jeder Bewußtseinsebene zu erfahren und zu leben. Alles Nicht-Ganze wird ausgestoßen und von der Energie-Leere, die uns umgibt, absorbiert, um zu gegebener Zeit in eine neue Energieganzheit integriert zu werden.

Manche Schwierigkeiten des Lebens (die stets unvollständige Energieprozesse zur Grundlage haben) stammen nicht aus diesem Leben. Mit der Seele, die von einer Lebensspanne zur nächsten fortbesteht, setzen sich auch vollständige und unvollständige Energieprozesse über Raum und Zeit fort. Sie suchen immer neue Wege

der Vervollständigung, während das Rad der Wiedergeburten sich
dreht. Reinkarnation bedeutet demnach, daß unabgeschlossene
Energieprozesse – vor allem diejenigen, die mit der Entwicklung
der Seele zusammenhängen – immer wieder physische Gestalt
annehmen, um den Weg zur Ganzheit weitergehen zu können.
Jeder von uns ist Träger solch einer unvollendeten seelischen
«Gestalt» und unterliegt deshalb Energieeinflüssen, die aus einer
anderen Zeit und einem anderen Leben stammen. Die hinduistische
Lehre vom Karma besagt, daß jeder Energieprozeß Folgen hat, die
erst bereinigt sein müssen, bevor ein neuer Zyklus der Entwicklung
beginnen kann. Nach dem Gesetz des Karma stehen alle Prozesse
miteinander in Verbindung: Es gibt keine Zufälle und kein blindes
Schicksal – nur Folgen des Handelns.

Karmische Probleme (körperlicher, emotionaler oder geistiger
Art) in unserem jetzigen Leben, also Probleme, die nicht auf
Erfahrungen dieses Lebens zurückgehen, sind Hinweise auf unabgeschlossene Seelenprozesse in einer früheren Inkarnation. Sie
werden mit dem Ausdruck *Sanchita* bezeichnet, während die
Bereinigung dieser karmischen Einflüsse im gegenwärtigen Leben
Pranabdha genannt wird. Auch im jetzigen Leben erschaffen wir
neues Karma, das über dieses Leben hinaus wirksam bleiben wird.
Deshalb ist unsere Lebensweise mit einer ungeheuren Verantwortung verbunden. Viele von uns sind auf das Rad von Geburt, Tod
und Wiedergeburt geflochten, das im Buddhismus *Samsara*
genannt wird. Wir sind nur Bewegung ohne klare Richtung. Die
Suche nach der Ganzheit gibt uns jedoch die Chance, vom unbewußten Tun wegzukommen und den Einfluß unvollendeter Energiegestalten aus Vergangenheit und Gegenwart allmählich aufzulösen. Diejenigen, die sich ganz aus den endlosen Zyklen des Samsara
lösen können, sind die Befreiten, die Erleuchteten.

Die Seele ist also das Organisationsprinzip der Harmonie, das der
Energie der funktionalen Ebene Ausrichtung und Sinn gibt. Sie ist
das Prinzip der Ganzheit, durch welches sich das Bewußtsein als
universales Wissen von allen Energieprozessen manifestiert, und
entscheidet in jedem Augenblick, welche Prozesse als angemessene
Antwort auf die gegebene Situation eingeleitet werden. Sie lenkt das
Entstehen aller Formen und bestimmt je nach den Bedürfnissen der
kosmischen Ganzheit und dem Bewußtseinsstand des Menschen,
welche seelischen Prozesse ins menschliche Leben Eingang finden.
Die Seele ist die Lebendigkeit aller Dinge und verbindet uns durch

die Prozesse der Involution und Evolution mit den Bewegungen des Absoluten: Sie ist das in uns schlummernde Potential, das durch Ausweitung des Bewußtseins erweckt und manifest gemacht werden muß. Selbst angesichts aller Schwierigkeiten, die uns aus diesem oder einem früheren Leben erwachsen sind, ist uns in dieser Evolution von der Materie zum Absoluten die Möglichkeit gegeben, aus dem endlosen Kreislauf von Geburt und Tod heraus- und in ein höheres Bewußtsein hineinzuwachsen. Die Seele spielt eine zentrale Rolle als das, was Geist, Körper und Emotionen, die wiederum nur einzelne Aspekte der Ganzheit sind, verbindet.

Der Geist

Der Geist in seiner Bewegung vom latenten Wesen zu dynamischer Aktivität ist der Hauptausdruck der Seele. Der Geist jeglicher Erscheinung ist, allgemein gesagt, eine dynamische Qualität, die Potentialität in Aktualität überführt. Er ist das Medium der Seele – etwa so wie das Prana auf der funktionalen Ebene das Medium der Energie ist. Wenn der universale Aspekt der Seele (Brahman) sich in der materielle Ebene ergießt (Involution), zeigt er sich dort als die individuelle Seele (Atman). Diese individuelle Seele, das «Selbst», ist der Geist. Unser Selbst ist die individuelle Manifestation der Seele durch das Medium des Geistes. Das englische Wort für Geist – *spirit* – ist von dem lateinischen *spiritus* abgeleitet, das soviel wie Luft oder Atem bedeutet. In der Bibel lesen wir: «Am Anfang war das Wort.» «Wort» bedeutet aber im Hebräischen «Ausatmen». Also sollten wir den Beginn der Schöpfungsgeschichte besser so lesen: «Am Anfang war das Ausatmen.» Die Schöpfung beginnt mit einem göttlichen Ausatmen, einer Emanation von Geist. Eine andere Parallele: Das deutsche Wort «Atmen» ist mit dem indischen «Atman» (Geist, individuelle Seele) verwandt. Das Hebräische bezeichnet Gott, den Schöpfer, auch als das göttliche Einatmen und Ausatmen – was auf die Harmonie polarer Bewegungen in einer Ganzheit hinweist.

Es gibt noch weitere Beispiele für die fundamentale Beziehung zwischen Atem und Geist *(spiritus)*. Wir leben durch die «Inspiration» (medizinischer Ausdruck für «Einatmung») von Prana und Sauerstoff und die Ausatmung von Kohlendioxyd. Wie die Seele unabhängig ist vom Körper, ist auch Prana (chin. Ch'i) unabhängig vom Sauerstoff; doch wie Seele und Körper auf verschiedenen Energieebenen zusammenwirken, tun das auch Prana und Sauerstoff. Prana ist eine Manifestation der Lebensenergie, die uns umgibt und alle Dinge belebt. Sauerstoff wiederum ist eine Ausdrucksform von Prana auf der chemisch-materiellen Ebene. Biologisch gesehen, nehmen wir Prana mit dem Sauerstoff der Atemluft auf, wobei Prana im Grunde der funktionale Aspekt des Geistes (Skrt. *purusha*) ist, aus dem es hervorgeht. Prana ist also ein Ausdruck des Geistes, so wie Sauerstoff eine Manifestation von Prana ist.

Weiterhin sagen wir, wir fühlten uns «inspiriert», wenn wir einen schöpferischen Einfall haben, der uns wie ein plötzlicher Energieblitz neue Einsicht und neues Verstehen ermöglicht. Diese Inspiration, das Aufnehmen von Geist, erzeugt Motivation und mündet automatisch in Aktivität. Motivation kommt von innen sobald wir mit unserem Geist in Verbindung stehen. Wenn der Geist sich in uns regt, brauchen wir keine äußeren Anreize mehr.

Für «nach etwas trachten» oder «etwas erstreben» gibt es das im Deutschen nicht mehr gebräuchliche Fremdwort «aspirieren» (heute nur noch im Sinne von «sich bewerben» gebraucht). Wenn wir im ursprünglichen Sinne «aspirieren», ein gutes Leben zu führen, so «atmen wir auf den Geist hin», oder «in den Geist hinein», der sich in uns regt. Dadurch werden wir in unseren Gedanken und Emotionen über die physische Ebene hinausgehoben, und genau das ist der Prozeß der Evolution: Indem wir aus dem Morast stofflicher Dichte und Trägheit in die Einfachheit der Seele hineinwachsen, werden uns Prozesse von umfassenderer Ganzheit bewußt. Sind wir im spirituellen Sinne inspiriert, so bedeutet das automatisch, daß wir aspirieren, uns zu entwickeln. Aspirieren, streben, bedeutet also einfach, dem Geist zu folgen, der uns den Weg zu größerer Ganzheit zeigt.

Nicht umsonst kommt also dem Geist bei religiösen Erfahrungen eine besondere Rolle zu. Religion (von lat. *religare* – verknüpfen, verbinden, rück-binden) hat stets die Funktion, uns in die Ganzheit einzubinden. Außer im Osten, wo das Bewußtsein für diesen Zusammenhang erhaltengeblieben ist, haben fast alle Religionen ihre Beziehung zur Ganzheit verloren. Daher auch die weit verbreitete Religionsmüdigkeit im Westen und die wachsende Neigung, sich östlicher Spiritualität zuzuwenden.

Ein wesentlicher Bestandteil der christlichen Lehre ist die Heilige

Dreieinigkeit von Vater, Sohn und Heiligem Geist. Der Vater steht für die universale Ganzheit (Brahman, Absolute Seele, kosmische Intelligenz) oder den göttlichen Aspekt des Geistes. Der Sohn ist die individuelle Ganzheit (Atman, persönliche Seele, das Selbst) oder der körperliche Aspekt des Geistes. Der Heilige Geist, symbolisiert durch die Taube und das Element Feuer, ist der transzendente Aspekt des Geistes. Das Feuer steht hier für die Fähigkeit des Geistes, Energien aus ihrer grobstofflichen Form in höhere Formen umzuwandeln. Der Sohn, Christus, körperlicher Aspekt des Vaters, muß den Körper sterben lassen, damit der Geist aus dem Stoff freigesetzt werden kann. Das Osterfest feiert die Wiederauferstehung des befreiten Geistes: Die Friedenstaube kann jetzt die Reise der Evolution fortsetzen. Der Heilige Geist ist der transzendente Wandlungsaspekt der Ganzheit bei der Evolution der Energie von einer Bewußtseinsebene zur nächsten.

Auch in der Sprache der Energietheorie kommt die Bedeutung des Geistes sehr klar zum Ausdruck. Wir wissen aus der Physik, daß alles im Universum schwingt und sich die Form und Funktion aller Dinge unter anderem durch ihre Schwingungsfrequenz beschreiben läßt. Die niedrigen Frequenzen sind für Materie charakteristisch, während eine Erhöhung der Frequenz einer Verminderung der Dichte entspricht, ähnlich wie Eis durch Erwärmung zu Wasser schließlich zu Dampf wird. Forschungen auf diesem Gebiet zeigen überdies, daß alle Formen, gleichgültig ob es sich um Menschen, Pflanzen oder Planeten handelt, charakteristische Energiefrequenzen aufweisen, die sie von allen anderen Formen unterscheiden. Dieses einzigartige Frequenzband ist unser Geist. Allgemein gesagt, ist der Geist irgendeines Phänomens also das spezifische Energiefrequenz-Band, das es definiert.

Dieser Geist findet bei uns Menschen auf der physischen Ebene seinen Ausdruck in unverwechselbaren Merkmalen wie dem Gesicht, den Fingerabdrücken, der Ohrform, den Genen, der Stimme, der Handschrift, dem Blut[5] und den Mustern der Hirnstromkurven. Eine der jüngsten Entdeckungen auf diesem Gebiet, die H. Rohracker in Wien machte, besteht darin, daß selbst die Haut bei jedem von uns einen unverwechselbaren Klang hat. Rohracker arbeitete mit Mikroschwingungen und fand heraus, daß die Haut komplexe Tonschwingungen aussendet, die sich von Mensch zu Mensch unterscheiden. Entsprechende Phänomene finden sich auch auf anderen Gebieten. So sind Rutengänger in der

Lage, Metalle in der Erde aufgrund ihrer charakteristischen Strahlung aufzuspüren. Die Radionik benutzt das Prinzip, daß alle Formen von Materie spezifische Frequenzen abstrahlen, um Krankheiten zu diagnostizieren und zu heilen – denn auch alle Zustände von Krankheit und Gesundheit besitzen charakteristische Schwingungsqualitäten. Jede Zelle unseres Körpers sendet als winziges Energiehologramm diese einzigartige Frequenz aus, die uns als Manifestation unseres Geistes kennzeichnet.

Wenn die universale Ganzheit sich in Energiebereichen nahe der materiellen Ebene manifestiert, strahlt sie durch den Geist eine einzigartige Energiefrequenz ab, die ein Feld bildet. Dieses Geist-Feld wird oft Aura oder Energiekörper genannt und umgibt den physischen Körper. Es absorbiert Energie, die von außen kommt, und paßt sie unserer Eigenfrequenz an, strahlt sie aber auch wieder nach außen ab. Die Chakras, die mit den Nervengeflechten des Körpers in Verbindung stehen, bilden den Mechanismus dieser Energietransformation. Wenn auch die Kirlian-Photographie wahrscheinlich nicht die Aura selbst abbildet, so zeigt sie doch für jedes Individuum eine charakteristische Gestalt, und diese Gestalt könnte ein indirektes Abbild des Geist-Feldes sein.

Und da alle Materie und Energie auch mit Licht in Zusammenhang steht, sind auch wir wie alle anderen Manifestationen des Universums Erscheinungsformen des Lichts.

«Jedes Ding in der Natur ist ein lebendiges Energiesystem, eine einzigartige Transformation des reinen Lichts in ein besonderes Feld, das seine spezifische «Signatur» ausstrahlt. Keine zwei Signaturen sind gleich, und doch stammen sie alle aus derselben Quelle.»[6]

Die Universale Seele als die Quelle aller Dinge streut ihr einheitliches Licht, wie das Sonnenlicht von einem Prisma gestreut wird, und manifestiert sich in Myriaden Prozessen und Formen, die wir im Universum sehen und empfinden können. Sinn und Aufgabe unseres Lebens besteht darin, diese Grundwahrheit zu erkennen und über den Weg der Evolution zum Absoluten Ursprung zurückzukehren. Das bedeutet, daß wir in allem, was wir tun, fühlen und denken, soviel Ganzheit wie möglich anstreben müssen. Der Geist als energetischer «Bauplan» läßt uns erkennen, daß wir einzigartig sind und doch demselben Ursprung entstammen wie alle anderen

Manifestationen. In unserer Existenz sind wir einmalig, in unserem Wesen jedoch mit allem anderen Eins.

Der Geist in uns, der eine spezifische Energiefrequenz ausstrahlt, die wiederum unser besonderes Energiefeld erzeugt, definiert uns als Energieprozeß. Deshalb sind wir nicht identisch mit unseren Gehirnfunktionen, unserem Körper und unseren Emotionen: Wir haben sie, aber sie definieren uns nicht, sondern sind einfach Ausdrucksformen des Geistes, der die manifeste Essenz der Seele ist. Alle Aspekte des Körpers und der Persönlichkeit, mit denen ich mich identifiziere, sind nichts als Maya oder Illusion. Sie sehen aus wie «ich», fühlen sich an wie «ich», sind aber nicht mein Wesen. Wenn ich ein Bein verliere, bin «ich» dann weniger? Wenn ich deprimiert bin, bin ich dann weniger ich selbst? Unsere Identität ist nichts Festes, sondern wie unser Geist ein Prozeß.

Indem wir die Verbindung zu unserem Geist immer wieder neu knüpfen und festigen, identifizieren wir uns immer mehr mit dem tieferen Selbst und werden allmählich mit dem geistigen Prozeß identisch, aus dem wir in unserer Stofflichkeit überhaupt erst hervorgegangen sind. Immer deutlicher erfahren wir, wer und was wir sind und was unser Dasein im Universum bedeutet. Dadurch vertieft sich nicht nur unsere Beziehung zum Selbst oder individuellen Wesen, sondern auch die Beziehung zum absoluten Wesen aller Dinge, zur universalen Seele, zum göttlichen Geist. Es gibt keinen Wesensunterschied zwischen unserem Selbst und dem universalen Ganzen. Verbindung zum einem bedeutet auch Verbindung zum anderen.

Dieses Prinzip der Wiederholung in der fortwährenden Erneuerung unserer Beziehung zum Geist findet sich in vielen Formen der Meditation wieder, etwa in der hinduistischen Mantra-Praxis, bei der sich der Übende durch die ständige Wiederholung des Mantra innerlich immer mehr dem durch die Schwingungsqualität dieses Mantra repräsentierten Bewußtseinszustand angleicht. Auch wenn dies nur die oberflächlichste ihrer Wirkungsebenen ist, wirken manche Mantras auch durch die Vorstellungen, die sich damit verbinden. Eines dieser Mantras, *Om Mani Padme Hum*, bedeutet «Reines Bewußtsein ist der Juwel im Herzen der Form» und erinnert uns immer wieder daran, daß das Bewußtsein das Wesen aller Materie ist. Die Wiederholung dieses Mantras läßt diese Wahrheit tief in uns wachsen und schützt uns vor dem fatalen Irrtum, daß diese stoffliche Welt die ganze und einzige Wirklichkeit ist.

Bei der Zeugung eines Kindes manifestiert sich der Geist in materieller Form. Die Evolution der Seele führt zur Bildung einer einzigartigen Persönlichkeit und diese wiederum braucht körperliche Gestalt, um sich stabilisieren und weiter entwickeln zu können. Das Energiemuster, das nach der Zeugung den Fötus entstehen läßt, manifestiert sich auf mehreren Ebenen gleichzeitig. Auf der physischen Ebene empfängt der Körper seinen genetischen Code, der das Wachstum des Kindes steuern wird. Auf der geistigen Ebene wirkt ein vom Bewußtseinszustand beider Eltern bei der Zeugung geprägtes Bewußtseinspotential des Kindes, das seine Entwicklung zur Ganzheit hemmen oder fördern kann. Auf der emotionalen Ebene macht das Kind durch seine Eltern seine ersten primitiven Erfahrungen mit Gefühlen. Mit einem Wort: Alle Qualitäten des Liebesaktes zweier Menschen gehen auf das Kind über, das sie dabei zeugen, es sind seine Ur-Erfahrungen, nach denen sein Leben sich ausrichten wird. Das Wichtigste aber ist die spirituelle Dimension dieses Geschehens: Entscheidend für die spätere Entwicklung des Kindes wird sein, wie sehr sich die Eltern einander und der universalen Ganzheit öffnen und hingeben können.

Bei diesem Ineinanderwirken von Energieeinflüssen verschiedener Ebenen entsteht durch Überlagerung ein neues Feld, welches das Kind in seinen späteren Jahren stets begleiten wird. Wie ein geomagnetischer Knotenpunkt, ein Akupunkturpunkt oder ein Chakra ist dieses Geist-Feld eine Art Schaltstelle, die die Aufnahme und Abgabe von Energie regelt.

Zusammenfassend gesagt, ist der Geist das Medium von Seelenprozessen, die sich in der relativen Welt als einzigartiges Energie-Frequenzband manifestieren. Diese Energiefrequenzen erzeugen wiederum ein Feld, das die einmaligen Eigenschaften unseres Selbst in die Bereiche des Bewußtseins, des Körpers und der Emotionen ausstrahlt, die eine funktionelle Einheit bilden. Der Geist verbindet uns mit unserer tieferen Natur als einer individuellen Ganzheit, die dem Wesen nach dasselbe ist wie das universale Ganze. Der Geist, den wir aufnehmen, lädt uns mit Energie auf, so daß wir in höhere Dimensionen des Bewußtseins getragen werden und die Motivation erhalten, den Pfad der Evolution weiterzugehen.

Der Körper

Im Verlauf seiner Evolution sucht der Geist sich stoffliche Formen, die als Träger seiner weiteren Entwicklung geeignet sind. Er «haucht» diesen Formen, die gemäß den Bedürfnissen der Universalen Ganzheit (Seele) gebildet werden, Leben ein. Die jeweilige Form ist also kein Zufall, sondern wird in jedem Stadium der Entwicklung des Universums so gebildet, daß sie dessen weitere Evolution fördert. Wir könnten sagen, daß hier ein Form-Geist am Werk ist, der jederzeit spürt, was gebraucht wird, und die formativen Kräfte der Lebensenergie so lenkt, daß die entsprechenden Formen entstehen.

Alles in unserem stofflichen Universum ist auf diese Weise als Ausdruck des Geistes entstanden. Selbst die Atombombe mit ihrer ungeheuren Zerstörungskraft unterliegt dem Gesetz der Ganzheit, denn durch sie wächst – wenn auch unter Zwang – unser inneres Bedürfnis nach Frieden. Keine Form ist sinnlos, alle dienen dem Zweck, uns zu größerer Ganzheit zu führen – sofern wir sie mit Bewußtheit aufnehmen. Und ob sich uns diese Formen nun als Felsen, Pflanzen oder Körper darstellen, im Wesen sind sie dasselbe, auch wenn ihre Gestalt und die sich darin manifestierenden Energieprozesse ihren jeweiligen Funktionen angepaßt sind.

Keine der Formen, die wir Materie nennen, ist fest oder dauerhaft. Sie sind nur Ausdruck eines Energieprozesses, der zu diesem Zeitpunkt notwendig ist. Gemäß der Quantentheorie besteht Materie aus ständig bewegten Energiemustern, die man nicht isoliert betrachten, sondern nur als integralen Bestandteil des Ganzen verstehen kann. Der Körper sieht zwar fest aus und fühlt sich fest an, ist aber wie alle Materie nur ein Geflecht von Energiebewegungen, geformt von der einzigartigen Schwingung des Geistes. Dringen wir tiefer in die Materie ein, so stellen wir fest, daß unser Körper sich aus Molekülen zusammensetzt, die auf vorgeprägte Bewegungen innerhalb eines sehr kleinen Radius beschränkt sind. Die Grenzen dieser Bewegungen bestimmt das Energiefeld, das ich Geist genannt habe.

Wollten wir unseren Körper wirklich «fest» machen, das heißt, die Materie so weit komprimieren, daß der leere Raum aus ihr verschwindet, so würde er vielleicht gerade noch den Raum eines Senfkorns einnehmen. Was sich unseren Augen als Wirklichkeit darstellt, ist also recht trügerisch. Der Eindruck der Festigkeit entsteht, wie wir im zweiten Kapitel gesehen haben, nur durch die ungeheure Geschwindigkeit, mit dem die subatomaren Teilchen sich in ihrem – größtenteils leeren – Aktionsraum bewegen. Unsere körperlichen Sinne arbeiten auf niedrigeren Schwingungsfrequenzen und können diese Bewegungsabläufe nicht mehr erkennen, sondern nehmen sie als feste Formen wahr. Letztlich besteht unser Körper überhaupt nicht aus Materie, denn selbst die Elementarteilchen, aus denen sich seine Atome und Moleküle aufbauen, sind nur kristallisierte Energie innerhalb eines bestimmten Geist-Feldes. Das der Seele innewohnende Prinzip der Ganzheit gibt dem Körper seine Grenzen und sein Evolutionspotential, das durch den Geist weiter geformt und kanalisiert wird. Interessanterweise bilden die Proportionen des Körpers ein Verhältnis (den «goldenen Schnitt»), das mathematisch ausgedrückt einer Zahl mit unendlich vielen Stellen hinter dem Komma entspricht – so als hätte der Körper überhaupt keine definierbaren Grenzen im Raum.

Selbst Knochensubstanz, der «festeste» Bestandteil des Körpers, wird beständig abgebaut und neugebildet; alle zwanzig Jahre erneuert sich die Knochensubstanz vollständig. Dabei können Knochen ihre Gestalt und Größe verändern, je nachdem, welcher Belastung sie ausgesetzt sind. Der Ort der Belastung ist auch der Ort der größten Energieaktivität, wo veränderte physische und sonstige Bedingungen zu veränderten Feldinteraktionen, etwa zwischen dem physischen Lebensenergiefeld und dem Geist-Feld führen. Alle Felder greifen ineinander, und eine Veränderung in einem der Felder überträgt sich auf alle anderen. Der ganzheitliche Charakter aller Feldaktivität führt im Falle der Knochen dazu, daß eine starke Beanspruchung sich dem physischen Feld mitteilt und sich gemäß den Bedingungen dieses Feldes neue Knochensubstanz anlagert. Die Geschwindigkeit, mit der Veränderungen stattfinden, ist auf den verschiedenen Energieebenen unterschiedlich; auf der physischen ist sie am langsamsten. Diese Tatsache wird später noch von besonderer Bedeutung sein, wenn wir über mentalen und emotionalen Streß sprechen. Jede Bewußtseinsebene steuert wie ein «Leitstrahl» die Bildung und Ausrichtung von Feldern, die wiederum auf der physischen Ebene die Formen und Funktionen des Körpers bilden und regeln. Die eigentliche Bedeutung und Aufgabe des Körpers besteht in der Transformation und Integration aller Energieeinflüsse, die auf der materiellen Ebene zusammenkommen.

Das Geist-Feld eines jeden von uns läßt auf der physischen Ebene Felder von mehr physischem Charakter entstehen. Die Überlagerungsstruktur all dieser Felder ist das, was von A. Burr L-Feld genannt wird – ein für jedes Lebewesen charakteristisches Feld der Lebensenergie. Je komplexer solch ein Feld ist, desto komplexer sind natürlich auch die Wellen, die es ausstrahlt. Forschungen am «De La Warr Institute» in England lassen sogar vermuten, daß dieses Kraftfeld wie ein Magnet wirkt, in dessen Feld nach einem bestimmten Muster sogenannte Knotenpunkte verteilt sind, die in einer Art Schwingungs-Ganzheit miteinander in Beziehung stehen. Eine Resonanzverbindung mit irgendeinem dieser Knotenpunkte, so eine weitere Folgerung, stellt eine direkte Beziehung zur Person selbst her. Das könnte erklären, weshalb wir etwa in der Gegenwart eines deprimierten Menschen selbst deprimiert werden können, sofern wir uns nicht dagegen schützen.

Woher aber wissen wir, daß das Feld die Materie erzeugt und nicht die Materie das Feld?

Bentov hat bei seiner Forschungsarbeit mit Energiefeldern zeigen können, daß Hühnerembryos in ein Energiefeld hineinwachsen, das *vor* der Bildung des Küken-Körpers bereits im Ei existiert. So ließ sich zum Beispiel in einem erst kürzlich befruchteten Ei ein Energiefeld messen, das im Rhythmus des Herzschlages eines Kükens pulsiert – noch bevor sich ein Körper und damit ein Herz gebildet hatte. Das entspricht der alten chinesischen Anschauung, daß die Lebensenergie (Ch'i) vor der physischen Form existiert. Nach dieser Anschauung wächst ein Fötus gemäß den Yin-Kräften der Erde und den Yang-Kräften des Himmels. Haben sich diese kosmischen Kräfte miteinander verbunden, so entsteht ein individuelles Feld, das sich in Yin- und Yang-Meridiane teilt. Entlang dieser Meridiane bilden sich die Akupunkturpunkte, winzige Energiezentren, die man sich als Miniaturentsprechungen der Chakras vorstellen kann. Der russische Wissenschaftler Victor Adamanko hat an diesen Punkten eine elektrische Ladung von 50 bis 150 Nikrovolt festgestellt, die unter Autosuggestion auf 500 Mikrovolt anwachsen kann. Anscheinend handelt es sich hier um hochkonzentrierte Energiewirbel oder -spiralen. Diese Energiewirbel sammeln und verdichten Energie in einem besonderen Kanal der Ganzheit, der für die körperliche Gesundheit eine entscheidende Rolle spielt. Es hat sich gezeigt, daß die Akupunkturpunkte nicht nur auf traditionelle Art durch Nadeln oder Moxibustion angeregt werden können, sondern auch durch Elektrizität, Laserstrahlen, Ultraschall und Magneten. Akupunktur scheint bei akuten Zuständen (von Rückenschmerzen bis zur Arthritis) besonders wirkungsvoll zu sein, kann aber auch bei chronischen Beschwerden helfen, wenn der Energievorrat des Körpers ausreicht. Russische Wissenschaftler haben gezeigt, daß Akupunktur das Tumorwachstum hemmen und zur Regeneration des Knochengewebes beitragen kann.[7]

Daß es die Meridiane selbst gibt, wurde durch umfangreiche Forschungen mit Kirlianfotografie, elektrischen Hautmessungen, der Injektion radioaktiver Isotope (Dr. Kim Bong San, Korea) und mittels Temperaturmessungen an Flüssigkristallen (Dr. Motoyama, Japan) bewiesen. Dr. Kim entdeckte überdies in den Meridianen eine Flüssigkeit, die er Sanal nannte, und deren Gehalt an DNS- und RNS-Molekülen, Eiweiß, Östrogen und Aminosäuren darauf hindeutet, daß die Meridiane ein wichtiges, wenn auch im Westen unbekanntes Zirkulationssystem des Körpers darstellen. Akupunkturnadeln, die ins Gewebe eingestochen werden, verändern nach Dr. Tiller den Fluß der Energie in den Meridianen und beeinflussen auf diesem Wege die Moleküle der Gewebeflüssigkeit. Dr. Kims Forschungen ergaben weiterhin, daß die inneren Organe sich entlang der Meridiane bilden – noch ein Hinweis darauf, daß die Energie der Materie vorausgeht. Motoyama hat mit seiner Arbeit sogar die Interaktionsbeziehung zwischen den Meridianen und Chakras aufdecken können.

Die Chakras selbst gehören zwar der ätherischen Ebene an, sind aber durch die Nervengeflechte direkt mit dem Körper verbunden. In allen größeren Nervengeflechten des Körpers kommt ein besonderer Typus von Nervenzellen vor (sogenanntes Chromaffingewebe), die nicht nur Impulse weiterleiten, sondern auch Adrenalin absondern. Das Interessante an diesen neuroendokrinen Zellen ist, daß ihre Verteilung dem Spiralenmuster des DNS-Moleküls entspricht[8] und ebenso der Bewegung der Lebensenergie in den beiden Nadis Ida und Pingala, die alle Chakras miteinander verbinden (siehe Kapitel 1). Die Chakras wandeln Energien höherer Frequenz in Energien niederer Frequenz um, so daß der Körper über die Nervengeflechte auf viele Formen der Lebensenergie reagieren kann. Obgleich die Knotenpunkte, Akupunkturpunkte und Chakras verschiedenen Energieebenen und daher verschiedenen Bewußtseinsebenen angehören, dienen sie in ihren wechselseitigen

Beziehungen alle dem Ganzen. Alle drei Arten von Zentren sind Energiewirbel, die in direkter Beziehung zu unserer einzigartigen Geist-Frequenz stehen. Da alle Materie ein Wesen oder einen Geist hat, sind wir mit der Materie in einer Energie-Interdependenz verbunden.

Die Beobachtung des Energiefeldes des Körpers kann auf mancherlei Weise nützlich sein. In Verbindung mit der Kirlianphotographie zum Beispiel für die Früherkennung von Krankheiten, noch bevor sie sich körperlich manifestieren. In Rußland, Rumänien, England und den Vereinigten Staaten machen sich Ärzte bereits die Tatsache zunutze, daß unser biomagnetisches Feld unseren Gesundheitszustand erkennen läßt und den genauen Ort einer Störung schon anzeigt, wenn noch keine körperlichen Symptome vorhanden sind.[9] Der Zustand des Feldes diktiert offenbar, was auf der physischen Ebene geschehen soll. Wir sind in erster Linie ein Energiefeld und dann erst ein Körper. Auch die durch entsprechende Forschungen gestützte Vermutung, daß das Feld erhalten bleibt, selbst wenn Gliedmaßen amputiert werden, spricht für diese These.

Auf der Ebene des Körpers manifestiert Ganzheit sich als physische Gesundheit. Alle körperlichen Probleme sind Lebensbotschaften, die uns zeigen wollen, wo wir nicht ganz sind. Nicht unsere Organe sind krank, sondern mit unserem Umgang mit Energie und Bewußtsein stimmt etwas nicht, und die körperlichen Probleme sind nur der Niederschlag dieser Tatsache.

Manche Tiere wie etwa der Seestern und einige Amphibien sind in der Lage, mit Hilfe dieses Energiefeldes ihre Gliedmaßen zu erneuern. Robert Becker untersuchte das Phänomen und fand, daß die Tiere einen Energiestrom in den verletzten oder verlorenen Körperteil schicken. Mit diesem Wissen war er in der Lage, auch bei nicht-regenerierenden Amphibien durch elektrische Reize neue Gliedmaßen entstehen zu lassen. In London haben Dr. Wilson und seine Kollegen bei Mäusen die Heilung von Nervengewebe durch pulsierende elektromagnetische Felder beschleunigt.[10] Die Akupunktur wird schon seit Jahren eingesetzt, um durch vermehrten Energiefluß das Knochenwachstum etwa an einer Bruchstelle zu fördern. In Deutschland wurde von Werner Kraus ein Apparat namens Magnetodyn entwickelt, der bei schwer heilenden Knochenverletzungen erfolgreich eingesetzt wird.[11] Wie Wilson benutzt Kraus hierbei elektromagnetische Felder.

Kombinieren wir solche Informationen mit unserem Wissen über die bekannten Regulationsmechanismen des Körpers (zum Beispiel Hormon- und Wärmehaushalt oder Zellvermehrung), so wird ganz deutlich, daß hier ein Ganzheitsprinzip am Werk ist, das für einen dynamischen Ausgleich zwischen Wandel und Stabilität sorgt. Trotz aller äußeren und inneren Einflüsse bleibt das Ganze im wesentlichen gleich. Das ist den relativ stabilen Energiefeldern zu verdanken, die die körperliche Gestalt bestimmen. Die Kirlianfotografie zeigt, daß Menschen – anders als nicht-organische Dinge, deren Feld konstant bleibt – ein zwar wohlorganisiertes, aber innerhalb bestimmter Grenzen wandelbares Feld besitzen, das sich je nach Stimmung, Bewußtseinszustand, Gebrauch von anregenden Genußmitteln wie Alkohol und Tabak oder den jeweiligen atmosphärischen Bedingungen verändern kann.

Manche Untersuchungen deuten darauf hin, daß man die Heilwirkung dieses Feldes gezielt verstärken kann. Tiller hält sogar ein ganz neues Heilsystem auf der Basis der verschiedenen Energieebenen für möglich. Wir machen oft den Fehler, unseren Körper für viel unabhängiger von Umwelteinflüssen zu halten, als er tatsächlich ist. Einflüsse, die wir nicht bemerken, so glauben wir, berühren uns auch nicht. Das ist ein oft fataler Irrtum, der sofort deutlich wird, wenn wir den Körper einmal genauer im Licht der Energieforschung betrachten.

Der menschliche Körper besteht trotz seines relativ festen Erscheinungsbildes zu 70 – 90 Prozent aus Wasser, je nach Fettgehalt, Alter und Geschlecht. Muskeln bestehen zu 80 Prozent, Fett zu 50 Prozent und Knochen zu 20 Prozent aus Wasser. Bei Kindern ist der Wassergehalt höher als bei Erwachsenen, bei Männern wegen des größeren Muskelvolumens höher als bei Frauen, bei Gesunden höher als bei Menschen von schwacher Gesundheit. Gehen wir von der Peripherie des Körpers weiter nach innen, so nimmt der Wassergehalt immer weiter zu – innen sind wir flüssiger als außen.

Wasser, das aus Wasserstoff und Sauerstoff besteht (H_2O), ist sehr empfänglich für energetische Einflüsse und paßt sich den verschiedensten Umständen an. Das geht hauptsächlich auf die Tatsache zurück, daß der Kern des Wasserstoffatoms stark auf Feldeinflüsse reagiert. Der Kern des Wasserstoffatoms richtet sich nach jedem magnetischen Feld aus, das stärker ist als der Erdmagnetismus, und da das Erdfeld recht schwach ist, üben fast alle magnetischen Felder Einfluß auf das Wasser aus. So muß auch der

Körper, der ja größtenteils aus Wasser besteht, diesem Einfluß unterliegen. Auf dieser Tatsache beruht die neue diagnostische Methode der «magnetischen Kernresonanz-Spektroskopie»; dabei werden die Wasserstoffatome des Körpers magnetischen Feldern ausgesetzt, wodurch man Gewebeabbildungen erhält, die Röntgenbildern weit überlegen sind – und das ohne die schädlichen Nebenwirkungen der Röntgenstrahlen.[12]

Auch andere Energiefelder beeinflussen den Körper. Allgemein bekannt ist, daß die Anziehungskraft des Mondes für die Gezeiten verantwortlich ist und den Meeresspiegel mancherorts um bis zu fünfzehn Meter anheben kann. Natürlich wirkt diese Kraft auch auf das Festland; Moskau zum Beispiel hebt und senkt sich täglich im Durchschnitt um etwa einen halben Meter. Auch der Körper, der dichter als Wasser, aber weniger dicht als der Erdmantel ist, unterliegt dieser Kraft. Im System der chinesischen Medizin stellt die Regelblutung zur Neumondzeit einen Fluß der Yin-Energie dar, der dem inneren Zyklus der Frau entspricht, während eine Regelblutung während des Vollmondes (also in einer Yang-betonten Phase) darauf hindeutet, daß die Lebensenergie nicht organisch fließen kann. Die Auswirkungen der Schwerkraft auf Wasser und vor allem auf die Körperflüssigkeit sind durch Alexander Dubrovs Forschungen auf dem Feld der Biogravitation bestens dokumentiert.

Wasser ist darüber hinaus ein guter Energieleiter, weil seine Atome bereitwillig Elektronen abgeben und aufnehmen. Dadurch ist Wasser ein gutes Medium für Elektronentransfer und Lebensenergieprozesse. Ohne Wasser könnte das Leben nicht bestehen, es ist *das* Medium des biologischen Lebens und als solches im wahrsten Sinne des Wortes eine stoffliche Manifestation des Geistes. Auf der Körper-energetischen Ebene hat Wasser zwei Hauptfunktionen: Es nimmt Energieeinflüsse von außen auf und überträgt sie aufgrund seiner hohen Leitfähigkeit auf den ganzen Körper. Diese Eigenschaft des Wassers ist es, die primitive Zellen auch noch nach Jahrtausenden der Inaktivität bei der Berührung mit Wasser wieder zum «Leben» erwecken kann.

Solche Erkenntnisse erlauben direkte Rückschlüsse auf körperliche Dispositionen. Wasser ist der Hauptbestandteil aller Körperflüssigkeiten, die wiederum für das innere Gleichgewicht (Homöostase) des Körpers eine entscheidende Rolle spielen. Alle Einflüsse auf die Körperflüssigkeiten wirken sowohl lokal als auch auf den gesamten Körperhaushalt. Zu diesen Körperflüssigkeiten zählen zum Beispiel Blut, Lymphe, zerebrospinale Flüssigkeit, Endolymphe und Perilymphe des Innenohres und die intraokulare Flüssigkeit. Blut allein macht etwa ⅟₁₃ des gesamten Körpergewichts aus.

Biomagnetische Untersuchungen lassen den Schluß zu, daß die Zahl der weißen Blutkörperchen, die für die Abwehrkraft des Körpers eine wichtige Rolle spielen, unter magnetischen Feldeinflüssen zu- oder abnehmen kann.[13] Davis kam zu dem Ergebnis, daß eine Übersäuerung des Blutes mit magnetischer Nordpolenergie behandelt werden kann. Einer der Hauptgründe für die Empfänglichkeit des Blutes für magnetische Feldeinflüsse ist sein relativ hoher Eisengehalt. Eisenionen bilden zusammen mit Wasser einen Elektrolyt, das heißt einen elektrischen Leiter, der ebenso wie ein metallischer Leiter von magnetischen Feldern beeinflußt wird. Barnothy hat gezeigt, daß magnetische Felder die Bildung bestimmter chemischer Verbindungen im Blut und damit den gesamten biochemischen Haushalt beeinflussen können.[14]

Die Lymphe ist wie die weißen Blutkörperchen ein wichtiger Teil des Abwehrsystems. In ihrer Zusammensetzung dem Blutplasma ähnlich, besteht sie zu etwa 90 Prozent aus Wasser, tritt aus den Blutkapillaren ins Gewebe und sorgt für den Rücktransport von Gewebeflüssigkeit ins Blut. Jeder magnetische Einfluß auf das Blut wirkt sich daher auch auf die Lymphe aus. Wir werden uns später noch mit der Bedeutung der Lymphe für die Emotionen befassen.

Die zerebrospinale Flüssigkeit wird in der vierten Hirnkammer (Ventrikel) gebildet. Auf der materiellen Ebene umhüllt und schützt diese Flüssigkeit Gehirn und Rückenmark. Energetisch betrachtet sind die Eiweißmoleküle dieser Flüssigkeit kleine Energieempfänger, die nach dem Prinzip der Resonanz auf äußere Energieeinflüsse reagieren. Nach der Ansicht des Energieforschers Christopher Hills bestimmt der Säuregrad der zerebrospinalen Flüssigkeit ihre Empfänglichkeit für andere Energiefelder. Verändert man die Ladung der zerebrospinalen Flüssigkeit, so kann sie auch hochfrequente Energien empfangen, wie sie für höhere Bewußtseinsebenen charakteristisch sind.[15]

Chiropraktiker und Osteopathen arbeiten direkt an der Wirbelsäule und stellen oft durch Ausrichten der Wirbel oder subtilere Manipulationen am Kopf (auch die Schädelknochen sind in geringem Umfang beweglich) den normalen Fluß der zerebrospinalen Flüssigkeit wieder her. Bei manchen Krankheiten verändern sich die Eigenschaften dieser Flüssigkeit (Druck, Volumen, Zusammensetzung), was in der Schulmedizin von großer diagnostischer Bedeutung ist. Interessanterweise wird die zerebrospinale Flüssigkeit im vierten Ventrikel des Gehirns gebildet, der in enger Verbindung zum dritten Ventrikel steht. Dieser dritte Ventrikel ist der in alten Sanskrittexten als «Höhle des Brahma» bezeichnete Ort der Resonanz mit dem kosmischen Ganzen. Die Annahme ist daher ganz folgerichtig, daß unser Entwicklungsstand auf dem Weg der Verwirklichung der Ganzheit den Säuregrad der zerebrospinalen Flüssigkeit und daher unser Bewußtsein beeinflußt.[16] Daher können Praktiken, die die Qualität der zerebrospinalen Flüssigkeit verbessern, zur Entwicklung des Bewußtseins und der Resonanz mit der kosmischen Ganzheit beitragen. Da diese Flüssigkeit wie die Lymphe hauptsächlich aus Wasser besteht, unterliegt sie wahrscheinlich auch dem Einfluß magnetischer Felder.

Zellen
Um den Körperhaushalt im Gleichgewicht zu halten, müssen die Körpersäfte direkt mit den Grundbausteinen des Lebens, den Zellen, zusammenarbeiten. Die Zelle ist wie jede Art von Materie weder fest noch dauerhaft. Wir beschreiben sie am besten als eine komplexe Struktur dynamischer Interaktion, in der alle Teile dem Ganzen dienen. Jede Sekunde sterben etwa zehn Millionen Zellen unseres Körpers ab, und fast alle Zellen des Körpers erneuern sich im Laufe von sieben Jahren. Neue Zellen entstehen jederzeit genau entsprechend dem Bedarf und dem von der Ganzheit vorgegebenen Bauplan.

In ihrer relativen Ganzheit reagiert jede Körperzelle im Verbund mit anderen Zellen, mit denen zusammen sie also eine umfassendere Ganzheit bildet. Jede Zelle ist ein Hologramm des ganzen Körpers und strahlt das Schwingungsmuster des ganzen Körpers aus. Damit läßt sich auch erklären, weshalb man Zellen mittels einer Technik, die «Cloning» genannt wird, exakt nachbilden kann. Jede Zelle scheint in ihren Genen Informationen über den ganzen Körper zu speichern. Solche Erkenntnisse haben zu einem Durchbruch in der Krebsforschung geführt. Bekannt war bereits, daß Fremdkörper (sogenannte Antigene) im Körper identifiziert werden und die Bildung von Abwehrstoffen (den Antikörpern) auslösen. Viele Krebsarten regen den Körper jedoch nicht zur Bildung einer ausreichenden Menge von Antikörpern an. Deshalb versuchte man,

Abwehrstoffe außerhalb des menschlichen Körpers zu erzeugen,
um sie den Krebskranken dann verabreichen zu können. Mit der
Entwicklung des Klonens wurde es möglich, spezifische Antikörper in Mäusen zu vermehren und später Menschen zu injizieren.
Die ersten Erfolge sind ermutigend, denn bei der bislang noch sehr
kleinen Zahl der auf diese Weise behandelten Kranken wurde ein
hoher Prozentsatz von Heilungen erzielt.[17] Woher aber wissen die
Zellen, was gesund und was krank ist? Wie gelangt Information von
einer Zelle zur anderen?

Sehen wir uns zunächst einmal die Struktur der Zelle näher an.
Weil die meisten Körperzellen eine doppelte äußere Membran
besitzen, können sie wie Feuchtzellenbatterien funktionieren und
sowohl in als auch zwischen den Zellwänden elektrische Ströme
erzeugen. Nach den Gesetzen des Elektromagnetismus erzeugt
jeder elektrische Strom ein magnetisches Feld. Zellen, die elektrische Ladungen erzeugen können, bilden demnach auch biomagnetische Felder. Victor Beasley bemerkt dazu:

«Jede Zelle besitzt ihr eigenes magnetisches Feld, das sich mit den
Feldern ähnlicher und angrenzender Zellen zum Gesamtfeld
eines bestimmten Systems im menschlichen Körper verbindet.»[18]

In ihrer Grundstruktur stimmen zwar alle Zellen überein, doch im
Verlauf der Entwicklung eines Organismus spezialisieren sie sich,
um verschiedene Aufgaben zu übernehmen. Um diese Funktionen
zu koordinieren, muß es Mittel der Kommunikation geben. Eine
Möglichkeit besteht darin, daß Felder die Aktivität von Zellen
steuern. So könnte jedes Organ und Körpersystem ein besonderes
Feld haben, das durch Überlagerung aus den Einzelfeldern sämtlicher Zellen entsteht. Das Feld des gesamten Körpers schließlich
setzt sich aus allen Unterfeldern zusammen. Obgleich jedes Kör-
perorgan und -system seinen ganz eigenen Charakter besitzt, fügen
sie sich doch unter dem Prinzip der Harmonik zu der neuen
Ganzheit des Körperfeldes zusammen. Ähnlich ist dieses Körperfeld nur ein «Unterfeld» des Geistes, jenes einzigartigen Feldes, das
für jeden von uns eine spezifische Schwingung aufweist. So verteilt
sich das Seelenfeld über die verschiedenen Manifestationen des
Geistes, dann über die Felder des Körpers und seiner Organe und
Systeme bis hinunter zu den Zellen und Atomen und verbindet all
die verschiedenen Energieebenen zur Ganzheit des EINEN. Aus

der Physik wissen wir, daß ein Feld nicht innerhalb eines anderen existieren kann, ohne von ihm beeinflußt zu werden. So unterliegen wir insgesamt und bis hinunter in unsere Zellen und Atome der Ganzheit des kosmischen Feldes, und wo auch immer ein Energieeinfluß sich bemerkbar macht, er wird sich auch auf alle anderen Ebenen auswirken. Die Energiegesetze schreiben vor, daß der Einfluß höherer Energieebenen auf niedere größer ist als umgekehrt, doch es gilt uneingeschränkt, daß jede Ebene um das Geschehen auf den anderen «weiß».

Unter dem Mikroskop erkennt man an Zellwänden ähnliche Strukturen wie bei industriell gefertigten Halbleitern. In ihrem Innenraum enthält die Zelle flüssige Kristalle (Cytochrome), die ebenfalls wie Halbleiter wirken und Energie aufnehmen und abgeben können. Diese Flüssigkristalle übermitteln auch Informationen über feine Temperaturschwankungen und tragen damit zum Temperaturgleichgewicht des Körpers bei. Ein anderer wichtiger Bestandteil der Zellen sind die Mitochondrien, die in jeder Zelle zu Hunderten vorkommen. Nach Allen et al. wirken sie wie kleine Transistoren, die Energie aufnehmen, konzentrieren und verstärken. Diese Energie wirkt dann in elektrochemischen Zellprozessen, bei denen beispielsweise DNS gebildet wird. Wie die Knotenpunkte des geomagnetischen Feldes, die Chakras des ätherischen Feldes und die Akupunkturpunkte entlang der Meridiane sind die Mitochondrien in den Zellen die Zentren der Kanalisierung von Energie. Und alle diese Zentren der Lebensenergie sind Wirbel, die ihre Kraft wie ein Tornado zu einer Spirale zusammenziehen. Jede Störung in diesen Energiezentren, gleich auf welcher Ebene, beeinträchtigt die Funktion des Ganzen. Gesundheit ist nur möglich, wenn alle Zentren des Körpers im Gleichklang schwingen.

«Der Grad der harmonischen Resonanz der Mitochondrien mit dem umgebenden Feld bestimmt, in welchem Maß die Zelle fähig ist, die ätherische Lebensenergie, der unser Körper seine Existenz verdankt, einzufangen, beziehungsweise zu kristallisieren.»[19]

Wie ich später noch eingehender darstellen werde, ist Krankheit Ausdruck einer Disharmonie zwischen Schwingungen im Körper und/oder zwischen denen des Körpers und der Umgebung. Da die Mitochondrien die Atmungszentren der Zelle sind, werden sie direkt von den stofflichen Qualitäten unserer Atemluft beeinflußt, aber auch von den feinstofflichen Qualitäten des Prana, das wir mit dem Sauerstoff aufnehmen.

Interessanterweise weist das DNS-Molekül wie die Energiezentren eine Spiralstruktur auf, wenn es auch eine doppelte Spirale von Proteinketten entgegengesetzter Ladung ist. Trotz ihrer unglaublichen Länge von etlichen Milliarden Kilometern besitzt die DNS-Kette eine aktive innere Stabilität, was nach Reiser wahrscheinlich zum Teil auf die gegensätzlichen Ladungen der beiden Spiralen zurückzuführen ist. Die DNS steht direkt mit dem Geist in Verbindung, denn sie ist der genetische Bauplan unserer körperlichen Entwicklung; ihr genetischer Schlüssel enthält ein Energiemuster, von dem unsere Ganzheit auf der materiellen Ebene abhängt. Die Gene sind Abschnitte des DNS-Moleküls und tragen die Erbinformationen beider Eltern. Es ist gut möglich, daß Gene ihre ungeheure Informationsmenge nach Art eines Hologramms speichern und daß sich diese biologische Information durch die Entwicklung des Bewußtseins verändern läßt. Reiser glaubt außerdem, daß zwischen der DNS in den Chromosomen und der RNS im Zytoplasma, das den Zellkern umgibt, eine Resonanz besteht. Eine sicherlich vernünftige Annahme, denn RNS wirkt ja als Botschafter der DNS und neben dem rein chemischen Informationstransfer könnte durchaus noch eine energetische Kommunikation vorhanden sein. Der Biophysiker Fritz Popp nimmt darüber hinaus an, daß zwischen der DNS und den Mitochondrien (deren Energie die Bildung von DNS steuert) eine Resonanzverbindung besteht. Diese Idee wird gestützt durch die Tatsache, daß Zellen auf Schwingungen reagieren und ihre Kommunikation über Schwingungen abwickeln.

Ein anderer wichtiger Bestandteil der Zellen sind die sogenannten Mikrotubuli (MT). Diese Spindelfasern, die man sowohl in der Zelle als auch zwischen Zellen findet, werden bei der Zellteilung gebildet und leiten die Chromosomen bei diesem Prozeß. Sie sind von besonderer Bedeutung für den Aufbau der Zellmembranen (Zytoskelett) und bilden auf der Mikroebene die Energiematrix für den Aufbau des Körpers. Hameroff vermutet, daß sie ähnlich wie Glasfaser-Lichtleiter wirken und sich in ihrem Inneren elektromagnetische Resonanzen bilden, die wiederum die Energievorgänge steuern, aus denen sich die physische Gestalt einer Zelle bildet.[20] Man vermutet auch, daß die Akupunkturmeridiane nach ähnlichen

Prinzipien funktionieren, denn auch sie steuern die Bildung der Organe. Energiefelder, Akupunkturmeridiane und die MT sind demnach Energiekanäle, durch die Formbildungsprozesse auf verschiedenen Ebenen ablaufen. Aufgrund ihrer Größe, Gestalt und Anordnung könnten die MT wie abgestimmte Resonatoren wirken, die auf bestimmte Frequenzen ansprechen und in ihrer Wirkung den Kommunikationsantennen ähneln, wie wir sie bei Motten und anderen Insekten finden.[21] Auch andere Tiere wie etwa Brieftauben oder Hunde besitzen eine Art radiästhetische Orientierungsfähigkeit.

Wir haben bereits gehört, daß der russische Wissenschaftler Gurwitsch vor etwa fünfzig Jahren eine Ultraviolettstrahlung der Zellen entdeckte, die er «mitogenische Strahlung» nannte. In neuerer Zeit hat Dubrov, ein anderer russischer Wissenschaftler, herausgefunden, daß die Zelle bei der Teilung eine Energiestrahlung in Form von Photonen abgibt. Diese Strahlung erzeugt ein schwaches Leuchten, die «Biolumineszenz», sowie Ultraschallwellen von sehr hoher Frequenz.[22] Dubrov entdeckte auch, daß zwischen Zellkulturen in gegeneinander abgeschirmten Behältern eine Kommunikation möglich ist. Wurden die Zellen in dem einen Behälter mit tödlichen Viren, Chemikalien oder Strahlen behandelt, so starben auch die Zellen der anderen Kultur, die durch Quarzglas gegen diese Einflüsse vollkommen abgeschirmt waren. Weitere Untersuchungen deuteten darauf hin, daß sich der Photonenstrom zwischen den Kulturen verändert, wenn die eine Kultur den tödlichen Einflüssen ausgesetzt wird. Die Zellen teilten einander nicht nur eine allgemeine Schädigung mit, sondern auch genau die Art dieser Krankheit.

Radioniker und Radiästhesisten nutzen diese Zellkommunikation, um die genaue Natur einer Krankheit zu bestimmen. Dazu brauchen sie oft nur eine Haar- oder Speichelprobe des Kranken. Noch heute ist der genaue Ursprung der hier zugrunde liegenden Energiestrahlungen nicht bekannt. 1981 fanden Rattemeyer und Popp in Deutschland, daß DNS wahrscheinlich die wichtigste Quelle «ultraschwacher» Photonenemission ist, die etwas anderes zu sein scheint als die Biolumineszenz. Sie glauben, daß DNS die Genaktivität, den Zellstoffwechsel und die Zellkommunikation über Photonenspeicherung und -emission steuert. Das würde bedeuten, daß DNS die Zellaktivität über Lichtstrahlungen (das Photon ist ein Licht-Quantum) steuert.

Auf der Grundlage umfangreicher Forschungen nimmt Popp an, daß die Zellen durch Signale miteinander ·kommunizieren, die zugleich das Wachstum lenken. Durch diese Art der Kommunikation «wissen» die Zellen, welche gerade sterben und durch welche sie zu ersetzen sind. Solche Entscheidungen müssen allerdings blitzschnell getroffen werden, denn sonst würden wir binnen kurzem schrumpfen und sterben. Popp vermutet, daß die Zellkerne stehende Infrarot- und Schallwellen aussenden, die einander ergänzen und stabilisieren. Daraus entsteht ein Bewußtseinsfeld, das die Zellaktivität überwacht. Nach Popps Hypothese entsteht Krebs dadurch, daß dieses Bewußtseinsfeld ständig falsche Informationen erhält und die Bildung neuer Zellen veranlaßt, die das Problem aber nicht beheben können. Krebs entsteht also dann, wenn ein Energiefeld fortwährend falsche Informationen empfängt. Normale Zellschwingungen erzeugen Wellen, die eine korrekte Information darstellen; eine Krankheit wie Krebs können wir als inkompatible und daher unverständliche Energieschwingung betrachten – eine falsche Information, auf die die energetischen Überwachungsmechanismen des Körpers nicht angemessen reagieren können.

Enzyme
Inkompatible Schwingungen wie die oben erwähnten wirken sich natürlich auf das gesamte lebensenergetische Gefüge des Körpers aus. Für die Biochemikerin Justa Smith haben alle Krankheiten eine direkte Beziehung zu den Enzymen des Körpers. Enzyme sind biologische Katalysatoren, das heißt Substanzen, die zwar an chemischen Reaktionen beteiligt sind, sich dabei selbst jedoch nicht verändern und nicht in neue Verbindungen eingehen. Man nennt sie auch das «Gehirn» der Zelle, weil sie auf der physiologischen Ebene alle Zellreaktionen bestimmen.

Enzyme steuern auch die Aktivität eines komplexen Stoffes mit der chemischen Bezeichnung Adenosintriphosphat (ATP), der für der Transport der Energie zu den Zellen verantwortlich ist. Jede Enzymstörung beeinträchtigt die ATP-Bildung und daher den Energiehaushalt. Enzyme beherrschen jedoch auch unser Nervensystem, das wiederum für unser Verhalten verantwortlich ist. So sind die Enzyme gewissermaßen die unterste Ebene biologischer Verhaltenssteuerung.[23] Sie unterliegen dem Einfluß magnetischer Felder und der Felder, die von Heilern erzeugt werden. Das magnetische Feld der Erde, so haben Untersuchungen ergeben, beeinflußt die Aktivität der Reifungsenzyme in Früchten. Feldeinflüsse können sich demnach auch auf Enzyme auswirken, die den Energietransport im Körper und letztlich auch unser Verhalten lenken. Da ein guter Therapeut eine ganz ähnliche «katalytische» Funktion hat wie ein Enzym, ist es gut möglich, daß die Reifung der Persönlichkeit und der Erfolg der Therapie mehr vom Feld des Therapeuten oder von der Schwingungsinteraktion zwischen ihm und seinem Klienten abhängt als von der therapeutischen Technik.

Insgesamt stellen also die Mitochondrien, Mikrotubuli und Enzyme der Zelle ein sehr wirksames Instrument für die Akkumulation, Transformation und Übertragung von Energie im Körper dar. Solche Energieprozesse unterliegen einer Vielzahl äußerer und innerer Einflüsse positiver und negativer Art, die zu mehr Ganzheit, aber auch zu Krankheiten führen können.

Wie uns der Paradigmenwechsel von der newtonschen Mechanik zur Quantenphysik gezeigt hat, dürfen wir nichts vom Ganzen abgelöst betrachten, wenn wir ein vollständiges Bild gewinnen wollen. Die Erforschung der energetischen Grundfunktionen der Zelle hat uns noch einmal diese Ganzheit vor Augen geführt. Jede Zelle hat ihre eigene Bedeutung, ja sogar jeder einzelne Teil der Zelle – doch nur wenn wir alle Teile zueinander in Bezug setzen, sehen wir das feine Geflecht der Ganzheit, das Muster der Gesundheit.

Das Gehirn

Wie die Nervengeflechte die physische Entsprechung der Chakras sind, so ist das Gehirn das Organ des Bewußtseins. Die mechanistische Betrachtungsweise in der Naturwissenschaft setzt Gehirn und Bewußtsein gleich, doch das ist ungenau. Bewußtsein ist vielmehr in größerem oder geringerem Umfang an allen Energieprozessen beteiligt, auch außerhalb des Gehirns. Beim Menschen wirkt das Gehirn als Mittler zwischen Geist und körperlichem Geschehen. Als Organisator aller Nervenaktivität gibt es der Ganzheit der Seele auf der körperlichen Ebene Ausdruck. Jüngste Ergebnisse der Hirnforschung bestätigen diese Behauptung.

Man fand zum Beispiel, daß in jeder Sekunde etwa 100 000 Neuronen an der Impulsübermittlung vom und zum Gehirn beteiligt sind. Dieses Aktivitätsgeflecht hat eine geschätzte Speicherkapazität von zehn Milliarden «Bits» (Informationseinheiten) pro Kubikzentimeter. Das einzige Erklärungsmodell für ein derart leistungsfähiges Informationsverarbeitungssystem auf so kleinem Raum ist das Hologramm. In der Hirnforschung entdeckte man Ähnliches, als sich zeigte, daß selbst die Entfernung großer Teile des Gehirns kaum die Wahrnehmungs- und Gedächtnisfunktionen beeinträchtigt. «Dies», so schreiben Allen und seine Kollegen, «deutet darauf hin, daß Wahrnehmung und Gedächtnis Funktionen des ganzen Gehirns sind – so als läge ein umfassendes Kraftfeld oder ein mentales Hologramm vor.»[24]

Ist der Körper, wie ich behaupte, eine Manifestation des Geistes, so sollte sich das auch in den Hirnfunktionen zeigen. Das Muster der Hirnstromkurven (EEG), so hat sich gezeigt, ist für jeden Menschen ebenso charakteristisch wie sein Fingerabdruck, seine Stimme und anderes. Die Strahlung des Geistes, der für jeden von uns ein einzigartiges Kraftfeld ist, beeinflußt uns mit ihrer einzigartigen Frequenz bis auf die Ebene des Körpers. Die heutigen Meß- und Analysetechniken der Hirnströme sind noch recht begrenzt, so daß über solche Zusammenhänge wissenschaftlich stichhaltig noch nicht viel ausgesagt werden kann; wir werden aber später darauf zu sprechen kommen, wie diese Faktoren zum Beispiel in Krankenhäusern unsere Gesundheit beeinflussen.

Es scheint, daß der Hypothalamus und die sogenannte *Formatio reticularis* die wichtigsten Zentren der Emission solcher Gehirnströme sind. Das Gehirn organisiert die gesamte Kommunikation im Körper auf der physischen Ebene, und das Großhirn integriert alle Hirnwellen, indem es sie zu einer einzigen zusammenfaßt. Wie das Körperfeld alle Einzelfelder der Zellen und Organe zu einem Gesamtfeld integriert, erzeugt das Großhirn ein Gesamtfeld, das wir messen und aufzeichnen können. Dr. Becker glaubt, daß die Vielfalt und Polarität der Großhirn-Energieströme ein direkter Indikator für das Bewußtseinsniveau ist. Russische Forscher auf diesem Gebiet berichten von einer Ultra-Theta-Schwingung, die eine Frequenz von hundert Millionen Schwingungen pro Sekunde haben soll.[25] Höhere Ebenen des Bewußtseins sind durch Resonanz mit diesen hochfrequenten Schwingungen gekoppelt und erzeugen diese auch.

Das Gehirn, das zu 98 Prozent aus Wasser besteht, ist besonders empfänglich für den Einfluß magnetischer Felder. Im Gehirn von Brieftauben, Delphinen und bestimmten Zugvögeln findet man Eisenoxid (das in der Erde als Magnetit oder Magneteisenstein vorkommt). Man nimmt an, daß dieser Stoff für den Orientierungssinn dieser Tiere verantwortlich ist. Dr. Baker von der Manchester University in England glaubt, daß das menschliche Gehirn im Bereich des Übergangs vom Schädel zur Nase auch Magnetit enthalten könnte. Vor einiger Zeit wurde an der «University of Colorado» ein hochempfindlicher Detektor für magnetische Felder entwickelt, mit dem man Magnetfelder des Gehirns und Herzens erforscht. Im übrigen ist ausreichend dokumentiert, daß magnetische Felder das Gehirn beeinflussen. Negative Auswirkungen, die an Menschen beobachtet wurden, sind: Beeinträchtigung der körperlichen Beweglichkeit, Verlangsamung der mentalen Prozesse, vermehrte Müdigkeit, Schlaflosigkeit, Depression. Dr. Kholodow (Moskau) hat gezeigt, daß magnetische Felder die Anzahl und Größe der Gliazellen (die im Zentralnervensystem eine Art Bindegewebe bilden) wachsen lassen und daß ein bisher noch nicht identifiziertes Zentrum des Gehirns (das sich als trainierbar erwies) als Empfänger für magnetische Energie fungiert.

Es sind aber auch positive Wirkungen magnetischer Felder auf das Gehirn bekannt: Dr. Battacharya (Indien) behandelt mit ihnen Lähmungen, die vom Gehirn ausgehen, und Epilepsie; Magnetfelder können die allgemeine Hirnaktivität fördern, das Bewußtsein bis zur Betäubung reduzieren und Nervengeflechte aktivieren.[26] Kholodow kommt zu dem Ergebnis, daß «das Gehirn das erste Organ des Körpers ist, das direkt und ohne Zwischenschritte auf ein magnetisches Feld reagiert.»[27] Hier stellt sich natürlich sofort die Frage, ob nicht auch andere Felder das Gehirn beeinflussen; leider lassen die wenigen Untersuchungen auf diesem Gebiet noch kaum Aussagen zu.

Das Nervensystem

Auch das übrige Nervensystem ist für Energieschwingungen sehr empfänglich. Im allgemeinen wird es einfach als ein physisches Geflecht von Leitbahnen angesehen, wohingegen beispielsweise die Radiästhesieforschung zeigt, daß es möglicherweise noch weit wichtigere Funktionen erfüllt. Für den Energieforscher W. Tiller ist der menschliche Körper eine Empfangs- und Sendeantenne für Energieinformationen verschiedenster Art. Das vegetative Nervensystem erzeugt die Sende-Energie und die Markscheiden der peripheren Nerven sind eine Art Wellenkanal für die Übertragung von Energie zur Hautoberfläche. Tiller ist der Ansicht, daß das Antennensystem des Körpers für ein sehr breites Band von Wellenlängen funktionstüchtig ist und mit seiner «Drahtlänge» von etwa einer Million Kilometern gute Sende- und Empfangseigenschaften besitzt.

Wenn wir etwas spüren, so ist das nicht einfach ein mechanischer Vorgang, sondern wir stimmen uns auf eine Energieschwingung ein, und zugleich wird die Verbindung zu dem jeweiligen Hirnzentrum hergestellt, das diese Schwingung empfängt. Diese Vorgänge unterliegen dem Einfluß des Bewußtseins, woraus zu erklären ist, weshalb «objektiver» Schmerz unter Hypnose oder in veränderten Bewußtseinszuständen oftmals nicht empfunden wird. Das Nervensystem kann einen weiten Bereich von Energieschwingungen empfangen, und mit unserem Bewußtsein entscheiden wir, auf welche Arten von Energie oder Information wir reagieren.

All das hat natürlich wichtige Implikationen für unser Verhalten und unsere psychische Gesundheit. F. Becker, einer der Pioniere auf dem Forschungsfeld des Biomagnetismus, sagt dazu:

> «Wir haben entdeckt, daß das elektromagnetische Feld unserer Umwelt einen tiefgreifenden Einfluß auf Verhalten und biologische Zyklen ausübt. Wir glauben, daß der Wirkungsmechanismus hierfür im Zentralnervensystem liegt.[28]»

Becker nimmt aufgrund seiner Forschungen an, daß das bioelektrische Feld (das Körperfeld des Menschen) die Verbindung zwischen kosmischen Kräften und den somatischen und psychischen Funktionen des Menschen darstellt.

Jede Einwirkung auf Gehirn und Rückenmark muß sich auf die Funktion der Sinnesorgane auswirken, da zwischen diesen beiden Polen eine direkte Verbindung besteht. Verschiedene Sinnesorgane reagieren auf Schwingungen verschiedener Art. Nehmen wir zum Beispiel das Ohr. In jedem einführenden Buch über Anatomie und Physiologie ist nachzulesen, daß das äußere Ohr Schwingungen in der Form von Schallwellen auffängt und sammelt und durch den Gehörgang zum Trommelfell und ins Mittelohr leitet, von wo aus sie dann ins innere Ohr gelangen und eine Körperflüssigkeit namens Perilymphe in Bewegung setzen. In der Schnecke werden diese Flüssigkeitswellen in Nervenimpulse umgewandelt, die zum Gehirn gelangen. Im Innenohr befindet sich auch unser Gleichgewichtssinn, der im wesentlichen auf den Bewegungen hochempfindlicher Sinneshaare in der Ohrflüssigkeit Endolymphe beruht.

Im gesamten Hör- und Gleichgewichtsgeschehen steuern also Schwingungen den Informationsfluß: von den mechanischen Schwingungen über Flüssigkeitswellen und Schwingungen empfindlicher Härchen bis zu den Nervenimpulsen.

Fast alle Beeinträchtigungen des Gehörs gehen auf irgendeine Unterbrechung in dieser Kette von Schwingungen zurück, ob nun durch plötzliche Überbelastung eine Verletzung eintritt oder durch ständige Überbelastung irgendein Glied der Kette degeneriert ist. Wie wir später noch sehen werden, gehen die meisten Fälle von Schwerhörigkeit auf Umwelteinflüsse zurück; die Risiken der Lärmbelastung, die bislang zu wenig Beachtung fanden, werden erst in den letzten Jahren eingehend untersucht.

Auch unser Gesichtssinn beruht auf der Umsetzung von Schwingungen. Licht ist die Voraussetzung für das Sehen. Wie wir wissen, ist Licht schwingende Energie einer bestimmten Frequenz und Wellenlänge. Auf dem Weg von der Hornhaut der Augenoberfläche zur Linse durchdringt das Licht eine Flüssigkeit, von der man wie bei allen wasserhaltigen Körperflüssigkeiten annehmen kann, daß sie dem Einfluß magnetischer (und wahrscheinlich auch anderer) Felder unterliegt. Die Linse bündelt das einfallende Licht auf die Netzhaut. Unsere Fähigkeit, scharf zu sehen, hängt davon ab, wie die Linse das Licht bricht und bündelt. Kurz- und Weitsichtigkeit gehen entgegen der landläufigen Ansicht im allgemeinen nicht ursächlich auf einen Fehler im Augenmechanismus zurück, sondern sind meist Ausdruck tiefsitzender Ängste, die dazu führen, daß wir entweder das Ferne oder das Nahe nicht sehen *wollen*. Der Punkt der Schärfe, im fernen oder im nahen Bereich, ist etwas, dem wir uns nicht stellen mögen. Diese Methode, dem Leben auszuweichen, wird zur Gewohnheit und dann zum Lebensstil, und manifestiert sich schließlich auch als physischer Defekt. Die physische Entsprechung solcher Fehlsichtigkeit ist zum Beispiel eine anomal hohe oder niedrige Spannung in der Augenmuskulatur. So ist demonstriert worden, daß die Iris, die mit einem eingelagerten Muskel die Öffnung der Pupille reguliert, auf Emotionen reagiert. Alle Muskeln besitzen normalerweise eine gesunde Spannung, die man Tonus nennt. Jede Muskelspannung oder -kontraktion erzeugt feine Schwingungen, auch der normale Tonus. Die Resonanz dieser feinen Schwingungen mit der emotionalen Schwingung dessen, was wir sehen, bestimmt offenbar, ob wir ganzheitlich sehen oder nicht. Was wir sehen ist nämlich nicht einfach ein objektives, das heißt durch die Gegenstände vorgegebenes Phänomen, sondern hängt vor allem davon ab, wie offen wir für die Wirklichkeit sind. Wahres Sehen hat nicht allein mit den physischen Augen zu tun, sondern ist die Fähigkeit, auf vielen verschiedenen Ebenen Ganzheit zu erfassen. Am lebendigen Strahlen unserer Augen ist zu erkennen, wie stark unsere Verbindung zum Ganzen ist. Übrigens kann man dieses «Strahlen» auch ganz wörtlich interpretieren, denn man hat tatsächlich Energieemanationen des Auges entdeckt, den sogenannten Augenstrahl, der sogar photographisch festgehalten werden kann.[29]

Die Nase ist ebenfalls ein Energieorgan. Neben ihrer Funktion für die Atmung und als Träger des Geruchssinns, ist die Nase auch noch für feinere Energieprozesse von Bedeutung. Der Biomagnetismusforscher Davis fand heraus, daß die beiden Nasengänge entgegengesetzt geladen sind, der linke negativ, der rechte positiv. Das entspricht den beiden Energiekanälen, die nach östlicher Anschauung an der Vorderseite des Körpers entlanglaufen und im Innenraum der Nase enden. Davis fand auch, daß die Nasenhaare elektrisch geladen sind und damit eindringende Krankheitskeime auffangen können. Außerdem setzen die Nasenhaare durch Ionisation Elektronen aus den Atomen der Atemluft frei, die nach der Ansicht des Akupunkturforschers Brodsky zum Keilbein (einem Knochen der Schädelbasis) wandern, wo Lebensenergie gespeichert wird und direkt auf die Hypophyse, das Steuerzentrum des Hormonhaushalts, einwirkt.

Selbst die Haut, die im allgemeinen nicht als Organ angesehen wird, ist tatsächlich ein komplizierter Sender und Empfänger von Energie. Eine neue Wissenschaft namens Dermoptik hat demonstriert, daß man Haut trainieren kann, auf verschiedene Farben zu reagieren. Tiller zeigt auf, daß die Haut Eigenschaften des elektrischen Widerstands und des Kondensators aufweist, beides Eigenschaften, die für die Aufnahme, Unterscheidung und Übertragung von Energie von Bedeutung sind. Je höher das Bewußtseinsniveau, desto feiner das Unterscheidungsvermögen für Energien. Die hierfür erforderliche Sensibilität ist in gewissem Umfang trainierbar, doch kann solch ein Training niemals echte Entwicklung ersetzen.

Betrachten wir noch das dem Hören entsprechende Phänomen unserer Stimme. Lautäußerungen sind wie das Hören fast ausschließlich eine Schwingungserscheinung. Stimmlaute entstehen dadurch, daß Luft zwischen den gespannten Stimmbändern hindurchgepreßt wird und sie zum Schwingen bringt. Das Zusammenwirken des Luftstroms mit den Muskeln, die die Stimmbänder straffen oder entspannen, und den Mundbewegungen erzeugt das, was wir als Silben und Wörter identifizieren. Interessanterweise läßt sich oft ein Zusammenhang zwischen den Stimmbändern, deren Erscheinungsbild dem der weiblichen Schamlippen ähnelt, und sexuellen Dysfunktionen erkennen. Energetisch betrachtet zeigt sich oft, daß der Körper «Ladungen» in der Kehle und im Becken festhält, um sexuelle und sonstige emotionale Impulse unter Kontrolle zu halten.

Es gibt natürlich noch eine Menge anderer körperlicher Funktionen und Prozesse, die auf dem Prinzip der rhythmischen Schwingung basieren, aber der hier zur Verfügung stehende Raum erlaubt es nicht, sie alle im einzelnen darzustellen. Denken wir nur an die Peristaltik der Därme, das Pulsieren des Herzens, die Bewegung der Flimmerhärchen in den Atemwegen oder das wärmeerzeugende Vibrieren der Muskeln. All diese Bewegungsformen werden vom vegetativen Nervensystem gesteuert und unterliegen dem Einfluß emotionaler Reaktionen.

Schon an diesen wenigen Beispielen sollte deutlich werden, daß der Körper mehr als eine Maschine ist – und sei es auch eine sehr große und komplizierte Maschine. Er ist vielmehr ein dynamisches Geflecht von Energieschwingungen, die durch ein Feld zusammengehalten und durch den Geist zum Leben erweckt werden. Bei aller Komplexität bleibt der Körper ein einfaches Produkt von Energieprozessen, die nur dann zu verstehen sind, wenn die Prinzipien der Lebensenergie bekannt sind.

Eines der wichtigsten der hier diskutierten Prinzipien besagt, daß die Ganzheit der natürliche Zustand aller Prozesse ist und daß jede Störung dieser Ganzheit zu körperlichen Beschwerden und schließlich zu Krankheiten führt. Durch die Erforschung und Anwendung von Feldern wird am ehesten deutlich, wie Ganzheit, hier in der Form der Lebensenergie, wirkt. Dabei zeigt sich, daß wir den Körper nur dann besser verstehen können, wenn wir gegenüber dem Wesen und der Wirkungsweise von Körperenergien eine offenere Perspektive einnehmen. Bei solchen Forschungen müssen wir mit Energieschwingungen arbeiten, seien sie magnetischer oder sonstiger Natur, denn nur so können wir ein umfassenderes Bild davon gewinnen, wie sich der physikalische Bereich der Materie

und das biologische Leben mit anderen Energiemanifestationen zu
einem Ganzen verbinden.

Wir haben gesehen, daß der Körper für magnetische Einflüsse
empfänglich ist. Magnetismus und Elektrizität sind jedoch Manifestationen ein und derselben Kraft, des Elektromagnetismus.
Deshalb kann man wohl davon ausgehen, daß der Körper auch von
Elektrizität beeinflußt wird. Neueste Ergebnisse der Atomphysik
deuten darauf hin, daß Elektromagnetismus und schwache Kernkraft Manifestationen derselben Kraft sein könnten. Dies würde
den Bereich der Energieschwingungen, die sich wahrscheinlich auf
uns auswirken, beträchtlich erweitern, vor allem, wenn wir bedenken, daß kleinste Mengen von Energie nach einer Art «homöopathischem» Prinzip sehr subtil, aber durchschlagend wirken können.
Und da schließlich alle Materie kristallisierte Schwingung ist, unser
Körper eingeschlossen, muß es ungeheuer viele Interaktionen
zwischen verschiedenen Schwingungen geben, Interaktionen, die
bei uns gerade erst «entdeckt» werden, während sie im Osten seit
Jahrhunderten bekannt sind. Dies ist wichtig – wichtig deshalb,
weil auch die abendländische Wissenschaft eines Tages akzeptieren
wird, daß das Spektrum der Lebensenergie weit mehr umfaßt als die
gegenwärtig anerkannten Energieformen; alle Wirkungen elektromagnetischer Phänomene auf den Körper sind Einflüsse der
Lebensenergie im elektromagnetischen Bereich. Beachtung verdient im übrigen auch die Tatsache, daß der Körper *als Ganzes*
sensibler für magnetische Feldeinflüsse ist als einzelne Organe oder
Gewebe. Offenbar spielt die Ganzheit bei allen Interaktionen eine
entscheidende Rolle, und diese Rolle sollte man nicht einfach
übergehen, nur weil sie nicht in die landläufigen Betrachtungsweisen hineinpaßt.

Emotionen

Unser Geist ist in Bewegung, gibt sich Ausdruck durch das Medium
des Körpers und schafft dabei einen Aktivitätsbereich, der regulierende und vitalisierende Funktionen erfüllt. Die Prozesse dieses
Bereichs, die wir Emotionen nennen, sammeln Energie und entladen sie in die Außenwelt – solange sie nicht unterbrochen werden.
Leider werden Emotionen bislang viel zu selten unter diesem
Gesichtspunkt betrachtet; sie werden eher als physiologische oder

Verhaltensphänomene angesehen, die sich viel leichter im Labor untersuchen lassen.

Die physiologische Psychologie kommt zu dem Ergebnis, daß Emotionen Produkte einer komplexen Interaktion zwischen Gehirn, Nervenaktivität und sozialen Rollenmustern sind. Die jüngsten Entdeckungen deuten darauf hin, daß der Hypothalamus die «Vermittlungsagentur» zwischen mehreren anderen Gehirnteilen ist und selbst durch eine Art biologische Rückkopplungsschleifen von ihnen beeinflußt wird. Der Hypothalamus scheint eine wichtige Rolle für die Organisation der emotionalen Aktivität zu spielen. Es hat sich allerdings auch gezeigt, daß emotionale Aktivität auch dann noch vorkommt, wenn der Hypothalamus durch einen Eingriff zerstört wurde und ein Bereich des Mittelhirns angeregt wird. Emotionen sind offenbar mehr als eine simple mechanische Funktion, wie lange Zeit behauptet wurde.

Wenn wir Emotionen hauptsächlich unter physiologischen Gesichtspunkten betrachten, erfassen wir ihre wahre Bedeutung nur zum Teil. Emotionen sind in erster Linie Energieprozesse, Maifestationen unseres Geistes, unserer spezifischen Energiefrequenz. Zwar haben sie auch physiologische Komponenten, doch sagt diese Tatsache nur etwas über ihre physische Grundlage aus und noch nichts über ihr Wesen.

Freud postulierte aufgrund seiner psychoanalytischen Arbeit, daß Emotionen mit psychischer Energie verbunden sind und neurotische Symptome den Versuch darstellen, im Übermaß aufgestaute Energien zu entladen. Dieser Zusammenhang zwischen Emotion und Energie hat auch die späteren Revisionen seiner Theorie überlebt. Man bezeichnet diese energetische Perspektive in der Psychoanalyse als den «ökonomischen» Gesichtspunkt. Wilhelm Reich vertiefte diese energetische Betrachtungsweise und zeigte in seinem Orgon-Konzept die biologische Basis mentaler und emotionaler Energie auf. Der Psychiater Ravitz (Mitarbeiter von Burr, dem Entdecker der L-Felder) kommt zu dem Ergebnis, daß Emotionen mit Energie gleichzusetzen sind. Die emotionale Stabilität einer Person, so stellte sich heraus, wird von der Konsistenz des L-Feldes widergespiegelt. Bei instabilen Menschen zeigen sich unregelmäßige Verteilungen der elektrischen Spannung, während bei emotional stabileren ein gleichbleibender Rhythmus gemessen wurde. Emotionen und andere Auslöser mobilisieren elektrische Energie, die man mit empfindlichen Mikrovoltmetern messen kann.

Vom lebensenergetischen Standpunkt aus betrachtet, sind Emotionen (auch wenn hierfür noch keine physikalischen Beweise zu erbringen sind) Energiewellen in einem bestimmten Frequenzband des Lebensenergiespektrums. Sie sind Bewegungen, die ausgelöst werden durch Schwingungseffekte der Lebensenergie, die durch den Körper strömt.

Gegen Ende des Zweiten Weltkriegs wurden bei der Behandlung psychotischer Patienten Farben und Musik eingesetzt; ein abstrakter bunter Film mit Musikbegleitung genügte, um die Patienten zu beruhigen, um Weinen oder Zorn auszulösen.[30] Die Schwingungen von Farben und Tönen wirken offenbar auf das emotionale Ausdrucksverhalten. Weitere Forschungen sind noch nötig, um herauszufinden, welche Emotionen von welchen Schwingungsfrequenzen ausgelöst werden.

Wir wissen außerdem, daß emotionales Empfinden durch Magnetfelder verursacht und behandelt werden kann. Eine Umpolung des normalen Magnetfeldes des Gehirns kann zu depressiven Zuständen führen, während ein Feld mit gleicher Polung Ruhe und Ausgeglichenheit erzeugt.[31] 1921 entwickelte A. E. Baines ein Gerät, daß er bei der Behandlung psychischer Störungen und vor allem bei Nervenzusammenbrüchen anwendete. Der Patient schloß die linke Hand um einen Stahlstab, der zwischen zwei Hufeisenmagneten montiert war, und die rechte um einen Graphitstab. Etwa zehn Minuten täglich wurden auf diese Art magnetische Ströme durch den Körper geleitet, um die Emotionen ins Gleichgewicht zu bringen und die Organe zu stärken. Der Biomagnetismusforscher Sierra konnte Übererregbarkeit dämpfen und Depressionen abbauen, indem er seine Patienten dem Feld mehrerer großer Hufeisenmagneten aussetzte.[32] Diese Magnetbehandlung erinnert auch an Wilhelm Reich und seinen Orgon-Akkumulator, in dem man täglich für zehn bis dreißig Minuten sitzt, um sich mit Energie «aufzuladen». Zu lange Behandlungen mit solchen Energiefeldern können zu Schlaflosigkeit und gesteigerter Erregbarkeit führen. Emotionen resultieren aus Energiefeldern und sind selbst Energiefelder, die elektrische, chemische und magnetische Vorgänge im Körper auslösen und selbst mit anderen Feldern behandelt werden können.

Man spricht oft von der «schweren Last» der Gefühle, die jemand zu tragen hat. Von Natur aus sind Emotionen jedoch nicht Inhalte, sondern Prozesse. Erst wenn wir sie zurückhalten, nehmen sie einen verfestigten, dinghaften Charakter an – ursprünglich aber sind sie Bewegung. Die ursprüngliche Bedeutung des lateinischen Verbs *emovere*, von dem das Wort abgeleitet wurde, ist «herausbewegen». Emotionen sind Energiebewegungen nach außen. Jede Emotion hat ihre eigene Frequenz, und wenn diese Frequenz nicht richtig «abgestimmt» ist oder mehrere durcheinanderfunken, entsteht Verwirrung: «Ich weiß eigentlich gar nicht recht, was ich fühle.»

Der Körper ist der Resonanzboden für emotionale Schwingungen. Wenn er nicht gesund ist, können innere Signale nicht richtig aufgenommen und «ausgesendet» werden. Der Atem ist die Brücke zwischen Körper und Emotionen und fügt dem ganzen Prozeß das Element des Geistes hinzu. Das Einatmen und Ausatmen (Inspiration und Expiration) verbindet den Körper durch das Prana mit dem Geist *(spiritus)*. Prana lädt die individuelle Seele mit Energie aus seiner universalen Quelle auf. Das Atmen hat auch eine direkte Beziehung zum Fühlen. Zum Fühlen ist ein gewisses Mindestmaß an Atmung erforderlich. Depressive Menschen reduzieren ihre Gefühle oft so weit, daß sie kaum noch etwas empfinden, indem sie ihre Atmung unterdrücken.

Durch das Einatmen weitet sich unser gesamtes Feld, es sprüht von Leben. Russische Forschungen auf dem Gebiet der Lebensenergie («Bioplasma») ergaben, daß das Atmen die Helligkeit des Energiefeldes (auch «Aura» genannt) vergrößert – die Kirlianphotographie machte das deutlich. Das Atmen ionisiert den Körper und die für seine Gesundheit entscheidenden Flüssigkeiten. Eine gestörte und unterdrückte Atmung muß sich automatisch auf unsere Gesundheit auswirken. Nicht alle Menschen atmen auf die gleiche Weise, wie klinische Untersuchungen gezeigt haben. Qualität und Quantität des Atems sind gute Indikatoren für den Grad unserer emotionalen und physischen Ganzheit. Jedes emotionale Problem zeigt sich im Atem – mag das auch für das ungeschulte Auge kaum wahrnehmbar sein. Der Nobelpreisträger Szent-Györgi behauptet, daß Krebs auf Sauerstoffmangel in den Zellen zurückzuführen ist. Auf diesen Gedanken kam schon Wilhelm Reich bei seinen intensiven Forschungen im Zusammenhang mit dieser Krankheit. Er fand, daß der Sauerstoff für das Lebensenergieniveau des Körpers eine wichtige Rolle spielt. Gesundes

Atmen vereinigt den Körper mit den Emotionen und den Geist mit beiden.

Bei der Entwicklung von Emotionen sind vier miteinander verbundene Phasen zu erkennen. Am Anfang steht eine Interaktion von Feldern, entweder in der Person oder zwischen der Person und dem Umfeld, aus der eine physische Empfindung hervorgeht, die dem Erregungszustand der physiologischen Psychologie entspricht. Darauf folgt eine Phase der Interpretation dieser Erregungsvorgänge, die Phase des Fühlens, die dem Attributionsprozeß der Sozialpsychologie entspricht. In dieser Phase bildet sich allmählich aus der relativ neutralen Empfindung eine sinntragende Energiegestalt. Auf der Grundlage von biologischen Überlebensimpulsen, früheren Erfahrungen und dem Grad unserer Offenheit beurteilen wir diese Reize als angenehm oder unangenehm und verschaffen uns so Klarheit darüber, wie wir zu reagieren haben. Richtiges Atmen läßt diese Energiegestalten klar und kräftig hervortreten; Fehlatmung verhindert die direkte Empfindung und ihre Wahrnehmung. Ist ein Gefühl stark genug, sind wir bereit für die letzte Phase im Entwicklungszyklus der Emotion: wir geben ihr Ausdruck. Wenn die Energiegestalt einer Emotion sich weit genug entwickelt hat, erreicht sie einen Gipfelpunkt und entlädt sich – ähnlich wie im Orgasmus.

Energetisch betrachtet ist die Entwicklung einer Emotion ein Miniaturabbild der spirituellen Evolution. Auch die Seele braucht für ihre Entwicklung ständig Kontakte und Interaktion. Die Prozesse der Seele manifestieren sich durch ihre Involution als physische Empfindungen. Dadurch nehmen sie eine stabile und konkrete Form an, so daß wir ihre Botschaft mit den Sinnen deutlicher wahrnehmen können. Die Sinne sind jedoch Instrumente der Trennung, nicht Medien der Ganzheit. Deswegen verlieren Feldinteraktionen, die sich zu Sinneswahrnehmungen kristallisieren, vorübergehend ihre Ganzheit. Durch weitere Aufladung durch das Atmen werden aus den Empfindungen Gefühle. Gefühle sind Werturteile aufgrund von Energiepolaritäten. Um zu beurteilen, ob ein Reiz angenehm oder unangenehm ist, müssen wir uns der Polarität von Werten zuwenden und uns dafür von der Ganzheit entfernen. Schließlich führt weitere Aufladung durch die Atmung dazu, daß unser Gefühl sich Ausdruck verschafft – falls der normale Energiefluß nicht unterbrochen ist. Eine klar zum Ausdruck gebrachte Emotion hebt aber das Trennende der Werte auf und mündet in eine ganzheitliche Erfahrung, der wir uns mit unserem ganzen Sein überlassen. Wenn das geschieht, regiert wieder die Ganzheit.

Leider waren nicht alle unsere Emotionen für die Gesellschaft oder Familie, in der wir aufwuchsen, akzeptabel. Um überleben zu können, mußten wir zuerst lernen, den direkten Ausdruck unserer Gefühle zu unterdrücken, und das war auch später noch notwendig, als wir versuchten, unseren Platz im sozialen Umfeld zu finden. Was aber anfangs vielleicht lebensnotwendig war, gewinnt später oft selbstzerstörerische Züge. Wie Reich sehr deutlich gezeigt hat, ist emotionaler Ausdruck mit Muskelarbeit verbunden, und natürlich geht mit dem Unterdrücken von Gefühlen eine Kontraktion der Muskeln einher, so daß wir unsere Gefühle buchstäblich mit Muskelkraft zurückhalten. Nach einiger Zeit wird diese Muskelverspannung chronisch, sie wird zur «Panzerung».

Es gibt aber auch den entgegengesetzten Fall, den die norwegische Physiotherapeutin Lillemoor Johnson eingehend untersuchte, daß nämlich mit der Unterdrückung von Emotionen eine zu schwache Muskelspannung verbunden ist. In diesem Fall wird die Entwicklung von Emotionen durch Ausschaltung der Muskeln unterbunden, die für die Äußerung der (gefürchteten) Gefühle in Aktion treten müßten. Manche Aggression wird zum Beispiel dadurch im Keim erstickt, daß die Trizepsmuskeln der Arme in einem völlig erschlafften Dauerzustand gehalten werden. Aggressive Gefühle können dann erst gar nicht richtig aufkommen. Muskeln sind im übrigen auch von großer Bedeutung für den Fluß der Säfte im Körper, und es liegt auf der Hand, daß sowohl verkrampfte als auch zu schlaffe Muskeln diesen behindern.

Neurotisches und psychotisches Verhalten ist meist als indirekter Ausdruck unterdrückter Emotionen zu interpretieren. Emotionen suchen jedoch Klarheit und Bestimmtheit, und indirekte Äußerungen können niemals die Ganzheit der alten Energiegestalt wiederherstellen. Deshalb suchen sie endlos weiter nach Ausdruck, und das neurotische Verhalten wiederholt sich immer wieder – es entsteht das, was ich eine «Cassette» nenne. Solch eine Cassette steht immer bereit, wartet nur auf einen Auslöser, um sich wieder abzuspulen.

Das Zurückhalten von Emotionen geschieht aber auch in den inneren Organen; die alten Chinesen waren sich dieser Tatsache wohl bewußt. Sie entdeckten, daß jede Emotion ein zugehöriges

Organ oder Organpaar hat, das diese Emotion mit Energie versorgt. Durch Behandlung der Organe über die Meridiane (Akupunktur) ist es möglich, angestaute Gefühle wieder in Fluß zu bringen. Dieser Zusammenhang zwischen Emotionen, Energie und den Organen ist die Grundlage für die Entstehung psychosomatischer Erkrankungen.

Zu jeder Zeit sind wir einer Fülle von Reizen ausgesetzt, und wir reagieren nur auf solche, die einen Sinn für uns haben. Unterbrochene Energiekreisläufe in der Form von unterdrückten Emotionen sind Energiequanten, die freigesetzt werden wollen, damit die Ganzheit wiederhergestellt wird. Deshalb lassen wir uns (auf einer niedrigen Bewußtseinsebene) immer wieder auf Reize aus unserer Umgebung ein, die direkt oder indirekt mit diesen unterbrochenen Energiekreisläufen zu tun haben. So hat eine emotionale Cassette zwar den negativen Zug, daß sie uns beispielsweise immer wieder auf dieselbe unfruchtbare Art wütend werden läßt, aber zugleich versucht sie uns auch zu zeigen, welche Situationen und Energiegestalten noch nicht vollständig geworden sind. Die Auslösung einer neurotischen und immer gleichbleibenden Reaktion durch einen bestimmten Reiz ist energetisch betrachtet eine Feldinteraktion: Zwischen dem Kraftfeld des Auslösereizes und dem unterbrochenen Energiekreislauf in der Person bildet sich eine Resonanz, die wiederum die emotionale Cassette ablaufen läßt. Es gibt Möglichkeiten, diesen automatischen Ablauf bewußt zu machen und so die alten Muster umzuwandeln; mit diesem Thema wird sich das sechste Kapitel befassen.

Der vielleicht wichtigste Aspekt der Emotionen kommt in klinischen Erörterungen nie zur Sprache, nämlich ihre energetische Aufgabe. Das kommt daher, weil die Wissenschaft sich meist nur darum kümmert, wie die Dinge funktionieren, und nicht danach fragt, welchen größeren, über den physischen Bereich hinausgehenden Sinn sie haben mögen.

Alle Formen sind, wie ich schon sagte, verschiedene Manifestationen von Energie, bestimmt durch die Gesetze ihrer jeweiligen Seinsebene. Jede Emotion hat eine bestimmte Energiefunktion, die dem Ganzen dient. Die meisten Menschen haben zwar eine mehr oder minder ausgeprägte Beziehung zu ihren Gefühlen, aber kaum jemand fragt danach, welche Rolle diese Gefühle für das Ganze spielen. Fragen wir also ruhig einmal: Wozu haben wir überhaupt Gefühle? Welchem Zweck dienen sie eigentlich?

Emotionen sind Energieschwingungen, die eine ganz bestimmte Bedeutung für unser Selbstverständnis und unser Verständnis vom Pfad der Evolution haben. Der Sinn eines Prozesses vereinigt alle energetischen Aspekte zu einem Ganzen; wollen wir die Prinzipien der Lebensenergie erkennen, müssen wir nach dem Weshalb der Energieprozesse, die wir Emotionen nennen, fragen.

Am besten ist die Bedeutung der Emotionen zu erkennen, wenn wir ihre Entwicklungsgeschichte betrachten. Der Soziobiologe O. E. Wilson hat eine beeindruckende Fülle von Material zusammengetragen, aus dem hervorgeht, daß Emotionen bei vielen Arten vom einen Ende des phylogenetischen Spektrums bis zum anderen vorkommen, und das vielleicht schon seit Millionen von Jahren. Wir wissen auch, daß Pflanzen sehr stark auf Verletzungen (auch von Artgenossen oder Mitglieder anderer Arten) und negative Gedanken reagieren, was auf primitive emotionale Reaktionen (sogenannte «Primärwahrnehmungen») schließen läßt, wenn das auch keine Emotionen im eigentlichen Sinne sein mögen. Ein wesentlicher Unterschied zwischen niederen Organismen und Menschen besteht darin, daß Menschen einen viel weiteren und vielfältigeren Bereich emotionaler Reaktionsmöglichkeiten haben und darin viel mehr Individualität entfalten können.

Da emotionsartiges Verhalten sich im Verlauf der Evolution als so zählebig erwiesen hat und von Stufe zu Stufe auf der phylogenetischen Leiter noch differenzierter wurde, muß es wohl eine wichtige Funktion erfüllen. An Kindern ist etwas ganz Ähnliches zu erkennen: Anfangs eignet ihren Reaktionen etwas Primitives und Undifferenziertes, doch dann differenzieren sich allmählich bestimmte Emotionen heraus. Schon 1932 ergaben klinische Beobachtungen, daß Mißvergnügen im allgemeinen im ersten Monat noch nicht zu erkennen ist und differenzierte Anzeichen von Vergnügen (zum Beispiel Lächeln und entsprechende Lautäußerungen) erst im Alter von drei Monaten auftreten. Zorn, Abscheu und Furcht sind mit Bestimmtheit nach etwa sechs Monaten zu erkennen, Fröhlichkeit und Zuneigung nach einem Jahr und Freude nach zwei Jahren.[33] Um «wissenschaftlich» zu sein, müßten wir jetzt natürlich noch fragen, welches Verhalten nun im einzelnen als Freude, Furcht, Zorn und so weiter klassifiziert wurde – entscheidend scheint uns hier jedoch die Beobachtung zu sein, daß Emotionen mit fortschreitendem Alter spezifischer werden. Einige Wissenschaftler wie Watson und Morgan (1917) oder in neuerer Zeit Carroll Izard sind der Ansicht, daß Emotionen angeboren sind und ihre Funktionen in der Geschichte der Evolution wurzeln.

Es lassen sich mehrere Gründe dafür angeben, weshalb Emotionen als Energieform sich entfalten und die Entwicklung von Organismen schon so lange begleiten. Zunächst tragen sie dazu bei, Energieüberschüsse abzubauen, die sich über einen gewissen Zeitraum hinweg angesammelt haben. Sie sorgen für die Erhaltung eines gesunden Energieniveaus, erfüllen also eine wichtige Aufgabe bei der Homöostase. Emotionen können Aktivierungs- oder Hemmungswirkung haben, und dadurch schaffen sie ein Milieu, in dem sowohl Wandel als auch Stabilität möglich sind. Denken wir nur an die verschiedenen Weisen, sich auf etwas Neues einzulassen – spontan oder vorsichtig. Wenn wir darauf achten, wie wir auf bestimmte Reize reagieren, können Emotionen uns ein direktes Feedback geben, das uns sagt, wer wir sind. Sie zeigen uns auch, wann wir Menschen gegenüber offen sein können und wann nicht. All das führt uns unsere Identität vor Augen – und wenn wir überhaupt nicht reagieren, dann erfahren wir zumindest etwas über unsere Leblosigkeit. Würden wir diese Erfahrung mit ihrer ganzen Wucht auf uns einwirken lassen, so würde das automatisch einen Wandel in Gang setzen. Wegen dieser Eigenschaften sind Emotionen eine Hilfe bei der Entwicklung unserer Persönlichkeit und des Bildes, das wir von uns selbst haben. Auf der Grundlage unserer Interaktionen mit anderen lassen sie uns die Organisation unseres Innenlebens erkennen. Die Raktionen anderer auf unsere Emotionen zeigt uns wiederum, wie sie uns sehen, und vervollständigt ebenfalls unser Bild von uns selbst. Natürlich ist dieser Prozeß der Identitätsfindung auch nur von begrenztem Wert, denn die Identifikation mit unserem Ich, unserer Persönlichkeit, behindert letztlich die spirituelle Entwicklung. Immerhin sind aber Ich, Identität, Persönlichkeit und Selbsteinschätzung wichtige Entwicklungsschritte, auch wenn wir irgendwann über sie hinausgehen müssen.

Emotionen sind darüber hinaus wichtige Indikatoren im Strom der Lebensenergie. Wie Akupunkturpunkte entlang der Meridiane sind sie Wirbel des Sammelns und Ausstrahlens; als Spiralen der Aktivität treten sie plötzlich aus dem ununterbrochenen Strom der Bewußtheit hervor, der für unsere Entwicklung zur Ganzheit von so großer Bedeutung ist. Sie rütteln uns aus Langeweile und Lethargie auf, wenn wir vom Weg der Evolution abgekommen sind. Könnten wir jederzeit voll bewußt bleiben, so würden wir Emotionen – zumindest in ihrer groben Form weniger brauchen.

Die Emotionen erfüllen uns energetisch gesehen mit einer Vitalkraft, die für das Leben wesentlich ist. Emotionale Menschen haben eine Lebendigkeit in den Augen, an der man ablesen kann, wie gern sie hier in dieser Welt sind. Mit Begeisterung arbeiten sie an ihrer Lebensaufgabe und ergreifen ihre Entwicklungschancen. Solche Menschen sind aktiv; sie sehen einen Sinn in ihrem Leben und sind glücklich, sich anderen mitteilen zu können. Sri Aurobindo gebrauchte für die Emotionen den Ausdruck «Vitalbewußtsein».

Der wichtigste Aspekt der Emotionen ist jedoch ihre vereinigende Kraft. Emotionen sammeln die Kräfte der Lebensenergie, wenn neue und wichtige Gefühlsgestalten sich zeigen, und lassen angemessene Ausdrucksformen entstehen. Sie tragen dazu bei, Körper und Geist in der totalen Erfahrung des Augenblicks zu verschmelzen, so daß wir uns ihr rückhaltlos hingeben können. Emotionen verbinden uns spontan (wenn auch sporadisch) und auf ganz verschiedenen Ebenen mit der Ganzheit des Lebens. Bei der therapeutischen Arbeit zeigt sich zum Beispiel häufig, daß Menschen, die ihre Gefühle nicht zum Ausdruck bringen können, von der Ganzheit getrennt sind. Sie sind oft verwirrt, unkonzentriert und zeigen keine klaren Entwicklungstendenzen. Das kann sich bis hin zu sogenannten schizoiden Merkmalen verschlimmern: Isolation, Unfähigkeit, Beziehungen zu anderen Menschen zu unterhalten, und eine typische Entfremdung von sich selbst und der Umwelt. Im Extremfall mündet dies in den schizophrenen Prozeß, in dem die Übereinstimmung mit dem Leben so weit zerstört wird, daß man von einer regelrechten Abspaltung von der physischen Wirklichkeit sprechen muß.

Ist die Energiegestalt relativ intakt, zeigen unsere Emotionen uns an, wie weit wir in unserer spirituellen Entwicklung fortgeschritten sind. Solange uns Kleinigkeiten noch ärgern oder Worte uns leicht verletzen, sind wir den Äußerlichkeiten des Lebens noch stark verhaftet. Die Beziehung zu unseren eigenen Emotionen kann uns unfertige Energiegestalten zeigen, aber auch, welcher der nächste Entwicklungsschritt ist. Wenn wir nur sehen, wo wir Schwierigkeiten haben, können wir mehr Energie dorthin lenken und die Probleme schließlich auflösen. Jede Bereinigung einer Schwierigkeit führt zu mehr Ganzheit.

Allzu oft identifizieren wir uns mit unseren Vorlieben, Abnei-

gungen, Bedürfnisse und ähnlichem. Damit grenzen wir uns jedoch
zu sehr ein und laufen Gefahr, auf dieser Ebene der Identität, die
von unseren Wünschen geprägt ist, steckenzubleiben. Deutlich
genug ist zu erkennen, daß das allgemeine Bewußtsein heute genau
an diesem Punkt fixiert ist; und wenn wir hier stehen bleiben,
können wir uns nicht weiter entwickeln. Spirituelle Entwicklung
erfordert, daß wir uns von allen Wünschen, ja selbst von unseren
Bedürfnissen lösen. Andererseits werden Menschen, die kein star-
kes Ich entwickeln, leicht von einem Gruppenbewußtsein abhängig; sie *sind* dann die Menschen, mit denen sie Umgang haben. Wie
aber ist die notwendige Identitätsfindung mit dem Loslassen des Ich
zu vereinbaren? Auf der emotionalen Ebene dadurch, daß wir nach
einer Ganzheit des emotionalen Ausdrucks streben, indem wir uns
von dem Drang lösen, sie zu unterdrücken oder hemmungslos
auszuleben. Dann können wir ungezwungen emotional sein und
finden darin unsere Identität; zugleich lösen wir uns von dem
Bedürfnis, emotional zu sein oder uns selbst nach irgendwelchen
Vorstellungen eine Identität zu schaffen.

Jede Emotion bringt auf ihre ganz eigene Art Ganzheit zum
Ausdruck; jede besitzt eine Funktion, eine Richtung und eine Verbindung zu den Energiekreisläufen des Körpers.

Liebe
Alle Emotionen, die wir direkt und vollständig zum Ausdruck
bringen, erfüllen unser Handeln mit Ganzheit, aber die Liebe hat
die stärkste harmonisierende Kraft, weil sie anders als die übrigen
Emotionen, die in ihrer Ganzheit doch polarisiert sind, nur Einheit
kennt. Liebe ist auch die vollständigste aller Emotionen, weil sie
über alle Ebenen der Energie und selbst über ihre eigenen emotionalen Grenzen hinausgeht. Sie ist zwar emotional, doch ihre Emotionalität führt über die Grenzen der anderen Emotionen hinaus in
Zustände reinen Bewußtseins. Dies ist in der Gegenwart eines
spirituellen Meisters erfahrbar: Man weiß nicht mehr, ob er oder sie
diese Liebe ausstrahlt, oder ob man selbst diese ausgestrahlte Liebe
ist. Eine solche Unterscheidung spielt auch keine Rolle mehr, denn
auf dieser Ebene hat Liebe keine Richtung und kann nicht mehr wie
andere Gefühlsäußerungen als Emotion bezeichnet werden. Liebe
existiert auf vielen Energieebenen und ist auf viele Weisen erfahrbar; in ihren Ausdrucks- und Entwicklungsmöglichkeiten ist sie
unbeschränkt.

Der Soziobiologe O. E. Wilson behauptet, daß Liebe in der Form von Altruismus mit den Genen übertragen wird – die Frage, ob man Altruismus, das Aufgeben eigenen Besitzes, eigener Sicherheit und Bequemlichkeit für andere, als Liebe bezeichnen kann, soll dahingestellt bleiben. Nach Wilsons umstrittener These gibt es bei vielen Arten, auch beim Menschen, «Liebesgene», die für die Überlebensfähigkeit von großer Bedeutung sind. Die Frage ist nun, ob solches Liebes-Verhalten vererbt, erlernt oder beides ist. Jedenfalls kann man sagen, daß Liebe (Altruismus) für das Überleben ebenso wichtig ist wie etwa Zorn oder Furcht. Hans Selye, der inzwischen berühmte Pionier der Streßforschung, bemerkt dazu, daß dieser «egoistische Altruismus» sich dadurch entwickelte, daß einzelne Zellen im Verlauf der Evolution zur Kooperation übergehen mußten, damit vielzellige Organismen entstehen konnten, und dieser Entwicklungsfortschritt durch altruistischen Egoismus ohne Bewußtsein der Zellen stattfand.[34] Dem ist entgegenzuhalten, daß Zellen sich der Evolutionsprinzipien, vor allem der Ganzheit, von Anfang an sehr wohl bewußt gewesen sind und im Prozeß der Evolution gelernt haben, über ihre individuellen Grenzen (ihren Zell-Egoismus) hinauszugehen und umfassendere Ganzheiten zu bilden. In gewisser Weise ist Liebe auf der Ebene der Zelle einfach die Offenheit für mehr Ganzheit, die von Generation zu Generation weitergegeben wird, weil sie für das Überleben wichtig ist und schöpferisches Potential enthält. Da keine Grenzen zu ziehen sind zwischen dem Individuum und den anderen – seien es Zellen, Menschen oder Nationen –, erzeugt jedes ganzheitliche Verhalten eine Energiewelle, die sich auf jeden einzelnen und das Ganze auswirkt.

Auch auf der Ebene des physischen Körpers spielt Liebe eine wichtige Rolle. In den meisten westlichen Kulturen wird das Herz als Sitz der Liebe bezeichnet. Nicht umsonst sprechen wir von «Herzensangelegenheiten» oder vom «gebrochenen Herzen». Eine der Hauptaufgaben des Herzens besteht darin, genügend Blut unter ausreichendem Druck in die Blutbahnen zu pumpen, um die Zellen zu versorgen. Das geschieht durch Muskelkontraktionen, die vom Herzen selbst gesteuert werden, also keiner Impulse von außen bedürfen. Die Wissenschaftler wissen bis heute noch nicht, woher der Sinusimpuls kommt. Ich bin überzeugt, daß er aus einer nicht-physischen Quelle stammt, dem Geist. Wenn der Geist sein Energiefeld ausstrahlt, bilden sich die Akupunkturmeridiane, die

Energie zu den physischen Organen leiten, auch zum Herzen. Hat das Herz sich weit genug entwickelt, so wird ihm Energie zugeleitet, damit es pulsieren kann. Herzkontraktionen sind biologische Schwingungen, die Wellen aussenden, wie sie im Elektrokardiogramm – ganz ähnlich den Hirnwellen – gemessen werden. Es ist also wahrscheinlich, daß Herzschwingungen auch von anderen Wellen mehr oder weniger stark beeinflußt werden, und von diesen Wellen kann man wohl annehmen, daß sie entweder einen positiven oder negativen Einfluß auf das Herz ausüben. Und da die Herzwellen das Blut durch den ganzen Körper pulsieren lassen, wird es die Qualität dieser Wellen dem ganzen Körper mitteilen.

Das Herz ist jedoch auch ein Zentrum des energetischen Lebens. Es wird vom vegetativen Nervensystem gesteuert, wenn auch der Herzschlag selbst nicht aus Nervenimpulsen resultiert. Eng mit dem Nervensystem verknüpft sind die Hirnflüssigkeit und die Rückenmarksflüssigkeit, die auf magnetische Felder reagieren. Wir können also annehmen, daß das Herz direkt oder indirekt von Schwingungen beeinflußt wird, die das vegetative Nervensystem aufnimmt. Nach Schneider «ist der lebendige Körper nicht nur ein einziger Puls, der Herzschlag, sondern setzt sich aus zahlreichen pulsierenden Systemen zusammen, wobei vielleicht jedes der sieben Haupt-Gewebesysteme des Körpers eine eigene Frequenz besitzt.»[35]

Forschungen mit einem empfindlichen Meßgerät für Magnetfelder (Squid) haben gezeigt, daß das Herz viele feine Magnetfelder hat. Schneider glaubt, daß das Hirn-Herz-System und das Bewußtsein-Herz-System von bestimmten, zentral gelenkten magnetischen Feldern gesteuert werden und daß Anlage und Proportionen dieses Systems schon im Augenblick der Befruchtung festgelegt werden. Im übrigen sagt auch er, daß das Hirn-Herz-System für jedes Individuum jeder Art einzigartig ist, und bestätigt damit die Idee, daß der Geist ein einzigartiger Energieprozeß ist. Ähnlich dem Gehirn ist also auch das Herz ein Organ, das eine übergreifende Schwingung für all die anderen ineinandergreifenden Schwingungen erzeugt. Wieder einmal zeigt sich, daß Energiefelder einander beeinflussen und daß kleinere Felder sich verbinden, um größere und umfassendere Felder zu bilden, deren weitestes schließlich der Geist ist.

Wir könnten beispielsweise auch über die Liebe zu unserem Körper sprechen, wobei wir unter Liebe die Erhaltung seiner

Gesundheit und Funktionsfähigkeit verstehen. Ausreichende Ruhe, Anregung und Ernährung sind Aspekte einer Ganzheit, die als Liebe zum Körper zum Ausdruck kommt. Verwechseln wir das aber nicht mit krampfhafter Besorgnis um sein Aussehen und seine Funktionen. Liebe zum Körper ist nichts weiter als jene gesunde und ausgewogene Perspektive, unter der wir den Körper als ein Medium des Geistes betrachten – und um das sein zu können, braucht er ein gewisses Maß an Ganzheit. Heften wir uns nicht an die Verschönerung oder Herabsetzung des Körpers: Die Liebe zum Körper ist der Pfad in der Mitte.

Wie bei allen Emotionen beginnt auch bei der Liebe die körperliche Manifestation mit Energiewellen aus dem *Hara* (Bauch), die durch die Eingeweide zum Herzen wandern. Von dort geht eine sich weitende Offenheit aus und verbreitet sich über den ganzen Körper, um ihn mit Licht und Klarheit zu erfüllen. In der sexuellen Liebe erzeugt die Wärme dieser Strahlung ein alles umfangendes Feuer, das die Grenzen zwischen zwei einzelnen Menschen schmelzen läßt und sie zu einem einzigen Ganzen verbindet. Es ist eine Situation vollkommenen Ausgeliefertseins, aber auch vollkommenen Vertrauens in den anderen und in die Vereinigung selbst. Alles ist erfüllt von der Totalität dieses Zusammenseins – das ist die wahre Alchemie von Form und Prozeß. Nietzsche sprach einmal von der Traurigkeit nach der körperlichen Liebe, doch diese Traurigkeit tritt nur auf, wenn Liebe und Sexualität voneinander getrennt sind; wo sie eine Einheit bilden, gehen die physischen Energiewellen auf höhere Ebenen über und heben die Liebenden über ihre physischen Grenzen hinaus.

Liebe ist das Wesen des Lebens; sie ist das Zentrum aller anderen Emotionen. Die Wörter «Liebe» und «Leben» entstammen derselben Wurzel. Selbst «Leib» hängt etymologisch mit «Leben» zusammen. Eine uralte Verbindung besteht zwischen Körper, Liebe und Leben, und alle sind Ausdrucksformen der Seele oder Ganzheit. Ein Körper ohne Liebe hat kein Leben – eine Tatsache, die von klinischen Beobachtungen täglich bestätigt wird.

Liebe ist eine Anziehungskraft, sie zieht alles in ihrer Umgebung an und strahlt gleichzeitig nur Licht aus. Alles, was ganz ist oder sich auf dem Weg zur Ganzheit befindet, also alles, was der Liebe ähnlich ist, wird durch Resonanz von ihr angezogen, und alles Nichtganze sucht in ihr Vervollständigung. Je ganzer wir werden, desto anziehender werden wir auch – für «Gutes» und «Böses».

Liebe zieht alles Disharmonische an sich und integriert es zu einem Ganzen. Jede Erfahrung der Ganzheit ruft auf zur Verwirklichung von noch mehr Ganzheit. Sri Ramakrischna sagte einmal, der Weg zum Herzen sei der Heimweg. Unsere Aufgabe besteht darin, zu entdecken, was wir schon wissen: Der Weg zum Herzen ist die Liebe selbst, und daher *ist* der Pfad unser Heim!

Die Schriften den tantrischen Yoga (Yoga der polarisierten Einheit) bezeichnen das Herz als Sitz des *Jivatma* oder Verkörperung des Geistes, und in den Upanischaden ist es sogar der Sitz des Brahma, der universalen Seele. In diesen Schriften gilt das Herz auch als das Heim der Lebenswinde, der fünf Pranas oder Manifestationen der Lebensenergie. Das medizinische System des Ayurveda ordnet die flüchtigen Anteile der sogenannten Temperamente, die für die Lebenskraft von großer Bedeutung sind, dem Herzen zu, und hier werden auch die Tridosha-Kräfte[36] gesammelt. Im Vaidik-System und im Bhakti-Yoga (dem Yoga der Hingabe und Liebe) ist das Herz das Hauptzentrum des Bewußtseins.

Für östliche Mystiker ist viel eher das Herz als das Gehirn das Zentrum des spirituellen Bewußtseins. Es ist ein wichtiges Gebiet der Energiestrahlung und Energieumwandlung und lenkt uns direkt auf die Prozesse der Seele hin, auf den individuellen Geist ebenso wie auf die Absolute Seele. Daher kann Liebe nicht auf Sexualität oder persönliche Beziehungen beschränkt sein, sondern reicht über alle Grenzen des Ausdrucks hinaus in den spirituellen Bereich hinein.

Wir können die Liebe die 'heilige Emotion nennen, weil sie Körper und Geist zu einem schrankenlosen Prozeß der Ganzheit vereinigt. Sie ist auf jeder Energieebene und in jedem Chakra manifest, doch ihr eigentlicher Mittelpunkt ist das Herz. Das Herz-Chakra *(anahata)* ist das ausgleichende Zentrum zwischen den drei unteren Chakras, die für die Harmonie des physischen Körpers sorgen, und den drei höheren Chakras, die im Dienst der spirituellen Entwicklung stehen. Sein Symbol ist das Hexagramm der alten Ägypter, Inder und Juden (Davidsstern) und Chinesen (Überlagerung der Symbole für Yin und Yang). Das Herzchakra ist im kabbalistischen Lebensbaum auch das Zentrum der Umwandlung für die Sephirot *Hesed* (Liebe) und *Din* (Macht). Das Herzchakra wird meist in der Körpermitte lokalisiert. In den Vedas werden zwei kleinere Chakras zu beiden Seiten des Hauptzentrums erwähnt. Bei seiner Erleuchtungserfahrung entdeckte Sri Ramana Maharshi, daß das spirituelle Herz rechts vom physischen Herzen liegt, genau an dem Ort, den die Kabbala für die Hesed-Sephira angibt.

Nehmen wir das Anahata-Chakra als Mittelpunkt und breiten unsere Arme aus, so bilden wir ein Kreuz, das im Christentum für Jesus Christus und seine Botschaft der Liebe steht. Das Kreuz verbindet übrigens die beiden uralten Symbole — für die Erde und | für den Himmel und schafft einen Bereich, in dem beide Sphären sich mischen, den Bereich des Gottessohns. In der christlichen Ikonographie ist dem Schnittpunkt der beiden Kreuzbalken oft ein Kreis umschrieben, der den Ganzheitscharakter dieser Verbindung unterstreicht. Auch das Hexagramm selbst wird manchmal von einem Kreis eingefaßt, gelegentlich in der Gestalt einer Schlange, Symbol für die Ganzheit der Lebensenergie.

Das Herzchakra ist das Zentrum der Transformation. Es wird mit dem Element Luft, dem Pneuma der alten Griechen, in Verbindung gebracht. Als Zentrum der Emotionen schafft es den Ausgleich zwischen Leidenschaft und Mitleid, Mut und Zorn, Offenheit und Laxheit. Hier vereinigen und vermischen sich die von Empedokles genannten Grundkräfte Liebe und Haß, die konstruktive und die destruktive Kraft.

Auf der körperlichen Ebene steht das Herzzentrum mit der Thymusdrüse in Verbindung. Wir haben bereits von der Bedeutung dieser Drüse für das Immunsystem des Körpers, also für die körperlichen Abwehrkräfte, gesprochen. Schon 1771 entdeckte Henson, daß die Thymusdrüse in der Vorpubertät periphere lymphoide Strukturen unterstützt, und dieser Fund ist in neuerer Zeit bestätigt worden. Das Herz ist übrigens eine Mischkammer für die verschiedenen Hormone; auch hier zeigt sich, daß die Herzfunktionen sogar auf der physischen Ebene trasformatorischer Art sind. Die Thymusdrüse hat auch eine Beziehung zur DNS, dem genetischen Schlüssel des Lebens. Die DNS wurde ursprünglich als Thymonukleinsäure bezeichnet, ihr zentraler Bestandteil als Thymin – nur ein Zufall, sagt die moderne Medizin, aber es gibt einiges, was gegen diese Behauptung spricht.

«Thymus» ist von dem griechischen Wort *thymos* abgeleitet, das – ähnlich wie *psyche* – in den Bedeutungen Bewußtsein, Seele, Geist auftritt. In den Anfängen der Psychiatrie bezeichnete «Thymopsyche» den Bereich aller affektiven oder Stimmungsprozesse. Griechische Anatomen hielten die Thymusdrüse für den Sitz der Seele. Platon glaubte, daß hier zwischen den Bedürfnissen des

Unterleibs und dem Verstand des Kopfes das Bewußtsein seinen Ort hat. Ursprünglich hatte Thymos etwas mit Atem, Schwingung, Bewegung und mit Emotionen wie Zorn, Wut oder auch Mut und heftiger Erregung zu tun. Bei Paul Tillich finden wir eine «Thymos-Doktrin», in der er die Beziehung von Gesundheit und Religion zu der existentiellen Frage des Muts und der selbstbehauptenden Vitalität aufzeigt.

Wo immer wir den Dingen oder Erfahrungen ganz auf den Grund gehen, finden wir, daß sie an den Wurzeln alle miteinander verbunden sind. Auf der emotionalen/spirituellen Ebene eröffnet die zum Ausdruck gebrachte Liebe viele Möglichkeiten für die Ganzheit von Körper, Verstand, Bewußtsein und Emotionen. Und je öfter und stärker sich diese Erfahrung wiederholt, desto mehr Energie bindet sie an diese Ganzheit. In unserer komplexen Gesellschaft mit ihrem Gewirr widerstreitender Schwingungen kann nur die Verbindung zu einer universalen Ganzheit wie der Liebe eine auf Harmonie und gegenseitige Achtung gegründete organische Ordnung schaffen.

Erregung (Furcht)

Die Chinesen glauben, daß die Erregung, die wir oft Freude nennen, im Herzen wohnt, und daß man ein Zuviel oder Zuwenig dieser Erregung mit Akupunktur behandeln kann. Der Überschuß wird in der Psychotherapie als manischer Zustand bezeichnet, der Mangel als depressiver Zustand. Menschen, die zu manischen Ausbrüchen neigen, brauchen oft den depressiven Zustand als Gegengewicht. Auf dem Gipfel der Hochstimmung setzt oft Furcht ein – ein mahnender Hinweis darauf, daß der Energiehaushalt die Grenze seiner Belastbarkeit erreicht hat.

Erregung wird vor allem dann schnell zu Furcht, wenn sie keinen Ausdruck findet, sondern unterdrückt wird. Fritz Perls, der Vater der Gestalttherapie, sagte sogar, daß Furcht nichts weiter als auf sich selbst zurückgeworfene Erregung ist. Aus einem etwas anderen Blickwinkel betrachtet, ist Furcht die Abspaltung von der Ganzheit: Solange wir ganz sind, können wir uns nicht fürchten. Bei dem, was in der Psychologie «Phobie» genannt wird, liegt stets eine Trennung vor, bei einer Rattenangst beispielsweise die Trennung zwischen der Person und dem Verhalten des Tieres. Irgendwann mag es da einmal eine Erfahrung der Todesangst gegeben haben, als eine Ratte über den Säugling hinweglief. Unfähig, sich zu wehren, spaltet das Kind die reale Erfahrung und die damit verbundenen Emotionen, die die Situation hätten bereinigen können, von sich ab.

Furcht ist vielleicht die erste Emotion, die sich aus einem undifferenzierten Empfinden der Bedrängnis herauskristallisiert, denn sie spielt eine wichtige Rolle für das Überleben. Wir erfahren etwas als Bedrohung, weil wir empfinden, daß es uns von unserer Ganzheit trennen könnte. Dies ist die normale, jedoch keine zwangsläufige Raktion, wie ein Beispiel verdeutlichen mag: Der Aikidomeister Uyeshiba drückte einmal einem Mann eine geladene Pistole in die Hand mit der Anweisung, sie ohne Vorwarnung auf ihn abzufeuern. Uyeshiba wußte, daß dieser Mann sich im Moment des Abziehens von diesem Akt innerlich trennen würde; er sah es und trat schlicht und einfach (!) aus dem Weg. Ein Bewußtsein, das mit sich im Frieden lebt, dessen Energien ausgeglichen sind, kennt keine Trennung und daher keine Furcht. Selbst der Tod verliert seinen Schrecken, wenn er als Bestandteil des Lebens akzeptiert wird.

Oft stellt Furcht sich dann ein, wenn wir Identitätsgrenzen überschreiten. Unsere gewöhnliche Identität definiert (von lat. *finis* – Grenze) uns anhand unserer Grenzen – anders als die Liebe, die unser ganzes Potential ins Spiel bringt. Definieren wir uns selbst durch bestimmte Aktionsformen, Reaktionen, Verhaltensnormen und ähnliches, so erleben wir immer dann Furcht, wenn wir die damit gezogenen Grenzen überschreiten. Unsere Identität ist unser Gefängnis geworden, und die Freiheit ist das, wovor wir uns fürchten. Wir weichen dieser Furcht aus und bleiben lieber im Gefängnis einer falschen Sicherheit. Kleinkinder zeigen zum Beispiel im Alter von sieben bis acht Monaten plötzlich eine Furcht vor Fremden, sie «fremdeln»; dazu gehört jedoch als Voraussetzung, daß das Kind vorher monatelang in einer auf ganz bestimmte Personen wie die Eltern ausgerichteten Beziehung gelebt hat. Es scheint, daß die Identität mit den Eltern durch Fremde irgendwie bedroht wird. Solange die Ganzheit einer tiefen Beziehung noch nicht voll ausgebildet und daher nicht zu verlieren war, gab es keine Furcht, aber ist das Band einmal geknüpft, so stellt sich die Furcht ein, daß es zerreißen könnte.

Physiologisch betrachtet ist Furcht mit Streß und daher mit vermehrter Ausschüttung des Streßhormons Adrenalin verbunden. Das wiederum bedeutet vermehrte Aktivität des sympathischen

Nervensystems gegenüber dem parasympathischen Nervensystem, was zu charakteristischen körperlichen Spannungserscheinungen führt. Noch deutlicher ist diese Symptomatik bei dem, was im allgemeinen Sprachgebrauch Angst und in der Psychologie antizipatorische Furcht genannt wird – vorwegnehmende Furcht, die sich auf eine Erwartungshaltung, also auf künftige mögliche Bedrohungen gründet. Auch hier liegt eine Trennung zugrunde: die Trennung von der Ganzheit der Gegenwart. Wir können ja nicht wirklich in der Zukunft leben, und unsere in die Zukunft projizierte Furcht ist daher nichts anderes als die Unfähigkeit, ganz in der Gegenwart zu leben und die Dinge zu nehmen, wie sie kommen. Einige Symptome der Angst sind vermehrte Muskelspannung, Muskelzittern, Schwindel, häufiger Harndrang, Appetitlosigkeit und flache, schnelle Atmung. Gelegentlich treten regelrechte Muskelkrämpfe oder -zuckungen auf. Energetisch betrachtet sind diese unwillkürlichen Muskelaktionen ein Versuch des Körpers, Wärme zu erzeugen – so als wollte die durch Furcht nach innen zurückgedrängte Lebensenergie doch noch gewaltsam nach außen dringen, um die Ganzheit wiederherzustellen.

Furcht steigt aus dem Hara auf und läßt zunächst das Zwerchfell fast erstarren, steigt dann weiter durch die zugeschnürte Kehle in den trockenen Mund und die aufgerissenen Augen. Unser Geist folgt diesem Energieschwall und verläßt uns – wir sind buchstäblich «entgeistert». Äußeres Anzeichen dieses Geschehens sind die zu Berge stehenden Haare. Kommt die Furcht nicht zum Ausdruck, sondern wird unterdrückt, so bleibt sie als sozusagen gefrorene Energie im Körper: die Schultern sind hochgezogen, die Füße nicht in vollem Kontakt mit dem Boden, die Augen sind aufgerissen oder der Blick ist abwesend, der Atem ist ganz flach.

Schmelzen (Traurigkeit)

Wenn die Erregung der Liebe unser Herz öffnet, werden wir verletzlich. In wahrer Liebe liegt keine Gefahr, aber in unseren Vorstellungen von dem, was Liebe ist, öffnen wir uns manchmal zur falschen Zeit den falschen Menschen. Auf der niederen Entwicklungsstufe muß der Offenheit (Yin) der Liebe etwas Schützendes entgegenstehen (Yang), sonst können wir leicht verletzt werden. Bei den östlichen Kampfkünsten lernt man, daß körperliche Verletzungen oder Schmerzen nur dann auftreten können, wenn wir zu langsam reagieren oder mit unseren Bewegungen über unseren Schutzbereich hinausgehen. Entsprechendes gilt auch auf der emotionalen Ebene.

Schenken wir jemandem unsere Liebe, dann selten frei und ohne Erwartung. Wir erhoffen uns eine Gegenleistung, und wenn sie ausbleibt, fühlen wir uns zurückgewiesen. Tatsächlich werden wir aber nicht vom anderen zurückgewiesen, sondern von unseren eigenen Erwartungen. Wir werden auf uns selbst zurückgeworfen, um sehen zu können, was wir getan haben, und das ist unsere Chance zu lernen. Erwartungen sind Energiebewegungen, die in die Zukunft projiziert werden, keine Kräfte, die in der Gegenwart wirken. Sie können nicht von der universalen Ganzheit getragen werden, weil wir nicht ganz und bewußt im Hier und Jetzt leben. Vielleicht haben wir Vorstellungen davon, wie eine Beziehung aussehen sollte, und sind enttäuscht, wenn sie diesem Bild nicht entspricht. Auch hier fühlen wir uns nur deshalb verletzt, weil wir nicht bei der gegenwärtigen Erfahrung in unserem Hara sind, sondern bei unseren Ideen über Erfahrung. Wir leben nicht im Zentrum des richtigen Handelns, in unserem «viszeralen Gehirn», dem Bauch. Von den Höhenflügen unserer idealisierten Liebesvorstellung, die einer manischen Flucht vor der Wahrheit gleichen, müssen wir früher oder später wieder unsanft auf den Boden kommen. Solche Vorstellungstrips sind Energiebewegungen, die keine echte Verbindung zu unserem Geist haben. Findet unsere anfängliche Begeisterung keine Verbindung zu organischen Energiebewegungen, folgt sehr bald die Entgeisterung. Der Weg des Geistes hat wenig mit solchen Stimmungsschwankungen zu tun, denn er ist der Weg des Ausgleichs, der Harmonie und der Ganzheit, nicht der Zersplitterung.

Seelische Schmerzen entstehen hauptsächlich daraus, daß wir mit zuwenig Bewußtheit leben. Das gilt auch für die körperliche Ebene, etwa wenn wir aus Unachtsamkeit gegen die offene Schranktür laufen oder uns die Zehen stoßen. Meist helfen wir uns mit ein paar Kraftworten über den Schmerz hinweg. Ärzte hören oft von Schmerzen im Rücken oder in der Herzgegend, die in Wahrheit nur die vorgeschobenen Symptome einer emotionalen Verletzung sind; weil es aber leichter ist, über körperliche Schmerzen zu sprechen, halten wir die Symptome lieber auf dieser Ebene.

Wir wissen, daß körperliche Schmerzen oft auf dem Weg über unbewußte Reflexe den Tonus der Skelettmuskulatur erhöht. Ebenso wie körperliche Schmerzen zwingen seelische Verletzungen uns, bewußter zu werden, uns auf die Botschaften einzustimmen, die in unserem Leid liegen. Nur wenn wir verstehen, was unser Leid uns sagen will, können wir die Einheit mit der universalen Ganzheit wiederfinden.

Leiden ist das Nicht-Akzeptieren von Schmerz. Könnten wir die Gefühle annehmen und so leicht wieder loslassen, wie wir körperlichen Schmerz durch einen Schrei überwinden, so würden wir nicht leiden. Das Leben ist voller schwieriger Situationen, aber wenn wir sie aus einer ganzheitlichen Perspektive betrachten, sind sie unsere Chancen zu wachsen. Schmerzen muß man nicht einfach loszuwerden versuchen, sondern in Lernprozesse umwandeln. Das Leiden ist unser eigenes Werk. Dies ist die Botschaft des Buddha.

Manchmal empfinden wir, daß jemand uns verletzt hat. Vergegenwärtigen wir uns dazu aber ein paar wichtige Punkte: Erstens kann uns niemand verletzen, wenn wir uns nicht dafür öffnen. Zweitens beruht diese Offenheit für Verletzungen auf unfertigen Energiegestalten, die Vervollständigung suchen. Eigentlich sollten wir unseren Freunden für ihre spitzen und schmerzhaften Bemerkungen dankbar sein, denn sie weisen uns auf Züge hin, die wir an uns selbst nicht akzeptieren. Menschen, die peinlich darauf bedacht sind, niemanden zu verletzen, sind oft Leute, die selbst in der Vergangenheit erlittene Schmerzen nicht zum Ausdruck bringen konnten; sie sind so feinfühlig, weil sie selbst auf einem Berg von Schmerzen sitzen.

Ist der Energiestrom nicht unterbrochen, findet die emotionale Verletzung ihren Ausdruck in Traurigkeit. Menschen sind die einzigen Lebewesen, die in ihrer Traurigkeit Tränen vergießen. Klinische Untersuchungen haben ergeben, daß das Herz-Kreislauf-System dabei beständigen Schwankungen unterliegt.[37] Das Weinen ist notwendig, damit das Gefühl der Verletzung sich in Traurigkeit verströmen kann und nicht festgehalten wird. In den Venen der Augen erhöht sich der Druck bis zu einem bestimmten Höhepunkt (wie bei einem Orgasmus), und dann weiten sie sich. Die Augenlider kontrahieren sich in Zuckungen (wie im Augenblick der sexuellen Lösung) und erzeugen einen Druck, der die Tränen hervorbringt. Werden keine Tränen freigesetzt, so bleiben Restspannungen in den Kapillaren zurück. Eine chronische Blockierung des Tränenflusses kann zu Sehstörungen führen, weil das Auge sich nicht entspannen kann. Auch beim Weinen spielen also Schwingungen eine Rolle; ohne dieses energetische Pulsieren könnte keine Lösung stattfinden, und die Energiegestalt bliebe unvollständig.

Sind wir traurig, so steigt Lebensenergie aus dem Hara auf, strömt durch Kehle, Mund und Augen und steigt wieder in den Bauchraum ab. Manchmal fließen die Tränen nur aus einem Auge oder aus dem einen später als aus dem anderen. Das deutet auf eine Spaltung hin, die keine spontane und ungeteilte emotionale Lösung erlaubt. Traurigkeit hat eine überwiegend abwärts gerichtete Tendenz, man fühlt sich «niedergeschlagen», «am Boden zerstört».

Traurigkeit tritt auch auf, wenn wir eine wichtige Bezugsperson durch deren Tod verlieren oder selbst den Verlust eines Körperteils hinnehmen müssen. Solche Verluste führen zu einer besonderen Art von Traurigkeit, die wir einfach Trauer nennen. Trauer und Traurigkeit haben stets mit einem Verlust von Ganzheit zu tun. Liebe ist die emotionale Ganzheit, die wir brauchen, um wahrhaft leben zu können. Verlieren wir diese Ganzheit, so werden wir traurig. Es ist ganz natürlich, einen Verlust zu empfinden, wenn wir nicht mehr bei dem Menschen sein können, den wir lieben, aber dieses Gefühl des Verlusts besteht nur darin, daß unsere Liebe mit einem Sich-Festklammern verbunden ist. Wir können die Liebe nicht verlieren, die wir mit einem anderen Menschen teilten, denn diese Ganzheit bleibt in uns selbst und im universalen Ganzen erhalten. Wir verlieren (verneinen) aber unsere Verbindung zu dieser Liebe, weil *wir* die Liebe nicht haben können, die *wir* uns wünschen. Unsere Traurigkeit geht in Wahrheit aus der Erkenntnis hervor, daß die Liebe nicht unserem Willen unterworfen ist, sondern nur dem Prinzip der universalen Ganzheit gehorcht. Wir werden böse, wenn wir nicht bekommen, was wir wollen, und das ist unser eigentlicher Schmerz: Durch die Erbitterung verlieren wir die Ganzheit und schneiden uns selbst den Weg zu eben jener Liebe ab, die wir nach wie vor brauchen und uns wünschen.

Nicht bereit, unserem Schmerz Ausdruck zu geben, sorgen wir selbst dafür, daß unsere seelischen Wunden nicht heilen. Die Zeit läßt eine Art emotionales Narbengewebe darüberwuchern, das den Anschein erweckt, die Wunde sei geheilt und die Ganzheit wiederhergestellt. Emotionale Narben sind wie körperliche Narben härter als normales Gewebe, und so verhärten wir innerlich. Der Muskeltonus steigt an bis zur Starrheit, wir sterben innerlich ab. Wir werden uns selbst und anderen gegenüber kalt, was sich oft direkt in

Durchblutungsstörungen, in kalten Händen und Füßen niederschlägt.

Lassen wir aber durch das Weinen von unserer Verletztheit und Traurigkeit los, so wird das energetische Gleichgewicht wiederhergestellt. Festgehaltene Energie wird freigesetzt, und wir empfinden eine ungeheure Erleichterung, als sei ein Damm plötzlich gebrochen. Neue Energie wird frei für schöpferisches Tun, das Feuer der Lebensenergie wird neu entfacht, und alle Härte schmilzt. Das ist die wahre Liebe – mit uns selbst und der universalen Seele in Harmonie zu sein.

Zum Ausdruck gebrachte Traurigkeit gibt uns auch neue Klarheit, weil sie den Wust unseres wirren Bewußtseins mit fortspült. Lassen wir den Tränen freien Lauf, so geben wir auch das Bild auf, das wir von uns selbst haben, und damit verschwinden alle Barrieren, die zwischen uns und der Liebe stehen. Wir lassen andere unsere weiche Seite sehen. Wie wir aus dem T'ai Chi oder Aikido wissen, bedeutet weich keineswegs schwach. Im Gegenteil, wenn wir von unserer chronischen und starren Abwehrhaltung der Kälte loslassen, gewinnen wir dynamische Abwehrmöglichkeiten, die wir bei Bedarf mit Augenmaß einsetzen können, weil wir uns dazu befreit haben zu sehen, zu fühlen und zu handeln.

Frauen neigen in unserer Kultur mehr dazu zu weinen als Männer, weil es ihnen erlaubt ist, weich zu sein. Das kann sich allerdings auch nachteilig für sie auswirken, vor allem wenn diese Reaktion zur Gewohnheit wird oder sich ein tiefsitzender Zorn hinter ihr verbirgt.

Grenzen (Zorn)

Traurigkeit kann also auch dazu benutzt werden, Zorn zu unterdrücken. Zorn ist das Gefühl, das wir gegenüber jemandem empfinden, der uns (tatsächlich oder nur in unserer Einbildung) Unrecht getan oder verletzt hat. Oft haben wir dann den Wunsch, es dem Betreffenden heimzuzahlen, und energetisch ausgedrückt ist das der Versuch, eine Energielücke zu schließen. Wir empfinden das Verhalten des anderen als eine Grenzverletzung und holen zur Verteidigung unserer Mauern zum Gegenschlag aus. Diese Mauer ist unsere Identität, das Bild, das wir von uns selbst haben. Glauben wir dieses Bild von einem anderen angegriffen, so reagieren wir mit einem Angriff auf das Bild, das er wiederum von sich selbst hat.

Wir können den Zorn also als einen Schutzmechanismus verstehen, der uns erlaubt, unsere Kräfte zum Zweck der Verteidigung zu sammeln. Zorn tritt bei vielen Grenzkontakten zwischen uns und anderen auf und ist solange konstruktiv, wie es nur darum geht, einem anderen *und* uns selbst klarzumachen, was wir zu dulden bereit sind und was nicht. Das psychische Selbst klärt dabei seine Grenzen und definiert sich durch Ausschluß. «Ich» ist all das, was sich innerhalb dieser psychischen und physischen Grenzen befindet, und «Nicht-Ich» alles andere. Auf der rein biologischen Ebene zeigt sich dieser abwehrende Charakter des «Zorns» in den blitzschnellen Reaktionen des Immunsystems. Krankheitskeime werden augenblicklich als Nicht-Ich identifiziert und abgetötet. Menschen, die ihrem Zorn Ausdruck geben können, leiden selten an Infektionskrankheiten; bei anders Veranlagten spricht man oft von «verminderter Widerstandskraft» gegen Krankheiten.[38] Zorn ist eine emotionale Abwehrreaktion, die sich auf der physischen Ebene als Widerstandskraft gegen Krankheiten zeigt. Wir müssen aber unterscheiden zwischen der Fähigkeit, Zorn zu zeigen, und einem verselbständigten Bedürfnis, bei jeder Gelegenheit erbost zu sein. Ersteres bedeutet, daß unsere Verteidigungsenergie uns im Bedarfsfall zur Verfügung steht und nur dann in Aktion tritt, wenn wir tatsächlich bedroht sind. Chronischer Zorn rührt jedoch daher, daß der Betreffende seinen Zorn gegenüber Menschen, die ihn verletzt haben, nie zum Ausdruck gebracht hat. Jetzt wird die ganze Welt zum Ziel seines Unmuts, den er wahllos auslebt, ohne daß es ihm jedoch mehr einbringt als allenfalls eine vorübergehende Erleichterung.

Offen zum Ausdruck gebrachter Zorn ist deshalb so verpönt, weil er so wenig verstanden wird. Im Grunde eine gesunde Reaktion, wird er erst dann wirklich destruktiv, wenn 1. der Zorn keinen unmittelbaren realen Anlaß und kein klares Ziel hat, 2. seine Intensität dem Anlaß nicht angemessen ist, 3. sich sehr viel Ärger angestaut hat, 4. eine Tendenz zu physischer Gewalttätigkeit besteht, und 5. das klare Bewußtsein im Zorn verlorengeht (etwa unter Alkoholeinfluß oder im Zustand blinder Raserei).

Frustration und viele andere innere und äußere Umstände können Zorn auslösen, zum Beispiel Hilflosigkeit, Verlust der Kontrolle über etwas oder jemanden, unterdrückte Furcht, Eifersucht, Unzufriedenheit, vereitelte Pläne, Intoleranz und Verwirrung. Anstatt um Hilfe zu bitten, werden wir böse, weil niemand von sich aus kommt. Wenn wir die Kontrolle über jemanden verlieren, bedeutet das zugleich einen Verlust an Macht, und viele Menschen reagieren darauf sehr sauer. Furcht kann so stark sein, daß wir sie nicht einmal uns selbst eingestehen können; wir wehren sie ab, und Zorn ist eine besonders wirksame Bemäntelung. Eifersucht tritt dann ein, wenn wir jemanden besitzen wollen; seine Wurzeln hat dieses Gefühl in Erfahrungen der Ungeborgenheit in der frühen Kindheit, und wenn wir unserem Mißvergnügen darüber Ausdruck geben, jemanden nicht besitzen zu können, wird allzu leicht ein Zornausbruch daraus. In allen Situationen dieser Art ist es das gleiche: Wenn wir den Fluß der Energie nicht akzeptieren können, werden wir zornig. Oft erwarten wir von Menschen, daß sie so sein sollen wie wir, damit die Wirklichkeit für uns kontrollierbar bleibt. Sind sie jedoch anders, dann ist unsere Toleranz schnell erschöpft, weil sie uns zwingen, auf eine Weise zu denken und zu fühlen, die mit den stereotypen Strukturen unseres Lebens nicht zu vereinbaren ist. Sind wir verwirrt, suchen wir etwas, das uns Richtung und Orientierung gibt; Zorn ist etwas, das einfach und machtvoll genug ist, um die ihm zugrunde liegende Zersplitterung unserer Energie zu überspielen.

Wenn der Zorn sich Luft macht, erhöht sich der Blutdruck bei gleichzeitiger Abnahme der Pulsfrequenz. Solche nicht willentlich gesteuerten Reaktionen zeigen überwiegend parasympathische Komponenten, die erregungsdämpfend wirken. Auf das Zurückhalten der emotionalen Energie bei Furcht reagiert der Körper mit erhöhter Alarmbereitschaft (überwiegend sympathische Nervenaktivität), während im Zornausbruch durch die (überwiegend parasympathische) physiologische Reaktion ein gewisser Ausgleich geschaffen wird. Das macht noch einmal deutlich, wie der Körper zur Erhaltung seiner Homöostase (seines inneren Gleichgewichts) einen dynamischen Ausgleich polarisierter Energieprozesse anstrebt. Solomon und Corbit haben sogar ein Antagonistenmodell der Emotionen entwickelt, um die gefundenen chemischen Reaktionen zu erklären. Der ursprünglichen Körperreaktion auf eine Emotion folgt nach diesem Modell als Ausgleichsmechanismus automatisch der entgegengesetzte Prozeß.

Die Energie des Zorns steigt einerseits vom Bauch in die Stimmorgane und Augen sowie in den Rücken auf, wo die Kraft der Arme empfunden wird, und steigt andererseits ab in die Beine und Füße. Blut schießt aus dem Hara (Körpermitte) in die Peripherie – daher das Hitzegefühl und die rote Hautfarbe im Zorn –, und aus der chinesischen Medizin wissen wir, daß das Blut dem Fluß des Ch'i, der Lebensenergie, folgt.

Ein gesunder, nicht destruktiver Zorn kann sehr nützlich sein für psychische Abgrenzung, wie sie auf den tieferen Energieebenen durchaus notwendig sein kann. Er läßt uns auch unsere physische Kraft sowie unserer Ganzheit bei der Selbstverteidigung spüren und vermittelt ein Gefühl emotionaler Festigkeit. Aber wie eine Hand sich nicht nur schließen, sondern auch öffnen können muß, braucht die Abgrenzungstendenz des Zorns als Gegengewicht die Offenheit der Liebe. Leider bewegen wir uns zu selten in diesem mittleren Bereich der Ausgewogenheit, sondern sind entweder hart und unnahbar oder zu offen und werden ständig verletzt. Ist in einer Beziehung ein gesunder Zorn möglich, so deutet dies auf Vertrauen hin und auf die Fähigkeit, auch sehr starke Emotionen zu verkraften. Leider sind unsere Zornausbrüche jedoch häufig destruktiv und können dann nur zu Disharmonie und Entfremdung führen.

Auf den höheren Energieebenen ist Zorn weniger notwendig, weil hier unser Identitätsgefühl nicht mehr auf Abgrenzung, sondern auf Offenheit und Liebe beruht. Wir brauchen keine Abwehrmechanismen mehr, weil wir nicht verletzt werden können. Seelische Verletzungen, auch wenn wir anderen die Schuld dafür geben, fügen wir uns in Wirklichkeit selbst zu. Könnten wir mit der Lebensenergie fließen, so brauchten wir keine Abgrenzung mehr. Einstweilen brauchen wir sie aber noch, weil unsere Entwicklung ein langsamer Prozeß ist und wir ohne klar definierte Grenzen ganz vom spirituellen Weg abkommen würden.

Wie wir gesehen haben, sind Emotionen austauschbar, wenn wir das ursprüngliche Gefühl nicht wahrhaben wollen; wir ersetzen Traurigkeit durch Zorn, Zorn durch Traurigkeit, Furcht durch Zorn und so weiter. Depressivität ist eine häufige Ausweichreaktion für Traurigkeit oder Zorn. In den meisten Fällen ist es unsere Furcht vor der Harmonie der Liebe, was uns von einer Emotion in die andere treibt. Wir sind traurig, weil wir die Liebe verloren haben, voller Furcht, weil wir von der Liebe getrennt sind, und verbittert, weil wir nicht die Liebe bekommen, die wir brauchen. Während die Frauen in den meisten Kulturen mehr zu Traurigkeit und Furcht neigen (Yin) als zu Zorn (Yang), ist bei Männern genau das entgegengesetzte Muster zu erkennen. Aufgrund ihrer Erziehung und ihrer langsameren Energieschwingungen neigen Männer mehr zu Abwehrverhalten als zu Offenheit. Auch im Bereich der

Sexualität begegnen wir diesem Grundmuster. Etwas überspitzt formuliert, könnte man sagen, Männer akzeptieren oft die Liebe, um Sex zu bekommen, während viele Frauen Sex zulassen, um Liebe zu bekommen. Nur wenn sie die wechselseitige Ergänzung der Geschlechter und ihrer Energietendenzen begreifen lernen, können Männer und Frauen jemals zu der Liebe finden, die sie in universaler Ganzheit verbindet.

Psychoemosomatik

Emotionen wirken über den Körper; die physische und die emotionale Energieebene stehen in enger Verbindung. Es liegt in der Natur der Emotionen, daß sie zum Ausdruck kommen wollen. Wie wir gesehen haben, werden viele Emotionen zurückgehalten, weil sie für uns selbst wie für andere nicht akzeptabel sind. Emotionen sind jedoch Energie und daher von Natur aus Bewegung, und wenn ihnen der direkte Ausdruck verwehrt wird, suchen sie sich sekundäre Äußerungsmöglichkeiten. Die wichtigsten sind: psychische Störungen, stellvertretendes Abreagieren (etwa durch kriminelles Verhalten), Sublimierung (zum Beispiel durch Arbeitsbesessenheit) und körperliche Erkrankungen. Wir wollen uns hier mit der letzten Möglichkeit beschäftigen, also mit dem Fall, in dem körperliche Symptome Ausdruck einer tieferen emotionalen Botschaft sind.

Die Umgangssprache enthüllt so manches von diesem Zusammenhang. Etwas geht uns «an die Nieren» oder schlägt uns «auf den Magen»; wenn wir «eine Wut im Bauch» haben, «sehen wir Rot»; etwas liegt uns «am Herzen», oder «das Herz ist uns schwer»; die «Galle kommt hoch», und die «Angst sitzt uns im Nacken». Tatsächlich hat jede Emotion Verbindungen zu bestimmten Körperorganen; sie aktivieren diese Organe und werden im Gegenzug wiederum von ihnen mit Energie versorgt. Ärger und Zorn stehen in Verbindung mit Leber und Galle, Furcht mit Nieren und Blase, um nur zwei Beispiele zu nennen. Es ist natürlich nicht so, daß diese Emotionen ausschließlich auf die genannten Organe wirken, aber der Jahrhunderte alte Erfahrungsschatz der chinesischen Medizin zeigt, daß doch spezifische Affinitäten bestehen, die für Diagnose und Behandlung wichtig sind.

Die medizinische Disziplin, die das Wechselverhältnis von Psyche und Körper (gr. *soma*) zum Gegenstand hat, wird Psychosomatik genannt. Ich halte diesen Begriff jedoch für zu undifferenziert, weil unter «Psyche» (ursprünglich soviel wie «Seele», «Geist», «Atem», «Bewußtsein») heute oft nur noch die mentalen Prozesse verstanden werden, und weil Emotionen eine gewisse Selbständigkeit besitzen und nicht ohne weiteres mit dem Begriff «psychosomatisch» zu erfassen sind. Angesichts dieser Umstände schlage ich einen neuen Begriff vor – Psychoemosomatik oder kurz PES.

Unsere Probleme mit der Benennung und vor allem mit dem Verständnis der komplexen Interaktion von Bewußtsein, Emotionen und Körper entstehen zum Teil aus dem ganzheitlichen Charakter dieser Interaktion, der uns nicht erlaubt, einzelne Komponenten aus dieser Ganzheit herauszulösen und zu analysieren. Die mentalen oder Bewußtseinsfunktionen werden zum Beispiel auf verschiedenen Ebenen wirksam, und die Ebene der physiologischen Hirnfunktionen ist davon nur die niedrigste. Ein vollständiges Konzept der PES müßte auch Seele, Geist und Atem, die Auswirkungen der Ernährung auf den Körper und seine Beziehung zu Emotionen, Gesundheit, mentaler Aktivität und den verschiedenen Bewußtseinszuständen berücksichtigen. Das geht über das Interesse der meisten Wissenschaftler auf diesem Gebiet hinaus, weshalb die Psychosomatik bis heute noch nicht viel mehr ist als das Erfassen physiologischer Meßdaten über die Interaktion zwischen Körper und Emotionen. Wir müssen über diese Grenzen hinausgehen.

Psychoemosomatik betrachtete die energetische Beziehung zwischen Seele, Geist und den mentalen Prozessen (Bewußtsein) und berücksichtigt die Einflüsse der Atmung und der Emotionen sowie äußerer Faktoren (wie etwa der Nahrung) auf die Gesundheit. Dieser letzte Aspekt ist von besonderer Bedeutung, weil die Psychosomatik sich bisher fast ausschließlich mit den negativen Einflüssen des Bewußtseins auf den Körper, nicht aber mit seinen positiven Auswirkungen befaßt hat. In den letzten Jahren beginnt dieser Trend allerdings durch den Erfolg des Biofeedback und der ganzheitlichen Medizin – also durch integrative Methoden, die mehr auf die positiven Wirkungen mentaler Prozesse ausgerichtet sind – sich umzukehren.

Gehen wir noch einmal kurz zu den Anfängen zurück, um zu sehen, wo das psychosomatische Mißverständnis seinen Ursprung hat. Erinnern wir uns, daß frühe Stammesgesellschaften Geistwesen für die Entstehung von Krankheiten verantwortlich machten.

Wissenschaftler sagen heute gern, daß diese Menschen von ihrem magischen Denken irregeführt wurden. Angesichts der gegenwärtigen Rückbesinnung auf ganzheitliche Konzepte in der Medizin müssen wir uns aber fragen, ob dieses «magische Denken» nicht viele Gesichtspunkte eines ganzheitlichen, das heißt alle Energieebenen umfassenden Gesundheitsbegriffs vorweggenommen hat.

Der Glaube an den ganzheitlichen Charakter der Beziehung zwischen der Psyche, den Emotionen und dem Körper ist Grundbestandteil dreier uralter Heilsysteme, des chinesischen, des Unani (aus dem Mittleren Osten) und des indischen Ayurveda. In diesen Systemen sind Psyche, Emotionen und Körper lediglich Manifestationen der *einen* Lebenskraft – Ch'i, Ruh und Prana – auf verschiedenen Energieebenen. Diese Heilsysteme wirken auf den ungehinderten Strom der Lebensenergie durch den Körper hin und berücksichtigen bei der Diagnose und Behandlung seit jeher auch den mentalen Zustand eines Patienten. Auch die alten Griechen, die eine Synthese von Religion, Wissenschaft und Philosophie anstrebten, interessierten sich mehr für die «Physis», die Wesensnatur der Dinge, als für ihre Zerstückelung. Heraklit betrachtete die Polaritäten des Lebens als dynamisches Wechselspiel von Energien, das letztlich eine Einheit darstellt, den Logos.

Das Konzept der Ganzheit von Geist und Körper hat eine lange Tradition, aber das gilt auch für den Gedanken, daß Geist und Körper zweierlei sind. Einer der ersten Denker, die diese Zweiheit formulierten, war Anaxagoras (5. Jahrhundert v. Chr.). Seine dualistische Anschauung trug ihm den Titel «Vater des wissenschaftlichen Forschens» ein – als erforderte wissenschaftliches Forschen von Hause aus eine Aufspaltung der Ganzheit. Anaxagoras glaubte an eine Lebenskraft, die er *Nous* nannte, und dieser Begriff ist fälschlicherweise mit «Geist» im eingeengten Sinne von «mentale Aktivitäten» ausgelegt worden. Anaxagoras betrachtete den Nous zwar als vom Körper verschieden, glaubte aber, daß er sämtliche Lebensfunktionen vollkommen beherrsche. Nous war für ihn seiner Natur nach Geist oder Seele, eine Art universale Intelligenz oder Vernunft, und das hat weniger mit mentalen Prozessen zu tun als etwa mit dem ganzheitlichen und harmonischen Intelligenzbegriff eines Krishnamurti. Die mentalen Prozesse, so können wir sagen, sind für Anaxagoras Produkte der Seele oder Psyche. Auch Platon sagte, daß die Gesetze der Psyche nicht für die materiellen Formen, die vielfältig, veränderlich und endlich sind, gelten können. Darin befindet er sich in Übereinstimmung mit Grundanschauungen des Buddhismus, Taoismus und Hinduismus, die besagen, daß Körper nur das illusionäre Erscheinungsbild der Wahren Wirklichkeit sind.

Der Dualismus von Geist und Körper wurde erst in der Neuzeit, und zwar durch René Descartes bis zu jener unvereinbaren Gegensätzlichkeit vertieft, von der unser heutiges Bewußtsein weitgehend bestimmt ist. Descartes war einer der ersten, der Geist – im Gegensatz zu den Griechen – als Instrument des Denkens *(res cogitans)* definierte und gegen die Materie *(res extensa)* abgrenzte. Auf dieser Grundlage entstand die newtonsche Physik, die alle Materie als voneinander getrennte Teile und den Körper als wunderbare Maschine betrachtete. Das hatte schwerwiegende psychologische und spirituelle Folgen, denn der Mensch identifizierte sich immer mehr mit seinem Verstand und immer weniger mit seinem ganzen Sein. Mit der berühmten Formel «Ich denke, also bin ich» wird die Fähigkeit zum rationalen Denken als Bedingung und Grundlage unserer Existenz definiert. Leben ist seitdem sehr viel mehr mit Denken als mit Fühlen oder einfach *sein* assoziiert. David Bohm weist jedoch darauf hin, «daß Descartes in gewissem Sinne vielleicht schon ahnte, daß Bewußtsein im Sinne einer Ordnung zu verstehen ist, die dem Impliziten näher liegt als dem Expliziten».[39]

Materie, die «ausgedehnte Substanz» *(res extensa)*, nennt Bohm «explizit», weil sie in einer expliziten Anordnung im Raum vorliegt, etwa in der Form von Objekten oder Ereignissen; sie unterliegt der «expliziten Ordnung». «Implizite Ordnung» basiert andererseits auf einer Totalität oder Ganzheit, die nicht in Teile zerlegt werden kann. Bohm regt damit an, Descartes' «Denken» lieber als Bewußtsein einer impliziten oder unteilbaren Ordnung zu beschreiben, die sich von der expliziten oder teilbaren Ordnung der Materie grundsätzlich unterscheidet.

Die philosophische Diskussion um Teilbarkeit oder Unteilbarkeit ist uralt, und Descartes' Umgang mit dieser Frage hat weder in der Theorie noch in den Fakten eine sichere Basis. Das Wesen des Lebens ist Ganzheit, und seine Manifestation in der Form kann unendlich teilbar sein und doch in jedem Teil die Ganzheit bewahren. Das ist so, weil Ganzheit ein Prozeß ist und kein Ding. Daher ist es möglich, den Körper (Materie) in seiner stofflichen Struktur als explizit oder teilbar zu betrachten, obgleich sein Wesen (Geist) implizit oder unteilbar ist. Körper und Bewußtsein sind nicht getrennt, sondern nur verschiedene Erscheinungsformen. Im Wesen sind sie ein und dasselbe.

Je mehr wir uns an etwas klammern, desto weniger sind wir mit unserem Wesen verbunden. Je mehr wir also unser Denken verherrlichen, und je mehr wir darin als gefrorene Energie festhalten, desto weniger Chancen haben wir, den Geist zu erfahren, der die Grundlage unseres rationalen Verstandes bildet. Dieses Festhalten am Verstand als dem Leben («ich denke, also bin ich») hat uns gerade den tieferen Prozessen der Lebensenergie, also dem Leben selbst entfremdet. Viele Menschen sind ganz unter die Herrschaft des Denkens geraten und fürchten sich «auf den Tod» davor, von diesem Denken zu lassen.

Auf dem Weg zurück zur Ganzheit wurde 1884 ein großer Schritt getan, als Daniel Hack Tuke eine Zusammenstellung von Geist-Körper-Interaktionen erarbeitete und zu dem Ergebnis kam, daß das Bewußtsein den Körper sowohl positiv als auch negativ beeinflussen kann. Charcots Arbeit über Hysterie unter dem Einfluß von Hypnose und Freuds in Zusammenarbeit mit Breuer geleistete Arbeit auf dem Gebiet der hysterischen Konversionsneurosen erweiterten das Gebiet der Psychoemosomatik. In Freuds Zeit glaubte man, daß Geist und Körper nach der Art von Spiegeln funktionieren und die Aktivitäten der einen Seite von der anderen reflektiert werden. Dieser Zusammenhang ist als psychosomatischer Parallelismus bekanntgeworden.

Wilhelm Reich, einer der kreativsten und eigenwilligsten Schüler Freuds, interessierte sich für Freuds Idee der psychischen Energie und stellte klinische Forschungen an. Dabei fand er, daß die von Freud so genannte psychische Energie (Libido) eher als biologische Energie (Orgon) zu interpretieren und sogar physikalisch meßbar ist. Reich zeigte weiterhin, daß Lebensenergie durch Furcht verringert und durch Lust vermehrt wird. Er postulierte eine funktionale Einheit von Geist und Körper und nannte diese Ganzheit «psychosomatischer Funktionalismus». Reich entwickelte eine Körper-Psychotherapie, die anfangs noch eine Psychoanalyse einschloß, später jedoch eine reine Energietherapie wurde, die sogenannte Orgon-Therapie.[40] So fand die Psychotherapie Schritt für Schritt ihren Weg zurück zur Ganzheit von Geist und Körper, doch in der physiologischen Psychologie ist Descartes' Einfluß leider nach wie vor sehr stark.

Die Psychologie als Wissenschaft verdankt vieles der Physik, und so könnten die neuen Einsichten der Physik schließlich auch hier zu einer Wiederbelebung der Ganzheit führen. Vor der Relativitätstheorie und der Quantenphysik war die klassische newtonsche Physik mit ihrer Tendenz zum Fragmentieren die bevorzugte Weise, die Welt wahrzunehmen. Nachdem die Quantenphysik sich durchgesetzt hat, kehrt die Naturwissenschaft nun zur Ganzheit zurück – die immer da war, aber nicht erkannt wurde. Das wichtigste Element dieser Rückbesinnung ist die Beziehung zwischen Psyche und Körper.

Aus der lebensenergetischen Perspektive betrachtet, repräsentiert die Psyche den Seelenaspekt und den mentalen Aspekt der Energie. Die Seele ist der unwandelbare Prozeß der Lebensenergie, der sich in vielen Formen manifestiert, auch im Körper. Der Unterschied zwischen Seele und Körper ist also nur ein Unterschied der Energieebene. Der Körper repräsentiert als Ver-Körperung der Seele die Involutionsphase, ihren Abstieg in die Materie. Von einem absoluten Standpunkt aus gesehen *ist* der Körper also die Seele oder Psyche, doch die Gesetze, die ihn bestimmen, sind Gesetze einer niedrigeren Energieebene. Für Körper und Seele gilt jedoch gleichermaßen, daß sie dem Prinzip der Ganzheit folgen.

Die mentalen Prozesse – ein Teil der Psyche, den westliche Physiologen in enge Beziehung zu den Gehirnfunktionen setzen – sind in Wirklichkeit Bewußtsein, das auf verschiedenen Ebenen operiert. Nur auf der untersten Ebene ist das Mentale den Gehirnfunktionen äquivalent, und selbst hier ist ein Bewußtsein von elektrischen Nervenimpulsen vorhanden. Die Hirnforschung hat gezeigt, daß diese Abläufe dem Prinzip der Ganzheit folgen, und wir werden dieses Prinzip wiederfinden, wenn wir uns jetzt der homöostatischen Selbstregulierung des Körpers zuwenden.

Mit dem Begriff Homöostase (von gr. *omoios*, «gleich», und *stasis*, «Stand»), der 1929 von Walter Cannon, einem Pionier der Physiologie, geprägt wurde, bezeichnet man die Fähigkeit des Körpers, seinen inneren Haushalt selbst zu regulieren.[41] Homöostase ist die Voraussetzung für Ganzheit auf der biologischen Ebene. Hier arbeiten Tausende von Kontrollsystemen so präzise zusammen, daß man sich fragen muß: Wie kann der Körper – und ohne einen Gedanken – all diese Systeme gleichzeitig in Gang halten? Das Prinzip der Ganzheit muß «eingebaut» sein, so daß gar kein Bedarf an bewußten Unterscheidungen besteht. Ich habe diese Bewußtseinsebene «Erhaltungsbewußtsein» genannt.

Das Erhaltungsbewußtsein ist ein Energiefeld, das mit den Feldern der Emotionen, des Geistes und der Seele in Verbindung steht und im Körper ein bestimmtes Niveau der Ganzheit wahrt, solange sein Feld nicht ernsthaft gestört wird, etwa durch emotionale Über- oder Unterreaktion, extreme körperliche Entbehrung, chemische Einflüsse oder spirituelle Lernprozesse.[42]

Die wissenschaftliche Forschung hat ihr Augenmerk bislang mehr auf den Verlust als auf die Erhaltung des inneren Gleichgewichts gerichtet. Für beides scheint jedoch Streß der wichtigste Faktor zu sein. Hans Selye, der Pionier auf diesem Gebiet, definiert Streß als «nichtspezifische Reaktion des Körpers auf Anforderungen, die von außen an ihn gestellt werden». Ein Streßfaktor oder «Stressor» kann angenehm oder unangenehm sein. Nach Selye beeinflußt uns nicht so sehr der Inhalt des Streß, sondern vor allem seine Intensität. Reize lösen im Körper eine spezifische und eine nichtspezifische Reaktion aus. Die nichtspezifische Reaktion ist die Art, wie der Körper sich auf Veränderungen einstellt – Streß. Die spezifische Reaktion auf bestimmte Reize wie Hitze und Kälte ist nicht Streß, obwohl sie zu reizspezifischen physiologischen Veränderungen führt. Selyes Untersuchungen im Lauf der letzten vierzig Jahre haben ergeben, daß alle Stressoren die gleiche nichtspezifische Reaktion auslösen, die er «generelles Adaptionssyndrom» nannte. Offenbar reagiert der Körper ganzheitlich auf Stressoren, und zwar in drei Stufen. Die erste Stufe ist eine Alarmreaktion: Wir spüren eine Bedrohung. In der zweiten Stufe werden die Abwehrmechanismen des Körpers mobilisiert, so daß eine Widerstandshaltung entsteht. Ist man dem Stressor jedoch zu lange ausgesetzt, so tritt die dritte Stufe ein, die Phase der Erschöpfung, in der die Widerstandskraft des Körpers nachläßt, was zum Tod führen kann. In den meisten Fällen werden physische Ursachen hierfür verantwortlich sein, aber gelegentlich können auch psychische Stressoren zum Tod führen. Die Fähigkeit des Körpers, sich auf Streß einzustellen, nennt Selye Adaptions- oder Anpassungsenergie. Im Zustand der Erschöpfung ist diese Energie weitgehend aufgebraucht, woran auch eine ausreichende Zufuhr von energieproduzierenden Substanzen (durch Atmung oder Nahrungsaufnahme) nichts mehr ändern kann. Denken wir etwa an das oft beobachtete Phänomen in Kinderkliniken, wo Kinder sterben, obgleich alle physischen Voraussetzungen des Lebens gegeben sind. Hier ist der Lebenswille verlorengegangen, der Geist ist buchstäblich aufgegeben worden und die Verbindung zu höheren Energien unterbrochen.[43] Der Körper kann sich aber ohne den Geist des Lebens nicht mehr selbst erhalten.

Für uns ist am Streß hier vor allem die Tatsache interessant, daß er in kleinen Dosen nützlich und sogar notwendig ist für die Homöostase. Der Körper ist nach den Worten des französischen Physiologen Charles Richet «stabil, weil er veränderbar ist – die leichte Instabilität ist die notwendige Bedingung für eine wirkliche Stabilität des Organismus».[44] Streß erhält den Tonus der Muskeln, läßt das Herz arbeiten und das Gehirn auch im Schlaf aktiv bleiben. Das Fehlen von allem Streß ist Tod. Nur wenn Streß zu lange und zu stark auf uns einwirkt, wird er uns gefährlich. Streß ist ein Energieprozeß, der den Körper zur Anpassung zwingt und deshalb zur Erhaltung seiner Ganzheit (Homöostase) beiträgt. Wandel, kurz gesagt, ist ein wesentliches Element der Stabilität, und beide gehören zum Prozeß der Lebensenergie.

Wie Streß auf uns wirkt, hängt nach Pelletier von vier Hauptfaktoren ab: von der Stärke des Streß, von seiner Dauer, davon, ob schon seit langem eine bestimmte Reaktionsbereitschaft auf Streß besteht, und davon, ob er die Hypophyse und das adreno-medullare System stark aktiviert. Die Forschungsergebnisse weisen darauf hin, daß es weniger auf die absolute Menge von Streß ankommt als vielmehr darauf, ob die Person sich in der Streßsituation in ihrem Kern bedroht fühlt. Negative Ereignisse lösen im allgemeinen zwar mehr Streß aus als positive, aber der wesentliche Faktor für Krankheit und Gesundheit scheint zu sein, wieviel Anpassung in welcher Zeit von uns verlangt wird. Lazarus vertritt die Ansicht, daß nicht so sehr die großen Lebenssituationen die größte Streßbelastung darstellen, sondern vielmehr die alltäglichen Unannehmlichkeiten, Frustrationen und unangenehmen Überraschungen. Wandel, so lautete die Folgerung aus solchen Untersuchungen, braucht Zeit, und jeder folgt darin einem ganz eigenen Rhythmus, bei dem er bleiben muß, wenn er gesund sein will. Wichtig ist vor allem der Umgang mit den potentiellen Streßsituationen des Alltags. Selbst Menschen, die es zu ihrem Beruf gemacht haben, anderen zu helfen – Mediziner, Psychotherapeuten, Sozialarbeiter und andere –, sind vom Streß durchaus nicht verschont – vor allem deshalb, weil sie nur allzu oft annehmen, daß sie selbst keine Hilfe brauchen.

Wie beeinflußt nun aber der Streß den psychoemosomatischen

Prozeß? Die bisherigen Forschungsergebnisse zeigen, daß Streß zwei wichtige Systeme des Körpers aktiviert: das vegetative Nervensystem (das seiner Definition nach nicht vom Willen beeinflußt ist[45]) und das endokrine (innersekretorische) System. Das vegetative Nervensystem, das die inneren Organe, das Kreislaufsystem und die sexuelle Aktivität steuert, wirkt über viszerale Reflexe und innere Sinnesrezeptoren. Allgemein gesagt sind die vegetativen Vorgänge das Zusammenwirken des sympathischen Nervensystems (das, von einigen Ausnahmen abgesehen, für die Kontraktion der unwillkürlichen Muskulatur sorgt) mit dem parasympathischen Nervensystem, das die glatte Muskulatur entspannt. In Streßsituationen überwiegt die sympathische Nervenaktivität und erzeugt typische Flucht-Abwehr-Reaktionen wie: beschleunigter Puls, starres Becken, Gefühllosigkeit der Genitalien, geschwollener Hals und Kehle, gespannte Beinmuskulatur. Seltsamerweise wird dabei der Atem flacher. Der Körper erzeugt also mehr Energie und verschließt sich zugleich nach außen hin, damit alle Energie für eine Flucht- oder Abwehrreaktion zur Verfügung bleibt. Oft (oder gar meist) kommt es aber zu keiner solchen Reaktion, weil wir Furcht (Flucht) und Zorn (Abwehr) nicht zum Ausdruck bringen können. Wir sind dann ständig mehr oder weniger stark auf Kampf oder Flucht eingestellt, tun aber keins von beiden und leben unter ständiger Spannung.

Könnten wir diese blockierte Energie freilassen, so würde der Körper sein inneres Gleichgewicht ganz von selbst wieder finden. Bleibt diese Befreiung jedoch aus, so «gefriert» der Körper in seiner Spannungshaltung. Wilhelm Reich hat dieses Phänomen der Muskelpanzerung eingehend untersucht. Besonders stark ist dieser Zug in Gesellschaften anzutreffen, die stark auf eine bestimmte Ordnung und auf genaue Vorstellungen von Gut und Böse fixiert sind. Menschen solcher Gesellschaften mangelt es an Spontaneität, sie zeigen eine Neigung zu nicht direkt ausgelebter Aggressivität (der Zwang, ständig besser sein zu müssen als die anderen) und fürchten alles, was nicht mit ihrer Vorstellung von Ordnung zu vereinbaren ist (Reich prägte zum Beispiel den Begriff «Lustangst»).

Das endokrine System, das ebenfalls dem Einfluß des Streß unterliegt, umfaßt Hypophyse, Zirbeldrüse, Schilddrüse, Thymusdrüse,[46] Nebennieren, Keimdrüsen und die Langerhansschen Inseln (Bauchspeicheldrüse). In einer Streßsituation wird die Hypophyse (die «Meisterdrüse») vom Hypothalamus angeregt und entläßt Hormone in den Blutstrom, die wiederum andere innersekretorische Drüsen auf die Streßreaktion vorbereiten. Das vegetative Nervensystem reagiert schneller als die Drüsen, aber richtig in Gang kommt die Streßreaktion erst, wenn das Adrenalin der Nebennieren ins Spiel kommt. Da die Nebennieren eine wichtige Rolle für die Krankheitsabwehr spielen, muß eine Störung ihrer normalen Funktion psychoemosomatische Nebenwirkungen haben (zum Beispiel Gelenkentzündungen und Schleimbeutelentzündungen); solch eine Störung liegt vor, wenn emotionales Ausdrucksverhalten unterdrückt wird, so daß keine Energieentladung möglich ist.

Auch die Thymusdrüse spielt eine wichtige Rolle. Sie hat eine Schlüsselposition im Immunsystem des Körpers, das vom Hypothalamus gesteuert wird. Sie produziert achtzig Prozent unserer weißen Blutkörperchen (die übrigen zwanzig Prozent entstehen im Knochenmark). Die Thymus-Zellen oder T-Zellen zerstören die in den Körper eindringenden Fremdkörper direkt oder durch Gifte, die sie absondern. Solomon schreibt den T-Zellen eine Überwachungsfunktion zu: Sie unterscheiden Fremdkörper von körpereigener Substanz. Streß vermindert die Unterscheidungsfähigkeit der T-Zellen, so daß Fremdkörper den Abwehrschirm unterlaufen können,[47] und vermindert die Fähigkeit des Körpers, tote oder beschädigte Tumorzellen abzutransportieren.[48] Grollman vermutet, daß Streß einen konditionierten Reflex erzeugt, wodurch mit der Zeit die Produktion von Thymushormonen immer weiter zurückgeht. David Baltimore, der Nobelpreisträger für Physiologie und Medizin, sagt, daß jeder Mensch über einen individuellen Bestand von Abwehrstoffen (Antikörpern) verfügt, die sich durch Lern-Interaktionen mit der Außenwelt bilden.[49] Mit anderen Worten, selbst auf der biologischen Ebene sind unsere Abwehrstrategien erlernt.

Selye unterscheidet nun zwei Arten, auf Streß zu reagieren, zwei sich ergänzende Weisen der Abwehr: Die «syntoxische» Reaktion schafft eine Art friedlicher Koexistenz mit dem Aggressor, während die «katatoxische» Reaktion auf Gegenangriff und Zerstörung aus ist. Auf niederen Bewußtseinsebenen überwiegt die katatoxische Reaktion, während auf höheren Bewußtseinsebenen jeder Angreifer aufgenommen und dadurch neutralisiert wird. Liebe ist hierfür das beste Beispiel. Durch ihre grenzenlose Offenheit ist sie die perfekte Verteidigung. Sie braucht sich vor nichts zu schützen, weil sie keine Grenzen hat, die es zu verteidigen gilt. Die Liebe ist der Frieden des vollkommenen Bei-uns-selbst-Seins, und uns selbst zu lieben bedeutet, uns ganz zu akzeptieren. Damit sind die meisten Stressoren des Lebens schon aus dem Weg geräumt: unser nicht akzeptiertes Selbst.

Die größten Stressoren für den Körper können unsere Emotionen sein, nämlich dann, wenn etwa durch chronische Angstzustände eine ebenso chronische Abwehrhaltung entsteht. In dem ständigen Bemühen, den Widerstand gegen uns selbst aufrechtzuerhalten, entwickelt der Körper Symptome, die nicht nur die Natur des Problems indirekt zum Ausdruck bringen, sondern auch der (meist vergebliche) Versuch sind, auf diesem indirekten Weg ein wenig von dem aufgestauten Streß loszuwerden. Dieser Versuch ist, wie Pelletier sagt, deshalb meist zum Scheitern verurteilt, weil «die individuelle Physiologie nicht gerüstet ist für länger anhaltenden Streß oder Angst, wie sie in heutigen Gesellschaften gang und gäbe sind – und vor denen es kein physisches Entkommen gibt».[50]

Unter solchem Streß hat niemand eine Chance. Der Körper reagiert, als ginge es in jeder Minute um Leben und Tod. Eine der wichtigsten Hirnregionen, die hiervon betroffen wird, ist das Zwischenhirn mit dem Hypothalamus. Hier würden alle Emotionen ständig durcheinanderwirbeln, stünden sie nicht unter dem steuernden Einfluß höherer Zentren der Großhirnrinde. Der Hypothalamus reguliert die Hypophyse, die, wie wir gesehen haben, die anderen Drüsen des neuroendokrinen Systems und ihre Hormonproduktion steuert.

Ein anderer wichtiger Teil des Gehirns ist das limbische System, wo verschiedene Verhaltensweisen und Emotionen wie etwa Annäherungsverhalten, Hemmung und die Flucht-Abwehr-Reaktion ihren Ursprung haben.[51] Es ist von besonderer Bedeutung für den Ausdruck emotionaler Inhalte, zum Beispiel für das Sexualverhalten. Der Hypothalamus und das limbische System arbeiten eng zusammen, da der Hypothalamus sowohl auf die emotional/psychischen Reize des limbischen Systems als auch auf die intellektuell wahrgenommenen Streß-Signale aus der Großhirnrinde reagiert. Aus all diesen Zusammenhängen wird deutlich, daß langanhaltende Fehlfunktionen durch Streß auch körperliche Auswirkungen haben müssen. Die Hypophyse, so sagten wir, kontrolliert unter dem Einfluß des Hypothalamus den Hormonhaushalt. Hormone steuern wiederum die Enzymaktivität des Körpers und die

Mitochondrien, die Energietransistoren der Zellen. Eine ständige Hormonausschüttung muß zu Enzymstörungen führen, was wiederum die chemischen Prozesse in den Zellen beeinträchtigt. Enzyme beeinflussen aber auch die Nerven und damit letztlich unser Verhalten. Und schließlich steuern Enzyme auch die Produktion von ATP, einem Stoff, der für den Energietransport zu den Zellen verantwortlich ist – also hat eine Enzymstörung auch Einfluß auf die Qualität der Energie, die zu den Zellen gelangt. Und diese Kette hat noch ein weiteres Glied: Die Zellkerne sind mit den Energiemeridianen verbunden, so daß schließlich auch das ganze System der Akupunkturmeridiane in Mitleidenschaft gezogen wird.[52]

Über ein kompliziertes Geflecht von Verbindungen und Beziehungen wirken Emotionen sich also bis ins Innenleben der kleinsten Zelle aus, und der negative Einfluß emotionaler Störungen erfaßt uns bis in den letzten Winkel. Das betrifft natürlich nicht nur unterdrückte Emotionen in uns selbst, sondern auch alle emotionalen Reaktionen auf alle Arten von Umweltreizen, die durch das soziale Milieu, aber auch durch die «Verschmutzung» der Welt durch Lärm und Strahlung verschiedenster Herkunft gegeben sind. Auch hier scheint der Hypothalamus die Vermittlungsinstanz zwischen Umweltreiz und immunologischer Reaktion zu sein.

Insgesamt bestätigt die Energetik der PES-Prozesse das Prinzip der Ganzheit. Diese Prozesse sorgen dafür, daß die Homöostase und der Strom der Lebensenergie unter allen äußeren Bedingungen erhalten bleiben. Die harmonische Zusammenarbeit von sympathischem und parasympathischem Nervensystem aktiviert oder entspannt den Körper je nach den Umständen und Anforderungen. Abwehrstoffe sorgen für die Neutralisierung von Fremdkörpern; ähnlich der Entsprechung von Materie und Antimaterie in der subatomaren Physik gibt es für jeden Fremdkörper (Antigen) einen Abwehrstoff (Antikörper). Bei der Verteidigung des Körpers bedient sich unser Abwehrsystem syntoxischer und katatoxischer Methoden, um mit Stressoren fertigzuwerden. Selbst viele unserer Symptome stellen einen Versuch der Wiederherstellung der Ganzheit dar, wenn sie durch Unterdrückung direkter Energieprozesse (vor allem der Emotionen) unterbrochen ist. Eine Entzündung hat beispielsweise den Zweck, ein Antigen «einzukreisen», damit es sich nicht weiter ausbreiten kann. Ist unser Immunsystem jedoch geschwächt, so kann es das Antigen nicht durchgreifend neutralisieren, und das Symptom bleibt als subakuter Prozeß bestehen, anstatt daß ein direkter offener Kampf die Schlacht schnell entscheidet.

Das sogenannte retikuläre Aktivierungssystem des Gehirns, ein Verbundsystem von Nervenzellen und ihren Anhängen, stellt ein holistisches Netzwerk zwischen Großhirnrinde, den Muskeln und dem vegetativen Nervensystem dar. Für Pelletier «ist das retikuläre System einer der besten neurophysiologischen Gründe für die Annahme einer innigen Verflochtenheit von Geist und Körper».[53] Tatsächlich kann man den gesamten PES-Mechanismus als System von Rückkopplungsschleifen interpretieren, in dem alle Energie-prozesse «rückgemeldet» werden, wodurch wieder neue Prozesse in Gang kommen und so weiter. Hier nach Anfängen oder Ursachen zu suchen, ist, wie Pelletier meint, so sinnlos, wie den Anfang eines Kreises bestimmen zu wollen. Deshalb spricht er sich für eine ganzheitliche Diagnostik und Therapie aus und sagt über das schulmedizinische Verfahren, durch Isolierung von Einzelheiten zum Ziel gelangen zu wollen:

«Das ist ein zwar produktiver, aber sehr begrenzter Ansatz; er kann die Vielfalt der außerhalb des Immunsystems liegenden Faktoren nicht berücksichtigen, die sich aber deutlich auf seine Funktionen auswirken.»[54]

Und über den PES-Prozeß:

«Es wird ein subtiles mentalés oder physisches Ereignis als Auslöser angenommen, aber danach ist das gesamte System betroffen und muß als Ganzes behandelt werden, will man Gleichgewicht und Gesundheit wiederherstellen.»[55]

Und später:

«Nur ein ganzheitlicher Ansatz gibt uns die Möglichkeit, psychosomatische Störungen vorauszusagen und zu verhindern.»[56]

Ganzheit ist nicht nur der Ansatz zum Verständnis der PES, sondern auch ihr fundamentales Funktionsprinzip. Nichts steht letztlich außerhalb der Ganzheit, auch wenn es dem begrenzten Bewußtsein manchmal so erscheinen will. Außerhalb des Ganzen liegt einzig und allein unsere Illusion, daß es die Ganzheit nicht gibt.

Gesundheit

Ganzheit ist ein lebendiger Prozeß, der sich auf allen Energieebenen manifestiert. Sie ist die Integration existentiell verschiedener, aber im Wesen ähnlicher Energiemanifestationen zu einer harmonischen Einheit. Jede Ebene schwingt gemäß ihren Feldeigenschaften und Gesetzen in einem Frequenzband, das nach den Gesetzen der Harmonik mit allen anderen Bereichen in Resonanz steht. Alle Sub-Felder eines Bereichs überlagern sich zu einem Gesamtfeld. Diese Gesamtfelder bilden schichtübergreifend immer größere Ganzheiten und schließlich das gesamte Spektrum der Lebensenergie. Ob wir gesund sind oder nicht, ist auf jeder Ebene – der physischen, der emotionalen und der spirituellen – eine Frage der verwirklichten oder verfehlten Ganzheit. Heilen heißt «heil», also «ganz» machen, geheilt ist, wer «ganz» geworden ist, und ein «Heiliger» ist ein Mensch, der ein hohes Maß an geistig-seelischer Gesundheit, das heißt Ganzheit, verwirklicht hat. Gesundheit ist wie die Ganzheit ein Seinszustand, der eine aktive Bewußtheit voraussetzt. Befinden unser Körper, unser emotionales Ausdrucksverhalten und unsere mentalen Prozesse sich in Harmonie, so kommt solche Gesundheit im PES-Prozeß in Form von Gedanken, Gefühlen und Aktionen zum Ausdruck, die so miteinander übereinstimmen, daß sie alle nur Aspekte ein und desselben sind. Wenn hier keine Trennung besteht, gibt es keinen Streß und kein daraus entstehendes Leiden. Der Grad der Harmonie in unserem alltäglichen Tun gibt Auskunft über unseren Gesundheitszustand.

Ganzheit ist die Harmonie der Schwingungen aller beteiligten Energiefelder, und dasselbe gilt auch für jenen Sonderfall der Ganzheit, den wir jetzt betrachten wollen. Im spirituellen Bereich besteht Gesundheit in der Einheit mit den höheren und umfassenderen Energien, während physische Gesundheit auf einer genauen Abstimmung mit den niederen oder weniger vollständigen Energien beruht. Auf jeder Ebene, so können wir sagen, ist Gesundheit identisch mit dem Grad der Abstimmung auf das entsprechende Energiefeld und mit dem Maß der Resonanz zwischen allen beteiligten Frequenzen. Henry Lindlahr, einer der Pioniere der Naturheilkunde in Amerika, drückt es so aus:

«Gesundheit ist die normale und harmonische Schwingung der Elemente und Kräfte der physischen, mentalen und moralischen

Seinsebene in Übereinstimmung mit dem konstruktiven Prinzip
der Natur, wie es im individuellen Leben seinen Ausdruck
findet.»[57]

Die Harmonie von Schwingungen ist auf allen Ebenen die Voraussetzung für Gesundheit. Diese Schwingungsharmonie wird durch
stehende Wellen aufrechterhalten, die sich selbst verstärken, nachdem sie von ihren Kernschwingungen ausgesendet worden sind.
Die Kernschwingungen erzeugen Wellen, die mit ihrem Energiefeld
in einem Rückkopplungsverhältnis stehen; alle Prozesse dieses
Energiesystems arbeiten zusammen, um unsere Gesundheit zu
erhalten.

Alles schwingt, alles ist rhythmische Bewegung. Das Herz
pulsiert nach einem Rhythmus und mit ihm das ganze Kreislaufsystem. Denken wir auch an den Rhythmus des Atmens, des Schla-
fens und Wachens. Energierhythmen wandern entlang der Akupunkturmeridiane, begleiten die Teilung der Zellen und den Menstruationszyklus. Unsere Gesundheit hängt von der rhythmischen
Bewegung all dieser und vieler anderer Prozesse ab. Soll die
Gesundheit erhalten bleiben, so müssen sie alle aufeinander abgestimmt sein und kein Teil oder System darf die anderen in den
Hintergrund drängen. Wirklich gesunden Menschen eignet eine
natürliche Anmut der Bewegung, die dem geschulten Blick nicht
verborgen bleibt. Schauen wir beispielsweise einer Tänzerin zu, so
sehen wir, ob sie sich nach ihrer inneren Harmonie bewegt oder nur
mehr oder weniger perfekt trainiert ist. Innere Harmonie zeigt sich
stets als dynamische Ausgewogenheit, die man nicht «machen»
kann – ein organisches Strömen der Lebensenergie durch den
gesamten Ablauf. Eine Ganzheit entsteht hier, die alle Einzelbewe-
gungen in jedem Augenblick zu einer Einheit von schwereloser
Grazie verbindet. Das gleiche Prinzip liegt auch den sogenannten
Mikrobewegungen zugrunde, die in der Life-Energy-Therapie als
diagnostisches und therapeutisches Instrument benutzt werden; sie
verdeutlichen uns Störungen im energetischen Gleichgewicht und
zeigen zugleich den Weg zu größerer Ganzheit.

Gesundheit, so sagten wir, hängt von der Ganzheit auf jeder
Energieebene ab. Wir müssen hier also sowohl über verschiedene
Grade von Gesundheit als auch über absolute Gesundheit oder
Ganzheit sprechen. Als relative Gesundheit wollen wir eine Ganz-
heit bezeichnen, die nur auf einer bestimmten Ebene verwirklicht

ist, auf anderen dagegen nicht. In der klinischen Praxis begegnen einem zum Beispiel oft Menschen, die physisch gesund, also ohne erkennbare körperliche Symptome sind, aber große Schwierigkeiten haben, ihre Emotionen zu zeigen. Sind solche Menschen tatsächlich gesund? Auf der emotionalen Ebene gewiß nicht. Physische Gesundheit, so müssen wir sagen, ist nur eine relative, auf die unteren Energiebereiche beschränkte Ganzheit. Solche physische Gesundheit bei gleichzeitig vorliegenden emotionalen Störungen weist oft auf eine radikale Unterbrechung des PES-Prozesses zwischen Psyche und Körper hin. In der verwirklichten Ganzheit sind alle Energieebenen miteinander verbunden, jede ein Abbild vom Zustand der anderen; wenn also auf einer Ebene ein akzeptabler Gesundheitszustand erhalten bleibt, obwohl auf anderen schwere Störungen vorliegen, so könnte das auf eine tiefe energetische Spaltung hinweisen, wie sie für schizoide oder gar schizophrene Prozesse typisch ist.

Gesundheit ist auch ein dynamischer Gleichgewichtszustand zwischen den Strukturen des Körpers, seinen energetischen Komponenten und den Schwingungen verschiedener Felder; diese Aspekte bilden ein untrennbares Ganzes, wenn auch immer mal wieder der eine oder andere im Vordergrund stehen mag. Selbst so weit voneinander entfernte Energieaspekte wie die Persönlichkeit und die Enzyme müssen miteinander im Gleichgewicht stehen, wenn der Gesamtorganismus gesund sein soll. Alle Teile sind durch Rückkopplung miteinander verbunden, so daß jeder Teil in gewisser Weise zugleich das Ganze ist, ein Hologramm, das den Gesundheitszustand des Gesamtorganismus widerspiegelt.

Gesundheit, das sollten wir uns immer wieder klarmachen, ist eigentlich unser natürlicher Zustand. In einer Gesellschaft wie der unseren, wo Gesundheitsprobleme katastrophale Ausmaße annehmen, vergißt man allzu leicht, daß Kranksein unnormal ist (mit Ausnahme von Reinigungsprozessen oder bei spiritueller Entwicklung gelegentlich auftretenden Zuständen, die äußerlich wie «Krankheit» aussehen können). Ein merkwürdiger Perspektivenwechsel läßt uns vielfach schon Krankheit als normal und Gesundheit als Ausnahme ansehen. Und unser endloses Beschäftigtsein mit Krankheiten erzeugt die Energie, die noch mehr Krankheit schafft, denn alles, was unsere Aufmerksamkeit fesselt, wird umso stärker, je mehr wir uns damit beschäftigen.

Andererseits bedarf aber die Erhaltung unserer Gesundheit einer gewissen – positiven – Wachsamkeit und Fürsorge, sei es durch körperliche Bewegung, gesunde Ernährung, achtsamen Umgang mit unseren Gefühlen oder geeignete spirituelle Praxis. Wenn wir uns so um unsere Gesundheit kümmern, lenken wir unsere Energien auf die Ganzheit. Dadurch harmonisieren wir die Energieemanationen, die unsere spirituelle Entwicklung mit dem Körper, den Emotionen und den mentalen Prozessen verbinden. Diese Energieschwingungen bilden stehende Wellen der Gesundheit, ein Milieu, das die Homöostase und die weitere Entwicklung fördert. Bewahrung der Gesundheit ist also ein aktiver Prozeß, der Bewußtheit voraussetzt. Wirklich ganz können wir nur sein, wenn wir voll bewußt sind, und immer wenn unsere Wachsamkeit nachläßt, riskieren wir, krank zu werden. Störung der Ganzheit erzeugt Krankheit, und außer in schweren Fällen von energetischer Spaltung wird sich diese Krankheit auf allen Ebenen der Energie mehr oder weniger stark zeigen. Auch wo eine solche Spaltung vorliegt, wirkt sich die Krankheit natürlich aus, aber möglicherweise auf ganz andere Art als bei Menschen, die stärker integriert sind.

Krankheit

Im Lauf der Geschichte hat es viele Erklärungsversuche für das Phänomen Krankheit gegeben, und auf den ersten Blick scheinen viele dieser Erklärungen einander zu widersprechen. Das liegt aber vor allem daran, daß bislang eine Sprache gefehlt hat, die sowohl die Erfahrungen «primitiver» Kulturen als auch die Aussagen der modernen Naturwissenschaften erfassen kann. Das Konzept der Lebensenergie erlaubt uns jetzt, eine einheitliche Theorie von Gesundheit und Krankheit zu entwickeln oder zumindest Vorüberlegungen dazu anzustellen.

Naturvölker unterscheiden seit jeher zwei Arten von Krankheiten: gewöhnliche, die auf falsche Ernährung, Unachtsamkeit, Dummheit oder Alter zurückzuführen sind, und ernste Krankheiten, die etwas mit Geistern und den Aktivitäten der Seele zu tun haben. Jede Person und jedes Ding besitzt für diese Völker einen Geist, der auf andere Dinge oder Personen übertragen werden kann. Dinge, die jemand besitzt, nehmen etwas von seiner Persönlichkeit an, und wenn jemand anderes solch einen Gegenstand in die Hand bekommt, kann er seinem Besitzer damit schaden oder nützen.[58] Deshalb lassen sich die Menschen solcher Völker so ungern photographieren und vergraben vielfach ihre Ausscheidungen und unbrauchbar gewordene Gegenstände. Wir können solche Anschauungen als ein frühes Wissen um das Prinzip betrachten, das auch in der Radiästhesie, Radionik und beim Hologramm zum tragen kommt: ein Teil steht für das Ganze. Manche dieser Völker glauben, daß man krank wird, wenn ein Geist in den Körper eingedrungen ist. Krankheit ist also das Zeichen einer fremden Gegenwart.

Für die Bewohner der Südseeinseln ist Krankheit ein Zeichen dafür, daß die Seele den Körper vorübergehend verlassen hat; bei den Eskimo und manchen nordamerikanischen Indianern bedeutet Krankheit, daß die Seele zu fliehen versucht. Im Tod ist das Entkommen der Seele endgültig. Bei einer Krankheit obliegt es dem Schamanen, die geflohene Seele zurückzuholen und damit die Gesundheit wiederherzustellen.

Da es in den frühen Stammeskulturen kaum einen Unterschied zwischen Medizin, Magie und Religion gab, bestand dort auch nur eine Form des Heilens, die zugleich Behandlung und religiöses Ritual war.[59] Die frühen Heiler waren Arzt und Priester zugleich, denn es gab noch keinen Unterschied zwischen diesen Rollen. Diese Personalunion bestand auch im Mittelmeerraum bis zum Beginn der griechischen Philosophie, mit der die Trennung von Geist und Körper ihren Anfang nahm.

In der chinesischen Medizin gilt Krankheit seit jeher als Ausdruck eines Ungleichgewichts im Gefüge der Lebensenergie, wie sie in den beiden Urkräften Yin und Yang und in den fünf Elementen (Holz, Feuer, Erde, Metall und Wasser) gegeben ist. Gesundheit ist der harmonische Fluß der Lebensenergie (Ch'i) in einem Kraftfeld, das durch die verschiedenen Pole der Körperganzheit gegeben ist: rechts/links, oben/unten, innen/außen und so weiter. In diesen bipolaren Bewegungsabläufen macht die Lebensenergie je nach Art und Stärke der beteiligten Eigenschaften (Elemente) eine Reihe von Wandlungen durch. Die chinesischen Elemente sind als fünf evolutive Phasen zu verstehen, die den natürlichen Strom der Lebensenergie begleiten und in allen nicht-statischen Phänomenen wirksam sind: in den Jahreszeiten, Nahrungsmitteln, Emotionen, Körperteilen und so weiter.

Bei den Tibetern haben Krankheit und Gesundheit darüber hinaus noch eine spirituelle Dimension. Nach buddhistischer Auffassung wurzeln Krankheiten in drei Arten von Unwissenheit: Unkenntnis der Wesensstruktur menschlicher Persönlichkeit, Unkenntnis der wahren Natur des Universums und Unkenntnis des wahren Selbst. In den Worten eines anonymen Lama: «Krankheit hat ihre Wurzeln im Guten, Schönen und Wahren. Sie ist nichts als das verzerrte Abbild göttlicher Möglichkeiten.» Wir verzerren die Ganzheit, und das macht uns krank. Wenn wir das Licht der Wahrheit nicht sehen wollen, können wir auch ihre Gesetze nicht erkennen und verharren in Unwissenheit um unsere göttlichen Möglichkeiten. Krankheit ist letztlich das fehlende Gewahrsein der Ganzheit, Einheit und Harmonie des Lebens – eben das, was die Buddhisten auch «Nicht-Wissen» nennen, wobei dieser Ausdruck impliziert, daß es sich dabei um ein «Nicht-wissen-Wollen» handelt. Angenommenes Wissen ist wahres Bewußt-Sein, die wahre *Wissen*schaft vom Leben. Nicht-Wissen dagegen ist Ausdruck der unausgesprochenen Entscheidung, nichts von der Ganzheit und ihren Forderungen, aber auch ihren Entwicklungsmöglichkeiten zu einem erfüllten Leben wissen zu wollen.

Auch im Westen haben manche Ärzte schon recht früh erkannt, daß Krankheit Ausdruck einer Unausgewogenheit von Polaritäten ist. Hoffman (1664–1742) verstand Krankheiten als Mangel oder Überschuß an Tonus und erweist sich damit als Vorläufer von Wilhelm Reich und Lillemoor Johnson und ihrer Arbeit mit übermäßig gespannter («Panzerung») beziehungsweise erschlaffter Muskulatur.

In der japanischen Massagekunst Shiatsu spielt die Polarität von zu starker *(jitsu)* und zu geringer *(kyo)* Spannung eine ebenso wichtige Rolle. Brown (1735–1788) beschrieb Krankheiten als Ergebnis von Mangel- und Überschußsituationen; er steht damit in der Nähe der chinesischen Klassifizierung von Krankheiten in Yang-(Überschuß-) und Yin- (Mangel-) Zustände des Körpers.

Die Ayurvedaärzte Indiens und der angrenzenden Länder führen Krankheiten auf falsche Proportionierung der drei Energiequalitäten *(tridosha)* zurück, die in den Wandlungsprozessen der Elemente (Erde, Wasser, Luft, Äther, Feuer) eine Rolle spielen. Hippokrates glaubte, daß Krankheiten von falschen Mengenverhältnissen der Körpersäfte oder *humores* (Blut, Schleim, gelbe Galle, schwarze Galle) verursacht werden. Aristoteles fügte dem hinzu, daß auch die vier Temperamente (cholerisch, sanguinisch, phlegmatisch und melancholisch) eine große Rolle für die Entstehung von Krankhei-

ten spielen. Die griechischen Pneumatiker machten den Luftgeist
(pneuma) für Krankheiten verantwortlich. Samuel Hahnemann
verstand Krankheiten als Ausdruck einer Schwächung der
Lebenskraft – nicht als etwas Eigenständiges, sondern als mehr
oder weniger große Abweichung vom Zustand der Gesundheit.

Im 16. Jahrhundert behauptete Fracastorium, Krankheiten ent-
stünden durch Ansteckung – eine Anschauung, der auch heute
noch die meisten Menschen zustimmen. Erst im 19. Jahrhundert
wurde jedoch die Zelle entdeckt, und Virchow zeigte, daß Zellver-
änderungen ein wesentlicher Begleitumstand von Krankheiten
sind. In dieser Zeit der Entdeckungen lebte wieder einmal die alte
Streitfrage auf, ob Krankheiten sich von innen her entwickeln oder
den Organismus von außen befallen. Pasteur, Lister und Koch sind
die Hauptvertreter der Theorie der exogenen (von außen kommen-
den) Krankheitsverursachung. Für sie waren die allgegenwärtigen
Keime der Grund fast aller Übel.

Die Gegener der Keimtheorie postulierten, daß Krankheiten
spontan von innen her entstehen. Im Gegensatz zur analytischen
mechanistischen Anschauung der Keimtheoretiker behaupteten die
Vitalisten in ihrer Theorie der spontanen Krankheitsentstehung,
daß Krankheit ein Versuch des Körpers sei, die Ganzheit wiederherzustellen. Krankheit war für sie also nichts Eigenständiges,
sondern ein Aspekt der Gesundheit. F. A. Ponchet unternahm
weite Reisen, um Luftproben aus allen Teilen der Welt zu sammeln,
und seine Untersuchungen ergaben, daß die Luft keine Krankheitskeime enthält. Béchamp zeigte, daß es in der Luft zwar Mikroben
gibt, diese aber nicht krankheitserregend sind – sonst müßte jede
Wunde und jeder Atemzug uns krank machen. Seine Forschungen
zeigten im Gegenteil, daß Bakterien *im* Körper entstehen, und zwar
aus winzigen Zellgranulationen, die er Mikrosyma nannte. Ganz
sicher wissen wir heute, daß nicht alle Krankheiten ansteckend sind
und daß ansteckende Krankheiten längst nicht jedermann anstecken
– können die Mechanisten das erklären?

Die vitalistische Idee der spontanen Krankheitsentstehung ist
eine durchaus noch nicht überholte Anschauung. Nach Ponchet,
Béchamp und anderen zeigte Wilhelm Reich bei seiner Forschungsarbeit mit Krebszellen, daß Krankheiten sich nur dann entwickeln
können, wenn die Lebensenergie zu schwach ist, um Antigene zu
neutralisieren. In den dreißiger und vierziger Jahren kam Reich
aufgrund seiner biologischen Forschungsarbeit zu dem Ergebnis,

daß Krankheit ein Verfallsprozeß von Zellen ist, ausgelöst durch «Dysfunktionen des vegetativen Lebensapparats». Darunter verstand er eine fundamentale Störung des natürlichen Pulsierens der Lebensenergie im Körper. Der natürliche Rhythmus von Kontraktion und Expansion ändert sich, wodurch der organische Fluß der Lebensenergie behindert wird. Blockierungen der Lebensenergie haben nach Reich stets mit sexuellen Stauungen zu tun, die sich entweder direkt als emotionale Störungen oder indirekt als Erkrankungen von Körperorganen äußern. Der psychoemosomatische Prozeß sorgt aufgrund seiner ganzheitlichen, alle Aspekte umfassenden Natur allerdings in vielen Fällen dafür, daß direkte und indirekte Manifestationen einer Krankheit ineinandergreifen. Reich zeigte, daß das normale Energieniveau im Körper durch Angst gesenkt wird. Das bedeutet eine Schwächung unserer Abwehrkraft, und in dieser Lage sind wir empfänglich für Krankheiten.

In seiner einheitlichen Krankheitstheorie behauptet McDonagh, daß es trotz aller Vielfalt der Formen eigentlich nur eine einzige Krankheit gibt – Abweichungen vom normalen Eiweißhaushalt des Körpers. Je nach der Art der Proteinstörung im Blut entstehen in verschiedenen Körperzonen krankhafte Entartungen. Eine neuere biologische Untersuchung (Smith) stellt die Enzyme als wichtigste Einflußgröße für Gesundheit und Krankheit heraus. Eine Entartung der Enzyme beeinflußt die Muskeltätigkeit und den Muskeltonus – was an eines der wichtigsten Elemente in Reichs Theorie der Energieblockierung durch «Muskelpanzerung» erinnert. Es könnte sein, daß eine Störung des Energieflusses die Enzyme beeinflußt, was sich wiederum auf Muskelaktivität und Muskeltonus und damit letztlich auch auf das emotionale Verhalten auswirkt.

Der Photobiologe John Ott entdeckte, daß Mangel an Sonnenlicht Pflanzen anfällig für Viruserkrankungen macht. Viren bestehen, wie wir wissen, aus von Protein umgebener DNS oder RNS und können nur in lebendigen Zellen überleben. Ott glaubt, daß Viren in der lebenden Zelle entstehen, und zwar aufgrund eines unausgeglichenen Stoffwechsels, der auf Lichtmangel oder falsche Ernährung zurückzuführen ist. Und die Mikroben selbst? Hören wir den Biologen Lewis Thomas:

«Ich glaube, daß Mikroben im allgemeinen hilfreich und nützlich sind. Wir haben uns jedoch seit Pasteur daran gewöhnt zu glauben, daß sie unerbittliche Feinde sind.»[60]

So hat Pasteur uns zwar wichtige Einsichten vermittelt, vor allem auf dem Gebiet der Hygiene und der Präventivmedizin, aber es wird immer deutlicher, daß seine Theorie der Krankheitsverursachung unzureichend ist. Wir wissen ja, daß nicht jeder sich bei einer Erkältungswelle oder sonstigen Virusepidemie ansteckt. Wenn die Viren sich nicht aussuchen, wen sie infizieren wollen – was wir wohl ausschließen können – dann müßten, wenn die Keimtheorie richtig wäre, *alle* Menschen eines von einer Virusepidemie befallenen Gebiets erkranken. Das ist jedoch nicht der Fall. Man hat sogar zeigen können, daß direkte Verabfolgung von Cholerakulturen bei gesunden Individuen keine Cholera auslösen muß, während andererseits Cholera auch bei Individuen ausbrechen kann, die isoliert gehalten wurden. Eine mechanistische Keimtheorie kann nicht erklären, weshalb verschiedene Menschen verschieden anfällig für Tuberkulose sind und nach welchen Gesetzen eine Grippeepidemie verläuft.

Es ist inzwischen bekannt, daß Viren und Bakterien in unserer Umwelt und sogar in unserem Körper allgegenwärtig sind. Man nimmt überdies an, daß sich auch in gesunden Menschen ständig Krebszellen bilden, die wieder zerstört werden. Warum werden dann manche Menschen krebskrank und andere nicht? Die moderne Pathologie berücksichtigt inzwischen auch die Rolle von Chemikalien und anderen Umweltgiftstoffen wie Asbest für die Entstehung von Krankheiten.

Je intensiver die Natur der Krankheit erforscht wird, desto zwingender wird die Schlußfolgerung, daß monokausale Theorien, wie sie heute noch gang und gäbe sind, für eine umfassende Krankheitstheorie nicht ausreichen. Auf der Grundlage einer gründlichen Sichtung der medizinischen Literatur spricht Pelletier von der «Unzulänglichkeit monokausaler Theorien und selbst multikausaler Überlegungen, sofern sie sich auf materielle Faktoren beschränken und andere ignorieren oder herabspielen».[61]

Die Energieforschung eröffnet hier einen neuen und vielversprechenden Zugang. Die westliche Naturwissenschaft interessiert sich immer mehr für die Beziehung zwischen Strahlungen und Krankheit. Die Thermographie zum Beispiel ist eine Technik, mit der wir die Temperaturen verschiedener Körperteile ermitteln und in Form eines Bildes aufzeichnen können. Auf solchen Bildern erscheinen von Krebs befallene Gebiete stärker rot als andere, was eine vermehrte Wärmestrahlung erkennen läßt. Die Kirlian- oder Elek-

trophotographie hat zudem gezeigt, daß krankhafte Prozesse an
gestörten oder in der Intensität geminderten Energiefeldern zu
erkennen sind, also mit einer Dysfunktion von Lebensenergie-
Prozessen zusammenhängen. In England hat Harry Olfield mit
seiner «Audiokamera», einer Weiterentwicklung der Kirlian-Appa-
ratur, neuerdings demonstriert, daß man Krankheiten nicht nur
anhand ihrer Felder sichtbar, sondern auch hörbar machen kann. Er
entdeckte, daß Krebszellen eine fünfzehnmal höhere Energieaktivität zeigen als gesundes Gewebe.

Der deutsche Biophysiker F. A. Popp hat, wie schon erwähnt,
eine Theorie vorgelegt, wonach die Zellen ihre Aktivitäten aufgrund des Austauschs von Biosignalen regulieren. Krankheit entsteht nach seiner Auffassung, wenn die Kommunikationsbahnen
zwischen den Zellen unterbrochen werden und keine Signale
(Infrarot und Schall) mehr ausgetauscht werden können. In diesem
Fall versuchen die Zellen, die Verbindung durch eine Art «Repara-
turresonanz» wiederherzustellen. Dabei spüren die Gene aufgrund
von Energieresonanzen falsche Signale auf und versuchen sie
auszuschalten. Popps Theorie betrachtet Krebs als Ergebnis einer
chronischen Signalstörung, die schließlich ein Feld erzeugt, wie es
bei gesundem Gewebe nicht vorkommt. Krankheit ist für ihn eine
inkompatible Energieschwingung, die fehlerhafte Wellen erzeugt
und dem Zellkern unrichtige Informationen zukommen läßt. Wie
andere vor ihnen kamen Popp und seine Kollegen zu dem Ergebnis,
daß Krebs eine hyperenergetische Krankheit ist im Gegensatz zu
anderen, etwa Rheuma, die von Energiemangel begleitet sind; beide
Formen stellen jedoch Abweichungen von den stehenden Wellen
der Gesundheit, also der normalen energetischen Aktivität, dar.
Tiller hat sogar die Hypothese aufgestellt, daß Krankheit eine
Störung im Energiefluß zwischen Strukturen in der positiven
Raum-Zeit einerseits und der negativen Raum-Zeit andererseits
sind.

Alle diese Überlegungen könnten den Eindruck erzeugen, daß
Krankheit ein überaus komplexes Geschehen ist. Das Bild wird
jedoch sofort viel einfacher und klarer, wenn wir uns vor Augen
halten, daß Krankheit ebenso wie Gesundheit eine Funktion der
Ganzheit ist und in Energiebegriffen beschrieben werden kann.
Krankheit gibt uns auf vielfältige Weise Gelegenheit, etwas über
Energie zu erfahren und dieses Wissen in eine größere Ganzheit – in
Gesundheit – zu transformieren. So gibt es zwar eine Menge

verschiedener Perspektiven, unter denen wir Krankheit betrachten können, aber sie alle lassen sich mit Hilfe von Energiebegriffen in eine Lebensenergie-Theorie der Krankheit integrieren.

Die bei Naturvölkern verbreitete Anschauung, daß Krankheit einen Verlust der Seele bedeutet, können wir auch so verstehen, daß ein Verlust an Harmonie gemeint ist. Die Seele ist das Prinzip der universalen Ganzheit; Krankheit ist das Fehlen der Seele oder Ganzheit, deren Harmonie gestört ist. Wir haben uns von unserer persönlichen Ganzheit, die vom Geist-Feld regiert wird, entfernt. Geist, so haben wir gesagt, ist das charakteristische Frequenzband jedes Objekts, jeder Person und jedes Prozesses. Die Anschauung, daß Krankheit durch das Eindringen eines Geistes in den Körper entsteht, bezeichnet also im Grunde ein Identitätsproblem. Von Geistern «besessene» Menschen sind oft jung, naiv oder religiös und haben ihre Identität auf irgendeiner Ebene entweder zu wenig entwickelt oder gar abgelehnt. Die fehlende Verbindung zu dieser Identität öffnet eine «Energietür» für Frequenzen, mit denen uns keine Resonanzschwingung verbindet. Daraus entsteht Krankheit, denn Gesundheit beruht auf der Resonanz aller Energiefrequenzen nach den Gesetzen der Harmonik. Daß Energie zwischen Menschen übertragen werden kann, glauben viele zwar heute noch nicht, aber es ist wohldokumentiert. Die Qualitäten des Geistes sind zum Wohl oder zum Schaden übertragbar, wie die zahlreichen Kulte und Religionen der ganzen Welt, in denen solche Praktiken geübt werden, bekunden. Menschen natürlicher Kulturen leben ein ganzheitlicheres Leben als zivilisierte Menschen, und daher ist es nicht erstaunlich, daß sie sich mit den Grundlagen von Gesundheit und Krankheit so gut auskennen. Manches an ihren Anschauungen mag Aberglaube sein, der die reinen Energieprozesse dem Blick entzieht, aber sie leben die Ganzheit.

Auch der von vielen Religionen behauptete Zusammenhang von Sünde und Krankheit läßt sich energetisch formulieren: Es stimmt in der Tat, daß Krankheit oft dann entsteht, wenn wir die Gesetze der Ganzheit übertreten, wenn wir uns von der Ganzheit abtrennen. «Sünde» hängt mit «sondern», das heißt sich absondern oder abtrennen zusammen. Wir brauchen keinen Gott zu bemühen, der uns straft – wir tun es selbst. Das Gesetz des Karma, das einfach jedem Handeln eine Konsequenz zuweist, beschreibt den Zusammenhang sehr genau. Unsere Handlungen sind lediglich Verdichtungen im Kreislauf der Lebensenergie. Die Qualitäten unseres

Handelns und des Bewußtseins, in dem wir handeln, kehren zu uns zurück und bereichern oder entleeren unser Leben. Es gibt keine Strafen – nur energetische Resultate des Handelns.

Gesundheit ist Gleichgewicht, und deshalb müssen alle Ebenen unseres Seins einander ergänzen. In polarisierten wie in zyklischen Energieabläufen müssen alle Phasen der Aktivität den Rhythmus der Ganzheit haben. Krankheit kann dann ausbrechen, wenn irgendeine Energiepolarität – zum Beispiel das Verhältnis von Yin und Yang, der Muskeltonus oder die Atmung – gestört ist. Sie kann bei den Enzymen oder anderen Proteinen ansetzen oder durch Streß ausgelöst sein. Wo immer die Lebensenergieprozesse unterbrochen oder behindert sind, entsteht Krankheit. Schlechte Ernährung erzeugt Gifte, von denen der Körper sich durch eine Krankheit zu befreien versucht; Mangel an Sonnenlicht bedeutet Entzug des lebenswichtigen Ultraviolettlichts; emotionale Erstarrung blockiert den Strom der Lebensenergie, was wiederum die Vorgänge der Ladung und Entladung behindert.

Wo Harmonie ist, kann es keine Krankheit geben. Ein physikalischer Ausdruck für Harmonie ist «Kohärenz», und Kohärenz ist das Prinzip, das dem Laserlicht seine ungeheure Energie gibt. Gesundheit ist eine Art von Kohärenz, bei der alle Energien gesammelt und ausgerichtet sind. Das Ergebnis ist ein konzentrierter Lichtstrahl, vergleichbar dem, was im Osten schon seit Tausenden von Jahren als die vollkommene Sammlung des Geistes in der Meditation bekannt ist.

Eine entsprechende Analogie für Krankheit, jenen verworrenen Zustand, in dem Sammlung, innere Stille, emotionale Klarheit und körperliche Ausgewogenheit verlorengehen, ist das diffuse Licht einer normalen Glühbirne. Das Schwingungsmuster der Gesundheit oder Kohärenz gerät durcheinander und natürlich auch das, was von diesem Schwingungsmuster erzeugt und getragen wird, der Körper und die Psyche. Auf der körperlichen Ebene können Organe erkranken, auf der psychischen Ebene entstehen Neurosen oder Psychosen, und wenn beide Seiten beteiligt sind, Psyche und Körper (*soma*), so zeigen sich psychoemosomatische Probleme wie Migräne oder sogar Krebs.

Manchmal sind direkte Krankheitssymptome nur die letzten Manifestationen in einer Kette tieferer Prozesse, die nicht bemerkt wurden. Wenn «plötzlich» irgendwo eine Krebsgeschwulst entsteht, so hat nicht einfach der betroffene Körperteil Krebs, sondern der *ganze* Mensch hat diesen Krebs in sich wachsen lassen. Ein umfassendes Verständnis des Phänomens Krankheit setzt einen «multiversalen Ansatz» (Pelletier) voraus, bei dem nicht nur physische Faktoren wie etwa Krankheitskeime zu berücksichtigen sind, sondern auch andere Fragen gestellt werden müssen: Welche Rolle spielen Erbfaktoren und die Tatsache, daß manche Krankheiten gesellschaftlich akzeptabel sind und andere nicht? Wieviel Anpassung ist in welcher Zeit zu bewältigen? Welche Folgen hat die Neigung zur Unterdrückung von Emotionen, haben sozialer Druck und eine Vielfalt von Streßfaktoren und ihre Interpretation?

Ein großer Teil des täglichen Streß entzieht sich unserem Bewußtsein mehr oder weniger stark: Lärm, Umweltstrahlungen, ungelöste emotionale Konflikte. Oft stehen unabgeschlossene Energieprozesse im Hintergrund, die als Schwingungsmuster im Körper festgehalten werden. Äußere und innere Reize können diese festgehaltenen Kräfte wieder mobilisieren, damit sie ihren Energiezyklus vollenden können. Leider sind die meisten Menschen sich dieser Faktoren nicht genügend bewußt und nehmen sich nicht einmal die Zeit zu körperlicher Aktivität, die wenigstens den oberflächlichen Streß lindern könnte; Bewußtsein und Aktivität zusammen könnten jedoch zu einem Verständnis tieferer Energiezusammenhänge führen. Vermögen wir in unserem Leben mehr Stille zu finden, so empfinden wir viel deutlicher die Kräfte, die im täglichen Leben auf uns einwirken. Das kann darin bestehen, daß wir die Traurigkeit, die schon lange in uns vergraben war, wirklich fühlen, oder den Lärm in unserer Nachbarschaft wirklich wahrnehmen. Aber in dem Bemühen, unsere Emotionen dort festzuhalten, wohin wir sie verbannt haben, hindern wir uns selbst daran, einfach wahrzunehmen, was ist.

Ich bin überzeugt, daß man Krankheit, welcher Art sie auch sein mag, nur im Licht der Ganzheit verstehen kann. Der Gesichtspunkt der Ganzheit bedeutet, daß wir auch die gesunde Seite der Krankheit beachten müssen, indem wir uns zum Beispiel fragen, was wir aus ihr lernen können. Wir müssen bei der Diagnose den ganzen Menschen, also seine Energiekomponenten, aber auch gesellschaftliche, politische und sonstige Umwelteinflüsse berücksichtigen; wir brauchen zudem Heilungsansätze, die den Menschen in seiner geistig-körperlichen Ganzheit erfassen und ihm selbst die Verantwortung für seine Gesundheit überlassen. Von größter Bedeutung für ein vollständiges Bild von Krankheit und Gesundheit ist das

Verständnis ihrer Energiekomponenten; das erfordert mehr interdisziplinäre Zusammenarbeit in den Wissenschaften.

Neben zahllosen Veröffentlichungen über Krankheit gibt es
bislang noch kaum Forschungsergebnisse darüber, was uns gesund
erhält.[62] Ist das reiner Zufall, oder bekundet sich darin noch einmal
unsere Furcht vor der Ganzheit? Alle Formen der Ganzheit sind
gefährlich – glauben wir. Jede Form führt uns zu Veränderungen,
die wir vielleicht nicht akzeptieren mögen – also sperren wir uns
gegen den Fluß der Energie und verlangsamen damit unsere Evolution (wenn wir sie nicht ganz zum Stillstand bringen). Krankheit ist
der Kompromiß zwischen den beiden Möglichkeiten der bereitwil-
ligen Weiterentwicklung und der totalen Verweigerung. Die Energie wird durch Krankheit zwar nicht vollkommen freigesetzt,
kommt aber zumindest in Bewegung. So ist Krankheit einerseits ein
Selbstheilungsversuch, zugleich aber auch Produkt unserer Furcht
vor unserer Weiterentwicklung.

Unsere Energiegleichung hat sich im Lauf dieses Kapitels
beträchtlich erweitert:

Lebensenergie = Intelligenz
Lebensenergie = Muster
Lebensenergie = Bewegung
Lebensenergie = Rhythmus
Lebensenergie = Evolution
Lebensenergie = Integration
Lebensenergie = Emotion
Lebensenergie = Grad der Gesundheit
Lebensenergie = Heilung

4. Energie und Umwelt

> Wir können sehr weit kommen, wenn wir mit dem Nächstliegenden anfangen – und das sind wir selbst. Wir fangen meist mit dem Fernsten an – mit dem höchsten Prinzip, dem größten Ideal – und verlieren uns in die Tagträume des imaginativen Denkens. Wer aber mit dem Nächstliegenden beginnt, bei sich selbst, dem steht die ganze Welt offen, denn er ist die Welt. Mit dem, was ist, müssen wir beginnen, mit dem, was jetzt geschieht, und das Jetzt ist zeitlos.
>
> Krishnamurti

Tun wir den Schritt von unserer persönlichen Ganzheit zur Umwelt, so finden wir, daß dieselben Energieprinzipien auch hier gelten. Schon auf der Ebene der Wortverwandtschaft werden Parallelen deutlich. Der erste Teil des aus dem Griechischen abgeleiteten Worts Atmo-sphäre (wörtlich: «Dunstkugel») ist verwandt mit dem Sanskritwort *atman* und unserem «Atmen», ein Hinweis darauf, daß auch unsere Umwelt ein Bereich des Atems und des Geistes ist. Schon das uralte hermetische Prinzip «wie oben, so auch unten» spricht ja aus, daß unsere Atmosphäre auch wir ist und daß die Natur unseres (physischen und metaphysischen) Atems unsere Umwelt wird.

Wir nehmen oft an, daß unser «Ich» wenig oder nichts mit dem zu tun hat, was wir «das andere» nennen. Allmählich wird uns jedoch bewußt, daß unsere Mißachtung der Naturgesetze, die zu globaler Umweltzerstörung führt, sehr wohl auf uns selbst zurückwirkt. Wenn ich auf meine Umwelt nicht achte und nicht bemerke, wie ich auf sie einwirke, und wenn du das gleiche tust, dann wird unsere Umwelt so, wie wir uns verhalten. Das Gesetz der Ganzheit

besagt, daß gleichartige Energieschwingungen durch Resonanz
Ganzheiten bilden; so schlägt sich unser Mangel an Bewußtsein in
der Umwelt nieder und fällt auf uns selbst zurück.

Wird eine Beziehung von Achtung und Bewußtheit getragen, so
leben beide Teile in Harmonie und Gesundheit. Wenn wir aber uns
selbst und die Umwelt mißhandeln, ziehen wir damit ökologische
Krisen, Wetterveränderungen und Krieg auf uns. Unsere Beziehung zur Umwelt muß ganzheitlich sein: Beachten wir *nur* die
persönliche oder *nur* die Umweltseite, so kann daraus kein gesundes Ganzes entstehen.

Betrachten wir nun einige energetische Umwelteinflüsse und ihre
Bedeutung für Gesundheit und Krankheit.

Licht

Licht gehört gewiß zu den wichtigsten Umweltenergien, und seine
Bedeutung für uns ist größer, als heute allgemein angenommen
wird. Wie jede andere Form von Energie kann Licht aufgrund
seiner Schwingungsqualitäten beschrieben werden, zum Beispiel
durch Wellenlänge, Schwingungsfrequenz, Amplitude. Unsere
wichtigste Lichtquelle ist die Sonne; was wir von ihrer Strahlung
sehen können, macht allerdings nur ein Prozent des gesamten
elektromagnetischen Spektrums aus, und dieses wiederum ist nur
ein schmales Band des gesamten lebensenergetischen Spektrums
(siehe 2. Kapitel).

Die Sonne ist die Energiequelle des Lebens auf der Erde; kein
Wunder also, daß sie in vielen Kulturen in besonderen Kulten
verehrt wurde. In Ägypten hieß die Sonne Ra, in Griechenland
Helios, und von den Hindus wird sie noch heute in der Gestalt des
Gottes Vishnu verehrt. Die Physiker nehmen an, daß die Sonne fast
vollständig aus Plasma besteht, einem sehr heißen, ionisierten
Gasgemisch, und daß in ihrem Inneren Kernverschmelzungspro-
zesse stattfinden, die das «Sonnenfeuer» in Gang halten. Das heiße
Plasma strahlt Wärme und das weiße Sonnenlicht ab, das sich aus
dem sichtbaren Farbspektrum von Rot bis Violett zusammensetzt.
Jede Farbe ist durch eine bestimmte Schwingungsfrequenz, also
auch eine bestimmte lebensenergetische Qualität, charakterisiert.

Jeder von uns kann mit einiger Aufmerksamkeit den Unterschied
zwischen natürlichem Sonnenlicht und den verschiedenen Formen

von künstlichem Licht wahrnehmen. Der Photobiologe John Ott hat wissenschaftlich demonstriert, daß dieser Unterschied auch Konsequenzen für die Gesundheit hat. Die Pigmentzellen der menschlichen Netzhaut, so erklärt Ott, sind nicht nur lichtempfindlich, sondern haben über die Zirbeldrüse und Hypophyse auch eine direkte Verbindung zum endokrinen System. Im vorigen Kapitel haben wir gesehen, daß das endokrine System eine sehr wichtige Rolle für die Regulierung der Emotionen und für unser emotionales Ausdrucksverhalten spielt. Kein Zweifel also, daß die Qualität des Lichts sich auch auf unsere Emotionen auswirkt. Wir wissen auch, daß die Zirbeldrüse[1] bei Tieren auf Licht reagiert, das durch die Augen einfällt, und für die neuroendokrine Homöostase (ausgeglichene Nerven-Hormon-Aktivität) von Bedeutung ist.

Lange hat man geglaubt, die Zirbeldrüse habe beim Menschen keine Funktion. Neuerdings hat sich aber gezeigt, daß sie alles andere als inaktiv ist, sondern den Stoff Melatonin bildet, der für die Pigmentierung der Haut mitverantwortlich ist und vielleicht sogar für die Bekämpfung von Krebs eine Rolle spielt.

Man hat überdies nachgewiesen, daß Lichtreize, die über die Augen aufgenommen werden, bei männlichen Enten die Geschlechtsdrüsen anregen.[2] Wir können zumindest vermuten, daß Licht auch beim Menschen die Drüsentätigkeit und damit den Hormonhaushalt beeinflußt, daß also Krankheiten, die mit der Drüsenfunktion in Zusammenhang stehen (etwa Diabetes, Schilddrüsenstörungen, Unfruchtbarkeit und Krebs) von Lichteinflüssen mitverursacht werden, aber auch über Lichteinflüsse zu behandeln sind.

Tatsächlich ist das Sonnenlicht für die Gesundheit so wichtig, daß lange anhaltender Mangel zu funktionellen Nervenstörungen, Vitamin-D-Mangel, Schwächung der Abwehrkraft und zur Verschlimmerung chronischer Erkrankungen führen kann.[3] Zucker in Verbindung mit künstlichem Licht scheint auch die Kariesbildung zu begünstigen, und die sexuelle Reifung wird offenbar von künstlichem Licht beeinträchtigt.[4] Natürliches Sonnenlicht fördert andererseits die Muskelfunktionen, vermehrt die Widerstandskraft gegen Grippe, schafft mehr Harmonie im Arbeitsleben, sichert das Leben von Tieren, die ohne genügend Sonnenlicht in Gefangenschaft nicht existieren können, und erhöht die Paarungsbereitschaft von Tieren, die sich in Gefangenschaft normalerweise nicht vermehren. Licht, das die ganze Breite des Spektrums umfaßt, fördert offensichtlich das Leben. Die Forschung hat gezeigt, daß die pigmentbildenden Epithelzellen des Auges sich nur dann teilen und vermehren, wenn sie solchem Vollspektrumlicht ausgesetzt sind.[5] An den chlorophyllbildenden Zellorganellen der Pflanzen ist ähnliches beobachtet worden, so daß man annehmen kann, daß Lichteinflüsse sich ganz grundlegend auf die Zellen auswirken.

Glas hält fast 99 Prozent der für die Gesundheit wichtigen langwelligen Ultraviolettstrahlung ab, während manche Kunststoffsorten etwa 95 Prozent durchlassen – eine Tatsache, die besonders für Brillenträger wichtig ist. Brillen unterstützen ohnehin nur die Schwäche der Augen und können sie nicht bessern; sie bilden überdies eine Art emotionale Barriere zwischen dem Brillenträger und der Außenwelt und enthalten den Augen (sofern die Linsen aus Glas sind) das wichtige Vollspektrumlicht vor.

Das natürliche Sonnenlicht enthält neben dem Spektrum des sichtbaren Lichts und der Infrarotstrahlung auch kurzwellige und langwellige Ultraviolettstrahlung. Auf dem Weg durch die Erdatmosphäre wird ein Großteil der kurzwelligen UV-Strahlung absorbiert. Über die Bedeutung von UV-Licht hat lange Zeit Verwirrung geherrscht, weil man noch nicht zwischen den kurzwelligen und langwelligen Anteilen unterschied. Bekannt war, daß diese Strahlung gesundheitsschädlich sein kann – aber es handelt sich dabei nur um das kurzwellige UV-Licht, das heute in Kliniken benutzt wird, um Keime (und auch uns selbst?) abzutöten. Ott hat gezeigt, daß langwelliges UV-Licht in geeigneter Dosierung nicht nur unschädlich, sondern sogar lebenswichtig ist. Wenn ihm Vollspektrumlicht für eine bestimmte Behandlung nicht zur Verfügung stand, wendete er langwellige UV-Strahlung an – mit ähnlich guten Resultaten wie bei vollem Sonnenlicht. Bei den künstlichen UV-Lichtquellen besteht der Nachteil, daß man nicht immer sicher sein kann, daß sie nur langwelliges Licht ausstrahlen. Bei Solarien ist also immer Vorsicht geboten, denn kurzwelliges UV-Licht ist äußerst schädlich, wenn es auch in Spurenmengen lebenswichtig ist. Solche Spuren, die durch die Atmosphäre bis zur Erdoberfläche vordringen, haben eine ähnliche Bedeutung für unsere Gesundheit wie die Spurenelemente, die der Körper auch nur in winzigen Mengen braucht.

Pflanzen, die bei unzureichender Beleuchtung leben müssen, bekommen häufig Viruskrankheiten. Ott glaubt, daß die Viren durch Stoffwechselstörungen entstehen, verursacht durch Lichtmangel und/oder Ernährungsfaktoren. Man kann die Viren und damit die Krankheit zwar auf andere Pflanzen übertragen, aber nach Ott sind es vor allem die gleichzeitig übertragenen Stoffwechselgifte, die die Krankheit weitergeben. Demnach wäre der Virus ein Resultat der Dysfunktion von Lebensenergie-Prozessen und nicht ihre Ursache.

Das würde auch die Meinung von Reich, Puharich und Kushi bestätigen, die alle auf ihre Weise zu dem Ergebnis gekommen sind, daß vor allem der Organismus selbst für das Entstehen einer Viruserkrankung verantwortlich ist.

Ott konnte seine Annahme auch dadurch bestätigen, daß er mit Lichtfiltern arbeitete, die nur für bestimmte Frequenzen (Farben) durchlässig waren. Blaufilter lösten bei Tierzellen Wirkungen aus, die nach der Ansicht von Virologen, die er hinzuzog, bestimmten Viruserkrankungen sehr ähnlich sahen. Ott weist auch darauf hin, daß die Tomatenkrautfäule (eine Viruserkrankung) meist nach längeren Zeiten dichter Bewölkung auftritt, und zwar auch unter sterilsten Bedingungen. Wenn er solche Pflanzen jedoch in sein Gewächshaus brachte und mit Vollspektrumlicht bestrahlte, erholten sie sich nach einigen Tagen wieder und setzten normale Früchte an. Das ist erstaunlich, denn normalerweise räumt man solchen erkrankten Pflanzen kaum Überlebenschancen ein. Unvollständiges Licht und schlechte Ernährung schaffen Bedingungen, unter denen Viren gedeihen. Wenn weitere Forschungen diese Behauptung bestätigen, könnten wir vermuten, daß ähnliches auch für den Menschen gilt. Da viele Ärzte und Wissenschaftler heute schon annehmen, daß Krebs wahrscheinlich durch Viren erzeugt wird, können wir nach dem, was wir über das Wirken von Viren gehört haben, nun weitergehend folgern, daß Krebs sich wahrscheinlich als Ergebnis von Stoffwechselstörungen aufgrund von Ernährungsfehlern und Lichtmangel erweisen wird (wobei natürlich auch noch andere Faktoren wie emotionale Hemmungen und Umweltgifte hinzukommen).

Ott berichtet auch von Experimenten mit Krebspatienten, die soviel Zeit wie möglich in der Sonne verbrachten und künstliches Licht weitgehend mieden. Bei allen Patienten außer einem zeigten sich Besserungen, und die meisten wurden ganz geheilt. Dem künstlichen Licht, gleich welcher Art, fehlen offenbar wichtige Anteile des natürlichen Sonnenlichts, die für die Gesundheit wesentlich sind. Normales Glühlampenlicht enthält praktisch keine

Ultraviolettstrahlung und sehr wenig vom blauen Ende des Spektrums sichtbaren Lichts; sein Schwergewicht liegt im roten und infraroten Bereich. Leuchtstoffröhren arbeiten nach einem anderen Prinzip; hier wird eine Phosphorbeschichtung des Glases zum Fluoreszieren gebracht. Die «warmweiße» Version ist besonders stark im Hellrot-Orange-Bereich. An einer amerikanischen Schule mit einer auffallenden Häufung von Leukämiefällen waren zwei Klassenzimmer mit solchen Lampen ausgestattet. Außerdem wurden hier meist die Vorhänge zugezogen, weil die Sonne blendete. Nachdem man die Lampen gegen solche des «kaltweißen» Typs ausgetauscht hatte und die Vorhänge häufiger geöffnet hielt, sind keine weiteren Fälle mehr aufgetreten.

Man muß sich also ernsthaft fragen, wie es um die Beleuchtung in Schule, Heim und Arbeitsstätte bestellt ist. Dr. Bradley und seine Assistenten vom «National Cancer Institute» haben ermittelt, daß Fluoreszenzlicht bei Hamstern Genmutationen auslösen kann; solche Mutationen könnten dafür verantwortlich sein, daß normale Zellen zu Krebszellen entarten.[6] In einer Studie des Deutschen Grünen Kreuzes heißt es, Fluoreszenzlicht sei die Hauptursache für Kopfschmerzen und Augenbrennen in Büroräumen. Je intensiver das Licht sei, desto größer die Gefährdung; am gefährlichsten sei die Kombination von künstlichem und natürlichem Licht.[7]

Auch das Flimmern solcher Lampen trägt zur Schädlichkeit des künstlichen Lichts bei. Es besteht sogar der Verdacht, daß es epileptische Anfälle auslösen kann. Nach meiner Erfahrung treten solche Anfälle auf, wenn sich besonders viel verdrängte emotionale Energie angestaut hat, die dann durch Schwingungen wie das Flackern des künstlichen Lichts gewaltsam freigesetzt wird. Emotionen sind Schwingungen, die ungehemmt ihren Lauf nehmen sollten; werden sie unterdrückt, so entwickelt sich eine Empfindlichkeit gegenüber Reizen, wie zum Beispiel dem Fluoreszenzlicht.[8] Offenbar genügt dabei die Fehlfunktion einer einzigen Gehirnzelle, um eine Kettenreaktion auszulösen.[9] Wenden wir uns nun der Wirkung verschiedener Frequenzen oder Farben des Lichts zu.

Farbe

Was geschieht, wenn wir mittels Filtern große Anteile vom Spektrum des weißen Lichts ausschalten? Die bisherigen Forschungsergebnisse lassen die allgemeine Aussage zu, daß Zellen auf einfarbiges Licht verschiedener Frequenzen recht unterschiedlich reagieren, zum Beispiel durch Verminderung oder Verstärkung ihrer Aktivität. Manche Zellen können sogar durch Anwendung bestimmter Farbfilter abgetötet werden. Es zeigt sich, daß nur ganzheitliches, nämlich natürliches Licht den ganzheitlichen Prozeß der Lebensenergie fördern kann. Jede Zerstörung der Ganzheit, auch der des Lichts, kann zu Krankheit und Tod führen.

Rot

Rot ist die Farbe am niederfrequenten Ende des sichtbaren Spektrums, charakterisiert durch eine vergleichsweise große Wellenlänge. Rotes Licht schwächt auf Dauer die Zellwände bei Pflanzen und Tieren und kann sie sogar zerstören. Bei Menschen führt es zu Sprachschwierigkeiten und bei Nerzen zu Krebs, Impotenz und aggressivem Verhalten. Nerze, die sich unter Rotlichtbestrahlung paaren, bringen nur männliche Nachkommen hervor. Kürbisse, die normalerweise gleichzeitig männliche und weibliche Blüten tragen, bekommen unter Rotlicht nur männliche Blüten.

In klinischen Einrichtungen wird selten Rot verwendet, weil es nervöse Spannungen und innere Unruhe verstärkt und starke Nachbilder erzeugt. Rosa hingegen schwächt die Muskeln und beruhigt,[10] weshalb diese Farbe in kalifornischen Nervenkliniken verwendet wird. Offenbar sind nur ein Prozent der Patienten (und das gilt auch für die Farbenblinden) unempfindlich für die Wirkung dieser Farbe. Bei Erregungszuständen werden die Patienten diesem Licht ausgesetzt, allerdings wohldosiert, denn wenn man die Behandlungszeit von etwa zwanzig Minuten überschreitet, können plötzliche Aggressivitätsausbrüche die Folge sein. Bisher wurde noch keine Erklärung für diese gegensätzlichen Wirkungen von Rosa gefunden. Rot kann in geschlossenen Räumen Platzangst auslösen, aber auch als Brennpunkt der Aufmerksamkeit dienen, wenn es gegen andere Farben abgesetzt ist. Mildere Rottöne erzeugen eine Atmosphäre von Wärme und Zuwendung. Rot ist eine stark vitalisierende Farbe, die häufigste Signalfarbe in der Natur. Rot scheint allerdings auch Haltungs- und Bewegungsstö-

rungen zu verschlimmern. Daß das Rot mit seinen besonders
langsamen Schwingungen besonders anregend wirkt, scheint paradox; eines der uralten Energiegesetze besagt jedoch, daß Form und
Funktion eines Objekts oder Prozesses gegensätzlich sind.

Da normales Glühlampenlicht und Fluoreszenzlicht des warmen
Typs einen starken Rotanteil aufweisen, könnten weitere Forschungen zeigen, daß diese Tatsache eine Rolle spielt für Phänomene wie
Hyperaktivität bei Kindern, Arbeitsunfälle oder Herzkrankheiten
– ganz zu schweigen von der männlichen Dominanz und der
allgemeinen sozialen Unruhe in unserer Gesellschaft. Ich halte es
für sehr wahrscheinlich, daß künstliches Licht den aggressiven und
vom Konkurrenzdenken beherrschten Charakter unserer Gesellschaft unterstützt. Rot ist in den frühkindlichen Entwicklungsphasen wegen seiner aktivierenden Kraft notwendig, muß dann aber
zunehmend durch den beruhigenden Einfluß von Blau ausgeglichen
werden. Rot ist im System der feinstofflichen Energiezentren oder
Chakras mit Kreuzbein, Becken und dem Sexualtrieb verbunden.

Blau
Nahe am anderen Ende des Farbspektrums liegt Blau, eine energie-
reichere (höherfrequente), aber beruhigende Farbe. Verwendet
man bei dem oben beschriebenen Experiment mit Nerzen oder
Kürbissen blaues Licht anstelle des roten, so werden nur weibliche
Nachkommen beziehungsweise Blüten erzeugt. Die geschlechtli-
che Entwicklung scheint also dem Einfluß bestimmter Energiefrequenzen zu unterliegen. Unter blauem Licht neigen männliche
Mäuse zu Fettansatz, weibliche nicht. Bei beiden Geschlechtern
zeigt sich jedoch ein höherer Blut-Cholestrinspiegel als bei Mäusen
unter Rotlicht. Bissige Nerze wurden unter Blaulicht ganz friedlich
und waren nach dreißig Tagen dieser Behandlung handzahm.
Gerrard und Hessey sollen 1932 eine tobende Menschenmenge
durch blaue Beleuchtung beruhigt haben.[11] Theo Gimbel (England)
hat ermittelt, daß Blau den Blutdruck senkt, Kopfschmerzen
beseitigt und für die harmonische Entwicklung von Geweben und
Körperstruktur sorgt.

Blau vermittelt ein Gefühl von Raum, das zum Beispiel in
ärztlichen Wartezimmern die Angst vermindern, auf großen Flä-
chen verwendet dem Auge jedoch auch kalt erscheinen kann. Blaues
Licht läßt die Einzelheiten der Umgebung manchmal wie hinter
einem leichten Dunstschleier erscheinen. Bei schüchternen Men-

schen kann Blau die Neigung zu scheuer Zurückgezogenheit noch verstärken, während es Überaktive leichter zur Ruhe kommen läßt. Besonders hilfreich kann diese Farbe da sein, wo Massage oder andere Körperbehandlungen angewendet werden, denn sie lockert bei Menschen, die zu einer starren Haltung neigen, Körpergewebe und alte physische Strukturen. Die passive, fließende Qualität des Blau kann bei manchen Patienten orale Tendenzen verstärken.

In ähnlicher Weise könnten wir auch die spezifischen Wirkungen der übrigen Farben untersuchen, doch reicht der hier zur Verfügung stehende Raum dazu nicht aus. Es sollte jedoch jetzt schon klar geworden sein, daß jede Farbe (oder Farbmischung) tiefgreifend auf unser lebensenergetisches Gefüge einwirkt. Wenn wir die Farben unserer Kleidung und Umgebung sorgfältig wählen und aufeinander abstimmen, können wir die tieferen Evolutionsprozesse des Lebens gezielt beeinflussen.

Licht und Farbe werden schon lange als Heilmittel eingesetzt und zwar ebenso auf der psychischen und spirituellen wie auf der körperlichen Ebene. Ein Pionier der Phototherapie (Lichtbehandlung), Niels Finsen, behandelte schon im vorigen Jahrhundert Hauttuberkulose mit kurzwelligem Ultraviolettlicht. Die Neugeborenengelbsucht wird in Indien schon immer – im Westen erst neuerdings – durch direkte Bestrahlung mit Sonnenlicht geheilt. Dr. Cremer in England stellte fest, daß man den gelben Farbstoff sowohl durch Sonnenlicht als auch durch Blaulichtbestrahlung abbauen kann. Mit dieser neuen Möglichkeit wird die frühere Behandlungsform, der Blutaustausch, überflüssig. Lichttherapie hat sich auch bei entzündlichen Fieberbläschen als wirksam erwiesen; man färbt die befallenen Stellen ein und setzt sie dem Licht von «Tageslicht»-Leuchtstoffröhren aus. Durch sogenannte photodynamische Inaktivierung wird der für die Entzündung verantwortliche Virus ausgeschaltet. Besonders interessant ist in diesem Zusammenhang der Herpes-Simplex-Virus, der nach der Anschauung vieler Forscher den Gebärmutterhalskrebs mitverursacht.

Bei einer Untersuchung zum Thema Alkoholismus stellte sich heraus, daß Ratten, die an den Wochenenden in Dunkelheit gehalten wurden, Alkohol dem Wasser vorzuziehen begannen. Auch wenn man ihnen das Enzym Melatonin direkt injiziert, werden sie Alkoholiker. Melatonin stammt aus der Zirbeldrüse, die mit den Augen in Verbindung steht. Da in der Dunkelheit mehr

Melatonin produziert wird als bei Licht, erscheint es möglich, daß Alkoholismus durch Lichttherapie behandelt werden kann. Wir wissen, daß zum Beispiel in Skandinavien, wo es lange Perioden der Dunkelheit gibt, der Alkoholismus weit verbreitet ist. Nun spielen beim Alkoholismus sicher noch andere Faktoren wie Geschichte, religiöse Tabus, Unterdrückung von Emotionen und die Ernährung eine Rolle, aber einer der wichtigsten, nämlich die Neigung zu Depressivität, ist, wie Alfred I. Levy gezeigt hat, durch die Behandlung mit natürlichem Licht zu beeinflussen.[12]

Lichttherapie ist bei richtiger Anwendung ungefährlich; man wird sich – nach dem Vorbild alter Kulturvölker – in Zukunft gewiß intensiver mit den therapeutischen Wirkungen von Licht und Farbe befassen. Ansätze dazu hat es schon gegeben: Colonel Dinshah Ghadiali entwickelte ein umfassendes System der Farbtherapie, doch wie Wilhelm Reich und Ruth Drown wurde ihm verboten, seine Methode zu praktizieren, weil sie von der Schulmedizin nicht anerkannt wurde.

Die Atmosphäre.

Licht und Farbe stellen nur einen kleinen Ausschnitt aus dem gesamten Spektrum der Lebensenergie dar. Die energiereichste Strahlung, die die Physik bis heute anerkennt, ist die sogenannte kosmische Strahlung. Sie besteht aus einem hochenergetischen Teilchenstrom, hauptsächlich Nukleonen, hat aber auch ein Leptonen- sowie eine Röntgen- und Gammastrahlen-Komponente. Zusammen bilden sie die sogenannte Primärstrahlung; durch Kollision der Primärstrahlung mit den Molekülen, die die Erdatmosphäre bilden, entstehen neue Teilchen, die «Sekundärstrahlung». Ursprung dieser sehr energiereichen kosmischen Strahlung sind wahrscheinlich Quasare und Supernovae, zu einem kleinen Teil auch unsere Sonne.

Ein anderes Phänomen, das von der Sonne ausgeht, ist der sogenannte Sonnenwind, ein ständiger Strom von Elektronen, Protonen und anderen geladenen Teilchen aus der Sonnenkorona, der mit einer Geschwindigkeit von mehreren hundert Kilometern pro Sekunde nach allen Seiten von der Sonne fortstrebt. Die Teilchen dieses Sonnenwindes erzeugen auf der Erde die Nordlichter und bilden die Van-Allen-Strahlungsgürtel. Man hat ermittelt, daß die Stärke des Sonnenwinds mit der Stärke der sogenannten Sonnenflecken zusammenhängt, die einem Rhythmus von etwa elf Jahren folgt, und daß dieser Rhythmus mit der Vulkantätigkeit auf der Erde, aber auch mit periodischen Schwankungen von globalen Grippeepidemien und kriegerischen Auseinandersetzungen übereinstimmt. Etwa drei Jahre nach einem Höhepunkt der Sonnenfleckenaktivität steigt die Zahl der Hautkrebserkrankungen dramatisch an. Manche Wissenschaftler vermuten, daß die schützende Ozonschicht der Erde in Zeiten besonders starker «Bombardierung» durch den Sonnenwind teilweise abgebaut wird und wir in dieser Zeit der kurzwelligen Ultraviolettstrahlung stärker ausgesetzt sind als sonst. Diese Sonneneinflüsse sind so stark, daß man in Rußland viele Herzpatienten oder psychisch Kranke in abgeschirmten Räumen unterbringt, solange der Sonnenwind besonders heftig «weht».

Georges Lakhovsky glaubt andererseits, daß kosmische Strahlen auch heilende Eigenschaften besitzen. Er fand heraus, daß Zellen mit elektronischen Schwingkreisen zu vergleichen sind, die durch die kosmische Strahlung angeregt werden. Krankheit, so sagte er, ist eine Störung des inneren Gleichgewichts der Zellen – verursacht unter anderem durch Strahlungen, die auf der Erde erzeugt werden und die kosmische Strahlung überlagern und stören. Lakhovsky vertritt hier ganz ähnliche Ansichten wie Reich mit seinem Orgon-Konzept.

Wie die Sonne üben auch die Planeten und der Mond einen direkten Einfluß auf unser Leben aus; Wirbelstürme, Orkane und Erdbeben stehen deutlich erkennbar in Beziehung zur Position der Planeten.[13] Bekannt ist beispielsweise, daß bei zunehmendem Mond mehr Kinder geboren werden als bei abnehmendem. Die Gefahr eines Blutsturzes während einer Operation ist in der Zeit zwischen dem ersten und dem dritten Mondviertel um 82 Prozent erhöht. Der Menstruationszyklus gesunder Frauen folgt dem 28-Tage-Rhythmus des Mondes. Neuerdings hat man auch Zyklen von dreiundzwanzig Tagen (körperliche Energie) und dreiunddreißig Tagen (Verstandeskraft; mentale Fähigkeiten) entdeckt.[14] Diese Zyklen kann man graphisch darstellen, und wo alle drei Kurven sich überschneiden, besteht eine um sieben bis acht Prozent höhere Unfallgefahr. Diese sogenannten Biorhythmen wurden in Deutschland und der Schweiz entdeckt. Sie werden heute aber vor allem in den USA und in Japan berücksichtigt, um etwa in Industriebetrieben unnötige Gefährdungen der Mitarbeiter zu vermeiden.

Der kosmische Einfluß auf unsere Energien wird auch am Beispiel magnetischer Felder sichtbar. Viele Insekten und Vögel haben eine Art «magnetischen Sinn», mit dessen Hilfe sie sich orientieren und die Verbindung zu ihren Artgenossen halten. Auch Menschen besitzen diesen Orientierungssinn. Eine Gruppe von Studenten wurde mit Helmen ausgerüstet, in denen sich Magneten befanden, und in ihnen unbekanntem Gelände außerhalb der Stadt abgesetzt. Die Studenten, deren Magnete aktiviert wurden, waren nicht in der Lage, die Richtung des Heimwegs anzugeben, während die übrigen es konnten.[15] Untersuchungen, die in Weltraumlabors angestellt wurden, deuten darauf hin, daß Magnetfeldveränderungen Müdigkeit unruhigen Schlaf und eine Verlangsamung der mentalen Aktivität nach sich ziehen.[16] Andere Experimente demonstrierten, daß unter dem Einfluß starker Magnetfelder die Raktionen auf bestimmte Reize ab- oder zunehmen; zudem läßt offenbar auch die Kontrolle über die Körperbewegungen nach.[17] Da die Bewegungssteuerung und -koordination vom Zentralnervensystem ausgeht, muß hier eine wirklich tiefgreifende Störung vorliegen, die das gesamte Energiegefüge betrifft – zumindest auf der biologischen Ebene. Einem Bericht aus Indien zufolge bekamen Männer, die in einer Magnetenfabrik arbeiteten, ausschließlich Söhne.[18] Magnetismus scheint also wie das Rotlicht bei Kürbissen und Nerzen zu wirken.

Wir müssen bei den magnetischen Einflüssen zwei Hauptkategorien unterscheiden: sehr starke und sehr subtile. Starke Magnetkräfte wirken auf einer niederen (groben) Energieebene, die feineren auf höherfrequenten. Der deutsche Umweltphysiker Reiter entdeckte ein Phänomen, das er «sphärische Pulse» nannte, elektrische Entladungen in der Troposphäre (unterste Atmosphärenschicht), die elektromagnetische «Pulse» aussenden. Diese magnetischen Einflüsse der groben Art durchdringen Gebäude und Menschen und scheinen sich auf den Zeitpunkt von Geburten und Todesfällen, auf die Unfallhäufigkeit und auf die Reaktionsgeschwindigkeit auszuwirken.

Unsere Empfänglichkeit für magnetische Einflüsse, so lautet die Spekulation der Wissenschaftler, ist mit unserer Empfänglichkeit für Licht gekoppelt. Diese beiden «Sinne» bilden eine funktionelle Einheit, so daß auch hier das Prinzip der Ganzheit wieder sichtbar wird. Forschungen, die unabhängig voneinander von Dr. Kholodo und Mitgliedern des «De La Warr Institute» durchgeführt wurden, haben gezeigt, daß vom Körper getrennte Organe oder Gewebe wesentlich weniger empfindlich auf Magnetfelder reagieren als in den Körper integriertes Gewebe. Dies könnte bedeuten, daß ein Mensch umso empfänglicher für feinenergetische Einflüsse ist, je stärker er auf allen Ebenen (körperlich, emotional usw.) zu einer Ganzheit integriert ist. In Hinsicht auf unsere Sensibilität gegenüber magnetischen und anderen Energieeinflüssen, könnte sich zudem erweisen, daß schwächere Einflüsse nicht unbedingt schwächer wirken müssen. Schon sehr geringe Dosen können wirksam sein. So schreibt Victor Beasley:

> «Aufgrund des gegenwärtigen Forschungsstands kann man mit einiger Gewißheit sagen, daß die zu Verhaltensänderungen biologischer Systeme erforderliche Intensität magnetischer Energie relativ gering ist.» [19]

Andere Wissenschaftler gehen noch weiter und vermuten, daß gerade die subtilen Einflüsse die stärkste Wirkung auf uns haben. Wie homöopathische Potenzen (oder die Spurenelemente oder die weiter oben besprochene Ultraviolett-Spurenstrahlung) wirken die subtilen Magnetfelder auf nicht-physischen, also eher geistigen Ebenen. Je stärker unsere Bewußtheit auf diesen Ebenen entwickelt ist, desto empfänglicher werden wir natürlich für minimale Strahlungsdosen sein.

Auf welche Weise empfangen wir nun magnetische Einflüsse? Manches deutet darauf hin, daß das Gehirn direkt auf Magnetfelder reagiert. Schließlich erzeugt ja das Gehirn selbst sogenannte bioelektrische Wellen, die im Elektroenzephalogramm (EEG) gemessen werden. Und da alle elektrischen Ströme Magnetfelder erzeugen, baut also das Gehirn selber Magnetfelder auf. Nach der Ansicht der beiden Biomagnetismusforscher Brown und Becker stellt das bioelektrische Feld des Körpers die Verbindung zwischen den kosmischen Kräften und den psychischen und somatischen Funktionen des Menschen dar. [20] Wenn sich das als richtig erweist, kann die Schlußfolgerung nur noch lauten, daß magnetische Einflüsse sich auf unsere sämtlichen physischen und mentalen Prozesse auswirken. Heute werden Magnetfelder auch schon in der Medizin angewendet. Zahlreiche Wissenschaftler experimentieren auf verschiedenen Gebieten: Epilepsie, zentrale Lähmungen, Krebs und sogar Lebensverlängerung.

Außer dem Magnetismus berühren aber auch noch andere Strahlungen die Lebensenergie. Direkt unterhalb der kosmischen Strahlung liegen im elektromagnetischen Spektrum die Gammastrahlen, die beim radioaktiven Zerfall freigesetzt werden. Für alle Strahlungen dieser Art gilt, daß sie umso mehr Durchdringungskraft haben, je höher ihre Schwingungsenergie ist. Eng verwandt mit den Gammastrahlen sind die Alpha-, Beta- und Neutronenstrahlen; Röntenstrahlen liegen im Spektrum etwas niedriger. Mit Ausnahme der Röntgenstrahlen werden alle diese Strahlungsarten als «Hintergrundstrahlung» betrachtet, das heißt, daß sie ein natürliches Phänomen unserer Umwelt sind. All diese Strahlungen, denen wir ständig ausgesetzt sind, üben eine Wirkung auf uns aus. Der Strahlenphysiker Hills glaubt, daß wir die Hintergrundstrahlung im Wellenlängenbereich von 13 bis 80 Zentimetern durch die Chakras aufnehmen.[21] Alle Besatzungsmitglieder von Flugzeugen sind beispielsweise den gleichen Bestimmungen und Kontrollen unterworfen wie Menschen, die mit radioaktivem Material arbeiten, weil sie auf ihren Flügen der kosmischen Strahlung stärker ausgesetzt sind als auf der Erde arbeitende Menschen.

Unter den kosmischen Strahlen haben die Betastrahlen die geringste Durchdringungskraft für den Körper. Alpha-, Neutronen- und Gammastrahlen können wir dagegen über radioaktive Bestandteile unserer Nahrung aufnehmen. Das stellt uns vor ein ungeheures Problem, denn nukleare Abfälle bleiben leider nicht da, wo sie – etwa bei Atombombenversuchen – entstehen, sondern werden über die ganze Welt verteilt. Es ist also sinnlos, zwischen «unserem» und «deren» Abfall zu unterscheiden, denn was «denen» schadet, schadet auch uns und umgekehrt. Was auf die Erde fällt, essen wir zum Frühstück mit unserem «garantiert biologisch einwandfreien» Müsli. Eines dieser radioaktiven Abfallprodukte, Strontium 90, findet sich beispielsweise vorwiegend in Milch und Milchprodukten wieder, weil es dem Kalzium chemisch ähnlich ist. Einmal im Körper, wird es wie das Kalzium in den Knochen abgelagert. Fettgewebe ist ein anderer Teil unseres Körpers, in dem sich Giftstoffe – auch radioaktive – mit Vorliebe anreichern. Radioaktive Strahlen und Röntgenstrahlen können, wie wir wissen, Genmutationen bewirken, und ihr Einfluß ist kumulativ, das heißt, er wird sozusagen im Körper gespeichert.

Solche Strahlen wirken in unserem Körper über den Prozeß der Ionisation. Ionen, elektrisch geladene Atome, können auf zweierlei

Weise aus neutralen Atomen entstehen: Verliert ein Atom ein Elektron, also eine negative elektrische Ladung, so wird es zu einem positiven Ion; fängt es ein zusätzliches Elektron ein, so wird es zu einem negativen Ion. Wir unterscheiden nun ionisierende und nicht-ionisierende Strahlung; die erstere ist stark genug, um einzelne Elektronen aus dem Atom loszusprengen, während die nicht-ionisierende Strahlung die Elektronen nur in ihren «angeregten» Zustand überführt, aber im Atom beläßt. Diese angeregten Atome besitzen eine hohe chemische Reaktionsbereitschaft, wurden aber lange als nicht so gefährlich wie die Produkte ionisierender Strahlung betrachtet. Inzwischen hat sich jedoch herausgestellt, daß auch die nicht-ionisierende Strahlung die DNS beeinflußt und sich in der Wirkung möglicherweise nicht erheblich von der ionisierenden Strahlung unterscheidet, wenn auch die Art der Wirkung anders sein mag. Neuere Forschungen richten ihr Augenmerk mehr auf die Frequenz als auf die Intensität. Das bestätigt meine Ansicht, daß Krankheiten weniger durch die Intensität störender Einflüsse als durch deren unverträgliche Frequenzen ausgelöst werden.

Ionisierende Strahlung galt deshalb als besonders gefährlich, weil sie Elektronen aus den Atomen des Körpers absprengt und dadurch eine Kettenreaktion weiterer Ionisationen auslöst. Das wiederum hat heftige chemische Reaktionen zur Folge, die dem Organismus gefährlich werden können. Alpha-, Beta-, Gamma-, Neutronen- und Röntgenstrahlen gehören diesem ionisierenden Typ an. Die Ionen, die aufgrund solcher Strahlungen entstehen, werden in kleine, mittlere und große unterteilt. Energiereiche kleine Ionen, die durch kosmische Strahlung in der Atmosphäre entstehen, verbleiben normalerweise in den Van-Allen-Strahlengürteln; je mehr aber die Ozonschicht der Erde durch chemische und nukleare Einflüsse zerstört wird, desto mehr dieser Ionen gelangen zur Erdoberfläche.

Dringen sie in unseren Körper ein, lassen sie dort wieder neue Ionen entstehen, und dadurch verändert sich die chemische Struktur des Körpers. Die Gewebe des Körpers werden je nach Intensität des schädlichen Einflusses mehr oder weniger stark geschädigt. Es ist ja zum Beispiel bekannt, daß Röntgenstrahlen Krebszellen abtöten – leider aber auch gesunde. Am stärksten sind Gewebearten betroffen, die sich besonders schnell regenerieren: Lymphknoten, Knochenmark, Keimdrüsen, die Schleimhäute des Verdauungstrakts und die Epithelschichten der Haut. Offenbar verändert die von der Strahlung ausgelöste Ionisation den Zellkern. Wird das DNS-Molekül der Zelle beschädigt, so werden alle weiteren Tochterzellen von dieser Schädigung betroffen – daher die häufige Krebsbildung an besonders stark von Strahlung betroffenen Körperteilen. Es könnte auch sein, daß die chemischen Auswirkungen der Ionisation neue Gifte im Körper entstehen lassen, zum Beispiel den höchst aggressiven Stoff Wasserstoffperoxyd (H_2O_2); da der Körper zu einem hohen Prozentsatz aus Wasser besteht, stellt diese Möglichkeit eine ernste Gefahr dar.

Hohe Dosen von ionisierender Strahlung bringen die Zellteilung und damit schließlich auch das Leben selbst zum Erliegen. Kleinere Dosen erzeugen Strahlenkrankheit, Nervenstörungen und eine Abnahme der weißen Blutkörperchen, die für die Krankheitsabwehr von großer Bedeutung sind. Interessanterweise hat sich herausgestellt, daß gut mit Sauerstoff versorgte Zellen stärker von Strahlung bedroht sind als sauerstoffarme.[22] Vielleicht rührt daher – wenigstens zum Teil – die flache Atmung, die man bei vielen Menschen als emotionale Schutzmaßnahme beobachtet. In der Stadt atmen Menschen flacher als auf dem Land. Es wäre denkbar, daß flache Atmung einfach ein Schutz gegen emotionale Verletzungen und gegen Umweltgifte (oder Strahlungen) ist.

Ionen spielen als Bestandteil unserer atmosphärischen Umgebung noch auf andere Weise eine wichtige Rolle für unser Wohlbefinden. Allgemein gesagt sind die beweglicheren kleinen Ionen dabei wirksamer als die schwerfälligeren mittleren und großen. Das Mengenverhältnis von positiven zu negativen Ionen in der Luft ist normalerweise fünf zu vier. Die Anzahl der in einem Kubikmeter enthaltenen Ionen schwankt von etwa zehn (in Großstädten) bis tausend (auf Berggipfeln). In der ionenreichen Luft der Meeresküsten ist das Mengenverhältnis umgekehrt: hier kommen auf ein positives Ion zwei negative.

Untersuchungen, die in den fünfziger Jahren begonnen wurden, haben gezeigt, daß ein Übermaß an positiven Ionen in der Atemluft die Nasenschleimhäute schwellen läßt, die oberen Atemwege reizt, allgemeines Unwohlsein erzeugt, die mentalen Prozesse verlangsamt, Migräne begünstigt, die Extremitäten anschwellen läßt, die Atmung um 30 Prozent reduziert und Depressionen auslösen kann – um nur einige Wirkungen zu nennen. Positive Ionen stammen aus verschiedenen Quellen. Sie entstehen zum Beispiel, wenn Luft über Metall streicht, oder wenn metallische Oberflächen sich erwärmen.

In der Stadt mit ihren vielen Autos und Heizanlagen kann man natürliche einen hohen Anteil positiver Ionen erwarten. Hinzu kommt hier, daß durch Luftverunreinigungen viele große Ionen entstehen, die die kleinen an sich binden, wodurch der Anteil der für die Gesundheit wichtigen negativen Ionen weiter reduziert wird.

Warme Winde wie der Föhn in Süddeutschland, der Scirocco in Italien oder der Santa Ana in Kalifornien sind ebenfalls stark mit positiven Ionen angereichert. Alles in allem unterliegen etwa fünfzehn Landstriche dem Einfluß solcher Winde. Die Chinook-Winde in Kanada erreichen bisweilen ein Ionenverhältnis von fünfunddreißig positiven auf ein negatives Ion. Solche extremen Mißverhältnisse können eine ganze Reihe von Gesundheitsstörungen auslösen. Dr. Krueger von der «University of California» in Berkeley ist einem Zusammenhang auf die Spur gekommen, der diese negativen Wirkungen erklären könnte. Positive Ionen scheinen das Neurohormon Serotonin freizusetzen, das bei direkter Injektion die oben genannten Symptome erzeugt.

Negative Ionen wirken ganz anders auf den Körper. Sie verbessern die Absorption und Verwertung von Sauerstoff, reduzieren Angst, lassen das Verhältnis von Alpha-Gehirnwellen (die man auch bei der Meditation beobachtet) ansteigen, vermehren Appetit und sexuelles Verlangen. Sie tragen auch dazu bei, die Luft von Staub, Blütenpollen, Rauch und Keimen zu säubern. Negative Ionen üben alles in allem einen wohltuenden Einfluß aus, und da sie sich bei Infektionen der Atemwege und bei schmerzhaften Verbrennungen als hilfreich erwiesen haben, sind sie zu einem therapeutischen Instrument geworden. Dr. Sulman, ein Arzt aus Jerusalem, wendet die Behandlung mit negativen Ionen seit fünf Jahren an und berichtet von einer 75prozentigen Erfolgsrate bei Patienten mit Serotonin-Symptomen. Es hat sich überdies gezeigt, daß die gezielte Anwendung negativer Ionen die Zahl der Krankheitskeime innerhalb von 24 Stunden um 70 Prozent senken kann.

Eines der größten Hindernisse für eine natürliche «Frischluft-Ionentherapie» bildet die Verschmutzung der Umwelt durch radioaktive Abfälle, chemischer Verunreinigung und Industrie- und Verkehrsabgase. In einem ganzheitlichen Öko-System müssen alle Komponenten – Luft, Wasser und Land – harmonisch zusammenwirken, wenn sie die Lebensenergieprozesse fördern und nicht behindern sollen. Unsere Atmosphäre kann, wie Reich es ausdrückte, ein «lebenspositives» oder «lebensnegatives» Milieu sein. Gegenwärtig ist unsere Atmosphäre lebensnegativ, obgleich sich allmählich ein neues Bewußtsein durchzusetzen scheint.

Die derzeitige Lebensnegativität zeigt sich nicht zuletzt auch in klimatischen Veränderungen, für die es eine Reihe von Ursachen gibt, allen voran natürlich die Luftverschmutzung durch Abgase aller Art. Weltweit ist dadurch das Wettergeschehen aus den Fugen geraten, und das wird auch für uns Konsequenzen haben. Die Biometeorologie, eine Wissenschaft, die sich den Beziehungen zwischen Mensch und Wetter widmet, hat erst in jüngster Zeit das Rüstzeug entwickelt, den Zusammenhang zwischen Wetter und Gesundheit aufzuzeigen – ein Zusammenhang, der natürlich den «primitiven» Völkern seit jeher bekannt ist. So ist etwa in der chinesischen Medizin von einem «Wind-Ch'i» die Rede, das für Erkältungen verantwortlich ist. Hippokrates' Darstellung der physischen und psychischen Reaktionen auf kalte und warme Winde hat schon eher wissenschaftlichen Charakter. Heute läßt die neuentwickelte Technologie jedoch ein noch viel detailreicheres Bild erkennen. So hat man in Übereinstimmung mit einem alten Volksglauben ermittelt, daß Arthritis sich bei fallendem Luftdruck und steigender Luftfeuchtigkeit verschlimmert. Erkältungen hingegen werden offenbar nicht direkt durch das Wetter ausgelöst, sondern gehen auf die Tatsache zurück, daß Viren in schlecht gelüfteten Räumen besonders gut gedeihen.

Interessant ist auch, daß der Geburtszeitpunkt vom Wetter mitbestimmt wird. Eine entsprechende Untersuchung erwies, daß die Wehen meist an Tagen einsetzen, «an denen die Temperatur steigt, der Luftdruck sich stabilisiert und eine hohe Wolkendecke aufzieht». Die Geburt findet statt, «wenn feuchte Luft in niedrige Luftschichten gelangt, der Luftdruck fällt, die Wolken sich verdichten, Niederschläge und Winde einsetzen». Die Beziehungen zwischen Wetter und Verhalten waren in der Tat so klar zu erkennen, daß man sechs Phasen herausarbeiten konnte: In Phase 1, bei kühlem Wetter, hohem Luftdruck und wenig Bewölkung nehmen die Herzanfälle ab. Phase 2, schönes Wetter mit hohem Luftdruck und wenig Wind, regt den Körper kaum an. In Phase 3 setzen die Geburtswehen ein und die Selbstmordfälle nehmen zu. Zwischen Phase 3 und 4 treten die meisten Todesfälle ein und in Phase 4 die meisten Geburten. In Phase 5, einem niederschlagsreichen Wetter mit böigen Winden, schnell steigendem Luftdruck und fallender

Luftfeuchtigkeit, werden wir reizbar und unsere Widerstandskraft gegen Krankheiten ist geschwächt. In Phase 6, in der Temperatur und Luftfeuchtigkeit sinken, der Luftdruck steigt und die Wolkendecke dünner wird, erhöht sich die Krampfbereitschaft der Muskeln[23]. Wenn wir also das Wetter durch Umweltverschmutzung zum Schlechteren verändern, dürfen wir uns nicht wundern, daß diese Veränderungen ebenso negativ auf uns zurückwirken. Diese kurze Darstellung der Wetterphasen und ihrer Wirkungen auf uns dürfte gezeigt haben, daß Wetter und Verhalten eine Ganzheit bilden, die wir nicht zerstören dürfen, wenn wir gesund leben wollen.

Die Erde

Die Erde ist wie die Atmosphäre eine Quelle der Energiestrahlung. Tatsächlich ist ja die Erde wie die Sonne aus einer Zusammenballung radioaktiver Gase entstanden. Auf der Erdoberfläche gibt es natürliche Vorkommen radioaktiver Elemente, die Strahlen aussenden. Bestimmte Gebiete der Welt wie Rio de Janeiro, der Südwesten von Indiana, Frankreich und Ägypten weisen aufgrund bestimmter Gesteinsarten sowie der Zusammensetzung von Wasser und Erde eine bis zu zwanzigmal über dem Normalwert liegende Radioaktivität auf. Im allgemeinen sind bewaldete und trockene Gebiete stärker radioaktiv als sumpfige Schwarzerdezonen.

Es gibt aber noch weitere mit der Erde in Zusammenhang stehende Strahlungen, die schon in früheren Zivilisationen bekannt waren und heute wissenschaftlich erforscht werden. Schon 1930 begann von Pohl mit Hilfe der Wünschelrute, den Einfluß der Erdstrahlung auf die Gesundheit zu untersuchen[24]. Rambeau kam 1934 mit einem geophysikalischen Feldstärkemeßgerät zu ähnlichen Ergebnissen. Beide entdeckten, daß kranke Menschen häufig in Gegenden leben, wo die Erdstrahlung in irgendeiner Weise grundsätzlich gestört ist. Solche Störzonen nennt man seitdem geopathogene Zonen. Inzwischen ist immer mehr Material über solche Zonen gesammelt worden.

Das Wasser ist schon lange als eine Quelle für Untergrundstrahlungen bekannt. Lange bevor man Wasser mit technischen Mitteln aufzuspüren begann, waren Wünschelrutengänger ohne jedes technische Gerät dazu in der Lage. Sie hielten einen gegabelten Zweig in den Händen (Metall oder Plastik, so hat sich erwiesen, genügt dem Zweck auch) und waren fähig, sich auf die Schwingung des Wassers einzustimmen. Wenn sie die richtige Stelle erreicht hatten, erhielten sie einen biomechanischen Impuls, der sich körperlich als Zucken bemerkbar machte; gleichzeitig bog sich die Rute. Ähnliche Resonanzerscheinungen erleben Radiästhesisten (Pendler) und Radioniker. Die wissenschaftliche Bestätigung der Existenz solcher unterirdischer Strahlungsquellen lieferten unter anderen der «Szintillationsapparat» von Jakob Stangle und das «KKW-Feldstärkemeßgerät» von Dr. Wüst.[25] Ebenfalls seit langem bekannt ist, daß Menschen, die über Wasseradern schlafen, häufig über Gesundheitsstörungen zu klagen haben, selbst wenn die Ader in beträchtlicher Tiefe liegt. Wilhelm Reich kam durch seine Forschungsarbeit auf den Gedanken, daß Wasser negative Energie anzieht, die er DOR («deadly Orgone») nannte.

Auch Mineralien und Metalle können aufgrund ihrer Strahlungseigenschaften die Gesundheit beeinflussen. Solche Erdstrahlungen sind nach von Quintus kosmische Strahlung, die absorbiert und anschließend wieder freigesetzt wird. Dieser Zusammenhang sorgt dafür, daß das magnetische und andere Energiefelder der Erde stabil bleiben. Die Van-Allen-Strahlungsgürtel der Erde stehen in Verbindung zu Energiequellen auf oder unter der Erdoberfläche. Atombombenversuche und andere künstliche Energieeinflüsse zerstören die Ganzheit des energetischen Rückkopplungssystems zwischen der Atmosphäre und der Erde.

Die Rutengängerin Käthe Bachler kam bei ihren Untersuchungen zu der Erkenntnis, daß Menschen, die über Wasseradern schlafen, den schädlichen Einflüssen dieser Untergrundströmungen unbewußt auszuweichen versuchen, indem sie zur Seite rollen (und dabei manchmal sogar aus dem Bett fallen); Kinder verlassen sogar ihr Bett und schlafen bei Geschwistern oder bei den Eltern. Vor allem Kinder und Tiere, aber auch manche Erwachsene sind empfindlich für diese Strahlung; sie beeinflußt jedoch auch andere, auch wenn sie es nicht merken. Der Wechsel des Schlafplatzes hat schon manche gesundheitliche Störung beseitigt.

Eine weitere Strahlungsquelle bilden unterirdische Energielinien, die erst in jüngster Zeit von deutschen Forschern (wieder)entdeckt wurden. Anders als die Wasseradern bilden diese Linien ein ziemlich regelmäßiges Gitternetz, das den ganzen Erdball umspannt; die Abstände zwischen den Linien werden wie bei den geographischen

Meridianen zum Äquator hin größer. Der Forscher und Arzt Manfred Curry ermittelte, daß die Linien des Gitternetzes von Südosten nach Nordwesten und von Nordosten nach Südwesten verlaufen. In Europa liegen die Abstände zwischen benachbarten Linien bei dreieinhalb bis vier Metern. Die Linien selbst sind durchschnittlich siebenundzwanzig Zentimeter breit, je nach Wetter auch etwas breiter oder schmaler. Die Schnittpunkte der Linien, so entdeckte Curry, sind abwechselnd positiv und negativ geladen. Positive Schnittpunkte lassen normale Zellen und Tumorzellen wachsen, während die negativen anscheinend Entzündungen begünstigen. Interessanterweise wechseln diese Punkte regelmäßig ihre Ladung, als wären sie Teil eines globalen Gleichgewichtssystem.

Hartmann und seine Kollegen sind auf ein anderes Netz gestoßen, das sie «Global-Gitternetz» oder «Hartmann-Gitternetz» nennen. Es ist ein von Currys Gitternetz unabhängiges Geflecht, dessen Linien von Norden nach Süden und von Osten nach Westen verlaufen. Die dazwischenliegenden Felder sind rechteckig und messen zweieinhalb Meter (Ost-West) mal zwei Meter (Nord-Süd), wobei die Linien selbst je nach Wetter etwas mehr oder weniger als einundzwanzig Zentimeter breit sind.

Die Energien dieser Gitternetze scheinen im Frequenzband der Radiowellen zu liegen und wirken offenbar über das Funktionsprinzip stehender Wellen.[26] Eine Linie kann nach der Ansicht einiger Radiästhesisten auf ihrer ganzen Länge schädlich für die Gesundheit sein, aber die stärkste Wirkung ist an Stellen zu bemerken, wo sie Wasseradern kreuzt. Das bis heute gesammelte Material über biologische Wirkungen solcher pathogener Zonen auf Mensch und Tier ist beeindruckend. König nennt in seinem umfassenden Werk *Unsichtbare Umwelt* unter anderem folgende Wirkungen: veränderte Infrarotstrahlung bei Menschen, Verringerung der Blutzellenmenge, andere Abnormitäten des Blutes bis hin zum Krebs, Verlängerung der Reaktionszeit (was auch bei manchen Verkehrsunfällen eine Rolle zu spielen scheint), Nervosität, Abfall des Blutdrucks und Schwächung des Immunsystems. An Pflanzen beobachtet man Verkrüppelungen, allerlei Wachstumsunregelmäßigkeiten und Farbveränderungen. Tiere, die solche Stellen in Freiheit zu meiden wissen, verlieren an pathogenen Punkten Gewicht oder bekommen Krebs; Vögel lassen ihre Nester im Stich.

Menschen scheinen dann besonders stark betroffen zu sein, wenn ihr vegetatives System besonders empfindlich ist, wenn sie unter emotionalen Störungen leiden, wenn sie durch Rauchen, Trinken und Stadtleben geschwächt sind oder sich viel in Stahlbetonbauten aufhalten. Eine der Hauptwirkungen pathogener Zonen besteht in der Schwächung des Abwehrsystems. Nehmen wir alle energetischen Schwingungseinflüsse unserer Umwelt zusammen – Lärm, Radioaktivität, Radio- und andere elektromagnetische Wellen sowie die Erdstrahlung –, so wird deutlich, daß sie einen heftigen Ansturm gegen unsere Gesundheit darstellen können, zumal wir häufig schon durch emotionale Störungen geschwächt sind.

Man hat jedoch auch positive Erdstrahlungslinien entdeckt, nur wurden sie – wie so oft – nicht so intensiv erforscht wie die potentiell schädlichen Linien. Diese sogenannten geodätischen Kraftlinien waren schon früheren Kulturen bekannt: den Kelten als «Ley-Linien», in der chinesischen Geomantie als «Drachenlinien» und bei den mittelalterlichen Gnostikern als «Schlangenpfade»[27]. Nach diesen Überlieferungen ist die Erde wie ein Lebewesen von einem Geflecht unsichtbarer Energieströme durchzogen. Die Chinesen sahen in diesen Linien sogar eine Entsprechung der Meridiane im Körper. Entlang dieser Linien fanden sie positive und negative Knotenpunkte, die sie anhand ihrer Wirkung unterscheiden konnten. So war ihnen beispielsweise bekannt, daß Tiere in Freiheit ihre Jungen oft über positiven Punkten zur Welt bringen (die oft auf Abzweigungen von Hauptlinien, auf sogenannten Wirbeln, liegen). Andere Knoten galten als negativ und pathogen, wenn auch manche Pflanzen – wie etwa die Trauerweide – solche Standorte bevorzugen.[28] Wie die Chinesen scheinen auch die Kelten viel über diese «Meridiane» der geodätischen Kraft gewußt zu haben. Manche Forscher auf diesem Gebiet halten die von ihnen errichteten Dolmen für Resonanz-Kammern dieser Energie und die Menhire, wie man sie zum Beispiel in der Bretagne findet, für steinerne «Akupunkturnadeln» zur Beeinflussung dieser Kraftströme.

Wo mehrere positive Energielinien zusammenkamen, erbaute man Kirchen, Tempel und rituelle Zentren. Stonehenge und Cumberland in England, Chartres in Frankreich und Delphi in Griechenland sind solche Orte. Jakob Lorber, ein medial veranlagter Mystiker des vorigen Jahrhunderts, sah die Erde mit feinen Linien dreikantiger Kupferkristalle überzogen, die die kosmische Energie binden.[29] Vielleicht wird künftige Forschung mehr über die ganzheitliche Seite, über den positiven Aspekt dieser Energielinien zutage fördern.

Strahlung im Haushalt

Da der Körper ein Halbleiter ist, unterliegt er dem Einfluß aller Schwingungen, die entweder stark genug sind oder fein genug auf seine Resonanzschwingungen abgestimmt. Unsere Haushaltsgeräte, von denen wir uns immer mehr abhängig gemacht haben, stellen hier ein besonders großes Potential dar. Ziemlich weit oben auf der Liste der Geräte, die schädliche Strahlung erzeugen, steht der Fernsehapparat. Er lädt nicht nur die Luft mit ungesunden positiven Ionen auf, sondern gibt auch noch Röntgenstrahlen ab. Der Fernseher arbeitet mit Elektronenstrahlen, die von einer Kathode auf den beschichteten Bildschirm geschossen werden und dort das Bild erzeugen. Dabei werden auch Röntgenstrahlen freigesetzt, und nicht wie bei einem Durchleuchtungsgerät in eine bestimmte Richtung, sondern überallhin. Jeder, der sich im Raum (vielleicht sogar im selben Haus) befindet, ist davon betroffen. Das amerikanische Gesundheitsministerium gibt an, daß selbst die für Fernseher angeordnete Sicherheitsgrenze von maximal 5 Milliröntgen pro Stunde eine «unmerkliche, aber schädliche Wirkung» nicht ausschließt. Selbst Spurenmengen von Röntgenstrahlen sind schädlich, weil sie kumulativ sind (die Wirkungen aufeinanderfolgender Bestrahlungen addieren sich). Kathodenstrahlröhren senden außerdem Ultraviolettstrahlen aus, die nach Ansicht mancher Wissenschaftler eine besonders starke genverändernde Wirkung haben.[30]

John Ott hat demonstriert, daß TV-Strahlung bei Pflanzen Geschwulste und Unregelmäßigkeiten im Wurzelwachstum verursacht und bei kleinen Tieren zu Hyperaktivität, Aggressivität, Schädigungen des Hirngewebes und nach längerer Versuchsdauer schließlich zu Lethargie und zum Tode führt. Nun sind Menschen zwar keine Kleintiere, doch Otts Untersuchungen haben auch gezeigt, daß die Epithelzellen des menschlichen Auges, die über die Zirbeldrüse und Hypophyse mit dem ganzen endokrinen System verbunden sind, durch TV-Strahlung ernsthaft gefährdet sein könnten, auch wenn keine direkten physischen Veränderungen zu erkennen sind. Wir haben die Bedeutung des endokrinen Systems für Körper und Emotionen bereits erörtert, und es dürfte klar sein, daß Fernsehen nicht nur eine Gefährdung für die Augen ist, sondern für unser gesamtes körperliches und psychisches Gefüge.

Bei New Yorker Kindern wurde ein Zusammenhang zwischen der Fernsehstrahlung und allgemeinen Krankheitserscheinungen entdeckt, verbunden mit Symptomen wie Nervosität, Müdigkeit, Kopfschmerzen, Schlaflosigkeit und Erbrechen; ohne Fernsehen waren alle diese Symptome nach zwei Wochen verschwunden. Die Röntgenstrahlen aus dem Fernseher, so hat eine andere Studie gezeigt, durchdringt Augen, Hoden und Knochenmark. Das Flimmern des Bildes kann möglicherweise ebenso wie Leuchtstoffröhrenlicht epileptische Anfälle auslösen. Schwarz-weiß-Geräte arbeiten mit einem Kathodenstrahl, Farbfernseher mit drei; hier sind viel höhere Spannungen erforderlich, und es entsteht mehr Röntgenstrahlung, vor allem natürlich dann, wenn die Abschirmung mangelhaft oder defekt ist.

Die «schnelle Küche» hat uns mit dem Mikrowellenherd eine neue Gefahr beschert. Mikrowellenherde regen die Moleküle des Back- oder Bratguts durch elektromagnetische Wechselfelder von innen her so stark an, daß sich große Hitze entwickelt – die Garungszeit verkürzt sich dadurch erheblich. Zum Glück ist allerdings die erste Generation dieser Geräte, die ziemlich viel Strahlung in die Umgebung entließen, inzwischen weitgehend durch besser abgeschirmte Apparate ersetzt worden. Daß Mikrowellen gefährlich sind, wenn man ihnen direkt ausgesetzt ist, steht außer Zweifel. Sie verursachen «in hoher Dosierung Linsentrübungen, Schädigung des Erbgutes und möglicherweise sogar den Tod; in geringer Dosierung führen sie zu unregelmäßigem Herzschlag, Elektrizität im Gehirn, Störungen des Zentralnervensystems, Veränderung der Blutzusammensetzung, Kopfschmerzen, Streß, Verhaltensstörungen und anderem».[31] Es ist überdies bekannt, daß Herzschrittmacher durch Mikrowellen aus dem Rhythmus geraten und ihre Träger an den Rand des Todes bringen können.[32] Träger solcher Schrittmacher sollten einen großen Bogen um Mikrowellenherde und andere Geräte mit starker elektromagnetischer Strahlung machen.

Eine zusätzliche Gefahr besteht darin, daß solche Strahlung sowohl additiv (zum Beispiel einen bestehenden entzündlichen Prozeß schürend) als auch kumulativ (die Wirkungen aufeinanderfolgender Bestrahlungen addieren sich) wirken. Es gibt zwar Sicherheitsbestimmungen, die die höchstzulässige Strahlenmenge pro Quadratzentimeter Körperoberfläche festlegen, wie aber die Langzeitwirkung geringer Doesen auf unser körperliches Molekulargefüge aussieht, darüber weiß man noch wenig. Wir wissen auch kaum etwas darüber, ob solcherart gargestrahlte Nahrung uns überhaupt zuträglich ist.

Die Klimaanlage

In privaten Haushalten ist die Klimaanlage zwar hierzulande längst noch nicht so verbreitet wie etwa in den USA oder Japan, doch braucht man sich nur Kaufhäuser, Bürogebäude oder moderne Kliniken anzusehen, um festzustellen, daß sie auch bei uns zum festen Bestandteil der Umwelt geworden ist. Sie kühlt uns, indem sie die feuchte Wärme aus der Luft nimmt, schafft dadurch aber neue Gesundheitsrisiken. So hat sich zum Beispiel gezeigt, daß die Luft oft überkühlt wird, was zu Verlangsamung des Herzschlags, Ödembildung und Übersäuerung des Blutes führen kann. Wer unter Herzrhythmusstörungen leidet, kann hier schon in ernste Gefahr geraten. Allgemein gilt, daß überkühlte Luft die Atmung behindert und vor allem zu einer schwachen und verlängerten Ausatmungsphase führt. Wie wir wissen, kann schon geringer Temperaturverlust das Urteilsvermögen beeinträchtigen und in extremen Fällen sogar Bewußtlosigkeit auslösen. Wir haben außerdem gesehen, daß eine volle, aktive Atmung die Emotionen auflädt und uns deutlicher erfahren läßt, was wir fühlen; eine behinderte Atmung beeinträchtigt nicht nur unsere Stimmung, sondern auch unser emotionales Ausdrucksverhalten.

Auch für die Ionenbilanz der uns umgebenden Luft schafft die Klimaanlage – wie der Fernseher – Probleme. Der Fernseher produziert positive Ionen, die Klimaanlage entzieht der Luft die für die Gesundheit wichtigen negativen Ionen. Und schließlich verbreitet die Klimaanlage auch noch Krankheitskeime, was vor allem in Kliniken ein ernstes Problem darstellt. Man kann den Risiken der Klimaanlage dadurch entgegenwirken, daß man sie so oft wie möglich abstellt, bessere Filter einbaut und sie zusätzlich mit einem Gerät ausrüstet, das negative Ionen erzeugt. Kliniken sollten möglichst in grüner Umgebung errichtet werden, denn frische Luft ist immer noch der beste «Ersatz» für die Klimaanlage.

Elektrizität

Viele unserer Haushaltsgeräte arbeiten mit Elektrizität, und die kommt ja so sauber und unkompliziert aus der Steckdose. Wer schaut schon hinter die Steckdose und macht sich klar, daß sie der Endpunkt eines ganzen Netzes von stromdurchflossenen Kabeln ist, die alle elektromagnetische Wechselfelder erzeugen? Jeder Raum ist von einem Kabelkäfig umgeben, besitzt seine ganz eigene elektromagnetische Atmosphäre aus hochfrequenten Signalen und Impulsstrahlungen wechselnder Intensität.

Diese Felder beeinflussen unsere lebensenergetischen Prozesse erheblich, vor allem diejenigen, die ohnehin elektromagnetischer Natur sind. So spielen beispielsweise Ionen eine Rolle bei der Reizleitung in den Nerven, und Ionen unterliegen dem Einfluß elektromagnetischer Felder.[33] Presman kam aufgrund seiner Untersuchungen zu dem Ergebnis, daß diese Felder nicht unbedingt spezifische Reaktionen auslösen, sich aber prinzipiell auf das Nervensystem auswirken. Zarets Versuche mit verschiedenen Strahlungsformen zeigen, daß der Kalziumstoffwechsel des Gehirns durch die elektrischen Felder in unseren Wohnungen beeinträchtigt wird.[34] Diese Wirkungen sind wahrscheinlich auf energetische Resonanzerscheinungen zurückzuführen, die die Zellen beeinflussen.

Wir können diesen Zustand verbessern, indem wir abgeschirmte Kabel verwenden und unsere Haushaltsgeräte nur dann an die Steckdose anschließen, wenn sie wirklich gebraucht werden. Empfehlenswert sind auch kleine Feld-Neutralisierer (sogenannte Resonanzsender); man sollte allerdings nur geprüfte Geräte anschaffen, denn nicht alle halten, was ihre klingenden Namen versprechen.

Medizinische Strahlung

Die Reihe der künstlichen Strahlungsquellen, deren Wirkungen wir zur natürlichen Hintergrundstrahlung hinzurechnen müssen, ist damit noch nicht abgeschlossen, sondern wird durch medizinische Einrichtungen in vielfältigster Weise fortgesetzt.

> «Alle äußere oder innere Strahlung aus natürlichen Quellen addiert sich für den Menschen zu einer durchschnittlichen Jahresdosis von 100 Millirem und einer Lebensdosis von 7500 Millirem. Das allein stellt kein Problem dar. Problempotential entsteht erst dann, wenn wir diesem natürlichen Strahlungshintergrund noch künstliche Strahlen hinzufügen. Das aber tun wir in stetig zunehmendem Maße; der wissenschaftliche Fortschritt führt zu technischen Neuentwicklungen, die uns immer größeren Mengen ionisierender und nichtionisierender Strahlung aussetzen.»[35]

Die diagnostischen und therapeutischen Apparate der Medizin und Zahnmedizin sind zu einer Hauptquelle der Strahlengefährdung geworden. Die letzte amerikanische Datenerhebung zu diesem Thema (1970) zeigt auf, daß sich in jedem Jahr etwa 85 Prozent der amerikanischen Bevölkerung einer Röntgenuntersuchung unterziehen. Zwar wird immer wieder gesagt, die Strahlendosen seien sehr gering, aber andererseits weist Robert Mendelsohn darauf hin, daß schon eine Strahlenmenge, die weniger als zehn Gebißaufnahmen entspricht, Schilddrüsenkrebs auslösen kann. Werden andere Körperteile untersucht, so braucht man größere Strahlendosen, was wiederum eine größere Gefährdung bedeutet. Die Mammographie (Durchleuchten der weiblichen Brust) gilt heute schon als sehr fragwürdig, da gerade das Brustgewebe sehr empfindlich für Strahlung ist und man mit solchen Untersuchungen möglicherweise eher Krebs erzeugt als aufspürt. Im übrigen besitzt die Röntgendiagnostik durchaus nicht die Zuverlässigkeit, die ihr oft nachgesagt wird. Mendelsohn berichtet von einer 1970 angefertigten Studie, die zeigt, daß selbst Radiologen in 20 Prozent der Fälle über die Interpretation von Röntgenbefunden uneins sind. Zwischen geschulten Spezialisten und normalen Ärzten bestand kein nennenswerter Unterschied, was die Korrektheit der Interpretation anging.

Bei manchen Krebsformen werden bisweilen hohe Dosen von Röntgenstrahlen angewendet, und andere (wie etwa der Gebärmutterhalskrebs) werden gar mit radioaktiven Implantaten behandelt. Früher hat man sogar Krankheiten wie Schleimbeutelentzündung, Arthritis, Geschwüre, Warzen und Akne mit Röntgenstrahlen behandelt, was heute zum Glück kaum noch der Fall ist.

Zu diagnostischen Zwecken werden auch häufig schwach radioaktive Stoffe verabreicht, die sich in bestimmten Organen und Geweben anreichern und von dort Gammastrahlen aussenden, die mit Hilfe von Abtastgeräten («Scanner») erfaßt und zu Bildern («Szintigramm») verarbeitet werden. Es wird zwar behauptet, daß die radioaktiven Stoffe den Körper innerhalb von Minuten oder Stunden wieder verlassen, aber was diese Strahlungen auf feineren Energieebenen möglicherweise anrichten, ist noch nicht untersucht worden.

Nehmen wir noch andere Strahlungen aus Elektronenmikroskopen und Ultraviolettlampen, die Infrarot-Thermographie (zur Erkennung von Brustkrebs) und seit neuestem Radiostrahlen hinzu (ebenfalls für die Krebsdiagnose), dann sind Kliniken wirklich Brennpunkte von Strahlungen, deren Wirkungen auf den Menschen noch längst nicht ausreichend untersucht sind.

Schall

Von allen atmosphärischen Energieeinflüssen wird dem Schall bislang noch am wenigsten Bedeutung beigemessen, wenngleich auch neuerdings immer mehr von Lärmbelastung die Rede ist. Die meisten Menschen sind so an Lärm gewöhnt, daß sie ihn einfach als Bestandteil der allgemeinen Hintergrundstrahlung hinnehmen. Schall besteht aus mechanischen Schwingungen, die sich über die Luft (und andere Medien) ausbreiten und schließlich im Ohr in den Hörvorgang übersetzt werden. Unser Hörspektrum umfaßt normalerweise die Frequenzen von 20 bis 15 000 Hertz; junge Ohren nehmen auch tiefere und höhere Frequenzen noch wahr.

Wir nehmen Schall jedoch nicht nur mit den Ohren auf, sondern mit dem ganzen Körper, vor allem durch Schädel, Rumpf und Leistengegend. Jedes so empfangene Schallsignal wird zu jedem Nervenzentrum und Organ weitergeleitet. Dieser Vorgang ist so angelegt, daß er unter normalen Umständen eine Energieganzheit schafft; schließlich können wir nur dann von innen heraus und ganzheitlich reagieren, wenn wir mit unserem ganzen Sein, also auch mit dem ganzen Körper bewußt sind.

Lärm wird im allgemeinen als eine Art von Schall definiert, die Streß erzeugt. Ein gewisses Maß an Streß ist, wie Selye gezeigt hat, für die Erhaltung des Lebens notwendig; erst zu starker oder zu lange anhaltender Streß wird bedrohlich. Art oder Dauer der Einwirkung einer Schallfrequenz können so beschaffen sein, daß sie Über-Streß erzeugen und damit unsere Ganzheit zerstören und uns krank machen. Alle Arten von Schall, die in Resonanz mit unserer Ganzheit stehen, erleben wir als angenehm, während dissonanter Schall – Lärm – uns unangenehm ist. Da jeder von uns eine eigene Grund-Energiefrequenz (Geist) hat, empfinden wir auch ganz verschiedene Geräuscharten als störend. Hinzu kommt die Tatsache, daß wir uns alle auf verschiedenen Bewußtseinsebenen befinden und dieses Bewußtseinsniveau, wiederum eine Energiefrequenz, berücksichtigt werden muß.

Die physikalische Größe, die über die Lautstärke (Intensität) des

Schalls Auskunft gibt, ist der sogenannte Schalldruck; seine Maßeinheit ist das Dezibel (db). In den USA gelten folgende Grenzwerte für die zulässige Lärmbelastung, deren Überschreitung zu
Schädigungen des Gehörs führen kann:

Zeit der Belastung	Höchstzulässiger Schalldruck
8 Std.	90 db
4 Std.	95 db
2 Std.	100 db
1 Std.	105 db
30 Min.	110 db

(Dabei ist zu bedenken, daß 5 db mehr oder weniger den doppelten
beziehungsweise halben Schalldruck bedeuten.)

Wir müssen den Streß erzeugenden Schall unter drei Aspekten
betrachten: physische Schädigungen des Gehörs, emotionale/psychische Störungen und die Wirkung auf unsere Ganzheit. Jeder
Schalldruck von über 80 db kann den Hörverlust fördern; das gilt
auch für geringere Intensitäten, wenn wir ihnen über längere Zeit
ausgesetzt sind. In unserer alltäglichen Umgebung sind solche
Schallintensitäten ganz normal; ältere Staubsauger bringen gut über
80 db zustande, und die Stereoanlage schafft spielend noch mehr.
Auch kleinere Geräte, die auf dem Küchentisch einen idealen
Resonanzboden haben, können ähnliche Werte erreichen. Farr
schreibt zum Beispiel, daß man einen Haushalts-Grundpegel von
58 db auf diese Weise leicht auf 100 db erhöhen kann. Dies,
verbunden mit Straßenlärm und dem Krach von nebenan, kann sich
in der Tat schädigend auswirken.

Neben dem reinen Schalldruck spielt auch noch die Frequenzzusammensetzung eine Rolle. So hat sich beispielsweise herausgestellt, daß laute Rockmusik gefährlicher ist als eine ebenso laute
Sinfonie; das liegt zum Teil daran, daß Rockmusik reicher an hohen
und schrillen Tönen ist, die der Organismus besonders schlecht
verträgt. Hohe Frequenzen erzeugen leicht Kopfschmerzen, während niedrige entspannend auf den Dickdarm wirken und damit
sogar stuhlgangfördernd sein können.

Akustische Energie von hoher Intensität kann Zellen zerstören –
mechanisch und durch Erhitzung. Lärm erhöht aber auch den

Blutdruck und schafft einen allgemeinen Spannungszustand, der Herzkrankheiten begünstigt. Unter dem ständigen Lärmansturm der Großstadt ziehen sich die Blutgefäße zusammen, und dieser Zustand bleibt auch dann erhalten, wenn man sich einmal in stiller Umgebung befindet. Plötzlicher Lärm (die Müllmänner um sieben Uhr früh) kann wegen seiner Schreckwirkung schlimmer sein als ein stetiger Geräuschpegel. Außer den schon genannten Wirkungen kann die Umweltverschmutzung mit Lärm noch weitere Folgen haben: Erhöhung der Pulsfrequenz, Absinken der Körpertemperatur, beschleunigter Stoffwechsel, höherer Adrenalinausstoß und Verstärkung der elektrischen Muskelaktivität.[36] Ständiger Lärm unterbindet die traumlosen Tiefschlafphasen, ohne die wir nicht gesund bleiben können. Wir sind dann ständig übermüdet, unser Energiepotential ist reduziert, und wir werden leicht krank.

Gehörverlust durch Lärm kann auf zweierlei Weise entstehen: Starke Schwingungen können die sensiblen Haarzellen zerstören, die für die Übermittlung der Schallinformation sorgen, oder eine Streßreaktion auslösen, die den Kreislauf und damit die Sauerstoffversorgung beeinträchtigt; dauert eine solche Beeinträchtigung länger als einige Minuten an, so erhöht sich die Gefahr einer mechanischen Schädigung der Haarzellen. In beiden Fällen ist eine Störung bei der Verarbeitung von Schallschwingungen die Folge.

Bei Tage und sofern man gesund ist, sind all diese Dinge nicht so schlimm wie nachts oder in Zeiten angegriffener Gesundheit. Ständiger psychischer Streß führt nämlich wie direkter physischer Streß zu Sauerstoffverknappung und kann daher auch die gleichen Schäden nach sich ziehen. Interessanterweise kommt bei Naturvölkern bis ins hohe Alter kaum ein Gehörverlust vor; Schwerhörigkeit ist offenbar in der Mehrzahl der Fälle eine Zivilisationskrankheit. Sehr wenige Menschen bekommen die Ruhe, die sie brauchen, vor allem auch in der Klinik, wo Ruhe am dringendsten nötig ist. Dies ist sicherlich ein Problem, das in vielen Fällen über Leben und Tod entscheidet. Selten haben Krankenhäuser schalldämpfende Einrichtungen wie Doppeltüren, Doppelfenster oder Teppichböden (wegen der Krankheitskeime, heißt es). Fügt man noch hinzu, daß Kliniken im allgemeinen aus völlig unibologischen Baumaterialien erbaut werden und fast überall ein ständiges Kommen und Gehen und Türenschlagen die Regel ist, dann muß man sich fragen, wie hier überhaupt irgend jemand gesund werden soll. Wie kann unser «trautes Heim», wie kann eine Klinik ein Ort der Gesundheit sein, wenn der Lärm Harmonie gar nicht erst aufkommen läßt?

Schallschwingungen oberhalb der menschlichen Hörgrenze, also mit einer Schwingungsfrequenz von mehr als 20 000 Hertz, werden als Ultraschall bezeichnet. Neuere Untersuchungen zeigen jedoch, daß manche Menschen infolge von ungleichmäßiger Erwärmung des Schädels sogar Mikrowellen (zum Beispiel Radar) wahrnehmen können.[37] Solche Leute hören ein Summen oder Rauschen, verursacht durch thermoelastische Druckwellen, deren Frequenz weit oberhalb der Hörschwelle liegt (mehrere Milliarden Hertz). Ultraschall wird in der Schwangerschaftsdiagnostik und bei einer Wärmetherapie namens Diathermie angewendet. Mendelsohn sagt über die Gefahren des Ultraschalls:

> «Ultraschallbestrahlung der roten Blutkörperchen kann die Aufnahmefähigkeit der Zellwand für Sauerstoff verändern und so den Sauerstofftransport zu den Körpergeweben beeinträchtigen.»

Und zur Schwangerschaftsuntersuchung mit dem Ultraschall-Echoverfahren:

> «Untersuchungen an Tieren haben folgendes ergeben: Kreislaufstörungen, Veränderungen der Leberzellen, Veränderungen im Enzymhaushalt des Gehirns und in den Hirnstromkurven (EEG), verzögerte Reflexe, emotionale Reaktivität, Reduzierung der Antikörper des Immunsystems und verzögerte neuromuskuläre Entwicklung. Es besteht ein trauriger Mangel an sorgfältigen Langzeituntersuchungen an Menschen, die vor ihrer Geburt solcher Ultraschallbombardierung ausgesetzt waren.»

Man hat sogar schon Ultraschall und andere Strahlungsquellen eingesetzt, um Menschenmengen in Schach zu halten; es stellen sich dabei Übelkeit, Erbrechen und eine Beeinträchtigung der willentlichen Verhaltenssteuerung ein.[38]

Nennen wir nur noch einige Beispiele aus einer schier endlosen Liste weiterer Strahlungsquellen: Telefon-Relaisstationen, Wetterwarten, manche Computer, elektrostatische Hochspannungsluftfilter, Rundfunk- und Fernseh-Ultrakurzwellen. Es liegen Berichte über Verhaltensstörungen bei Menschen vor, die an Ultrakurzwellensendern arbeiten;[39] Frequenzen dieser Art verursachen eine Ansammlung von Azetylcholin entlang der Nervenfasern. Azetylcholin führt in geringen Dosen zu Hyperaktivität, während es in großen Mengen die Aktivität dämpft.

Im übrigen ist – zumindest an Kleintieren – demonstriert worden, daß selbst schwache elektrische Felder das Verhalten beeinflussen können – positiv und negativ. Da wir fast überall solchen Feldern ausgesetzt sind, müssen solche Wirkungen noch sehr viel genauer untersucht werden.

Form

Wie wir im zweiten Kapitel gesehen haben, ist Form ein Schwingungsmuster, das uns aufgrund der Trägheit unserer Sinne den Eindruck der Festigkeit gibt. Wie wir bei einem schnell rotierenden Rad die Speichen nicht mehr erkennen und eine feste Scheibe sehen, so ist unsere ganze Formenwelt nur eine Sinnestäuschung, denn alle Gestaltungen des Lebens sind im Wesen Bewegungen der Lebensenergie. Anders gesagt:

«Stabile Formen sind in Wirklichkeit psychische Repräsentationen in unserem Bewußtsein, gebildet durch die Interaktion unseres schwingenden Bewußtseins mit anderen schwingenden Energiefeldern.»[40]

Was wir sehen und fühlen, existiert zwar, doch nicht in der Weise, wie wir es erfahren. Dies ist die Illusion, aus der wir unser Weltbild und unsere Welt bauen. Alle Formen, die wir entwickeln, sind Energiemuster. Unser kollektiver Bewußtseinszustand bestimmt, ob wir Formen schaffen, die unsere Evolution fördern, oder solche, die den Strom der Lebensenergie behindern und unserer Entwicklung im Weg stehen. Der französische Ingenieur Turenne und andere haben darauf hingewiesen, daß alle Formen Resonatoren der kosmischen Energie sind. Die Gestalt eines Körpers bestimmt, welche Art von Energie dieser Körper anzieht und abstrahlt. Das gilt ebenfalls für den menschlichen Körper und seine Organe, aber auch für die Chakras und unsere Ideen. Schließlich sind ja beispielsweise Gebäude nichts anderes als Ideen, die zunächst auf Papier und schließlich in materieller Form konkretisiert werden.

Formen können Energie sammeln und abstrahlen. So ist beispialsweise bekannt, daß Pyramiden Energie sammeln und diese Energie Zersetzungsprozesse verlangsamt. Dies ist das Geheimnis der Mumifizierung, und nach dem gleichen Prinzip werden Milchprodukte heutzutage in manchen Ländern in Pyramidenbehälter abgepackt: der Inhalt ist so ohne Konservierungsmaßnahmen länger haltbar. Auch ein Kegel gibt, wie Cameron gezeigt hat, an seiner Spitze (die mit Drähten verlängert werden kann) Energie ab.[41] Der Pflanzengenetiker Langham entdeckte einen anderen Zusammenhang: Lagert man Pflanzensamen in Flaschen, deren Form der der Samen entspricht, so zeigen die Samen noch Jahre nach dem Verpacken eine vermehrte Keimfähigkeit. Erinnert sei in diesem Zuammenhang auch an die uralten Signaturenlehre in der Pflanzenheilkunde, die davon ausgeht, daß Pflanzen, welche die Form bestimmter Organe haben, zur Heilung dieser Organe beitragen. In neuerer Zeit entwickelte der Tscheche Robert Pavlita eine Reihe von psychotronischen Generatoren, die je nach ihrer Gestalt und «Programmierung» – jedoch ohne elektrische Komponenten – verschieden funktionieren.

Die Strahlungen verschiedener Formen wurde in Colorado unter der Leitung von Chögyam Trungpa Rinpoche zur Behandlung von Neurosen eingesetzt. Bei dieser «Raum-Therapie» halten sich die Patienten in Zimmern auf, die so angelegt sind, daß sie (auf der Grundlage des buddhistischen Konzepts der «fünf Buddha-Familien») mit dieser besonderen Form von Neurose in Resonanz treten. In England arbeitet Theo Gimbel auf ähnliche Weise mit Formen und Farben, wobei er mit Platons fünf Festkörpern operiert: dem Tetraeder für Choleriker, dem Hexaeder für Phlegmatiker, dem Oktaeder für Sanguiniker, dem Ikosaeder für Melancholiker und dem Pentagondodekaeder für ausgeglichene Menschen. Die so gewonnenen Erfahrungen zeigen, daß manche Krankheiten mit der Energiestrahlung geeigneter Formen behandelt werden können.

Architektur und Baumaterialien

Auch in der Architektur werden bestimmte Formen verwendet, um die Qualität der Lebensenergie zu verbessern. So tauchen beispielsweise pyramidenähnliche Formen bei den Indianern, in den Pagoden des Ostens, bei den Azteken und natürlich bei den Ägyptern auf. Bei vielen Völkern, deren Menschen nah beieinander wohnen, ist die runde Form am gebräuchlichsten, denken wir an das Iglu der Eskimos, den afrikanischen Kraal und das Rundhaus der Kelten. In unserer Zeit hat der Architekt Buckminster Fuller den sogenannten geodätischen Dom geschaffen, eine runde Struktur, die zu einem großen Teil aus Glas und Holz besteht. Interessant ist an diesem Dom, daß seine Bewohner die Sonne vom Aufgang bis zum Untergang sehen. Fuller ging bei der Entwicklung seines Doms von biologischen Mikrostrukturen aus, die er auf die Makroebene projizierte – ein schönes Beispiel für die Übertragung von Energieprinzipien einer Ebene auf eine andere. Nur wenn wir das Ganze erfahren, so sagt auch Fuller, können wir wirklich verstehen, wie Systeme funktionieren. Die Analyse von Teilen gibt uns nie ein Verständnis für das Ganze. Fuller hat seine ganzheitliche Sicht der Dinge in dem Begriff «Synergie» zusammengefaßt.

Mir Formen bewußt umzugehen ist deshalb wichtig, weil Form unsere Lebensenergien positiv oder negativ beeinflußt. Wohn- und Bürohäuser, die den Prinzipien der Ganzheit entsprechen, schaffen uns eine Umgebung, in der wir es leichter haben, unsere Ganzheit zu wahren und in Harmonie mit den Zyklen der Lebensenergie zu bleiben. Andererseits fördern Gebäude, die unsere Ganzheit stören, Krankheit und Disharmonie. Große Stahlbetongebäude wirken zum Beispiel wie ein Faradayscher Käfig, der seine Bewohner gegen alle äußeren Energieeinflüsse abschirmt und jeden Energieaustausch verhindert. Ebenso werden die Energien, die in ihrem Inneren entstehen, aufgestaut.

Ein häufiges Problem im emotionalen Bereich besteht darin, daß das moderne Leben viele Menschen den Kontakt zur Erde verlieren läßt. Die Erde schafft jedoch nicht nur die Verbindung zu einer organischen, physischen Wirklichkeit, sondern auch eine emotionale «Erdung». Ohne Verbindung zur Erde sind wir sowohl biologischen als auch emotional «entwurzelt». Unsere Emotionen werden unstet, wir sind reizbar und nervös, unterligen starken Stimmungsschwankungen, fühlen uns ohne Beziehung zu anderen und uns selbst.

Das Bild der modernen Architekur ist zwar insgesamt recht trostlos, aber es gibt auch Ansätze zu einer sinnvolleren Entwicklung. Einige englische Architekten versehen die Räume in Wohnungen, Krankenhäusern und Schulen mit Winkeln, die offenbar verschiedene Wirkungen auf die Menschen ausüben. ╱ ╲ Winkel holen uns «auf den Teppich herunter» und entwickeln unseren praktischen Sinn, während \ / Winkel Kreativität und Offenheit fördern und die Stimmung aufhellen können[42]. Amerikanische Krankenhausstationen werden zudem in Farben gestaltet, die eine Art Heilschwingung verbreiten und bei bestimmten Krankheiten wirksam sind. John Ott berichtet von Bürogebäuden, in denen Vollspektrumlicht installiert wurde und die Fenster aus einem Kunststoff bestehen, der für Ultraviolettstrahlung durchlässig ist. In solchen Gebäuden treten weniger Ausfälle durch Krankheit auf, die Produktivität steigert sich, und die Kommunikation unter den Mitarbeitern ist besser als anderswo. Verminderte Anfälligkeit beispielsweise gegen Grippe fand Ott auch in Restaurants, in denen wegen des dekorativen Fluoreszenzeffekts auf weißen Gegenständen Ultraviolettlicht verwendet wird. Auf diesem Gebiet muß intensiv weitergeforscht werden, denn auch andere Untersuchungen deuten darauf hin, daß Veränderungen bei der Beleuchtung einen positiven psychologischen Effekt haben können.

Einen wichtigen Schritt auf dem Weg zu einer ganzheitlichen Architektur haben in Kanada Dr. Moog und seine Mitarbeiter getan. Ihr Konzept hat sie zu Neuerungen geführt, die nicht nur die Bauzeit verkürzen, sondern auch Geld und Energie sparen, die Sicherheit erhöhen und den Geräuschpegel senken. Alle ihre Gebäude haben ein Energiesystem, in dem sämtliche Abfälle – energetischer und sonstiger Art – zurückgewonnen und wiederverwendet werden. Die Temperatur des gesamten Systems (und alle Sicherheitseinrichtungen) wird energiesparend von einem Computer überwacht. Eine besondere Fensterverglasung sorgt für optimale Isolation gegen Kälte und Hitze und schaltet Zugluft aus. Die Raumdecken sind so gestaltet, daß die Zimmer zu einem Drittel der normalen Energiekosten besser beleuchtet sind. Besondere Dekkenkonstruktionen senken die Schallübertragung drastisch, und die Fenster absorbieren Schall, anstatt ihn zu reflektieren.

Moogs Arbeit zeigt, daß ganzheitliches Denken im ökologischen und persönlichen, aber auch im ökonomischen Sinn durchaus vernünftig ist. Ganzheit ist kein hohes Ideal, sondern einfach das umfassende Verständnis dessen, was wir gerade tun. So hat etwa Moog gezeigt, daß man mit diesem Ansatz 30 bis 50 Prozent der Energiekosten einsparen, die Wohnfläche (bei gleicher Grundfläche) um vier bis zehn Prozent vergrößern und zugleich einen menschengerechten, weil lärmfreien Lebensraum schaffen kann.

Das sind vielversprechende Ansätze, aber es bleibt noch viel zu tun. Wir wissen zum Beispiel noch zu wenig darüber, wie die verschiedenen Baumaterialien auf uns wirken. Einige Dinge sind bereits bekannt: Aluminium reflektiert sichtbares Licht und Ultraviolettstrahlung sehr gut, wodurch es sich günstig auf das Wachstum von Pflanzen auswirken kann. Als Material für Kochutensilien ist es jedoch ungeeignet, weil es eine radiästhetisch meßbare, sehr schlechte Strahlung abgibt, die sich auf die Nahrungsmittel überträgt. Homöopathen wissen, daß Aluminium im Verdauungstrakt als schleichendes Gift wirken kann; häufige Blähungen oder hartnäckige Verstopfung können Symptome dafür sein. Diese ständige leichte Vergiftung kann auf die Dauer zu Herzkrankheiten, Thrombose, Geschwürbildung, Anämie und Debilität führen.[43] Nicht alle Menschen sind gleich empfindlich für Aluminium. Einer der Gründe für die Wirkung des Aluminiums scheint zu sein, daß es in der Natur nicht als reines Metall, sondern nur in chemischen Verbindungen vorkommt. In seinem künstlich erzeugten metallischen Zustand ist Aluminium offenbar von seiner natürlichen Ganzheit getrennt und sendet ungesunde Schwingungen aus.

Rostiges Eisen reflektiert zwar das Licht kaum, übt jedoch wie Zinn im Boden eine günstige Wirkung auf Pflanzen aus. Als Baumaterial ist Eisen ein Schallverstärker und daher ungeeignet. Kupfer fördert den Schlaf und ist ein guter Leiter für Lebensenergie (Cameron, Reichenbach) und Elektrizität. Blei schwächt die Lebensenergie, ist aber zugleich eine wirksame Abschirmung gegen kosmische Strahlung und Röntgenstrahlen. Beton gibt kaum Wärmeisolierung, daher das Gefühl der Kälte, das von Betonwänden ausstrahlt. Beton «atmet» auch nicht und wirkt nicht – wie etwa Holz – ausgleichend auf die Luftfeuchtigkeit. Darüber hinaus wirkt Beton nicht schallabsorbierend, sondern eher schallverstärkend. Ziegel sind zwar wärmer als Beton und atmungsaktiv, können aber je nach Herkunft des Grundmaterials schädliche Strahlungen abgeben.

Alles in allem wird den zahllosen Energieeinflüssen, denen wir täglich ausgesetzt sind, noch zu wenig Beachtung geschenkt. Unsere Häuser sollten jedoch nicht nur praktisch sein, sondern auch unsere Entwicklung und unser spirituelles Sein fördern. Ein großer Schritt dorthin wäre getan, wenn wir uns die Vorgänge und Probleme der Energiestrahlung deutlicher vor Augen führten. Der nächste Schritt wäre eine Revision unserer Baunormen hinsichtlich der Beleuchtung (Vollspektrumlicht), des Schutzes vor Strahlung (Abschirmungen) und einer gesünderen Atmosphäre (Belüftungssysteme, die einen gesunden Anteil negativer Ionen in der Luft schaffen).

Jedes Material ist eine Form von Energie mit bestimmten Eigenschaften; wir tragen diese Qualitäten mit unserer Kleidung auf dem Leib und umgeben uns damit zu Hause und am Arbeitsplatz. Bekannt ist beispielsweise, daß organische Materialien wie Wolle, Baumwolle, Seide, Leinen und Holz gute Leiter für Lebensenergie sind.[44] Holz, Kork und Kokosfasern sind als Wärmedämmstoffe ein vollwertiger Ersatz für die üblichen Glasfasermatten, die einen feinen Glasfaserstaub abgeben und für die Lungen gefährlich sind. Wollteppiche, so wurde oft behauptet, kann man in Kliniken nicht verwenden, weil sich Krankheitskeime in ihnen «einnisten». Entsprechende Untersuchungen ergaben tatsächlich das Gegenteil: In Räumen mit Wollteppichen finden sich nicht mehr Keime als in solchen mit synthetischem Bodenbelag, und möglicherweise halten Wollteppiche die Baktarien sogar (bis zur Reinigung) besser fest als Kunststoffböden; im übrigen sind sie eine viel wirksamere Wärmedämmung. Synthetische Materialien sind überdies dadurch bedenklich, daß sie sich elektrisch aufladen. Kunststoffe können sich mit bis zu 10 000 Volt pro Zentimeter, synthetische Teppichböden sogar mit 15 000 Volt pro Zentimeter aufladen. Jeder kennt den manchmal recht unangenehmen Schlag, den man nach dem Gang über einen solchen Boden beim Griff zur Türklinke erhält. Solche elektrostatische Aufladung kann sich zudem sehr negativ auf die Ionenbilanz der Luft auswirken, was besonders in Wohnräumen bedenklich ist. Immer wieder werden auch Stimmen laut, die behaupten, daß synthetische Stoffe, direkt auf der Haut getragen, Allergien auslösen können.

Eine Ganzheitsperspektive hinsichtlich der Materialien, die unsere direkte Umgebung bilden, würde, wo immer das möglich ist, natürlichen Fasern und Baustoffen den Vorzug geben, und zwar in einer Weise, die unsere Rohstoffquellen nicht einseitig belastet. Ganzheitliches Bauen sollte auch solche Gesichtspunkte berücksichtigen wie etwa die Fragen, wie groß Städte sein sollten,[45] wieviel frische Luft und Wasser zur Verfügung stehen, wie groß die Geräuschbelastung des Lebensraums ist, wieviel freier Bewegungsraum in Parks und Grünanlagen vorhanden ist und was für Abschirmungen gegen schädliche Strahlung und Umwelt-Streßfaktoren möglich sind.

5. Lebensenergie in Medizin und Psychotherapie

Formen, so haben wir gesehen, sind Strukturen, die sich bilden, wenn Energieprozesse sich zu einem Ganzen verbinden. Sie sind daher die Manifestation oder Konkretisierung einer energetischen Gestalt. Dies gilt auch für Krankenhäuser und alle anderen medizinischen Einrichtungen. Die Geschichte des «Krankenhauses» in unserer Kultur beginnt in der Zeit des Frühchristentums mit den Hospitälern – Häusern, in denen für das Wohl von Körper und Seele gearbeitet wurde. Die wichtigsten Therapien waren Gebet und Handauflegen. Später wurden die Hospitäler Schlafstätten für mittellose Bürger und Reisende, die keine andere Bleibe fanden. Vom Mittelalter bis ins 18. Jahrhundert waren die Hospitäler Zuflucht für die unheilbar Kranken, für Epileptiker, Wahnsinnige und all jene, die nur noch den Tod erwarteten. «Niemand», schreibt Ivan Illich, «ging in ein Hospital, um dort seine Gesundheit wiederherzustellen». Immer mehr Ärzte hielten ihre Sprechstunde in solchen Häusern ab, weil es einfach praktischer war, alle Kranken an ein und demselben Ort zu behandeln. So entstand das, was wir heute Krankenhaus nennen. Manches scheint seitdem sehr viel besser geworden zu sein, doch wenn wir unter die Oberfläche schauen, wird sehr zweifelhaft, ob Krankenhäuser wirklich das sind, was sie zu sein behaupten: Orte der Gesundheit.

Medizin

Die Medizin leidet trotz aller Reformbemühungen der neueren Zeit an einem Anachronismus, an einem eigentlich schon lange toten Materialismus, den der von der Medizin selbst geschaffene Apparatismus künstlich am Leben erhält. Grundlage dieses Materialismus in der Medizin ist, grob gesagt, das mechanistisch-rationalistische Weltbild der modernen Wissenschaft seit Newton und Descartes, später ergänzt durch Louis Pasteurs Keimtheorie. Pasteurs Entdekkung, daß Krankheitskeime von einem Organismus auf einen anderen übertragen werden und dort die gleiche Krankheit auslösen können, brachte die westliche Medizin auf den Weg zu ihrem heutigen Entwicklungsstand. Die Tatsache, daß der Keim zuerst da ist und dann erst die Krankheit, ließ für das kausale Denken des 19. Jahrhunderts nur den einen Schluß zu, daß diese Mikroorganismen die Krankheit verursachen. Dieser Gedanke beherrscht die heutige Medizin noch immer, wenn es aufgrund anderslautender Forschungsergebnisse auch immer schwieriger wird, an ihm festzuhalten.

Im mechanistischen Weltbild der Medizin ist der Körper nicht mehr als eine große Maschine mit zahllosen (teils ersetzbaren) Einzelteilen, die so lange funktionieren, bis mal eins ausfällt. Dringen Keime in die Maschine ein und machen Teile von ihr funktionsunfähig, so ist man krank. Das wiederum führt zu Symptomen, an denen man die Natur der Störung erkennen kann. Die verschiedenen Krankheiten werden dann nach den zugehörigen Symptomen klassifiziert. Da es unendlich viele Arten von Symptomen gibt, werden nur die wichtigsten zur Diagnose einer bestimmten Krankheit herangezogen, was dann zu Schwierigkeiten führt, wenn das gleiche Symptom bei verschiedenen Krankheiten auftritt. Jetzt braucht man eine differenziertere Diagnose, und die wird meist in einer Klinik vorgenommen.

Leider basieren immer noch fast alle medizinischen Untersuchungsmethoden auf dem mechanistischen Modell. Es fängt damit an, daß diejenigen, welche die Untersuchungen vornehmen, ihre Erfahrungen ausschließlich an Kranken und Leichen gesammelt haben. Das Schwergewicht liegt bei ihrer Ausbildung nicht auf der Erfahrung dessen, was *Gesundheit* bedeutet, sondern auf der Beschäftigung mit Krankheit und Tod. Zweitens sind die diagnostischen Methoden selbst nicht unbedingt eindeutig und genau. Es gibt Untersuchungen, die gezeigt haben, daß Elektrokardiogramme (EKG) sehr unterschiedlich interpretiert werden können. Im übrigen zeichnen diese Geräte, wie eine andere Untersuchung gezeigt hat, in fünfundzwanzig Prozent der Fälle auch dann unauffällige Kurven, wenn erwiesenermaßen Herzstörungen vorliegen. Ähnliches gilt für das Elektroenzephalogramm (EEG), das Hirnstromkurven aufzeichnet; bei bis zu zwanzig Prozent der Patienten, die erwiesenermaßen an Gehirnstörungen leiden, zeigt die Aufzeichnung keinerlei Unregelmäßigkeiten. Röntgenstrahlen sind, wie wir im letzten Kapitel besprochen haben, selbst in kleinen Mengen gefährlich für die Gesundheit. Und hinsichtlich der Laboruntersuchung hat eine Ermittlung in den Vereinigten Staaten ergeben, daß medizinische Labors in «skandalöser» Weise ungenau arbeiten. Bis zu fünfundzwanzig Prozent der Resultate waren falsch, und fünf bis zwölf Prozent der Labors kamen bei Proben von Gesunden zu krankhaften Befunden. Nur jedem fünften Labor konnte bei der landesweiten Untersuchung bescheinigt werden, daß es in fünfundneunzig Prozent der Fälle zu «akzeptablen» Ergebnissen kam. Alles in allem kann kein Zweifel daran bestehen, daß in der medizinischen Diagnostik viel Raum für Irrtümer vorhanden ist. Mit dem Umsichgreifen der Mechanisierung und Automatisierung in der Medizin wird die mögliche Gefährdung unserer Gesundheit immer größer.

Ein weiteres Problem ergibt sich daraus, daß die medizinische Diagnostik sich an Hauptsymptomen orientiert, die von einem Bedürfnis nach statistischer Normierung vorgegeben sind. Wenn aber zwei Menschen Symptome zeigen, die nach dieser grobmaschigen Klassifizierung als ähnlich eingestuft werden, so wird ihnen auch die gleiche Diagnose gestellt und die gleiche Behandlung verordnet. Damit ist jedoch noch längst nicht gesagt, daß sie auch beiden guttut. Solche Behandlungen schaden oft mehr, als sie nützen, weil sie einfach nicht passen.

Die mechanistische Grundhaltung führt dazu, daß die meisten Ärzte bei Gesundheitsstörungen grundsätzlich davon ausgehen, daß sie auf der körperlichen Ebene liegen, und das obwohl klinische Untersuchungen ergeben haben, daß fünfzig bis neunzig Prozent der Erkrankungen auf psychische Faktoren zurückzuführen sind (die in vielen Fällen wieder von anderen Ursachen herrühren können: Umweltverschmutzung, Lärm, spirituelle Heilungskrisen, höhere Energieprozesse – zum Beispiel Kundalini –, Fehlernährung und soziokulturelle Normen).

Im Westen erfahren Angehörige der Heilberufe bei ihrer Ausbildung wenig über Psychologie oder Ernährung und nichts über kulturelle Faktoren, von persönlicher Entwicklung und spiritueller Schulung ganz zu schweigen. Wie sollen sie unter diesen Voraussetzungen differenziert diagnostizieren können? Im allgemeinen haben sie nur den physischen Aspekt von Krankheiten kennengelernt, und daher besteht natürlich eine starke Neigung, jedes Symptom einer der Normkategorien zuzuordnen. Aber die Normen der Medizin sind mehr als fragwürdig, denn sie führen dazu, daß vor dem Hintergrund einer Statistik, die auf generalisierten Symptomen und klassifizierten Krankheiten aufgebaut ist, nur noch «das Übliche» behandelt wird. Aber was geschieht mit Patienten, deren Krankheiten sich nicht der Norm fügen?

Da im Westen äußere Ursachen, allen voran die «Keime», für Krankheiten verantwortlich gemacht werden, setzt hier auch die medizinische Intervention an, und zwar hauptsächlich mit drei Waffen: Chemotherapeutika, Skalpell und Strahlen. Die Chemotherapie ist mit Problemen und Komplikationen behaftet, die der Gesundheit alles andere als zuträglich sind. Heilmittel dieser Kategorie sind durchweg Allopathika, also der Krankheit entgegengesetzte Mittel (im Gegensatz etwa zu den Homöopathika, die auf der gleichen Schwingungsebene arbeiten wie die Krankheit selbst). Es entsteht folglich ein Kampf zwischen den Drogen und den Krankheitskeimen. Ein solch gewalttätiger Ansatz führt oft nur zu noch mehr Kampf, ein Prinzip, das wir täglich mit den Nachrichten vor Augen geführt bekommen, denn es gilt in jedem Bereich, auch im politischen. Manchmal mag dieses Vorgehen notwendig sein, aber wir dürfen nicht vergessen, daß es im Grunde keine Lösung darstellt. Bekämpft man Keime mit keimtötenden Mitteln, so bilden sich resistente Keime (die sich in manchen Fällen sogar von diesen Mitteln ernähren). Deshalb bin ich überzeugt, daß es falsch und sinnlos ist, Krankheiten als Feinde zu betrachten. Krankheit ist ein Prozeß, der eine Trennung von der Ganzheit anzeigt, und Keime sind Manifestationen, nicht die Ursache dieser Spaltung. *Sie* sind nicht der Feind.

Überdies werden allopathische Mittel oft falsch angewendet. Penizillin zum Beispiel, das gegen Bakterien wirksam ist, richtet nichts gegen Viruserkrankungen wie die Grippe aus, wird aber trotzdem oft dagegen verschrieben. Das wäre nicht so schlimm, wäre das Mittel an sich harmlos – doch das ist leider nicht der Fall. Fast sämtliche Allopathika haben Nebenwirkungen, viele sogar recht gefährliche. Das rührt daher, daß sie nicht spezifisch genug wirken und nur bei den Hauptsymptomen ansetzen und diese bekämpfen. Die «Nebenwirkungen» sind also tatsächlich die Nachwirkungen eines mehr oder weniger ungezielten Rundumschlags, der zudem möglicherweise noch unnötig war.

Nach Penizillinbehandlung können sich Erbrechen, Durchfall oder Hautausschläge einstellen; in manchen Fällen kommt es sogar zu einem lebensbedrohenden anaphylaktischen Schock. Mendelsohn schreibt dazu:

«Fünf Prozent der Patienten müssen mit schweren Reaktionen auf Penizillin rechnen, und der anaphylaktische Schockzustand bietet wahrlich keinen schönen Anblick: Kreislaufkollaps mit feuchtkalter Haut, Schweißausbruch, Bewußtlosigkeit, Herzrhythmusstörungen. Unheimlich ist die Ähnlichkeit dieses Erscheinungsbildes mit eben der Krankheit, die Penizillin eigentlich heilen sollte.»[1]

Mendelsohn fährt fort, daß andere Mittel wie Chloromyzetin, wirksam bei manchen Meningitisformen, die Blutbildung im Knochenmark stört, gelegentlich mit tödlichem Ausgang. Tetrazyklin, allgemein gebräuchlich und auch bei Kindern angewendet, lagert sich in Knochen und Zähnen ab und kann die Zähne bleibend gelb oder gelblich-grün färben.

Kortikoide, die bei Rheumatismus eingesetzt werden, regen die Nebennieren zu stark an: Die Symptome lassen dann zwar nach, aber auch die Kraft der Nebennieren, und schließlich stellen sich die Symptome schlimmer als zuvor wieder ein. Das kann man kaum als wirksame Therapie bezeichnen: Die Schlacht gegen die Symptome flackert immer wieder auf, und der Krieg wird verloren, ohne daß sich je ein Frieden einstellt. Das griechische Wort *Pharmakon*, von dem wir unseren Begriff «Pharmazeutikum» (Arzneimittel) ableiten, unterscheidet interessanterweise nicht zwischen der Kraft zu heilen und der Kraft zu töten. Haben wir vielleicht alle Beziehung zur Kraft der Heilmittel verloren, weil unsere Ganzheit so sehr gestört ist? Vielleicht können wir zwischen wirklichem Heilen und Töten gar nicht mehr recht unterscheiden. Ein Symptom abzutöten, ist noch nicht Heilen im eigentlichen Sinn, vor allem dann nicht, wenn der Patient mit mehr oder weniger schweren Schäden daraus hervorgeht. Durch ihren Umgang mit Heilmitteln, brechen die Ärzte bereits das erste Gebot der Medizin, wie es von Hippokrates formuliert wurde: «Vor allem, nicht schaden.»

Zudem führen allopathische Mittel häufig zu einer psychischen oder körperlichen Abhängigkeit, die dann schwer wieder rückgängig zu machen ist. Viele Menschen glauben inzwischen einfach daran, daß man Symptome und Krankheiten bekämpfen und niederringen muß – um jeden Preis. Allzu oft bedeutet die Linderung von Symptomen jedoch nicht Heilung, sondern etwas ganz anderes: Die Krankheit zieht sich nur tiefer in den Organismus zurück und setzt sich dort erst richtig fest. Die Krankheit verschwindet oberflächlich, sie wird latent, dafür aber auf feineren Energieebenen um so aktiver.

Die Problematik allopathischer Mittel besteht zum Teil darin, daß viele zwar ursprünglich aus organischen Substanzen gewonnen wurden, inzwischen aber synthetisch hergestellt werden, weil das billiger ist. Die natürliche Droge und die synthetische mögen zwar chemisch ähnlich sein, aber die erste ist Teil einer Ganzheit und daher lebendig, die zweite tot. Sie hat keine Verbindung zur Natur, zu den Jahreszeiten, zu natürlicher Reifung – daher auch nicht zu unserer Natur und zu natürlichen Heilungsprozessen. Solche Mittel heilen nicht in Übereinstimmung mit der Ganzheit des Lebens, sondern vertreiben die Krankheit, die sich allerdings oft nur verlagert, so daß der Kampf gegen Symptome immer wieder von neuem beginnt. In den Vereinigten Staaten ergab eine Untersuchung der Bundesbehörde für Arzneimittel, daß nur zwei von fünf Mitteln überhaupt wirksam waren und von ihnen wiederum nur ein geringer Prozentsatz besser als ältere (zum Teil sehr alte) Heilmittel, die sie ersetzen sollten.

Ein gutes Beispiel für die Gefahr der Arzneimittelabhängigkeit ist Valium. Valium ist das meistverkaufte Medikament der Geschichte; es dämpft Erregungszustände und Nervosität. Es wird zigmillionenmal im Jahr verschrieben, und viele Menschen können ohne dieses Mittel nicht mehr leben. Valium ist auch ein gutes Beispiel dafür, daß man sich nicht mehr mit den eigentlichen Problemen abgibt, sondern nur noch an den Symptomen herumbastelt. Ein riskantes Spiel übrigens, denn die Liste der Nebenwirkungen von Valium liest sich wie die Liste seiner Indikationen: Angst, Abgespanntheit, Depression, akute Erregungszustände, Krämpfe und so fort. Wird hier nicht der Teufel mit dem Beelzebub ausgetrieben?

Auch in der Chirurgie begegnet uns eine Fülle von Problemen verwandter Art. Zeugnisse chirurgischer Eingriffe finden wir schon in frühen Kulturen, wo beispielsweise der Schädel geöffnet wurde (Trepanation), damit böse Geister den Patienten verlassen konnten.

Es mag uns heute schaudern bei dem Gedanken an die Durchführung solcher Eingriffe, doch anscheinend waren sie durchaus sinnvoll, körperlich oder zumindest psychisch. In der modernen Medizin werden neben vielen lebensnotwendigen Eingriffen auch zahllose Operationen durchgeführt, die ebenso gefährlich wie sinnlos sind. In den Vereinigten Staaten ermittelte ein Kongreßausschuß, daß jährlich 2,4 Millionen überflüssige Eingriffe durchgeführt werden. Abgesehen von den astronomischen Kosten (vier Milliarden Dollar) lassen dabei auch zwölftausend Menschen jährlich ihr Leben. Ein großer Teil überflüssiger Eingriffe wird an Kindern und Frauen durchgeführt. Mandeloperationen machen etwa 30 Prozent der Eingriffe bei Kindern aus; neun von zehn Operationen dieser Art sind eigentlich unnötig. In England, wo mit Mandeloperationen kein Geschäft zu machen ist, werden auch nur halb so viele durchgeführt wie in Nordamerika.

Noch schlimmer ergeht es den Frauen. Man schätzt, daß ein Drittel bis die Hälfte aller Uterusentfernungen unnötig sind. Wenn der gegenwärtige Trend anhält, wird bald jede zweite amerikanische Frau über fünfundsechzig ohne Gebärmutter sein. Ein anderer sehr fragwürdiger Eingriff ist der sogenannte Dammschnitt bei der Geburt, der heute schon routinemäßig vorgenommen wird. Mendelsohn meint dazu, daß dieser Eingriff wohl kaum in fast allen Fällen notwendig sei – sofern die Mütter Gelegenheit haben, bewußt und aktiv an der Entbindung mitzuwirken. Auch die Zahl der Kaiserschnitte nimmt zu, interessanterweise aber nur da, wo elektronische Überwachungsgeräte an die Stelle des Stethoskops getreten sind. Die künstliche Einleitung der Wehen, heute eine weithin geübte Praxis, stellt nach Mendelsohn ebenfalls eine Belastung dar, die häufig zu einem Kaiserschnitt führt. Sind Frauen heute einfach nicht mehr in der Lage, ihre Kinder auf natürlichem Wege zur Welt zu bringen, oder sind die Ärzte einfach zu schnell mit dem Wehentropf und dem Messer bei der Hand? Nach Eingriffen während der Entbindung stellen sich bei jeder zweiten Frau Komplikationen ein, und die Sterblichkeitsrate ist 26 mal so hoch wie bei normalen Geburten.

Die Gefährlichkeit der Strahlentherapie ist wohldokumentiert, die Fragwürdigkeit ihres Nutzens oft herausgestellt worden. Über gesunde lebensenergetische Strahlung ist so gut wie nichts bekannt; können wir angesichts dieser Tatsache wirklich guten Gewissens die schweren Strahlengeschütze auffahren? Die Maschinen stehen im

Vordergrund des Interesses, dann erst kommt der Mensch, und das wird so bleiben, solange Naturwissenschaftler und Mediziner einfach an der Tatsache vorbeisehen, daß auch Menschen Energie abstrahlen. Daß es sich hier wirklich um eine Tatsache handelt, ist nach den Untersuchungsergebnissen von Forschern wie Burr oder Tiller und angesichts des großen Erfahrungsschatzes etwa von Naturheilkundigen und Rutengängern kaum noch zu bezweifeln. Energetische Heilmethoden werden fast ausschließlich vom Berufsstand der Heilpraktiker angewendet, doch nicht selten findet man Kollegen von der Schulmedizin in ihren Praxen, die sich mit ihren eigenen Methoden selbst nicht helfen konnten. Es muß also an diesen Energieprozessen doch etwas dran sein, aber nur sehr selten findet sich ein Schulmediziner bereit, das zuzugeben. In vielen anderen Ländern haben sie es noch leichter, diese Tatsachen zu ignorieren, weil energetische Heilmethoden dort ganz verboten sind; dennoch macht sich allenthalben eine starke Unterströmung bemerkbar, die irgendwann auch an die Oberfläche dringen und anerkannt werden wird.

Einer der Haupteinwände der orthodoxen Medizin gegen diese uralten und in der Neuzeit wieder auflebenden Energietechniken besteht darin, daß zu wenig stichhaltige Forschungsergebnisse vorliegen. Tatsächlich muß hier noch viel mehr überprüfbare Experimentalarbeit geleistet werden. Solche Arbeit ist allerdings dadurch entscheidend erschwert, daß es noch kaum Instrumente und Geräte gibt, mit denen man die zum Teil sehr feinen Energien messen kann. Das gleiche gilt allerdings auch für manche «streng wissenschaftliche» Untersuchung. Nach einer Aussage des Direktors des amerikanischen «Bureau of Standards», ist die Hälfte (oder mehr) aller in der wissenschaftlichen Forschung verwendeten oder ermittelten Daten unbrauchbar, weil nicht bewiesen werden kann, daß tatsächlich gemessen wird, was gemessen werden soll, und weil potentielle Fehlerquellen nicht auf überzeugende Weise ausgeschaltet werden.

Mit der Wissenschaftlichkeit der etablierten Wissenschaft ist es also auch nicht so weit her, und das Bild wird noch schlechter, wenn wir die immer wieder auftretenden Fälle einbeziehen, wo «wissenschaftliche» Untersuchungen genau zu den Ergebnissen führen, die der gut zahlende Auftraggeber sich gewünscht hatte, oder wenn wir an die völlig unwissenschaftliche Haltung jener sogenannten Wissenschaftler denken, die kategorisch alles verwerfen, was nicht in ihre vorgefaßten Konzepte paßt. Ein Beispiel dafür ist der mögliche Zusammenhang zwischen bestimmten Energieprozessen und der Entstehung von Krebs. Ein Forscher, dem es wirklich um die Heilung dieser Krankheit zu tun ist, muß alle Möglichkeiten einbeziehen, nicht nur die schulmedizinische akzeptieren. Seltsamerweise werden diese akzeptierten Forschungsvorhaben nach wie vor mit gewaltigen Etats ausgestattet, obgleich sie wenig Erfolge vorzuweisen haben, während Gebiete wie Ernährung und Energieforschung kaum Beachtung finden. Diese Engstirnigkeit beweist eine tiefsitzende Furcht vor neuen Ideen.

Daneben zeichnet sich in der modernen Medizin jedoch ein deutlicher Trend zu natürlichen Heilmethoden ab. Immer mehr Ärzte werden sich der Grenzen ihrer Medikamente und Apparate bewußt. Und die Leute selbst werden immer wacher für die Schattenseiten der Medizin und sehen sich nach Alternativen um. Natürliche Heilverfahren aller Art erleben heute einen Boom, ebenso wie populäre Publikationen zu diesem Thema. Immer mehr Schulmediziner informieren sich bei ihren Konkurrenten, den Heilpraktikern, weil diese mit natürlichen Heilmitteln so viel Erfolg haben.

Aber halten wir uns nicht damit auf, über das, was offensichtlich schiefgelaufen ist, zu schimpfen, sondern wenden wir uns den gegenwärtigen Möglichkeiten zu einem neuen Anfang zu. Die Fortschritte und Stärken der modernen Schulmedizin, zum Beispiel in der Notfallmedizin und in der Operationstechnik, müssen anerkannt werden, aber zugleich ist alles abzulehnen, was unnötig und nicht ganzheitlich ist. Betrachten wir die Klassifizierung der Krankheiten als solide Grundlage der Diagnostik und die Fortschritte und Differenzierungen in Anatomie und Physiologie als solide Grundlage für ein Verständnis der Körperdynamik – in dem Wissen, daß sie nicht das vollständige Bild darstellen. Das könnte eine wirkliche Lernerfahrung sein: anzunehmen, was sich einem neuen, ganzheitlichen Modell der Gesundheit einfügt, und abzulegen, was sich im Lauf der Jahre in der Theorie oder auf den Gebieten Diagnose und Behandlung als wenig sinnvoll erwiesen hat.

In ihren Anfängen war die Medizin auf Ganzheit gegründet; was in der Natur an Bewegung zu sehen war – Wind, Wellen, Erdbeben, Sonnen-und Mondfinsternisse und so weiter – wurde, mit Dämonen und Göttern in Verbindung gebracht, und so begannen die frühen Menschen Beziehungen zu erkennen zwischen ihrem Gesundheitszustand und äußeren oder inneren Vorgängen. In den meisten primitiven Kulturen war der Heiler sowohl Priester als auch Arzt, denn für Krankheiten wurden übernatürliche Ursachen angenommen. Der Medizinmann oder Schamane spielte beide Rollen, weil die Krankheit des Körpers und das Wirken der Geister nicht zwei getrennten Bereichen angehörten, sondern beide derselben Ganzheit; hier bestand noch die Einheit der geistigen Welt und der Körperwelt. Die moderne Medizin hat diese Beziehung zum Geist fast ganz verloren.

Um uns aber der ursprünglich ganzheitlichen Natur auch der westlichen Medizin zu vergewissern, brauchen wir uns nur das älteste und heute noch im medizinisch-pharmazeutischen Bereich häufigste Symbol der Heilkunst anzusehen, den Caduceus oder Schlangenstab. Sein Sinn ist heute so gut wie vergessen, doch er

Der Caduceus, der «geflügelte Schlangenstab» des Merkur oder der Stab des Hermes. Der Caduceus ist das westliche Gegenstück zur Darstellung der Energiekanäle und Chakras im menschlichen Körper nach dem indischen Kundalini-System. Der Stab stellt den Sushumna-Nadi dar, die Schlangen die Nadis Ida und Pingala; wo sich die Schlangen überschneiden, liegen die sechs Körperchakras (das siebte Chakra über dem Scheitel ist durch den Knauf des Stabes dargestellt).

war im alten Ägypten ein Symbol für Leben und Gesundheit, bildhafte Darstellung der beiden Aspekte der Lebensenergie: die linke Schlange steht für das weibliche Prinzip, für den lunaren, kontraktiven Yin- oder Shakti-Aspekt der Lebensenergie, während die rechte das männliche Prinzip vertritt, die solare, expansive Yang- oder Shiva-Energie. In ihrer dynamischen Ausgewogenheit bilden diese beiden Aspekte das Prinzip der Ganzheit in den Bewegungen und Interaktionen der Lebensenergie. Eine Abwandlung dieses Symbols mit nur einer Schlange ist der sogenannte Äskulapstab.

Wollen wir zu einer Ganzheit des Lebens zurückfinden, müssen wir in allem, was wir tun, Harmonie und Ausgleich suchen. Das war schon für Hippokrates die Grundlage des Heilens und der Lebensführung überhaupt. Anders als manche seiner Vorgänger und Zeitgenossen, deren medizinische Theorien Krankheiten als isolierte Erscheinungen an einzelnen Körperteilen definierten, betrachtete und behandelte er den Organismus als Einheit. Hippokrates glaubte an die natürliche Selbstheilungskraft des Körpers und sah die Rolle des Arztes darin, diese Selbstheilungskraft vorsichtig und mit natürlichen Mitteln zu unterstützen. Besonders betonte er die Bedeutung eines maßvollen Lebensstils mit richtiger Ernährung und dem Meiden jeder Übertreibung. Er selbst verwendete nur natürliche Heilmittel wie Bäder und Kräuter und glaubte übrigens auch an eine Heilenergie, die sich von Mensch zu Mensch übertragen läßt. Der von ihm formulierte Eid, dem sich auch heutige Ärzte noch verpflichtet fühlen (zumindest als Lippenbekenntnis), beinhaltet die kostenlose Unterrichtung anderer, die Verpflichtung, keine schädlichen Verordnungen zu machen und den eigenen Lehrer materiell zu unterstützen. Bei Hippokrates findet sich auch schon die Behauptung, daß manche Krankheiten durch Mittel zu heilen sind, die bei gesunden Menschen die Symptome dieser Krankheit auslösen – kurz, das Grundprinzip der Homöopathie.

Samuel Hahnemann, der Begründer der Homöopathie, glaubte wie Hippokrates und andere vor ihm, daß Krankheiten nur dann auftreten können, wenn das lebensenergetische Grundgefüge des Organismus bereits gestört ist. Anders als die damaligen und heutigen Schulmediziner, sah Hahnemann Krankheiten nicht als etwas, das den Körper von außen befällt, sondern als einen Versuch des Körpers, tieferliegende Störungen selbst zu bereinigen. Körperliche Symptome sind für ihn nur Manifestationen dieser «Heilungskrise», nicht die Krankheit selbst. Energetisch betrachtet entspricht dieser vitalistische Ansatz den Ergebnissen der modernen subatomaren Physik weit besser als der mechanistische. Materie, so wurde hier gezeigt, ist eine Manifestation von Energie, und das gilt natürlich auch für Krankheitskeime. Da Energie jedoch stets in Bewegung ist und es immer ein Vorher und Nachher gibt, kann nicht irgendein Punkt der Beginn sein, kann also nicht der Keim der Anfang der Krankheit sein. Nur in der klassischen Physik gibt es einen bestimmten Anfang und ein bestimmtes Ende; in der modernen Physik kann nichts mehr isoliert betrachtet werden, sondern nur in seiner Einbindung ins Ganze.

Hahnemann zog nicht nur alle Lebensumstände eines Patienten in Betracht, sondern berücksichtigte auch bis ins kleinste Detail sämtliche Symptome und nicht wie seine allopathischen Kollegen nur die Hauptsymptome oder die, die einem bestimmten Krankheitsbild zugeordnet sind. Für ihn war das Gesamtbild entscheidend, eben die Ganzheit. Er behielt bei Diagnose und Behandlung die verschiedenen Energieebenen im Auge und entdeckte, daß seine Heilmittel, die oft nur noch verschwindend geringe Mengen der Ursprungssubstanz enthielten, auf mehreren Ebenen gleichzeitig wirken konnten. Die Schulmedizin kennt im großen und ganzen nur die physische Ebene und geht davon aus, daß alle Krankheiten auf dieser Ebene beginnen. Dubrovs Entdeckung beispielsweise, daß Krankheiten zwischen vollkommen gegeneinander abgeschirmten Zellkulturen übertragbar sind, zeigt, daß dem nicht so ist. Es muß vielmehr feinere «nicht-physikalische» Energieebenen geben, und diese Ebenen sprach Hahnemann mit seinen Heilmitteln an, deren Wirksamkeit zwar im physikalisch-chemischen (dem «grobstofflichen») Bereich praktisch gleich Null ist, die aber auf höheren Energieebenen (im «feinstofflichen» Bereich) um so wirksamer sind. In neuerer Zeit hat Hildebert Wagner zeigen können, daß die höheren, also feineren homöopathischen Potenzen eine biologische Wirkung auf das Immunsystem des Organismus ausüben. Bei einem praktischen Vergleich zwischen Allopathie und Homöopathie während einer schweren Choleraepidemie im Jahre 1832 erwies sich die Homöopathie als überlegen[2].

Die Schulmedizin, für die nur der grobstofflich, nicht aber der feinstoffliche Bereich existiert, lehnt die Homöopathie natürlich rundweg ab, denn was nicht auf der physikalisch-chemischen Ebene wirkt, so lautet das einhellige Urteil, wirkt überhaupt nicht.

Allerdings macht sich die Schulmedizin hin und wieder das Grundprinzip der Homöopathie zu eigen, etwa im Fall der Malariabehandlung mit Chinin, der Syphillisbehandlung mit Quecksilberverbindungen oder der Schilddrüsenbehandlung mit Jod. Am deutlichsten wird dieses Prinzip bei der üblichen Krankheitsimmunisierung durch Impfung mit Vakzinen (abgeschwächte oder abgetötete Krankheitserreger). Eine geringe Menge von Erregern einer Krankheit aktiviert die Körperabwehr, so daß er später eine eventuelle tatsächliche Infektion erfolgreich bekämpfen kann. Dies ist eine Form der «Behandlung von Gleichem mit Gleichem», ein Prinzip, dessen Wirksamkeit Edward Jenner parallel zu Hahnemann aufzeigte. Und von Behring, der Entdecker des Tetanus-Impfstoffes, schreibt: «Mit welchem Ausdruck könnten wir den Einfluß eines *ähnlichen* Virus treffender beschreiben als mit Hahnemanns Wort ‹Homöopathie›?»

Viele Ärzte haben ihre Verwurzelung in der Ganzheit von Geist und Körper vergessen und achten die Bemühungen mancher ihrer Kollegen um ganzheitliche Heilweisen gering. Immerhin, eine neue Unterströmung ist da, und in manchen Ländern sogar recht stark. In Deutschland findet der Berufsstand der Heilpraktiker wachsende Anerkennung und immer mehr Zulauf. Hier hat auch die Homöopathie ihre längste Tradition und wird intensiver betrieben als irgendwo sonst auf der Welt (was nicht zuletzt auch Konsequenzen für die Kosten der Gesundheitsfürsorge hat, denn Homöopathika sind im allgemeinen wesentlich billiger als allopathische Medikamente), sogar von Schulmedizinern.

Es gibt noch andere ganzheitliche Methoden, die heute nach und nach Eingang in die allgemeine Praxis der Medizin finden. Ich erwähnte bereits die Licht- und Farbtherapie bei Neugeborenengelbsucht, bei Psoriasis und anderen Hautleiden. Das Handauflegen, neuerdings bekannt geworden unter der Bezeichnung «therapeutische Berührung», wirkt sich nicht nur positiv auf die Bildung des roten Blutfarbstoffs aus (Doris Krieger), sondern vermag auch Angst zu lindern (Patricia Heidt). Diese beiden Frauen sind Krankenpflegerinnen, die die «therapeutische Berührung» bei ihrer täglichen Arbeit anwenden. Doris Krieger hat ihre Technik außerdem Hunderten von Krankenschwestern und Ärzten vermittelt. Bei bestimmten Fällen von Schizophrenie, Alkoholismus und Hyperaktivität wird die Megavitamintherapie mit Erfolg angewendet. Biofeedback, oft als «westlicher Yoga» bezeichnet, wird schon vielfach zur Schmerzlinderung, bei Spannugserscheinungen und bei Kreislauf- oder Herzrhythmusstörungen eingesetzt. Beim Biofeedback werden dem Patienten Informationen über Körperfunktionen zugeleitet, die sonst unbemerkt bleiben; auf diese Weise kann er lernen, körperliche und psychische Prozesse selbst zu steuern. Der Heilungsprozeß steht hierbei im Zeichen einer lebendigen Kommunikation zwischen Körper und Bewußtsein – ein wahrhaft psycho-emosomatischer Ansatz.

Akupunktur gewinnt im Westen immer mehr Bedeutung, vor allem, seit die westliche Wissenschaft ihre eigenen Anwendungsformen (Elektro- und Schallakupunktur sowie Laserstrahlen) entwikkelt hat. Auch die Anregung von Akupunkturpunkten mit den Händen gewinnt heute mehr und mehr Bedeutung.

Von Deutschland geht eine Bewegung aus, die Heilung von Knochen durch Magnetfelder zu beschleunigen. Trotz der frappierenden Erfolge dieser Methode ist sie allerdings immer noch nicht offiziell anerkannt.

Schauen wir uns die Geschichte der westlichen Medizin an, so finden wir ein ungeheures Potential, aus dem sich eine integrative Heilkunst entwickeln ließe, aber unnötige Operationen und der unverantwortliche Umgang mit Medikamenten und Bestrahlungsgeräten macht alle derartigen Ansätze zunichte. Es nützt jedoch wenig, wütend zu werden oder zu resignieren. Man macht es sich zu leicht, wenn man die Ärzte (oder die Pharmakonzerne oder die Gesellschaft) in Bausch und Bogen verurteilt. Es ist an der Zeit, daß jeder Patient sich selber fragt, ob er das alles mit sich geschehen lassen oder ob er selbst etwas ändern will. Letztlich wird die Frage für jeden von uns lauten, ob er sich weiter in die Abhängigkeit begeben oder immer mehr selbst die Verantwortung für sein Leben übernehmen will. Eine Möglichkeit, zu einem bewußteren Leben zu kommen, besteht darin, positive und ganzheitliche Ansätze in der Medizin zu unterstützen und diejenigen zu meiden, die unser Leben und unsere Gesundheit bedrohen. Vielen Menschen, die in den Heilberufen arbeiten, geht es um wirkliche Gesundheit, und ihnen müssen wir mit wacher Aufmerksamkeit, also ohne uns blind auf sie zu verlassen, zur Seite stehen. Das Heilen ist etwas, das letztlich nur wir selbst tun können – mit der Hilfe von Spezialisten. Wichtig ist, unterscheiden zu lernen, wann diese Hilfe notwendig ist und wann sie nur aus Bequemlichkeit in Anspruch genommen wird.

Psychotherapie

Auch Wesen und Praxis der Psychotherapie bedürfen einer Neueinschätzung, denn auch hier liegen tiefe Mißverständnisse vor, bei Fachleuten und Laien gleichermaßen. Es ist in der Tat erstaunlich, wie viele Menschen heutzutage noch glauben, daß Psychotherapie nur etwas für Verrückte oder willensschwache Menschen ist. Das Problem hat seinen Ursprung zum Teil in der Geschichte der Psychotherapie, zum Teil aber auch in dem, was Thomas Szasz als «Mythos der Psychotherapie» bezeichnet.

Die westliche Psychotherapie entwickelte sich im 19. Jahrhundert als «Ableger» der Medizin und hat sich auch heute noch nicht ganz emanzipiert. Neurosen wurden als grundsätzlich medizinisches Problem betrachtet, verursacht durch Störungen im Nervensystem, und da man an Nerven elektrische Erscheinungen beobachtet, versuchte man Störungen auf elektrischem Wege zu beheben – durch Elektroschocks. Noch Sigmund Freud begann seine Laufbahn als Neurologe und Elektrotherapeut. Später kam die Psychochirurgie hinzu, deren gebräuchlichste Form die Lobotomie ist, eine Durchtrennung der Verbindungen zwischen Thalamus und Großhirnrinde. Fast immer sind mit solchen Operationen schwere Wesensveränderungen verbunden. In den Vereinigten Staaten wurden bis 1964 50 000 Lobotomien vorgenommen, zwei Drittel davon an Frauen. Seitdem sind neue Techniken zur Inaktivierung von Gehirnteilen entwickelt worden, Ultraschall, Elektrokoagulation und Radium-Implantate.

All das kann man jedoch nicht als Psychotherapie bezeichnen. Methoden dieser Art sind bestenfalls Mittel der sozialen Kontrolle. Psychopharmaka, die die Stimmung heben oder Erregbarkeit dämpfen, gehören in dasselbe Arsenal von Waffen gegen psychische Erkrankungen. Bestenfalls kontrollieren solche Drogen das Verhalten und erhalten ein gewisses künstliches Gleichgewicht, schlimmstenfalls zerstören sie alle Vitalität und lassen den Patienten in irgendeiner Ecke der Nervenheilanstalt dumpf dahindämmern. Unter ganz spezifischen Umständen können solche Mittel für kurze Zeit sogar nützlich sein, aber die undifferenzierte Anwendung bei allen möglichen Störungen ist offenbar nicht nur unnötig, sondern erzeugt auch noch Abhängigkeit und untergräbt den eigentlichen Heilungsprozeß.

Insgesamt geht die Psychiatrie davon aus, daß seelische Probleme grundsätzlich dasselbe sind wie organische Erkrankungen und folglich auch so behandelt werden müssen. Psychische Störungen sind jedoch nicht Krankheiten im medizinischen Sinne, wenn auch gelegentlich genetische oder chemische Einflüsse eine Rolle dabei spielen mögen. Schon Freud stellte klar heraus, daß viele Zustände von den verschiedensten Umständen begleitet sein können und man *die* Ursache vielleicht niemals finden wird. Das verbissene Suchen nach *der* Ursache für alles, sei es Krebs oder emotionale Störungen, kettet uns an das mechanistische Modell von Ursache und Wirkung, These und Antithese, das nur ein starres, lineares Denken zuläßt. Das rastlose Suchen nach dem «Was» der Krankheit ist letztlich ein Versuch, den Feind zu stellen und dann niederzukämpfen. Dieser Ansatz weist allen Beteiligten wohldefinierte Rollen zu: dem Patienten die Rolle des «befallenen Opfers» und dem Therapeuten die Rolle des Siegers über das Böse, der die seelischen «Krankheitskeime» aufzuspüren weiß.

Ein bedeutsamer Mangel vieler Ausbildungsgänge von Therapeuten auf der ganzen Welt besteht im Fehlen einer persönlichen Therapie. Die «Lehranalyse» war wesentlicher Bestandteil der Ausbildung in der klassischen analytischen Schule; im Gewirr immer neuer therapeutischen Ansätze ist dieser Brauch heute ziemlich in Vergessenheit geraten. Die Selbsterforschung könnte uns jedoch lehren, daß die Kraft zu heilen im Menschen selbst liegt und nicht in Theorien und Techniken. Immer wieder zeigen Untersuchungen auf, daß die persönliche Beziehung zwischen dem Therapeuten und seinem Klienten wesentlich wichtiger ist als die theoretische Ausrichtung des Therapeuten[3]. Die Interaktion ist der ausschlaggebende Faktor im therapeutischen Austausch, nicht das Aufspüren von «Keimen». Auch diese «Keime» mögen interessant sein – das Wesentliche sind sie nicht. Der Lernprozeß bei der therapeutischen Ausbildung ist zudem nicht intellektueller Natur. So sagt Carl Rogers:

> «Intellektuelle Schulung und das Aufnehmen von Information führt zu manchen wertvollen Ergebnissen – ein Therapeut zu werden, ist allerdings keines dieser Ergebnisse.»

Eine andere Frage, die im Zusammenhang mit Psychotherapie immer wieder gestellt und kontrovers beantwortet wird, ist die Frage nach dem Sinn und Nutzen. Viele, die selbst schlechte

Erfahrungen gemacht oder etwas Gelesenes falsch verstanden haben, sprechen der Psychotherapie jeden Nutzen ab, während andere geradezu süchtig danach sind und kaum noch Entscheidungen fällen können, ohne ihren Therapeuten vorher zu befragen. Was solche Menschen in der Therapie lernen, hat mit der äußeren Wirklichkeit nicht viel zu tun und sollte deshalb nicht verallgemeinert werden.

Auf diesem Gebiet ist kein Platz für Luxus, aber auch bei den besten Absichten des Therapeuten und seines Klienten, kommt manchmal dieser Luxuscharakter ins Spiel. Manche Leute glauben, daß es heute einfach dazugehört, sich in irgendeine Therapie zu begeben, und meinen sie hätten damit ihren Teil zur «Selbstveränderung» getan. Das ist oft nicht der Fall. Eine Therapie, die uns mit falschen Bestätigungen dazu verleitet, uns immer weiter selbst zum Narren zu halten, anstatt uns an der richtigen Stelle auch einmal in die Konfrontation zu treiben, ist ein Luxus; das gleiche gilt für eine Therapie, die uns ausschließlich mit den dunklen Punkten unseres Lebens konfrontiert und das vorhandene Positive nicht bekräftigt. Erstere ist ein Schwelgen in Selbstbestätigung, letztere ein Schwelgen in Selbstverneinung. Keine dieser beiden Arten wird nennenswerte Resultate erzielen, da beide meist nur irgendwelchen unbewußten Bedürfnissen des Patienten oder des Therapeuten entsprechen.

Und noch eine Krankheit haftet der Psychotherapie an. In fast allen psychiatrischen und psychotherapeutischen Einrichtungen und Praxen wird ein neuer Patient erst einmal einer klinischen Diagnose unterzogen. Das führt meist dazu, daß der Klient irgendein Etikett aufgeklebt bekommt – und dann weiß man, so die Theorie, wo man anzusetzen hat. Diese Entwürdigung könnte noch vertretbar sein, wenn diese Schubladendiagnostik in sich schlüssig wäre und direkt zu einer bestimmten Behandlung führen würde. Das freilich scheint nicht der Fall zu sein, denn eine Vergleichsuntersuchung hat ergeben, daß verschiedene Therapeuten denselben Klienten ganz verschiedene Etiketts verpassen. In der Medizin gibt man einer Beobachtung einen Namen und behandelt dann die Symptome. Das ist schon wenig, aber die psychologische Etikettierung führt zu noch unspezifischeren Behandlungen.

Außerdem gibt es auch noch einige theoretische Punkte, die geklärt werden müssen. Den meisten Psychotherapien liegt die Annahme zugrunde, daß *Einsicht* die Voraussetzung des Wandels ist. Zunächst einmal gibt es über den Wandlungsprozeß selbst noch kaum fundierte Untersuchungen. Zwei Drittel bis drei Viertel der Menschen, die sich einer Psychotherapie unterzogen haben, gewinnen den Eindruck, daß sich etwas an ihnen verändert hat – wenn sie auch meist erst von anderen darauf aufmerksam gemacht werden. Diese Wahrnehmungsschwäche sich selbst gegenüber beruht auf eingefahrenen Anschauungen von sich selbst, die ich *Cassetten* nenne. Zudem kann der Wandel auf ganz verschiedenen Bewußtseinsebenen eintreten, die aufgrund ihrer spezifischen Energiefrequenzen unterschiedlich schnell reagieren.

Die psychotherapeutische Forschung hat drei Hauptaspekte des Wandels herausgearbeitet: Erkennen (Einsicht), Fühlen (Katharsis) und Verhalten. Gefühle und Verhalten ändern sich jedoch auch in Therapieformen, die nicht einsichtsorientiert sind, was beweist, daß Einsicht keine notwendige Voraussetzung des Wandels ist. Hans Strupp schreibt nach jahrelanger Beschäftigung mit psychotherapeutischen Variablen über die Einsicht:

> «Solches Verstehen mag für manchen Patienten befriedigend sein oder einen ästhetischen Reiz darstellen, aber für Verhaltens- und Persönlichkeitsveränderung scheint es mir keine besondere wirksame Kraft darzustellen.»[4]

Selbst Sigmund Freud, Vater der Psychoanalyse und einer der wichtigsten Vertreter westlicher Bewußtseinsforschung überhaupt, sagte gegen Ende seines Lebens (1937), das therapeutische Potential der klassischen Psychoanalyse sei begrenzt. Das Ziel dieser Technik (bestehend aus freier Assoziation, Regression, Übertragung und Interpretation) war: Einsicht. Die Erfahrung zeigt überdies, daß Einsicht eher zu kognitiven als zu emotionalen Veränderungen führt, obgleich auch letztere eintreten können, wenn Einsicht sich mit kathartischem Ausdrucksverhalten paart.

Viele Therapeuten und Laien halten trotz aller Gegenargumente an der therapeutischen Bedeutung der Einsicht fest. Natürlich ist Einsicht nicht wirkungslos, doch der Aufwand an Zeit und Kraft, den sie erfordert, erscheint mir nicht gerechtfertigt. Tatsächlich kann die Ausrichtung auf einsichtsorientierte Inhalte sogar eine antitherapeutische Situation schaffen, denn das Stehenbleiben bei Dingen, die wenig oder gar kein Veränderungspotential haben, kann genau die Störung verschlimmern, die durch Einsicht behoben werden sollte.

«Eine Büchersammlung . . .

...ist der Gegenwert eines großen Kapitals, das geräuschlos unberechenbar Zinsen spendet.»
Dieses Goethe-Wort könnte beinahe auch für Pfandbriefe gelten, allein: dafür bedarf es keines *großen* Kapitals, und die Zinsen sind berechenbar.

Pfandbrief und Kommunalobligation

Meistgekaufte deutsche Wertpapiere - hoher Zinsertrag - bei allen Banken und Sparkassen

Verbriefte Sicherheit

Einsicht bedeutete ursprünglich (etwa bei Sokrates) Selbsterkenntnis durch Selbsterforschung. Diese Selbsterkenntnis bildete die Grundlage der Tugend, so daß Erkenntnis und Tugend also im Grunde identisch waren. Erkenntnis als Tugend hat eine direkte Beziehung zu persönlicher Integrität, was seiner ursprünglichen Wortbedeutung nach soviel wie «Unberührtheit» oder Ungeteiltheit, also Ganzheit bedeutet. Einsicht ist also ursprünglich Selbsterforschung, die über persönliche Tugend und Integrität zum Bewußtsein der Ganzheit führt. Das ist freilich ein ganz anderes Verständnis von Einsicht als das zwanghafte Suchen nach Ursachen, das wir heute darunter verstehen. Sokrates' induktive Methode ist übrigens ein Beweis dafür, daß wir die Ganzheit schon *sind* – nur sehen wir sie nicht und müssen uns erst durch beharrliche Selbsterforschung darauf vorbereiten.

Meine klinische Erfahrung ist, daß Katharsis und Abreagieren eher zu Veränderungen führen als Einsicht, und da kein Forschungsmaterial darüber vorliegt, daß Einsicht therapeutisch wirksamer ist als Katharsis, sollten einsichtsorientierte Therapeuten die Wirksamkeit des Abreagierens nicht so rundweg bestreiten. Symonds kommt sogar in einer frühen Untersuchung zu dem Ergebnis, daß Katharsis in der Psychotherapie der wichtigste Faktor für den Erfolg ist. Die Veränderungen, die durch Life-Energy-Therapie, Reichsche Therapie, Bioenergetik, Psychodrama und Gestalttherapie bewirkt werden, zeigen, daß Katharsis in der Therapie ein wirkungsvolles Medium ist, wenn nicht gar der ausschlaggebende Faktor.

Emotionales Ausdrucksverhalten kann jedoch ebenso begrenzt und sogar gefährlicher als einseitige Einsichtsorientierung sein, wenn es falsch angewendet wird. Traurig sein zu *müssen* oder seinen Gefühlen *zwanghaft* Ausdruck zu geben, ist ebenso ein Problem wie mangelnder emotionaler Ausdruck. Wir sehen an uns selbst und anderen oft genug, daß man in bestimmten Situationen immer wieder auf die gleiche Weise emotional reagiert. Es kann aber keine wirkliche Evolution stattfinden, solange man glaubt, Schmerz zu empfinden oder aggressiv zu sein sei wichtiger als andere Emotionen.

Der Sozialpsychologe Berkowitz hat gezeigt, daß wütende Vergeltungsschläge gegen Angreifer die Feindseligkeit auch verstärken anstatt abbauen können. Offenbar ist also das Wie des emotionalen Ausdrucksverhaltens mindestens ebenso wichtig, wie dieses Verhalten selbst. Meine eigene Erfahrung zeigt, daß Traurigkeit endlos immer neue Traurigkeit erzeugen kann, wenn man nicht richtig damit umgeht. So kann der Ausdruck von Gefühlen nicht nur Ganzheit schaffen, sondern sie auch blockieren. Beim Freisetzen von Emotionen entscheidet also das Wie über die therapeutische Wirksamkeit.

Verhaltenstherapeutische Ansätze interessieren sich im allgemeinen nicht für Einsicht, denn sie ist ein «intrapsychischer» Faktor, der sich mit Verhaltenskriterien nicht hinreichend erfassen läßt. Doch Verhaltensänderungen allein sind noch kein ausreichendes Kriterium für die Entwicklung eines Menschen. Geändertes Verhalten bedeutet keineswegs unbedingt, daß das Problem an der Wurzel gelöst ist, sondern kann eine ganz oberflächliche Änderung sein. In vielen Fällen wird das eigentliche Problem nur verlagert. Verhaltenstherapie scheint dann am wirksamsten zu sein, wenn ganz spezifische, akute Probleme vorliegen wie etwa Phobien oder andere Störungen, die kein normales Leben in der Gesellschaft erlauben. In den letzten zwanzig Jahren ist die Verhaltenstherapie ganzheitlicher geworden, weil dadurch die Erfolgsaussichten spürbar steigen. Gefühle und Ideen werden jetzt oft als «inneres Verhalten» betrachtet, was für Therapeuten früherer Generationen undenkbar gewesen wäre. Eine sehr wirksame Form der Verhaltenstherapie, die «Implosivtherapie», verhilft ihren Klienten dazu, ihren Ängsten mit voller Emotionalität zu begegnen.[5] Das ist eine Form von Katharsis. Die Verhaltensänderung umfaßt hier auch das Zurechtrücken irrationaler Ideen (Einsicht) und den direkten Ausdruck von Emotionen (Katharsis).

Selbst die klassische Einsichts-Methode, die Psychoanalyse, modifiziert das Verhalten durch Regeln, nach denen sie das vom Klienten produzierte Material als akzeptabel oder nicht akzeptabel einstuft, sowie durch Verstärkung akzeptabler Inhalte. Der Psychoanalytiker freudscher Prägung, so schreibt Strupp, bleibt distanziert und bringt seine Persönlichkeit nicht in die Interaktion ein; dadurch kann er zwar viel mehr Veränderung bewirken als ein Therapeut, der sich persönlich zeigt und engagiert, aber das psychoanaltytische Modell hat trotzdem auf dem Gebiet der Verhaltensänderung keine beeindruckenden Erfolge vorzuweisen.[6]

Im Lauf der Jahre werden die Trennungslinien zwischen Verhaltens-, Gefühls- und Einsichtstherapie immer undeutlicher, denn jede Energiemanifestation hat nur im Gesamtzusammenhang einen

Sinn. Zu einer ganzheitlichen Psychotherapie gehört mehr als ein Paket von theoretischen Konstrukten oder Techniken.

Das Problem heutiger Psychotherapie besteht darin, daß ihre wahre Natur nicht richtig verstanden wird. Das Wort «Therapie», aus dem Griechischen abgeleitet, bedeutet ursprünglich «heilen». Das vorangestellte «Psycho-» bedeutet ursprünglich Seele, Geist und Atem. Das Wort Psychotherapie sollten wir demnach übersetzen als «Heilung des Geistes durch die Ganzheit der Seele, vermittelt durch das Medium des Atems». Welche der heutigen Psychotherapien wäre mit dieser Definition zutreffend beschrieben? Seele und Geist sind hier auf Bewußtseinsphänomene reduziert worden, und die Bedeutung des Atems ist – außer in der Atemtherapie und einigen anderen Körpertherapien – im Westen (ganz anders als im Osten) fast ganz vergessen.

Die eigentlichen Themen und Inhalte der Psychotherapie gehen zudem teilweise in einem Wirrwarr der Begriffe unter. Oft hört man, es komme darauf an, «ein neues Bild von sich selbst zu gewinnen», «die Persönlichkeit freizulegen», «schwache Egofunktionen zu stärken» oder «Charakterprobleme zu analysieren». Diese Arbeit mag zwar zum Teil nützlich sein, aber sie verstärkt auch das Problem der Trennung vom Ganzen, weil sie psychologische Grenzen in den Vordergrund stellt sowie das, was ich «Spurenprobleme» nenne (mehr darüber im nächsten Kapitel).

So zeigt beispielsweise schon der Ausdruck «ein neues Bild von sich selbst gewinnen» ein tiefes Mißverständnis auf, denn «Bild» bezieht sich doch offensichtlich auf eine Vorstellung und nicht auf unser Sein. So bauen wir also in diesem Prozeß tatsächlich an einer Ein-bild-ung oder Imagination. Imagination ist von dem lateinischen *imago* – Bild – abgeleitet, und dieses Wort wiederum ist verwandt mit dem Sanskritwort *Maya*, Illusion. Was für einen Sinn soll es wohl haben, eine bessere Illusion von uns selbst zu gewinnen? Um uns daran festzuhalten? Aber dieses «Festhalten» ist ja gerade unser größtes energetisches Problem, das, was zu Neurosen und physischer Krankheit führt. Die Suche nach einem neuen Bild hat wenig mit der Entdeckung unseres Wesens zu tun, und im übrigen bedürfen wir keiner Bilder, wenn wir lebendig sind – denn dann erfahren wir die lebendige Wirklichkeit, indem wir einfach *sind*.

Ähnliches gilt für die Persönlichkeit. Auch hier ist die Betrachtung der Wortbedeutung wieder enthüllend, denn Persönlichkeit leitet sich von dem lateinischen *persona* – Maske – ab. Auch die Persönlichkeit ist also ein Bild, das wir der Welt entgegenhalten; sie mag ein zutreffendes Bild einzelner Züge darstellen, hat aber, wie die moderne Psychologie sie versteht, wenig mit unserem Wesen zu tun.[7] Solange Persönlichkeit nicht als ein besonderer Prozeß der Ganzheit verstanden wird, der zu unserem Geist in Beziehung steht, ist sie nichts als die Beschreibung gleichsam losgelöster Verhaltensweisen. Auf jeden Fall bleibt die Persönlichkeitsarbeit an irgendwelchen sekundären Phänomenen haften und dringt nicht zu den eigentlichen Energieproblemen und Lösungen vor. Entwicklung und durchgreifende Veränderung wird dabei eher behindert als gefördert, denn was haben wir davon, wenn wir uns bessere Masken zulegen oder irgendwelche Rollen zu spielen lernen? Zur absoluten Wirklichkeit, unserer spirituellen Dimension, können wir so niemals gelangen.

Und der Charakter? Wie die Persönlichkeit existiert der Charakter nur durch sein Eingebundensein in die Ganzheit. Definiert ist er dem gegenüber jedoch meist als eine Ansammlung von Zügen und Einstellungen, die das Individuum ausmachen. Die psychoanalytische Theorie lautet, daß Charakterzüge sich aus primitiven Impulsen bilden, die durch Erziehung umkonditioniert werden. Wilhelm Reich zeigte, daß Charakter weniger aus fixierten Zügen als vielmehr aus typischen Reaktionsweisen besteht. Die Charakterbildung war für ihn Ergebnis der Bedrohung durch die Außenwelt und der Unterdrückung von instinkthaften Trieben. Für die Charaktertherapie führte er die Bezeichnung «Charakteranalyse» ein.

Das griechische Wort, von dem «Charakter» abgeleitet ist, bezeichnet ursprünglich ein eingebranntes oder eingeprägtes Schriftzeichen. Unser Charakter ist also das, was uns eingebrannt ist. Aber was ist in was eingebrannt (zumal die moderne Psychotherapie bereits zwischen dem Haupt- und verschiedenen Nebencharakteren unterscheidet)?

Untersuchen wir die Natur des Charakters, so stellt sich als erstes heraus, daß man nicht mit einer bestimmten Auswahl von Charakterzügen arbeiten kann, weil sie nicht aus dem Ganzen herauslösbar sind. Zweitens arbeiten wir in der Therapie mit sich entwickelnden Menschen und nicht einfach mit Charakteren. Man kann sehr wohl am Charakter arbeiten und den Menschen hinter diesem Charakter (von seinem Geist ganz zu schweigen) dabei nie berühren. Drittens ist die im Charakter gebundene Energie die am wenigsten lebendige, weil sie am meisten fixiert ist; Therapie auf dieser Ebene stößt deshalb von Anfang an auf große Widerstände. Viertens setzt Charaktertherapie bei den negativsten und am wenigsten offenen Aspekten der Person an und berücksichtigt ihre dynamische, aufregende und gesunde Seite viel zu wenig. Und schließlich gilt auch für Charakterzüge, was wir schon an mancher anderen Stelle gesehen haben: Sie sind keine Dinge, sondern Energieprozesse. So können wir beispielsweise über orale oder hysterische Prozesse sprechen, ohne einen Menschen gleich als oral oder hysterisch abstempeln zu müssen. Deshalb können wir *alle* Energiebewegungen in einem Menschen als dynamisches Geflecht von Beziehungen berücksichtigen und verrennen uns nicht in die Analyse einzelner, vom Ganzen abgelöster Züge und Verhaltensweisen.

Ein anderer wichtiger Begriff westlicher Psychotherapie ist das Ich oder Ego. Unter dem Ego versteht man in der psychoanalytischen Theorie das Ausführungsorgan der Persönlichkeit, das Umweltreize realistisch einschätzt und eine auf Integration gerichtete Reaktion veranlaßt. Seine Hauptaufgabe besteht in der Vermittlung zwischen Es- (Id-) Impulsen und den Realitäten der Außenwelt. Andere Theoretiker verstehen unter dem Ich den bewußten Geist (Jung), das, was die Anpassung des Individuums bestimmt (Murray), das, was zusammenhängendes Verhalten entwickelt (Allport) und so weiter. Nun spielt das Ego zwar gewiß eine wichtige Rolle für die Entwicklung des Menschen, aber leider wird es nirgendwo als das gesehen, was es ist – einfach eine Manifestation der Ganzheit auf der psychischen Energieebene, nur einer von vielen Prozessen, in denen die Ganzheit wirkt. Die Psychologie hat die Persönlichkeit aus dem Ganzen herausgelöst und mißt ihr viel zuviel Bedeutung zu.

Allerdings befindet sich auch die Psychotherapie selbst in einem Entwicklungsprozeß, und die Therapeuten haben im Lauf der Jahre manches hinzugelernt. Freud hat viele therapeutische Wege eröffnet, obgleich die Psychoanalyse als Einsichtstherapie nur ein begrenztes Potential besitzt. Seine Begriffe der Übertragung (vom Patienten zum Therapeuten) und Gegenübertragung (vom Therapeuten zum Patienten) sind nach wie vor wichtige Orientierungslinien für die therapeutische Interaktion. Seine Aussagen über Abwehrmechanismen und Widerstände sagen eine Menge über Energieblockierungen und die Möglichkeiten, mit ihnen umzugehen. Seine Systematisierung der Technik, vor allem der Interpretation, gibt Richtlinien, anhand derer ein Therapeut die zeitliche Abfolge planen und die Schwerpunkte setzen kann – was für die therapeutische Arbeit im allgemeinen, insbesondere aber auch für die energetische Arbeit wichtig ist, sofern wir Freuds statische Begriffe in Prozeß- und Bewegungsbegriffe umformen. Wie ich anderswo gezeigt habe, läßt sich mit einem revidierten psychoanalytischen Modell recht gut beschreiben, wie Energie durch Hinwendung der Aufmerksamkeit auf Reizimpulse ausgerichtet und gebündelt oder abgezogen wird.

Alfred Adler brachte uns die Begriffe des Lebensstils und des schöpferischen Selbst nahe, zwei Begriffe, die zu der freudschen Lehre vom Menschen als Opfer im Gegensatz standen. Sein Interesse an der Stellung des Kindes in der Geburtenfolge und an der gesellschaftlichen Stellung eröffneten weitere therapeutisch bedeutsame Aspekte.

C. G. Jung betonte die Bedeutung der Ziele und Bestrebungen des Klienten und führte so die Zukunft in die Psychotherapie ein. Mit seinen Arbeiten über die rassischen und universalen Aspekte des Lebens (das kollektive Unbewußte), vor allem aber mit seinen Studien über östliche Lebensprinzipien, hat er den Gesichtskreis therapeutischer Arbeit beträchtlich erweitert. Aus dieser Arbeit gewann er den Begriff des «Selbst», jener Instanz in uns, die nach Ganzheit strebt.

Wilhelm Reich hat demonstriert, wie wichtig es ist, Körper und Geist bei der therapeutischen Arbeit als funktionelle Einheit zu betrachten. Reich leistete nicht nur in der Individualtherapie glänzende Arbeit, sondern stellte auch die Verbindung zur gesellschaftlichen und zur kosmischen Ebene her. Durch seine Arbeit mit der Orgon-Energie auf verschiedensten Forschungsgebieten demonstrierte er, daß Lebensenergie nicht nur ein physikalisches Phänomen, sondern auch in der Therapie gezielt anwendbar ist.

Carl Rogers, der Begründer der klientenzentrierten Therapie, forderte den einfühlsamen, vertrauenswürdigen und persönlich zugänglichen, den *menschlichen* Therapeuten. In dieser Therapieform wurde aus dem passiven Patienten, dem medizinischen Fall, der Klient, ein aktiver Partner in der therapeutischen Beziehung. Die Verhaltenstherapie verhalf uns zu einer Vorstellung von der Bedeutung der Verstärkung und zu größerer Präzision bei der Beschreibung und Erforschung dessen, was in der Therapie tatsächlich geschieht. Plötzlich wurden die *Ergebnisse* der Therapie wichtig, und das war der Anfang vom Ende der Luxustherapie, die wenig Veränderung bewirkt.

In den zwanziger Jahren führte Psychodrama die Möglichkeiten der Gruppe in die Therapie ein; es ging um das Aufspüren innerer Rollenschemata und um Rollenumkehrung. Im später entwickelten Soziodrama wurden lebensechte soziale Situationen durchgespielt. Das Gruppenphänomen wurde im Lauf der Jahre immer weiter erkundet und angewendet, bis hin zur Encounter-Therapie, die mit positiver und negativer Konfrontation arbeitet. So konnte die Gruppenenergie nutzbar gemacht werden als ein Medium für Feedback, Gemeinsamkeit und Freisetzung von Emotionen.

Die Gestalttherapie, entwickelt auf der Grundlage der Gestaltpsychologie, aber auch von Wilhelm Reich, dem Zen-Buddhismus und anderem beeinflußt, führte das Kontinuum des Bewußtseins und den Begriff des «Hier und Jetzt» in die Psychotherapie ein. Mit Fritz Perls, einem der Begründer der Gestalttherapie, setzte sich nicht nur die Beweglichkeit eines praktischen und spontan auf die sich wandelnden Umstände eingehenden Bewußtseins in der Psychotherapie durch, sondern auch Humor und Lebendigkeit, die bis dahin weitgehend fehlten.

Auch aus östlichen Methoden der Psychotherapie, die auf der traditionellen Religion und Philosophie und auf der überlieferten Lebensweise beruhen, könnten wir im Westen lernen – nur sind diese Methoden hier leider fast völlig unbekannt. In der Norita-Therapie geht es beispielsweise darum, sich nicht an seine Symptome zu klammern, sondern sinnvolle Betätigung zu suchen und so trotz der Symptome ein produktives Leben zu führen. Die Naikan-Therapie demonstriert den Wert der Introspektion und führt uns zum Bewußtsein unserer Undankbarkeit gegenüber dem Leben. Die Vergangenheit erhält einen neuen Sinn, wenn wir ihr mit dem Gefühl der Dankbarkeit begegnen.

Wir könnten noch eine Menge weiterer Therapieformen nennen, doch mag dies hier genügen. Schon diese unvollständige Aufzählung macht deutlich, daß die Methoden und Verfahren der Psychotherapie nicht isoliert dastehen, sondern aneinander gewachsen sind und dem beständigen Strom der Lebensenergie angehören. Jeder Ansatz zeigt eine andere Facette des Ganzen und trägt zur Vervollständigung des Gesamtbildes bei.

Unsere Zeit verlangt nun Formen und Verfahren, die mit dem heutigen Stand der Erkenntnis übereinstimmen. Wir brauchen vor allem eine breitere Perspektive hinsichtlich der Natur der Psychotherapie und der Probleme, die sie zu lösen vorgibt. Was den Ursprung seelischer Störungen angeht, so haben unsere heutigen Ansätze im allgemeinen einen ziemlich eingeengten Blickwinkel: Die meisten Probleme werden ausschließlich aus der Dynamik des Psychischen abgeleitet. Vergessen wir aber nicht, daß dies nur ein willkürlicher Ausschnitt aus der Ganzheit von Seele, Geist, Bewußtsein und Atem ist. Die Dynamik psychischer Prozesse beschreibt nur eine von vielen Energieebenen. Eine ganzheitliche Psychotherapie müßte daneben auch Geist, Körper, Ernährung, Gesellschaft, Politik, Umwelt und manches andere berücksichtigen, was bei den gegenwärtigen Formen der Psychotherapie kaum jemals der Fall ist. Selbst Systeme, die sich auf kosmische Phänomene oder östliche Philosophien berufen, tun sich schwer damit, diese Anstöße in die praktische therapeutische Arbeit und ins alltägliche Leben einzubeziehen.

Zudem konkurrieren die verschiedenen Therapien untereinander um die Position *der* Therapie für Neurosen oder irgend etwas anderes. Nun kann es aber keine Idealtherapie geben, so wenig wie es nur *einen* Pfad der Evolution gibt. Die meisten Therapieformen berücksichtigen nur eng umgrenzte Ausschnitte des Ganzen und sind daher nur bei bestimmten Problemen und Menschen wirksam. Ein wichtiger Schritt zur Weiterentwicklung der Psychotherapie könnte darin bestehen, das Konkurrenzdenken aufzugeben und nüchtern zu betrachten, welche Therapie bei welchen Menschen und weshalb den besten Erfolg hat. Dazu müßte natürlich eine gemeinsame Basis geschaffen werden, von der aus man Vergleiche anstellen kann.

Ein weiteres Hindernis für mehr Ganzheitlichkeit in der Psychotherapie besteht darin, daß eine Kluft entstanden ist zwischen Psychologie und Naturwissenschaft. Oft hört man auf beiden Seiten sagen, die Erkenntnismethoden der «anderen» Seite habe mit dem eigenen Interessengebiet wenig zu tun. Nichts könnte der Wahrheit ferner liegen. Psychotherapie und Naturwissenschaft könnten gleichermaßen von östlicher und westlicher Mystik lernen, denn hier liegen ein Weg, eine Philosophie und eine Erfahrung der Ganzheit vor, die für einen vollständigen Begriff des Heilens von unschätzbarem Wert sind. Wie Capra in Abwandlung eines alten chinesischen Sprichworts treffend sagt:

«Mystiker verstehen die Wurzeln des Tao, aber nicht seine Zweige; Wissenschaftler verstehen seine Zweige, aber nicht seine Wurzeln. Die Wissenschaft braucht die Mystik nicht und die Mystik nicht die Wissenschaft, aber der Mensch braucht beide.»[8]

Wenn es Ganzheit gibt, dann sollten die Gesetze dieser Harmonie überall anwendbar sein, denn alle Gebiete sind miteinander verbunden. Die Spaltung zwischen den Wissenschaften und die ihnen gemeinsame Verbindungslosigkeit zu mystischer Erfahrung beruht zum Teil auf dem Fehlen eines gemeinsamen Nenners. Deshalb ist eine gemeinsame Sprache Voraussetzung für mehr Integration. Das vorliegende Buch regt den Gedanken an, daß der Begriff der Lebensenergie die gemeinsame Basis sein könnte. Denn ob wir über chemische oder physikalische Reaktionen, über Emotionen, Verhalten oder Bewußtsein sprechen, sie alle können in Energiebegriffen beschrieben werden. Ein wesentlicher Zug dieser alten neuen Sprache würde darin bestehen, daß sie neben den bekannten quantitativen Energiebegriffen auch die qualitativen einbezieht, wie sie hier beschrieben wurden. Diese Sprache wäre vor allem auf Prozesse und weniger auf Inhalte ausgerichtet, was der Natur der Lebensenergie und der direkten Beziehung zwischen Prozeß und Ganzheit entspricht.

Wenn eine interdisziplinäre Sprache auf der Grundlage von Energiebegriffen eingeführt ist und die Perspektive der Psychotherapie sich entsprechend erweitert hat, wird sich eine neue Notwendigkeit ergeben. Dann nämlich muß eine spezifische Form der Psychotherapie entwickelt werden, die diese erweiterte Perspektive und die neue Prozeßsprache in ein praktisches Therapie- und Lebenssystem einbindet. Um aber alle Vorteile vorausgegangener Entwicklungsstufen nutzen zu können, sollte diese neue Form nicht nur die jüngsten Forschungsergebnisse berücksichtigen, sondern auch in der überlieferten uralten Weisheit verwurzelt sein. Das alte Wissen ist deshalb wichtig, weil es die Beziehungen des Menschen, seine Umwelt und seine therapeutischen Interaktionen herausstellt und sich im Lauf der Zeit und in vielen Kulturen als in sich stimmig und sinnvoll erwiesen hat.

Im übrigen müßten sich aus der neuen Form tiefgreifende Veränderungen für die Praxis der Psychotherapie ergeben. Um wirklich alle Bereiche persönlicher Ganzheit zu erfassen, müßte sie zu ihren Wurzeln als Heilkunst zurückkehren. Die Psychologie, so wie dieser Ausdruck heute verstanden wird, würde keine ausreichende Basis mehr darstellen: Die dynamischen Prozesse des Geistes und die Evolution der Seele müßten hinzukommen. So argumentiert auch Thomas Szasz:

> «Psychtotherapie ist ein moderner, wissenschaftlich klingender Name für etwas, das man früher ‹Heilung der Seele› zu nennen pflegte.»

Und später:

> «Das spirituelle Heilen war und ist das Wesen aller Therapie.»

Die Begriffe Seele und Geist verhelfen der Psychotherapie zu einer Ganzheit, die in der gegenwärtigen Praxis bislang gefehlt hat. Nur im häufig längst vergessenen Sinn der Wörter taucht sie noch auf: «Psychiater» leitet sich aus dem Griechischen ab und bedeutet wörtlich «Heiler der Seele».

Eine neue Psychotherapie dürfte sich nicht mehr einseitig auf Einsicht, Verhalten, Emotionen, Bewußtsein, Ego, Persönlichkeit, Charakter oder Selbstbild festlegen. Sie wäre auch mehr als die «heilenden Wörter», von denen Thomas Szasz spricht, der Psychotherapie als eine Kobination aus Rhetorik und Logik betrachtet. Schließlich ist Psychotherapie nicht dazu da, jemandem etwas – wenn auch logisch – aufzuschwatzen. Worte können natürlich heilen, wenn sie mit einem größeren Ganzen verbunden sind, doch ihr gegenwärtiger therapeutischer Gebrauch verschlimmert nur die seelischen Probleme, weil *über* die Dinge geredet wird und man viel zuwenig versucht, die Ganzheit und die Barrieren, die wir gegen sie errichten, wirklich zu erfahren.

Eine erweiterte Sicht der Möglichkeiten der Therapie würde nicht nur unsere gegenwärtige Theorie und Praxis umfassender gestalten, sondern müßte sich auch radikal neuen Konzepten öffnen. Psychotherapie im Dienst der Evolution müßte über das Ego hinausblicken und sich umfassenderen Ebenen der Ganzheit zuwenden. Der Ich-Aspekt tritt dort hinter das Ganze zurück, in dem es keine individuellen Interessen oder Bedürfnisse gibt. Auch das individuelle Tun verschwindet hier, was allerdings nicht bedeutet, daß nichts mehr getan wird; es bedeutet vielmehr, daß alles in und mit dem Strom der Energie einfach geschieht, ohne daß es von individuellen Interessen geleitet und gelenkt wird. Wir beschreiben das Ego daher am besten als Organisationsprozeß der Ganzheit, der auf höheren Entwicklungsstufen in umfassenderen Prozessen aufgeht.

In jeden Heilungsprozeß muß auch der Körper einbezogen sein. Probleme bilden sich schließlich nicht in der Luft, sondern im Körper – auch wenn viele Therapieformen seine Bedeutung nicht recht wahrhaben wollen. Es ist allerdings wichtig, die wahre Natur des Körpers zu erfassen. Nicht-psychotherapeutische Körperarbeit betrachtet den Körper häufig als unabhängig von Bewußtsein und Emotionen, als genüge es schon, die Form des Körpers neu zu strukturieren. Wohlgemerkt, das kann eine wichtige Hilfe sein, aber losgelöst vom Ganzen hat es wenig mit spiritueller Entwicklung zu tun. Der Körper als Form ist nur *eine* Manifestation der Lebensenergie; er besitzt kein eigenes Wesen außerhalb des Geistes.

Andere Körpertherapien, die Einsicht und Emotionen einbeziehen, übersehen oft, daß es letztlich nicht der Körper ist, der gestreßt oder befreit werden muß; nur auf der physischen Ebene «sind» wir unser Körper. Die Methode, bei bestimmten Körperpartien anzusetzen, um bestimmte Emotionen freiwerden zu lassen, beruht auf der irrigen Annahme, daß bestimmte Emotionen an bestimmten Stellen gebunden sind. Tatsächlich kann man aber an ein und derselben Körperstelle durch verschiedene Techniken unterschiedliche Emotionen freisetzen, wofür die Kaumuskeln ein gutes Beispiel sind: Druck auf diese Muskeln erzeugt im allgemeinen Zorn, während eine sanfte Massage oder leichtes Vibrieren sexuelle Gefühle, Traurigkeit oder Furcht entstehen lassen. Wir sehen also, daß dort keine bestimmten Emotionen als Inhalt gebunden sind – ohnehin sind Emotionen, wie wir gesehen haben, nicht Inhalt, sondern Prozeß –, sondern einfach emotionale Energie.

Die Emotionale Energie nimmt diesen oder jenen Ausdruck an, je nachdem, wie wir mit ihr umgehen. Vom energetischen Standpunkt aus betrachtet, sind Energiestrukturen und nicht emotionale Inhalte dafür verantwortlich, daß Energie in den Muskeln festgehalten wird. Und das Zurückhalten von Emotionen in den Muskeln funktioniert nur, weil die dafür benötigte Energie *ständig* bereitgestellt wird. Wenn wir krank sind oder unter Hypnose stehen, läßt die Panzerung der Muskulatur nach oder verschwindet ganz. Sollen wir etwa annehmen, daß die zugehörige Charakterstruktur damit plötzlich auch verschwunden ist? Ist man etwa weniger neurotisch, wenn die Panzerung nicht fühlbar ist? Natürlich nicht; auch wenn jemand beispielsweise während einer Krankheit einfach nicht die Kraft hat, extrem neurotisch zu sein – die Grundstruktur bleibt erhalten. Auf jeden Fall ist die Neurose ein Energiemuster, das nur deshalb in der Muskulatur manifest werden kann, weil es beständig von innen mit Energie versorgt wird. Nicht die Muskelpanzerung ist also die Neurose, sondern ein gestörtes Energiemuster äußert sich als Muskelpanzerung.

Aber selbst in dieser Form ist der Begriff der Muskelpanzerung noch nicht ganz zutreffend, weil keineswegs jede neurotische Störung von einem muskulären Hypertonus begleitet ist, sondern man im Gegenteil auch Erschlaffung und andere Formen beobachtet. Die Muskelpanzerung kann daher nicht der wichtigste Ausdruck der Neurose und schon gar nicht ihre Ursache sein. Die Anwendung sogenannter Streß-Übungen zum Durchbrechen der Muskelstarre ist deshalb nicht mehr als die mechanische Behandlung von Auswirkungen einer Energiestörung, aber keine direkte Behandlung des Problems selbst. Es kommt vielmehr darauf an, die Aufmerksamkeit auf das gestörte Energiemuster zu lenken – nur dann kann an diesem Muster etwas verändert werden. Wenn das geschieht, gibt es für die Muskeln nichts mehr festzuhalten.

Wenn wir noch einen Schritt weiter gehen, können wir auch die Muskeln selbst nicht mehr als Dinge, als Materie im klassischen newtonschen Sinn betrachten. Betrachten wir eine Muskelzelle in immer stärkerer Vergrößerung, so verliert sie irgendwann ihren Substanzcharakter, und wir sehen nur noch Bewegung. Nur auf der Ebene unserer normalen Sinne erscheint ein Muskel als Materie. Letztlich ist aber Muskelgewebe wie alle andere Materie nichts als ein Geflecht von sich bewegenden Energiefeldern.

Schon Chladni und Jenny zeigten mit ihren Resonanzexperimenten, daß die aktivsten Bereiche der Lebensenergie keine Struktur besitzen, während die am wenigsten aktiven das sind, was wir Form nennen. Die Form des Körpers, also etwa seine Muskelstruktur, ist demnach weniger «lebendig» als das Feld, von dem sie gebildet wird. Der Körper ist ein zusammengesetztes Feld, das nur als spezifische und fortgesetzte Manifestation des Bewußtsein existiert; er ist eine Energiecassette in biologischer Form. Veränderungen sind deshalb am schnellsten herbeizuführen, wenn die Therapie bei den Bewußtseinszuständen ansetzt, die mit dieser Form zusammenhängen. Im transpersonalen Sinn ist der Körper ein Energieumwandler und wirkt als Konkretisierungsmedium für höhere und tiefere Frequenzen.

Die emotionale Katharsis ist zwar ein hilfreicher therapeutischer Prozeß, aber das darf nicht darüber hinwegtäuschen, daß wir unsere Anschauungen von Emotionen überprüfen müssen. Fast alle Körper-Psychotherapien betrachten Emotionen als gebundenen Inhalt, der freigesetzt werden muß. Ich habe bei meiner Arbeit mit Akupunktur und anderen energetischen Systemen beobachtet, daß gestörte Energieprozesse – auch emotionaler Art – durch nichtemotionale Energiebehandlungen wieder ins Gleichgewicht gebracht werden können. Auch das zeigt, daß Emotionen nur eine Ausdrucksform der Energie sind – und keineswegs ihr wichtigster. Ich suche in der Therapie nie nach Emotionen und glaube auch nicht, daß ihre Äußerung der einzige oder beste Weg zur Ganzheit ist. Wo sie aber zum natürlichen Heilungsprozeß gehören, kommt es auf Klarheit und Direktheit des Ausdrucks an.

Noch etwas ist zu bedenken. Da Emotionen Energieprozesse sind, kann es oft wichtiger sein, ihre Energie in die normalen Kreisläufe zurückzuführen, als sie in der Katharsis einfach verpuffen zu lassen. Überdies entstehen viele unserer Emotionen aus situationsbedingten Reaktionen auf Dinge, die wir nicht akzeptieren können. Wenn wir das Wirkliche sehen lernen und das Leben so akzeptieren, wie es nun einmal ist, werden wir weniger emotionale Reaktionen haben, also weniger Emotionen, die unterdrückt oder ausgelebt werden müssen. Einer ganzheitlichen Therapie muß es daher zuerst darum gehen, unterdrückte Emotionen erfahrbar zu machen; der zweite Schritt besteht darin, die Botschaft zu verstehen, die dieses Zurückhalten beinhaltet und die Energie gegebenenfalls freizusetzen.

Jede Emotion erfüllt einen Zweck für den Körper und letztlich für die Entwicklung und soll deshalb in geeigneten Fällen freigesetzt werden. Die Kriterien für diese Eignung leiten sich jedoch nicht aus gesellschaftlichen Normen ab, sondern aus der Ganzheit. Wer seinen Zorn unterdrückt, muß vielleicht lernen, ihn auf direkte, aber nicht destruktive Art zu äußern. Ist er dann aber immer noch zornig, so liegt der Verdacht nahe, daß der Zorn selbst nicht das Problem ist, sondern eine tieferliegende Enttäuschung über ein Nichtangenommensein. Eine Therapie, die wirklich helfen soll, muß die Probleme richtig erkennen, um bei jedem einzelnen in angemessener Weise mit unterdrückten Emotionen umgehen zu können.

Von der spirituellen Seite betrachtet, kommt es nicht nur darauf an, unsere Emotionen so zu nehmen, wie sie sind, sondern auch unterscheiden zu lernen zwischen resonanten Emotionen, nicht-informativen Emotionen und bloßem «Rauschen». Wichtig ist auch, Emotionen umwandeln zu können; denn wenn wir nur im emotionalen Bewußtsein verharren, können wir uns nicht weiter-entwickeln. Viele unserer Emotionen sind Energiemanifestationen kultureller (also kollektiver) Art oder Reste aus anderen Leben und haben als solche nichts mit unserem spirituellen Wesen zu tun. Indem wir solche Emotionen einfach durchzulassen lernen, gewin-nen wir freie Energie für unsere Evolution.

Die neue therapeutische Form wird vielfältige Erweiterungen aufnehmen müssen. Die Diagnostik muß in direkter Beziehung zur therapeutischen Arbeit stehen. Anders als im gegenwärtigen System, wo die Diagnostik nur eine Zwangsjacke aus klinischen Kategorien ist, konzentriert die Energiediagnose sich auf Bewe-gungsmuster, die unmittelbar für Veränderungen empfänglich sind. So wird aus dem Therapeuten ein *Energist*, ein Mittler des Wandels. Was er für seine Arbeit an Wissen benötigt, fußt auf seiner eigenen Erfahrung mit Energie – an sich selbst und anderen. Er hat gelernt, spontan und klar zu sein, und er kann verschiedenste Formen von Energie transformieren. Auf der Grundlage seiner eigenen Erfah-rung hat er sich über Natur und Bewegungsgesetze der Lebens-energie informiert, aber auch über ihre Beziehung zu Geist, Körper, Ernährung, Politik, Kultur und der bekannten (aber jetzt aus energetischer und evolutiver Perspektive betrachteten) psychi-schen Dynamik. Da keine zwei Menschen auf diesem Gebiet genau gleich arbeiten können, verläßt er sich nicht auf Techniken, sondern vertraut auf den spontanen Kontakt mit der Energie, die sich in ihm und seinen Klienten bewegt. Viele fortgeschrittene Energisten sind zu Beratern aller möglichen Organisationen geworden – aber nicht wegen ihres «Faktenwissens», sondern weil sie etwas von Prozessen und ihrer Beziehung zur Ganzheit verstehen.

Ein System, das den allgemeinen und spezifischen Anforderun-gen einer energetischen Psychotherapie genügt, existiert bereits. Es wird mittlerweile nicht mehr nur in der Psychotherapie angewen-det, sondern auch auf anderen Gebieten wie etwa Pädagogik, Ökonomie, Organisationsberatung, Theater, Tanz und bildender Kunst. Dieses System heißt Life-Energy-Therapie.

6. Die Life-Energy-Therapie (L. E. T.)

Bei meiner Erforschung der Natur der Psychotherapie habe ich zwar erkannt, daß mehr Ganzheit erforderlich ist, damit die Therapie sich wahrhaft entwickeln kann, doch zugleich sah ich auch, daß Ansätze zu einer Integration bereits vorhanden sind. Zunächst einmal sehen wir auch bei westlichen Therapieformen viel Übereinstimmung und Gemeinsamkeit, wenn wir nur weit genug zu den Wurzeln vordringen. Zugleich zeigt sich, daß auch östliche Therapieformen wie Akupunktur, Aikido, T'ai Chi, Yoga und andere nach ähnlichen Prinzipien arbeiten, wenn auch auf einer anderen Ebene. Ich suchte nach einem gemeinsamen Nenner für westliche und östliche Formen und entdeckte, daß der Energiebegriff der Schlüssel dazu ist, denn alle Methoden können direkt oder indirekt mit Energieprozessen in Verbindung gebracht werden. Es war nur eine Frage des Übersetzens theoretischer Aussagen und praktischer Techniken in eine energetische Terminologie.

Wie so oft, wenn jemand mit gesammelter Aufmerksamkeit an einem Problem arbeitet und die Frage klar genug geworden ist, folgte sehr bald eine Entdeckung, die in diesem Fall den nächsten Schritt zu einer ganzheitlichen Psychotherapie darstellte. Ich entdeckte ein neues therapeutisches Verfahren, das in uraltem Wissen über Energie wurzelt und zugleich in einer modernen Therapie praktisch anwendbar ist. Aus meinem anfänglichen Forschungsgegenstand «Energie» wurde «Lebensenergie», das dynamische Prinzip, und daraus entwickelte sich schließlich die Life-Energy-Therapie, ein System, das ich auf den folgenden Seiten darstellen möchte.

Während die L. E. T. sich entwickelte, wurden mehrere wichtige Schlußfolgerungen erkennbar. Die erste bestand darin, daß die

L. E. T., sollte sie eine praktikable Psychotherapie sein, zum Konzept des Heilens zurückkehren mußte, das zwar ursprünglich im Begriff der Therapie enthalten war, dann aber durch einen Prozeß, den wir «Ganzheitsverfall» nennen könnten, im Lauf der Zeit verlorenging. Schritt für Schritt ging diese Erosion der Einheit vonstatten bis hin zur heutigen Aufspaltung in Therapien, die bei Bewußtsein, Körper, Emotionen oder Geist ansetzen. Zweitens wurde klar, daß die L. E. T., da Therapie ihrem Wesen nach spirituell ist, auf den geistigen Bereich gegründet, aber auch auf anderen Ebenen (die ja letztlich auch Ausdrucksformen des Geistigen sind) wirksam werden mußte. Über die westliche Ego-Orientierung hinaus mußte sie Bereiche einbeziehen, die durch reines Sein und Ichlosigkeit gekennzeichnet sind. Ich sah kurz gesagt in der L. E. T. eine Form des Heilens, die auf den Prozessen des Geistes beruht und dadurch die Grenzen herkömmlicher Therapie sprengt – ein System, das von den uralten philosophisch-religiösen Traditionen durchdrungen ist, aber auch die jüngste naturwissenschaftliche Forschung berücksichtigt, eine in Theorie und Praxis durchgeformte Methode, die den Ausgleich sucht zwischen der Einheit der Lebensfunktionen und den Belangen des Individuums. All das zusammengenommen sollte eine Rückkehr und ein Fortschritt sein zu einem Therapiebegriff, der Ganzheit bedeutet.

Die Grundidee der L. E. T. finden wir im Namen selbst. Wenn wir Leben als etwas verstehen, das durch Bewegungen und Prozesse gekennzeichnet ist, dann hat alles im Universum eine gewisse Lebendigkeit (die freilich nicht immer biologischer Natur sein muß). Selbst unbelebte Objekte, so hat die Physik gezeigt, schwingen und geben sich selbst durch Bewegung Ausdruck. Alle Dinge gehören einem Lebensprozeß an, der auf Ganzheit abzielt. Das Medium dieser Aktivität ist, wie wir gesehen haben, Energie, und ein Prozeß der heilt, ist Therapie. Denken wir uns diese heilenden Bewegungen über die Zeit fortgesetzt und in einen spirituellen Rahmen eingebunden, so konstituieren sie das, was wir Evolution nennen. Die Life-Energy-Therapie ist dann das Studium der Energie als vitalistisches Medium des Lebens und die Praxis ihrer Bewegung, die durch spirituelle Evolution zur Ganzheit führt.

In der L. E. T. interessieren wir uns für die Ursprünge, für die Wurzeln aller Phänomene, die ihrem Wesen Ausdruck geben. Sie ist daher ein radikaler (lat. *radix* = Wurzel) Ansatz, der über die

Formen der Krankheit hinaus zum eigentlichen Energieproblem vordringt, welches stets mit einer Trennung von der Ganzheit zu tun hat. Eine Therapie, die wahrhaft heilen will, muß daher die Einzelziele der Psychotherapie hinter sich lassen, um an ihr Ziel zu kommen. Wahres Heilen geht über innere Freiheit, emotionale Ausdrucksfähigkeit, Verhaltensänderungen, Körperarbeit, Selbstbewußtsein und Wohlbehagen hinaus, weiß aber all diesen Möglichkeiten an der richtigen Stelle Raum zu geben. Es ist zuerst auf Ganzheit ausgerichtet, und alle therapeutischen Einzelaspekte werden diesem Ziel untergeordnet, so daß die Ganzheit sich weiter entwickeln kann. Letztlich ist aber die Ganzheit, zu der wahre Therapie uns zurückführt, schon da; auch alles, was wir lernen müssen, um uns heilen zu können, ist schon da – wir müssen es nur wiederentdecken. Die Natur unserer Probleme und die Mittel, sie zu lösen, sind in den Prozessen der Ganzheit enthalten. Durch Anwendung der Energieprinzipien in der Therapie erfahren wir in umfassender Weise, wie unser Leben funktioniert und in welcher Beziehung es zur universalen Ordnung steht.

Im Rahmen dieses Buches kann ich nur einige der wichtigsten Merkmale und Prozesse der L. E. T. darstellen.

Bewußtheit

Von allen Prozessen, die in der L. E. T. eine Rolle spielen, ist Gewahrsein oder Bewußtheit der wichtigste. Gewahrsein hat mit dem Sehen der Wahrheit zu tun; es bedeutet Wachsamkeit und Aufmerksamkeit in jedem Augenblick: Geistesgegenwart. Wenn wir unsere Aufmerksamkeit auf irgend ein Objekt richten, dirigieren wir zugleich einen Energiestrom zu diesem Objekt: Alle Dinge derer wir gewahr sind, werden durch diesen Prozeß energetisch aufgeladen. Da Lebensenergie grenzenlos vorhanden ist und alle Prozesse zur Ganzheit streben, führt Bewußtheit uns automatisch zu mehr Bewußtheit – das ist ein natürlicher Prozeß, der sich aus sich selbst entwickelt. Wie kommt es dann, daß wir unserer selbst und der Welt um uns herum so wenig gewahr sind?

Weil wir die Ganzheit fürchten. Weil wir irgendwo in uns um die Ganzheit wissen, ahnen wir auch, daß mehr Bewußtheit uns eines Tages auch das in uns sehen lassen wird, was wir nicht sehen möchten. Also entwickeln wir lieber eine Wahrnehmungsneurose und schirmen uns gegen diese Teile unserer selbst ab. Wir lernen, nicht gewahr zu sein.

Es liegt in der Natur der Ganzheit, daß sie uns auf organische Weise dazu führt, aller Dinge, die wahr und wirklich sind, bewußt zu werden. Eigentlich ist unser Leben ein Prozeß des Gewahrwerdens der unvergänglichen Wahrheit und der absoluten Wirklichkeit. Da wir aber die Geradlinigkeit und Macht des Absoluten fürchten, trainieren wir unsere Aufmerksamkeit darauf, nur Dinge wahrzunehmen, die unserem Bewußtseinsniveau entsprechen. Im allgemeinen haftet unsere Aufmerksamkeit an einer recht niederen Ebene der Wirklichkeit, auf der wir uns mit unseren täglichen Aufgaben und Freuden befassen und die wesentlichen Botschaften, die Botschaften des Absoluten, überhören.

Wenn wir aufmerksamer und bewußter werden, öffnen wir die Pforten der Wahrnehmung für die Möglichkeit, mehr in uns selbst und der Welt zu sehen. Bewußtheit ist der erste Schritt im Prozeß des Wandels und der Evolution. Wandel ohne Bewußtheit ist nur müßige Bewegung, die einen Sinn sucht. Es ist Veränderung um ihrer selbst willen, und dabei entwickeln wir uns nicht. Erst größere Bewußtheit ist eine wirkliche Anregung, die unsere gesunden und ungesunden Seiten mit Leben erfüllt. Das geschieht, wenn wir deutlicher sehen, wer und wo wir sind, wo unsere Schwierigkeiten liegen und wo unsere Möglichkeiten des Wandels. Das braucht natürlich seine Zeit. Es genügt nicht, einmal gesehen zu haben, wo unsere Schwierigkeiten liegen: Das ist nur der Zugang. Wahre Bewußtheit bedeutet zu sehen und in diesem Wahrnehmen zu verharren, bis es uns zu einer Bewegung führt. Das kann zum Beispiel bedeuten, einen inneren Schmerz so lange zu empfinden (anstatt ihn zu überspielen), bis wir weinen. Ein andermal hilft diese wache Aufmerksamkeit uns vielleicht zu sehen, daß wir an einer schwierigen Ehe gewachsen sind. Vielleicht wird uns auch bewußt, daß wir eine andere Arbeit brauchen, weil die jetzige uns nicht mehr erfüllt. In jedem Fall bedeutet Bewußtheit eine «Aufladung» unserer Probleme – sie werden lebendiger, beweglicher und daher besser lösbar.

In der L.E.T. bahnen wir die Erfahrung von Bewußtheit durch Körperbewegungen an, die besonders geeignet sind, die Verbindung zu unserem verborgenen universalen Gewahrsein herzustellen. Körperkontakt, verbales Feedback und Meditation unterstützen diesen Prozeß. Diese Bewußtheitsarbeit konzentriert sich jedoch nicht in erster Linie auf die Blockierungen der Ganzheit, sondern ist positiv auf den schon erreichten Grad von Ganzheit ausgerichtet. Das ist wichtig, denn nur so können die bereits vorhandenen Ansätze zur Integration energetisch aufgeladen und weitergeführt werden. Energiebarrieren werden nur in ihrer Beziehung zur Ganzheit ins Blickfeld gerückt und nur soweit es notwendig ist, um Störungen, die sie verursachen, zu beseitigen. Anderenfalls fördert man eher die Störung als die Ganzheit.

Durch Hinweis auf die schlichtesten Wahrheiten – das Aussehen einer Blume, den Lauf des Wassers in einem Bach – wird bei der Bewußtheitsarbeit manchmal am deutlichsten, wie wir uns selbst und der größeren Ganzheit ausweichen. Allmählich werden wir dadurch fähig, die Wirklichkeit so zu nehmen, wie sie ist, ohne Teile von ihr – oder uns selbst – auszuklammern. Dann werden wir zum ersten Mal gewahr, wie wir vor der Einfachheit und Schönheit der Ganzheit davonlaufen, voller Furcht, sie könne uns überwältigen oder blenden. Tatsächlich machen wir uns aber selbst blind, denn weil wir uns vor ihr fürchten, sagen wir, daß es sie gar nicht gibt. Wir haben gelernt, die Ganzheit zu meiden, denn auch unsere Eltern fürchteten sie schon, von der Gesellschaft insgesamt ganz zu schweigen. Schließlich läßt Ganzheit sich nicht beherrschen – der uralte Satz «Teile und herrsche» sagt ja schon, worauf Herrschaft beruht.

Alle Bestrebungen, Sitten und Verhalten zu steuern, zeigen nichts als die Furcht vor einer organischen Ordnung. Da wir diese Ordnung aber weder in uns selbst fühlen noch in der Natur sehen, versuchen wir, eine selbstgemachte Ordnung mit Zwang durchzusetzen. So unterliegen die Advokaten von «Recht und Ordnung» nur allzu deutlich der Furcht vor ihren eigenen Impulsen; sie müssen alles einer Ordnung unterwerfen, weil sie – mit Recht – befürchten, daß jeder lebendige Prozeß den Zerfall ihrer brüchigen Wirklichkeit bedeutet. Ihre Scheinordnung kann nur bestehen, solange man alle natürlichen Rhythmen von ihr fernhält. Viele von uns haben in dieser «Ordnung» nur überleben können, indem sie sich selbst von der Ganzheit abtrennten – aber später werden wir dann von den Folgen dieses Tuns eingeholt.

Durch diese Abspaltung von der absoluten Wirklichkeit enthalten wir uns selbst einen wesentlichen Aspekt der Existenz vor. Tag für Tag ruft das Feld der Ganzheit uns zu sich zurück – durch einen angestoßenen Zeh, durch eine verpfuschte Beziehung, durch eine

Krebsgeschwulst, die in uns wächst. Manche hören diese Botschaft, andere nicht. Wer sie hören kann, bei dem ist die Sehnsucht nach Ganzheit größer als die Furcht vor den Schwierigkeiten der Heimkehr. Wir wissen, daß wir unterwegs Unerfreulichem begegnen werden, aber die Vollendung des Kreises scheint dieser Mühe wert.

Je mehr Bewußtheit wir gewinnen, desto weniger scheuen wir vor noch mehr Bewußtsein zurück: Wir fangen an, uns dem zu stellen, was wir sind, und es zu akzeptieren. Die Erfahrung öffnet sich Schwierigkeiten und Möglichkeiten, Leiden und Freuden gleichermaßen. Und dann bildet sich ein neuer Brennpunkt des Lebens heraus – was zuvor durch unser Weglaufen in alle Winde zerstreut war, bildet jetzt im Stillhalten eine neue Ganzheit. Vielleicht gewinnt eine festgefahrene Beziehung jetzt einen neuen Sinn, oder wir spüren, daß es Zeit wird für den Abschied, weil wir in der neu entstehenden Ganzheit nicht mehr zusammenpassen. Durch Schmerz und Ergriffenheit gehen wir tiefer in uns selbst hinein, der natürlichen Bewegung der Bewußtheit folgend.

In der L.E.T. wird Lebensenergie in körperliche, emotionale und spirituelle Bereiche gelenkt, die bis dahin zu schwach «geladen» waren. Gleichzeitig mit der Erweiterung des Bewußtseins beginnt sich eine psychoemosomatische Einheit zu entwickeln. Gewahrsein, also das Wahrnehmen der Wahrheit, ist Voraussetzung, um irgendeinen Bewußtseinszustand erfahren zu können. Natürlich können wir nicht mit dem Wahrnehmen der Letzten Wahrheit beginnen, doch jeder Bewußtheitsprozeß verstärkt die Bewegung dorthin. Während die Bewußtheit einen kontinuierlichen Prozeß darstellt, ist die Erfahrung verschiedener Bewußtseinsebenen ein diskontinuierlicher Ablauf, der in Gang kommt, wenn die Energie der Bewußtheit in der gesammelten Wahrnehmung erhalten bleibt. Wenn wir uns in der Bewußtheit sammeln und diese Sammlung nicht wieder verlieren, so kann die durch Aufmerksamkeit gesammelte Energie nicht wieder verpuffen, sondern verdichtete sich, bis der quantitative Zuwachs in eine qualitative Veränderung umschlägt und wir in einen neuen Bewußtseinszustand eintreten. Das ist ein wesentlicher Aspekt des Heilens: Soll eine Heilung dauerhaft und vollständig sein, dann ist es wichtig, das Bewußtseinsniveau dauerhaft anzuheben. Da Gewahrsein und Bewußtsein die Erfahrung der Ganzheit beinhalten, führt der Weg des Heilens ganz von selbst zu weiterer Evolution, da der Strom der Lebensenergie nach immer größerer Ganzheit strebt. Viele Menschen spüren diese innere Bewegung intuitiv, und da sie sie nicht einordnen können, versuchen sie, sie anzuhalten. Sie nehmen irrtümlich an, die Wahrnehmung eines Prozesses, den sie nicht zu ihrer Identität zählen, werde sie in Veränderungen hineinziehen, die sie nicht wollen. Sie fühlen sich zum Handeln gedrängt, also schalten sie das Gewahrsein aus, um diesem Drängen zu entgehen.

Gewahrsein ist das Wahrnehmen der Wahrheit, und so liegt es in seiner Natur, zu ganzheitlichem Handeln anzuregen. Das ist dann ein «rechtes Handeln», das die Manifestation der Wahrheit ganz natürlich begleitet; es entspricht unseren natürlichen Rhythmen und kann daher gar nicht erzwungen sein. Es ist sogar möglich, alles wahrzunehmen und dennoch überhaupt nichts zu unternehmen. Ist dieses «Muß» erst einmal aufgelöst, dann steht es uns frei, zu handeln oder nicht zu handeln. Erst dann gewinnt die Bewußtheit ihren eigentlichen Raum. Erst wenn wir uns dafür öffnen, alles wahrzunehmen, ohne etwas daran tun zu müssen, erfahren wir die Freiheit wahrer Potentialität. Das ist die Art von stillem Potential, das wir als die Aufrichtigkeit und Klarheit eines wirklich bewußten Menschen spüren. Er braucht nichts mehr zu *tun*, denn alles *geschieht* aufgrund der inneren Organisation der Dinge. Bewußtheit führt zu dieser absoluten Ordnung, in der keine Kontrolle mehr notwendig ist. Das einschränkende Moment der Kontrolle wird überflüssig, wenn wir im natürlichen Strom der Bewußtheit bleiben. Das Leben läuft einfach von selbst ab, wenn wir es nicht mit unserer Unaufmerksamkeit behindern.

Der Strom der Aufmerksamkeit oder Bewußtheit wird im allgemeinen dann unterbrochen, wenn eine Erfahrung für unseren gegenwärtigen Bewußtseinsstand im positiven oder negativen Sinn zu stark ist. Wir leugnen dann die Wahrheit dieser Erfahrung und lernen, unbewußt zu sein. Ein gutes Beispiel bietet hierfür die Reaktion auf verbales Feedback in der Therapie. Viele Menschen haben durch ihre Erziehung im Elternhaus gelernt, daß Kritik zu erwarten ist, wenn jemand sie beobachtet. Sie fühlen sich stets kritisch beobachtet und empfinden jeden Kommentar als Kritik. Dabei ist Kritik der ursprünglichen Wortbedeutung und der energetischen Dynamik nach eigentlich nichts weiter als angewandtes Urteilsvermögen und muß durchaus nicht den destruktiven Charakter haben, den wir gewohnt sind. Diese Verdrehung haben wir selbst herbeigeführt, denn wir verdrehen den wahren Sinn des

Lebens, um ihn unserer zersplitterten Aufmerksamkeit anzu-
passen.

Bewußtheit ist ihrer Natur nach ein urteilsfreier Prozeß, der zur
Einen Wahrheit führt. Destruktive Kritik kann es nur da geben, wo
wir in Polaritäten leben. Die Wahrheit kennt keine Polaritäten,
wohl aber Grade oder Unterschiede, wie uns verschiedene Aspekte
unseres Lebens sagen, die immer nur relativen Charakter haben.
Während Kritik die Unterschiede in den Vordergrund stellt,
erkennt die Wahrheit alle oberflächlichen Unterschiede als relative
Aspekte derselben Ganzheit. In der Therapie ist es äußerst wichtig,
diesen Unterschied zwischen Kritik und Bewußtheit mit allem, was
man ist, zu erfahren. Gewahrsein führt zu umfassenderem Bewußtsein und zu Evolution; Kritik führt nur zu einem «Energie-Ping-
Pong» von Angriff und Verteidigung.

Spurenprobleme

Der Prozeß des Gewahrwerdens zeigt uns sehr deutlich, wie wir
uns selbst von der Ganzheit fernhalten. Vor allem in den Anfangs-
phasen der Selbstentdeckung konzentrieren wir uns gern auf die
Schwierigkeiten, die wir haben, seien es Eheprobleme, Schwierigkeiten bei der Arbeit oder irgendeine Krankheit. Oft genug
erwächst daraus eine Kritik an uns selbst oder der Welt – bis wir
lernen, die Wirklichkeit zu nehmen, wie sie ist. In der Psychotherapie wird diese Bewußtheit geschärft, denn der Therapeut hilft
Ihnen, sich selbst auf neue Art zu sehen. Leider richten die meisten
Therapieformen ihre Bemühungen auf eben diese Lebensprobleme,
die je nach Ansatz mal als Verhaltensstörung, Manifestationen
verdrängter Impulse, unvollendete psychische Gestalten und manches andere interpretiert werden. Es liegt sogar eine begrenzte
Wahrheit in all diesen Ansätzen, doch sie verschaffen uns – auch
zusammengenommen – kein umfassendes Bild menschlicher Probleme.

Fast alle Probleme, die wir wahrnehmen, sind nicht die eigentlichen Probleme. Sie sind nur Auswirkungen der wirklichen Probleme, nur ihre Spuren. Ich nenne diese Oberflächenprobleme, die
nicht das wirkliche Problem sind, aber als seine Spuren doch auf es
hinweisen, «Spurenprobleme». Sie sind die Oberflächenerschei-
nung dysfunktionaler Energie, die aus tieferen Quellen aufsteigen

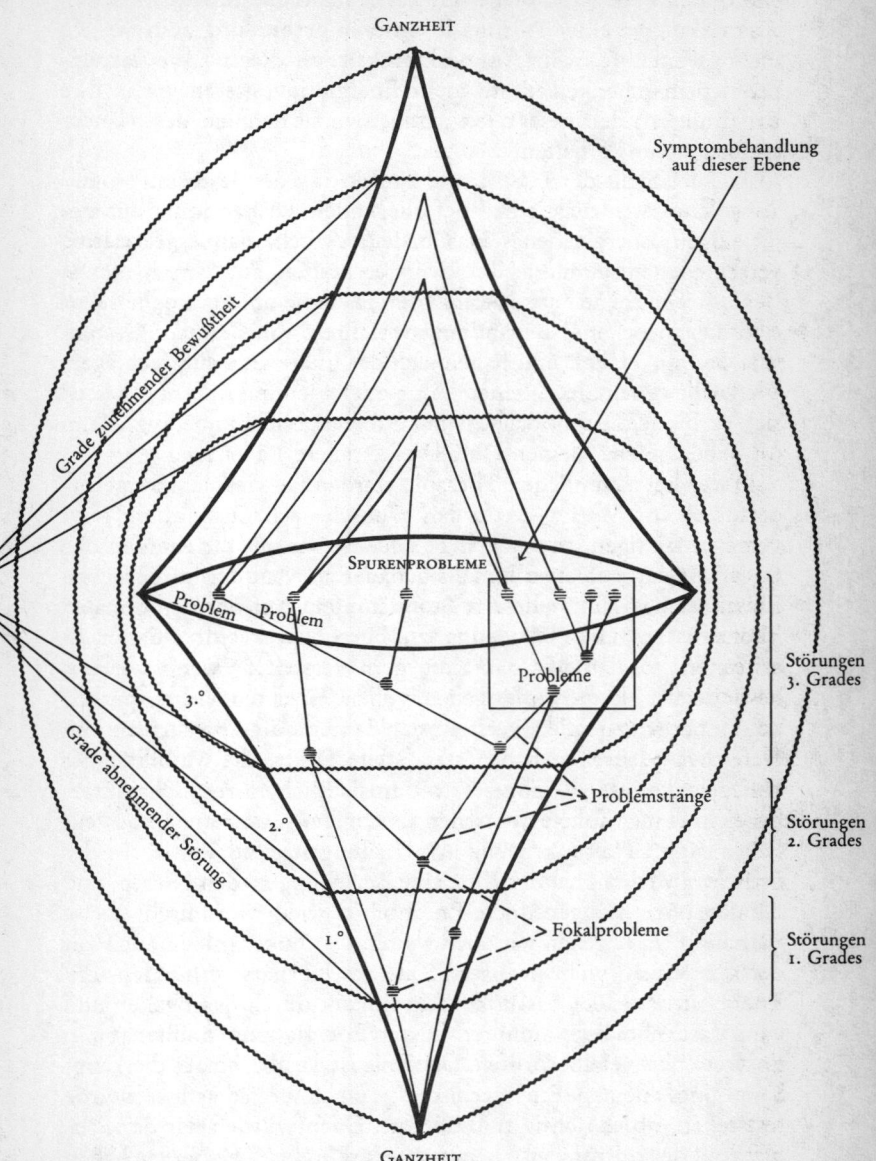

GANZHEIT

Symptombehandlung
auf dieser Ebene

Grade zunehmender Bewußtheit

SPURENPROBLEME

Problem Problem

Probleme

3.°

Störungen
3. Grades

Grade abnehmender Störung

2.°

→ Problemstränge

Störungen
2. Grades

1.°

> Fokalprobleme

Störungen
1. Grades

GANZHEIT

wie Blasen vom Grund eines Gewässers. Sie sind die existentiellen Auswirkungen einer Störung in unserer Verbindung zum Wesen, nichts weiter. Je mehr Aufmerksamkeit wir diesen Oberflächenproblemen schenken, desto mehr Energie investieren wir in ihre Erhaltung. Anders gesagt, je wichtiger wir sie nehmen, desto länger bleiben sie uns erhalten.

Aus der Sicht der L.E.T. sind Probleme Energiestörungen und als solche Ausdruck einer tieferliegenden Disharmonie auf der jeweiligen Energieebene. Das bedeutet auch, daß es Probleme verschiedenen Grades gibt. Schwierigkeiten auf verschiedenen Bewußtseinsebenen erfordern in der Therapie unterschiedlich sensible Diagnose- und Behandlungsverfahren. Ein Beispiel: Gestern sind Sie hingefallen und haben sich das linke Knie aufgeschlagen. Vielleicht gehen Sie zu einem Arzt oder Heilpraktiker und lassen sich verbinden. Ist die Sache damit erledigt? Nicht unbedingt, denn oft haben solche kleinen Unfälle eine tiefere Bedeutung.

In der herkömmlichen Therapie werden Sie vielleicht aufgefordert, sich Ihr Motiv – etwa den Wunsch nach Zuwendung – zu vergegenwärtigen. In der L.E.T. schauen wir uns die energetische Botschaft eines solchen Unfalls genauer an. Auf der körperlichen Ebene ist das Knie eine Art Stoßdämpfer. Auf der emotionalen Ebene hat es eine Beziehung zu Furcht, was schon daran zu erkennen ist, daß wir das Knie gern versteifen, wenn wir uns besonders stark und tapfer geben wollen. Fürchten wir, körperlich oder innerlich zu fallen, versteift sich das Knie als Abwehrreaktion. Defensive Menschen haben stets steife Beine; die Mobilität der Kniegelenke ist herabgesetzt. Hinsichtlich ihres Charakters bezeichnet man solche Menschen als «rigide» – starr und unbeweglich in ihren Haltungen und Anschauungen. Und weiter: In der östlichen Medizin hat das Knie eine Beziehung zu den Nieren, und die den Nieren zugeordnete Emotion ist wiederum Furcht.

In der L.E.T. gehen wir noch weiter. Das linke Knie ist auch mit der rezeptiven (nicht passiven) Seite des Körpers verbunden. Ein Energiestrom fließt das linke Bein hinauf, durch das Becken und dann das rechte Bein hinunter. Diesen Energiestrom müßten wir in unserem Beispiel überprüfen. Das Knie ist darüberhinaus die Yang-Seite eines kleinen Energiechakras; eine Energiediagnose würde feststellen, ob es richtig funktioniert. Dann würden wir das Problem auf der spirituellen Ebene weiter erkunden. Die Nieren haben eine Beziehung zu unserer Fähigkeit zu verzeihen. Nierenbeschwerden haben oft mit einem Zurückhalten von Energie zu tun. Wir wollen jemandem nicht verzeihen und halten an unserem Groll fest – verletzen damit aber nur uns selbst.

Eine Energiediagnose würde dann in Zusammenarbeit mit dem Klienten herausarbeiten, welche «Lebensbotschaft» der Sturz auf das linke Knie beinhaltet. Was war so wichtig zu lernen und weshalb? Wie kannst du jetzt weitergehen auf deinem Weg? Wie man sieht, hat ein scheinbar unbedeutender Unfall Beziehungen zu vielen Energieebenen, und alle müssen erkundet werden, wenn man ein vollständiges Bild gewinnen will. Wir müssen also weit über das hinausgehen, was selbst die fortgeschrittenste Psychologie erfassen kann. Die Energieprinzipien erlauben uns, ein Problem auf verschiedenen Energieebenen zu verstehen und zu lösen.

Letzte Ursache aller Probleme ist die Abspaltung von der Ganzheit, die in der Kindheit sogar zum Überleben notwendig gewesen sein mag. Kinder, denen diese Abspaltung nicht gelingt, sterben häufig an dem unsäglichen Schmerz dieses Gefühls, ungeliebt und unerwünscht zu sein und sich nicht frei entwickeln zu dürfen. Um wenigstens überleben zu können, geben wir unsere Ganzheit auf. Damit betreten wir allerdings einen höchst ungesunden Weg, nur haben wir das völlig «vergessen». Wir handeln, als besäße das Leben noch seine ursprüngliche Ganzheit, bis wir andere Signale empfangen – etwa das Hinfallen. Wir erhalten Lebensbotschaften, die sich als Spurenprobleme darstellen. Diese Botschaften sagen uns, daß unsere Ganzheit gestört ist. Sie sind oft notwendig, um uns zu zeigen, wo wir den Pfad der Ganzheit verlassen haben, damit wir bewußt werden und zur Ganzheit zurückkehren können. Leider können wir uns nur allzu selten aufraffen, diese Botschaften wirklich zu sehen; wir gewinnen keine neue Bewußtheit und kommen nicht in die Lage, uns selbst heilen zu können.

Spurenprobleme entstehen ganz allmählich, nämlich dadurch, daß die ursprüngliche Spaltung mit der Zeit tiefer wird und sich zu «Problemsträngen» differenziert. Spurenprobleme sind mit anderen Worten nur die letzte Manifestation einer Energiestörung, die vor langer Zeit begann. Ihre Wurzeln sind nicht psychischer, sondern spiritueller Natur. Die psychischen Aspekte eines Problems sind Ursachen dritten oder manchmal zweiten Grades, nie jedoch die eigentliche Ursache. Daher kann auch eine Therapie, die nur auf der psychischen Ebene arbeitet, nie zum wirklichen Problem vordringen. Natürlich bringt man das Spurenproblem gelegentlich zum Verschwinden, doch die Energiestörung bleibt in tieferen Schichten bestehen. Ein Herumkurieren an den Symptomen läßt die Wurzeln des Problems unberührt. Oder kann jemand die Unfähigkeit zu Verzeihen mit einem Pflaster auf dem Knie heilen?

Ein ganzheitlicher Ansatz würde so aussehen, daß man sowohl die Wunde versorgt, als auch die energetischen Ursachen dritten Grades mittels Psychotherapie angeht, als auch die noch tiefer gehenden Wurzeln in der Abspaltung von der Ganzheit aufspürt.

Spurenprobleme haben ein sehr reales Erscheinungsbild. Sie existieren als konkrete Probleme in unserem physischen Leben, aber wenn wir die Oberfläche durchdringen, stoßen wir auf etwas ganz anderes. Alle Probleme haben dieselbe Energiestörung als Grundursache – Abspaltung von der Ganzheit. Ihr physisches Vorhandensein ist sogar von der Versorgung mit einer Energie abhängig, über die sie selbst nicht verfügen. Ohne diese Energieversorgung aus tieferliegenden Quellen gäbe es kein Problem. Wenn Sie schon einmal versucht haben, willentlich neurotisch zu sein, dann ist Ihnen vielleicht aufgefallen, daß eine Neurose nur bestehen kann, wenn sie aus irgendwelchen Energiequellen gespeist wird. Hätten wir keinen natürlichen Tonus (Spannung) in unseren Muskeln, so würden wir zusammenklappen, weil das Skelett allein uns nicht tragen kann; das gilt auch für Spurenprobleme. Nach buddhistischer Anschauung entsteht das Leiden dadurch, daß wir uns an die Illusionen (Spuren) der Form klammern. Die Schwierigkeiten des Lebens sind kein natürlicher Zustand, sondern rühren daher, daß wir den Strom der Lebensenergie blockieren und unter Kontrolle zu halten versuchen. Im Grunde ist die – aus ihrer Richtung geworfene – Lebenskraft der Ganzheit die Energie, die alle Krankheiten speist.

Aus einer Abspaltung von der Ganzheit, die wir auch als Störung ersten Grades bezeichnen können, entwickeln sich nach einer Art Krankheits-Harmonik Störungen zweiten und schließlich dritten Grades, die dann als Spurenprobleme an der Oberfläche unseres Lebens sichtbar werden. Die Störung ersten Grades kann schon im Säuglingsalter oder auch vor der Geburt entstehen, und manchmal wird sie sogar aus einer früheren Inkarnation in dieses Leben mitgebracht. Solche Ur-Spaltungen manifestieren sich im zweiten Grad als schizophrene Abspaltung von der physischen Wirklichkeit. Manche Menschen besitzen eine besonders feine Sensibilität für die Ganzheit, und da sie es nicht ertragen, von ihr getrennt zu sein, versuchen sie durch eine schizophrene Persönlichkeitsspaltung sich selbst zu schützen. In einem Prozeß der Ausdehnung und Verzweigung bildet die Energie – ganz ähnlich den Akupunkturpunkten auf den Energiemeridianen – entlang der Problemstränge Knotenpunkte, die ich «Fokalprobleme» nenne. Fokalprobleme sind Einheiten der Disharmonie, Versuche, die Störung einzukapseln, wie etwa der Körper einen Krankheitsherd in eine Eiterbeule einzukapseln versucht.

Nehmen wir an, Sie hätten eine «angeborene Nierenschwäche» – das wäre ein Fokalproblem. Aus welchem genauen Grund auch immer wird Ihnen mit dieser Lebensbotschaft gesagt, daß die Nieren und alles, was mit ihnen verbunden ist, in diesem Leben einen Brennpunkt (lat. *focus*) der Aufmerksamkeit für Sie darstellen. Manchmal werden solche Botschaften aus einem früheren Leben mitgebracht. Eine «Past-Life-Therapy» (Reinkarnations-Therapie) kann bestenfalls Einzelheiten der Situation aufdecken, in der die Nieren zum Brennpunkt wurden. Das noch tiefer liegende Problem, nämlich nicht verzeihen zu können, würde davon immer noch nicht berührt. Eine zu starke Ausrichtung auf ein bestimmtes körperliches Problem lenkt uns sogar eher von seiner spirituellen Botschaft ab: Wenn es uns gelingt, das Symptom zu beseitigen, ist auch das Signal – fürs erste – weg.

Nehmen wir an, Sie bekommen eine Nierenentzündung und diese wird medizinisch behandelt und verschwindet. Da aber die Energiestörung nicht behoben wurde, haben Sie später Schwierigkeiten mit dem Knie. Sie fallen immer wieder hin und immer auf die linke Seite. Nur im linken Knie bildet sich eine Arthritis. Bei einem Autounfall wird das linke Knie verletzt und so weiter. Das Erscheinungsbild eines Spurenproblems mag sich verändern, aber die tieferliegende Ursache bleibt sich gleich – bis wir ihre Botschaften verstehen lernen.

In der L.E.T. wird ein Symptom oder Problem als Manifestation einer Disharmonie zwischen Bewußtheit und Ausdruck aufgefaßt. Wenn tiefere Energieprozesse vom Gewahrsein ausgeschlossen werden, müssen sie sich auf indirektem Wege Ausdruck verschaffen: Wir entwickeln Symptome und «bekommen» Probleme, die darauf hinweisen, worin die tieferen Störungen bestehen. So sind körperliche Störungen zwar kein direkter Ausdruck der eigentlichen Probleme mehr, aber immerhin noch ein Kompromiß zwischen direktem Ausdruck und völliger Unterdrückung – ein Mittelweg, dem zwar Bewußtheit mangelt, doch immerhin sind die Signale aus der Tiefe noch nicht ganz zum Schweigen gebracht.

Viele psychologische Theorien gründen ihren Neurosebegriff auf den Unterdrückungs- oder Verdrängungsmechanismus. Die Instinkte, Impulse und Emotionen, die wir in uns selbst nicht wahrhaben wollen, verbannen wir aus unserem Bewußtsein – wir verdrängen sie. Doch dieser Zusammenhang ist nur die halbe Geschichte. Sobald wir uns nämlich die Energetik der Verdrängung ansehen, wird deutlich, daß Lebensenergie, die sich normalerweise frei bewegen und äußern würde, in diesem Prozeß innerlich gebunden bleibt. In der L.E.T. gehen wir davon aus, daß dieses Verdrängen und Festhalten ein Ausdruck unserer Furcht vor der Ganzheit ist. Nicht die Verdrängung macht uns neurotisch, sondern die Furcht vor der Ganzheit. Verdrängung ist nur ein vergleichsweise unbedeutender Seitenaspekt des ganzen Prozesses.

Die Furcht vor der Ganzheit ist deswegen eine interessante Entdeckung, weil sie den ganzen Bereich, den wir mit «Probleme» umschreiben, in den spirituellen Bereich verlagert. Von unseren Problemen loszulassen, ist gleichbedeutend mit dem Ende unseres Haftens an der Krankheit. Krankheit macht das Leben kompliziert, weil sie uns die Klarheit nimmt und unsere Rhythmen durcheinanderbringt. Wir reden uns ein, Intelligenz habe mit Kompliziertheit zu tun. Wenn wir jemanden als «einfachen Menschen» bezeichnen, so lassen wir damit durchblicken, daß wir ihn nicht für besonders helle halten. Ganzheit ist ihrer Natur nach einfach – und doch äußerst intelligent. Das ist unser Problem: Wir verstehen es nicht, auf intelligente Weise schlicht und einfach zu sein, und ziehen deshalb die Kompliziertheit von Krankheit und Verwirrung vor. Dann kommt noch eine weitere Schwierigkeit hinzu: Da wir irgendwo um die Ganzheit wissen und auch darum, daß wir sie verloren haben, fürchten wir uns davor, sie zurückzugewinnen – denn abstürzen kann man schließlich nur, wenn man zu fliegen versucht. Wir haben Angst vor dem Fliegen, weil wir Angst haben zu fallen. Die Ganzheit schließt jedoch Erde *und* Himmel ein; man kann aus der Ganzheit nicht abstürzen – man kann sich ihr nur verschließen.

Viele psychologische Theorien postulieren im Zusammenhang mit unseren täglichen Problemen etwas, das sie «das Unbewußte» nennen. Es sind, so sagen sie, die verdrängten, also dem Bewußtsein nicht mehr zugänglichen Inhalte der Psyche, die unser problembehaftetes Verhalten, Fühlen und Denken motivieren. C.G. Jung fügte dem noch ein «kollektives Unbewußtes» hinzu, worunter er die gesamte Erfahrung des Menschen als Spezies verstand, die jedem einzelnen als Potential vererbt wird. Aus der Sicht der Ganzheit muß auch dieses Konzept als unvollständig abgelehnt werden. Zwar ist es richtig, daß manches, auch kollektive Erinnerungen, zwischen Mitgliedern der Spezies übertragen wird, aber die Trennung zwischen Bewußtem und Unbewußtem ist willkürlich und nicht haltbar. Wären wir auf der persönlichen Ebene dieser angeblich unbewußten Dinge nicht irgendwie gewahr, so könnten wir sie bei unseren Wanderungen durch den mentalen Raum nicht so gezielt umgehen, sondern würden über sie stolpern. Daher muß es so sein, daß wir das individuelle und kollektive «Unbewußte» doch irgendwie wahrnehmen. Verdrängung ist nur ein Werkzeug unserer Furcht – und sie ist ein Prozeß, der nicht von der Bewußtheit ausgeschlossen ist. Woher sollten wir zum Beispiel wissen, was verdrängt werden muß und was nicht, wenn nicht Bewußtheit daran beteiligt wäre? Verdrängung ist demnach nicht das Problem. Das eigentliche Problem, aus dem der Verdrängungsmechanismus seine Kraft bezieht, ist die Abspaltung von der Ganzheit. «Das Unbewußte», «Verdrängung», «Neurose» – alles Begriffe, die nur unsere mangelnde Bereitschaft zur Ganzheit verschleiern. Für sich selbst genommen haben diese Dinge keine Macht; sie wirken nur im Bereich der Kausalität dritten Grades. Unsere Probleme, so müssen wir letztlich einräumen, sind nichts als innerer Leerlauf, nichts als Ablenkung vom Wesentlichen durch die Beschäftigung mit oberflächlichen Strukturen. Ist Ganzheit denn wirklich so erschreckend, daß wir fast alles zu tun bereit sind, um ihr zu entgehen? Unsere Forschungen haben gezeigt, daß wir von selbst wieder ganz werden, sobald wir von unseren Verdrängungsmechanismen loslassen. Während des Heilungsprozesses tritt jedoch im allgemeinen eine Phase der Unruhe ein, weil die lange festgehaltene und jetzt freigesetzte Energie erst ihr inneres Gleichgewicht finden muß. Viele Menschen wissen oder ahnen das und befürchten, von diesen Vorgängen überwältigt zu werden.

In der L.E.T. richten wir unser Augenmerk auf die Furcht vor der Ganzheit anstatt auf die Verdrängung, denn wenn wir erst einmal mehr Ganzheit zulassen können, gibt es keinen Grund mehr, etwas zu verdrängen. Es ist überraschend, wie schnell eine Neurose «geheilt» ist, sobald Ganzheit akzeptiert wird. Wir lassen das ganze neurotische Theater möglichst bald hinter uns und widmen uns direkt der Trennung von der Ganzheit, denn ob sich unser Problem nun in körperlichen Beschwerden, psychischer Verwirrung, Existenzangst oder «Furcht und Zittern» im spirituellen Bereich äußert, der Energieprozeß ist immer der gleiche.

Spurenprobleme sind unsere Chance, bewußt zu werden. Sie sind das Lernmaterial, das unserer Wahrnehmung konkrete Hinweise auf tieferliegende Energiestörungen bietet. So werden aus den Schwierigkeiten des Lebens die Möglichkeiten der Evolution. Im Grunde gibt es gar keine Probleme in der Art, wie wir dieses Wort verstehen; Spurenprobleme sind beispielsweise nur Strukturen von Situationen, die wir zu einem Problem machen können oder auch nicht. Ein Problem (gr. *problema* = das Vorgelegte) ist einfach ein Energiemuster, das vor uns liegt. Spurenprobleme sind nur Formen der Lebensenergie, die unserer Bewußtheit auf dem Pfad zur Ganzheit begegnen. Wenn die Bewußtheit gewachsen ist und ein Verstehen der Spurenprobleme einsetzt, tritt die Therapie in ihre dritte Phase ein, die wir *energy patterning* (Erkennen des energetischen Grundmusters) nennen.

Energiemuster

Beim Aufdecken der Energiedynamik von Spurenproblemen stieß ich auf die Tatsache, daß unsere Schwierigkeiten nicht nur dadurch in Zusammenhang stehen, daß sie sämtlich Ausdruck einer Trennung von der Ganzheit sind, sondern ihre Verwandtschaft auch durch ähnliche Schwingungen bekunden. Es mag zwar so aussehen, als hätten wir viele verschiedene Schwierigkeiten beruflicher, familiärer und gesundheitlicher Art, tatsächlich entwickeln sie sich jedoch alle aus demselben gestörten Energieprozeß. Diese Gemeinsamkeit bezeichnen wir als «Energiemuster». Bei jedem Menschen sind Schwierigkeiten, gleich welcher Art, ein einzigartiger Prozeß, den wir als eine Schwingung beschreiben können, die mit seinem Geist nicht in Resonanz treten kann. Jedes Problem, dem wir begegnen, ist Manifestation solch eines Energiemusters. Anders gesagt: Jedes Muster fächert sich in mehr oder weniger viele Spurenprobleme auf, die alle die gleiche Energiestörung aufweisen.

Das ursprüngliche Problem der Trennung von der Ganzheit überträgt sich durch Projektion auf unseren Kontakt mit der Welt und nimmt dort die Form eines Problems an, das für uns so aussieht, als käme es von außen. Wir empfinden es so, als seien die Probleme da draußen irgendwo vorhanden und kämen von dort auf uns zu – jedoch das Gegenteil ist der Fall. Wir selbst strahlen die Störung aus, und sie nimmt in unserem täglichen Leben irgendeine Form an, die wir dann «Problem» nennen. Übrigens sind in verschiedenen Kulturen ganz unterschiedliche Energiemuster vorherrschend, so daß unsere persönlichen Störungen sich verschlimmern können, wenn wir in einer Kultur leben, deren Probleme mit unseren in Resonanz stehen. Auch den umgekehrten Fall der völligen Unverträglichkeit der kulturellen Schwingung mit der individuellen Schwingung gibt es. Das führt oft zu einer unbehaglichen Spannung zwischen uns und dieser Kultur, und wir müssen diese Kultur entweder verlassen oder uns ihr anpassen. Eine gesunde Anpassung besteht allerdings nicht darin, dieselbe Krankheitsschwingung auszustrahlen, sondern zu unserer ureigenen Schwingung, unserem Geist, zurückzukehren und der kulturellen Störung damit jeden Ansatzpunkt zu nehmen.

Lebensenergie ist immer in Bewegung, und die ursprüngliche Abspaltung von der Ganzheit wird deshalb unter dem Einfluß weiterer Energiemuster, die alle zu dieser ersten Ursache in Beziehung stehen, ein verzweigter Prozeß. Diese Muster bilden eine «Krankheitsharmonik», in der jedes Einzelmuster in einer bestimmten Frequenzrelation zur ursprünglichen Störung bleibt. Durch noch weitere Verzweigung erzeugt jedes Energiemuster mehrere Spurenprobleme, die nur verschiedene Formen derselben Energiestörung in einem bestimmten Frequenzband sind. Diese Entdeckungen führten mich zu der Vermutung, daß man Spurenprobleme aufgrund ihrer Strukturähnlichkeiten zu Gruppen zusammenfassen kann.

Nehmen wir zum Beispiel an, Sie hätten die Therapie wegen Kontaktschwierigkeiten begonnen. Im Verlauf der Therapie fällt Ihnen beim «Energy Patterning» auf, daß Ihre Schwierigkeiten auf verschiedenen Gebieten damit zu tun haben, daß Sie immer wieder an dieselbe Energieschwelle kommen. Ihnen geht auf, daß Ihr mangelndes Durchsetzungsvermögen im Beruf und ihr Unvermögen, tiefe sexuelle Lust zu empfinden, etwas miteinander zu tun haben. Auch Ihre Ernährung und Lebensweise, so merken sie jetzt, geben dem Problem weitere Nahrung. Jetzt gewinnen Sie ein Bild von der tieferliegenden Energiestörung, die die einzelnen Spurenprobleme erzeugt. Damit haben Sie das Grundmuster wiederentdeckt: Sie lassen eine gewisse Menge Energie in eine Tätigkeit einfließen, aber anstatt sie dann mit vollem Einsatz zu Ende zu bringen – also sich durchzusetzen oder einen Orgasmus zu haben –, geben Sie ihre ursprüngliche Ausrichtung auf, und die Lösung bleibt aus. Natürlich sind sie ständig frustriert, ohne recht zu wissen, weshalb.

Ist das Energiemuster sichtbar geworden, dann geht es in der Therapie um die Erfahrung der Überschreitung der Energieschwelle. Sie fangen an, Ihrer Fähigkeit zu vertrauen, eine begonnene Handlung entschlossen zu Ende zu führen. Diese Erfahrung

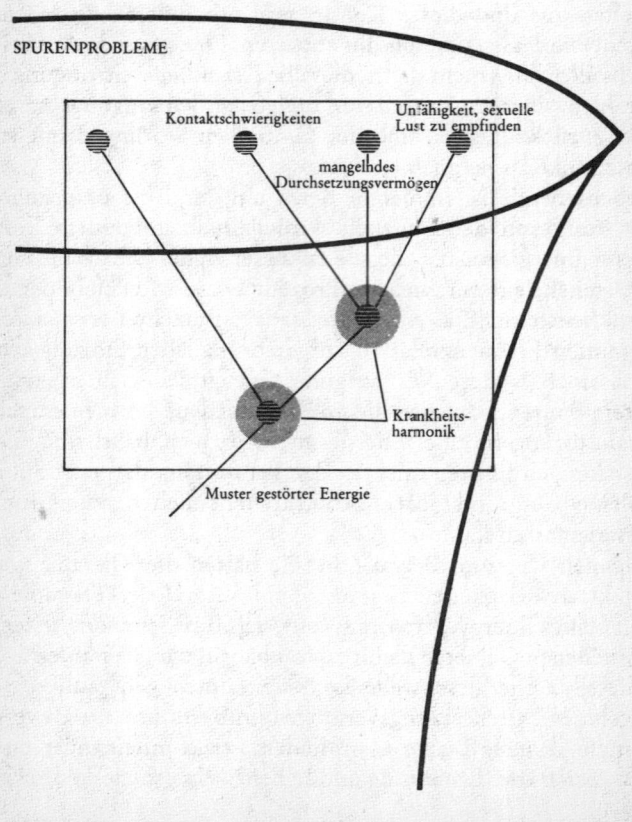

SPURENPROBLEME

Kontaktschwierigkeiten

Unfähigkeit, sexuelle Lust zu empfinden

mangelhdes Durchsetzungsvermögen

Krankheitsharmonik

Muster gestörter Energie

erschließt ihnen allmählich ein gesundes Selbstbehauptungsvermö-
gen, mehr Selbstvertrauen und sexuelle Genußfähigkeit. Wenn die
Grundstrukturen aufgedeckt sind, braucht man sich nicht mehr mit
den vielen Einzelproblemen herumzuschlagen, sondern kann sich
auf ihre gemeinsame Wurzel konzentrieren. Das bedeutet eine
beträchtliche Verkürzung der Therapie.

Praktisch geschieht das Aufdecken der Grundmuster in der Therapie oft durch Umkehr des Prozesses, der im Kegel der Energie-
probleme dargestellt ist. Anders als in der Homöopathie, wo sich die
Krankheiten bei der Heilung meistens in der umgekehrten Reihenfolge ihres Auftretens «verabschieden», können aus den vielschichti-
gen Störungen der Ganzheit im Verlauf einer Life-Energy-Therapie
Krankheitsmuster aus allen Ebenen und Zeitabschnitten gleichzeitig
auftreten. Anders als die Problemstränge, die durch Verzweigung
entstehen, entwickeln sich also die «Heilungsstränge» ganz neu und
ohne Abfolge. Die Erfahrung zeigt, daß Heilungsprozesse und
Krankheitsmuster dann zur Oberfläche kommen, wenn wir fähig
geworden sind, mit ihnen umzugehen. Sie lassen sich nicht dirigieren oder erzwingen; das würde nur den organischen Heilungsprozeß stören. Die Lebensenergie kennt ihren Weg zurück zur Ganzheit; es ist ein universaler Weg, den viele vor uns gegangen sind.

Wichtig ist es, bei dem Problem anzusetzen, mit dem ein Klient
zur Therapie kommt, und es als Hintergrundinformation für den
Aufbau eines Problemrahmens zu benutzen. Im Verlauf der Therapie kristallisiert sich das Grundmuster der Probleme heraus, ohne
das wir eigens Ausschau danach halten. Damit meine ich, daß wir
nicht mit analytischem Blick nach diesem Muster suchen, sondern
ihm die Möglichkeit schaffen, sich selbst zu zeigen, wann immer es
die Umstände erlauben oder fordern. Dazu übersetzen wir die
Symptome und Probleme in die Sprache der Energieprozesse und
fangen an, diese Prozesse miteinander zu verknüpfen. Dabei hilft
uns das Wissen um die Energiegesetze, die für unsere Lebensphi-
losophie, Körperfunktionen, Ernährungsgewohnheiten und so
weiter gleichermaßen gelten. Die Aufdeckung der Grundmuster
muß natürlich in Beziehung zur Ganzheit geschehen. Wir bemühen
uns zum Beispiel zu verstehen, daß auch krankhafte Energiemuster
ein mißglückter Versuch in Richtung Ganzheit sind. Vielleicht
brauchten wir eine ganze Reihe von Problemen, um auf ein
Grundmuster aufmerksam zu werden, das ein einzelnes Spurenproblem uns nicht hätte zeigen können. Vielleicht verhilft uns nur eine

größere Zahl von Spurenproblemen zu dem Drang, ernsthaft nach Ganzheit zu streben und zum Beispiel eine Therapie zu beginnen.

Auch die einzelnen Probleme beruhen auf der Ganzheit. Vielleicht zwingen unsere sexuellen Schwierigkeiten uns, die Beziehung zu unserem Körper oder von den Eltern übernommene Einstellungen einmal näher zu betrachten. Danach sind wir gewiß eher in der Lage, unsere Sexualität und die Ablösung von unseren Eltern wichtig genug zu nehmen. Eine Therapie kann hier sehr hilfreich sein, und nicht indem sie einfach zum richtigen Verstehen führt, sondern in der und durch die direkte Erfahrung. In der L.E.T. lassen wir die Symptome hinter uns und dringen zu den Energieprozessen vor, aus denen sie hervorgehen – in dem Wissen, daß Symptome nicht aus sich selbst existieren, sondern von einem Netz von Energieprozessen getragen werden. Ist dieses Netz erst entdeckt und entflochten, so daß die Energien wieder fließen können, so verschwindet die Krankheit.

Krankheit und Gesundheit sind Muster im Gewebe unseres Lebens. Ich bezeichne diese Verbundenheit als *Lebensenergie-Gewebe*. Ähnlich einem Material aus horizontal und vertikal miteinander verflochtenen Fäden, entsteht das Gewebe der Lebensenergie durch die vielfache Interaktion der Energieprozesse. Wir dürfen uns dieses Interaktionsmuster aber nicht wie ein Stück Tuch vorstellen, sondern eher wie das Muster, das Regentropfen auf einem See bilden. Durch vielfältige Überschneidungen entstehen im Gewebe der Lebensenergie Interferenzmuster, die positiv und harmonisch (Gesundheit) oder negativ und disharmonisch (Krankheit) sein können. Im Grundgewebe der Lebensenergie bilden sich durch Interaktion weitere Formen heraus, etwa Knotenpunkte, die einen stabilisierenden Einfluß auf die Interferenz und ihre Gebilde ausüben. Solch eine Form ist auch der Körper. Ein gesunder Körper ist durchströmt von dieser positiven Interferenz, ein kranker von der negativen. Wichtig ist hier, daß wir unseren Körper gemäß der Qualität der Energieinterferenz in uns selbst schaffen. So kann Gesundheit oder Krankheit im Laufe der Zeit in unseren Körper «hineingewebt» werden. Aus einem ähnlichen Grund ist es wichtig, daß die Umwelt möglichst wenig Strahlung aufweist, denn auch solche Strahlungen werden im Laufe der Zeit ein Teil von uns.

Wir haben schon erwähnt, daß Krankheit kein kurzzeitiger Prozeß ist, sondern eine beständige disharmonische Strahlung. So stimmen die meisten medizinischen Experten zum Beispiel darin überein, daß Krebs bis zu acht Jahre vor dem Auftreten erkennbarer Symptome schon latent im Körper vorhanden sein kann. Ist aber das energetische Grundmuster des Krebs einmal aufgelöst, kann auch die körperliche Krankheit Krebs nicht weiterbestehen, wie zahllose Spontanheilungen bekunden. So etwas wie Brust-, Lungen- oder Magenkrebs gibt es nicht, denn Krebs ist in den allermeisten Fällen eine Störung des Ganzen. Alle körperlichen, emotionalen, gesellschaftlichen und spirituellen Züge unseres Lebens sind im Gewebe der Lebensenergie miteinander verbunden, und so teilt sich auch jede Störung sämtlichen Aspekten unseres Lebens mit. Wird solch eine Disharmonie chronisch, so wird das Muster der Krankheit irgendwann auch an der Oberfläche des Lebens sichtbar. Das gilt jedoch nicht nur für den einzelnen, denn wir weben das Krankhafte auch in die Gesellschaft hinein, und das schon so lange, daß es heute als ganz normal gilt, krank, neurotisch oder drogenabhängig oder gar alles zusammen zu sein. Wie sonst wäre zu erklären, daß trotz riesiger Aufklärungskampagnen ein beständiger Aufwärtstrend bei psychischen Störungen und Drogenabhängigkeit zu verzeichnen ist?

Krankheitsmuster wiederholen sich immer wieder, weil sie sich unserem Leben so tief einprägen, daß wir sie gar nicht mehr als Krankheit wahrnehmen. Sie werden das, was wir in der L.E.T. als «Energie-Cassetten» bezeichnen – sie spulen sich immer wieder ab, vorwärts und rückwärts, bis sie uns endlich ein falsches Sicherheitsgefühl vermitteln und uns einschläfern. Solche Cassetten – sie können körperlicher, emotionaler, sozialer oder auch spiritueller Natur sein – enthalten zwar nicht gerade harmonische Klänge, aber dafür halten sie uns wenigstens auf Trab. Wenn wir derart die meiste Zeit mit unseren Problemen beschäftigt sind, bleibt uns wenig Raum, uns mit der Furcht vor der Ganzheit abzugeben. Natürlich sind solche Energie-Cassetten in sich ganzheitlich, doch sie verursachen Störungen, weil sie sich nicht in das größere Ganze einfügen. Überhaupt ist alles Kranke Schein-Ganzheit. Therapie sollte sich deshalb nicht auf die Beseitigung von Krankheit ausrichten, sondern auf die Umpolung negativer Interferenzmuster der Schein-Ganzheit. Wenn wir alles Krankhafte als versuchte, aber mißglückte Annäherung an die Ganzheit betrachten, verliert sich der Widerstand gegen Veränderungen, weil wir es nicht wie einen Feind angegriffen, sondern wie in einer Aikidobewegung in die Ganzheit haben einmünden lassen. Bei der therapeutischen Arbeit wird den Spurenproblemen auf diese Art allmählich alle Energie entzogen, bis sie verschwinden wie geheilte Wunden.

Essentielle Wahrnehmung

Spurenprobleme neigen auch deshalb dazu, sich zu verschlimmern, weil wir so wenig Verbindung zu ihrer Bedeutung haben. Oft hören und sagen wir: «Warum mußte mir das passieren?» Kaum jemand versteht, daß Probleme Entwicklungschancen sind. Unsere Probleme erscheinen uns oft unüberwindlich, weil wir nicht klar genug sehen können, welchen Platz sie in unserer Entwicklung einnehmen. So kommen wir zu der Ansicht, daß wir Probleme tunlichst umgehen sollten; Fehler dürfen nicht vorkommen. Ruhe bewahren, den Schmerz mit einer Tablette «abschalten», sich nichts anmerken lassen – das ist das Patentrezept, mit dem wir allem begegnen sollen. Dabei können die Schwierigkeiten des Lebens, selbst geringfügige Schmerzen, wichtige Botschaften von tieferen Energieprozessen sein, die für unsere weitere Entwicklung oft notwendig sind. Die Natur kennt keine Zu- oder Unfälle – nur Rhythmen des Wandels, die sich nach Energiegesetzen richten. Ist es wirklich denkbar, daß unsere Probleme außerhalb dieser Gesetze stehen?

Wenn wir immer bewußter werden, die Symptome des Lebens als das erkennen, was sie sind, und uns zugleich den Ursachen und Grundmustern unserer Disharmonien öffnen, sind schon wichtige Schritte für das Schmelzen krankhafter Vorgänge getan. Wir sind uns in der L.E.T. darüber klar, daß es bei dieser Erkundung um ein Wiederentdecken geht, denn auf irgendeiner Ebene «wissen» wir bereits um die Weisheit der Energie, ihre Funktionen und Dysfunktionen. Es geht also nur darum, Prozesse bewußt zu machen, mit denen wir bislang wenig Kontakt hatten. Parallel dazu läuft die Entwicklung einer neuen Sicht der Bedeutung, die diese Prozesse in unserem Leben haben. Da diese neue Perspektive uns die wahre Bedeutung unserer Schwierigkeiten besser erkennen läßt, nennen wir sie Essentielle Wahrnehmung.

Wenige Menschen, die «Erleuchteten», verfügen über die hierzu erforderliche Klarheit, doch für die meisten von uns ist der Weg zur direkten Erfahrung des Wirklichen lang und mühsam. Wie Sri

Form = gestaltende Wesen

Ramana Maharshi und andere große Heilige gesagt haben, ist das Wirkliche das, was sich nicht ändert. Die absolute Wirklichkeit ist das zeitlose «Sosein» dessen was *ist*. Natürlich hängt die Fähigkeit, das absolut Wahre zu sehen, von unserem Bewußtseinsstand ab. Im Prozeß der Wiederentdeckung unserer Grundmuster, was ein ständiges Bestreben um die Sammlung unserer Aufmerksamkeit bedeutet, entwickeln wir jedoch immer größere Klarheit.

Der direkteste Zugang zur Essentiellen Wahrnehmung ist natürlich die Meditation. Essentielle Wahrnehmung ist ein Zustand innerer Stille bei gleichzeitiger körperlicher Lebendigkeit. Wir sind, kurz gesagt, mit allem, was wir sind, daran beteiligt, dessen innezuwerden, was ist. Dafür hat wohl der Zen-Buddhismus den besten Ausdruck gefunden:

> Regen auf Bambus,
> Wind in den Föhren –
> Sie künden
> von der Wahrheit des Zen.

Essentielle Wahrnehmung ist keine Technik, die sich lehren läßt, aber wir können sie trotzdem erlernen. In diesem Sinne könnten wir sie eine «ganzheitliche Kunst» nennen, die sich aus den Erfahrungen entwickelt, die wir gewinnen, wenn wir anfangen, ein vollständigeres Leben zu führen. Die physische Wirklichkeit, wie wir sie normalerweise wahrnehmen, ist nur die letzte Entwicklung tieferer und zeitloser Energieprozesse. Die Essentielle Wahrnehmung erlaubt uns, den spirituellen Sinn dieser Formen, also ihr Wesen, zu erkennen. Form bedeutete, wie wir uns erinnern, bei Aristoteles noch «Gestaltung des Wesens». So ist die physische Welt also die Gestaltung des Wesens oder der Seele und manifestiert sich auf der Ebene der Materie.

Essentielle Wahrnehmung kann in der Psychotherapie, aber auch für das tägliche Leben von sehr direkter praktischer Bedeutung sein. Dafür ein Beispiel: Bei einer internationalen Arbeitstagung, die ich leitete, erhielt eine der Teilnehmerinnen persönliches Feedback bezüglich ihres verantwortungslosen Verhaltens. Einerseits wollte sie Feedback, zum anderen hatte sie Angst, es nicht ertragen zu können. Da wir ja alle «sensible Fachleute» waren, versuchten viele Teilnehmer der Gruppe ihr beim Klären ihrer persönlichen Schwierigkeiten zu helfen; sie zeigten sich mitfühlend und gaben sich Mühe, ihr eine gute und produktive Erfahrung zu ermöglichen. Das zog sich immer weiter in die Nacht hinein, und all die professionelle «Hilfe» hatte zwar viel Gespräch, aber wenig therapeutische Bewegung gebracht. Ich machte ein paar Kommentare zum Verlauf, und bald wurde allen klar, daß sie im Netz des Helfens zappelten und sich selbst aller Möglichkeiten beraubten, indem sie das Dilemma der Ambivalenz jener einen Teilnehmerin zu lösen versuchten. Angesichts der späten Stunde bat ich sie, ein paar Minuten still darüber zu meditieren. Als sie sich nachher wieder zur Gruppendiskussion versammelten, entdeckten sie, daß jetzt vollkommene Einmütigkeit über die Situation herrschte – Minuten zuvor war das Gegenteil der Fall gewesen.

In der Zwischenzeit war nichts weiter geschehen, als daß sie von allem Analysieren und Helfenwollen losgelassen hatten und zum Wesen der Sache gekommen waren, ohne daß Worte notwendig gewesen wären. Essentielle Wahrnehmung ist die direkte und unbehinderte Beobachtung und Erfahrung der Wirklichkeit in ihrer Ganzheit. Sie geht über das hinaus, was vor unseren Augen liegt, und erreicht den innewohnenden Energieprozeß. Essentielle Wahrnehmung entwickelt sich dadurch, daß zunächst alle bis dahin ausgeschlossenen Aspekte unseres Selbst von Bewußtheit erfaßt werden. Natürlich steigt nun an diesen Brennpunkten der Bewußtheit das Energieniveau. Immer mehr öffnen wir uns den Feinheiten des Lebens. Wie wir unsere Probleme und Störungen in verschiedenen Graden wahrnehmen, so hat auch die Essentielle Wahrnehmung Abstufungen: von der Ebene der Spurenprobleme bis zur Erfahrung der höchsten Einheit, die Sri Aurobindo «kosmische Einheit» nennt.

Vermehrte Bewußtheit, die wie in einem Brennpunkt gesammelt bleibt, erhöht unser Bewußtsein. Je höher und vollständiger das Gewahrsein, umso höher auch der Grad der Essentiellen Wahrnehmung. Je vertrauter uns diese Wahrnehmung wird, desto deutlicher erkennen wir die Bedeutung unserer Schwierigkeiten. Das Verstehen unserer Probleme hilft uns voran auf dem Pfad der Evolution. Wir verschwenden unsere Zeit nicht mehr mit weniger wichtigen oder gar trivialen Dingen; wir sehen unsere Bedürfnisse klarer und können schließlich auf höheren Ebenen der Bewußtheit von ihnen loslassen. Selbst biologische Bedürfnisse wie Essen und Schlafen haben jetzt nicht mehr ihre frühere Bedeutung, denn sie sind an die physische Wirklichkeit gebunden, von der wir immer weniger abhängig werden.

Auf der Ebene der Kommunikation erlaubt uns die Essentielle Wahrnehmung, über die Worte eines Gesprächs hinauszugehen und den wirklichen Emotions- oder Motivationsprozeß darunter zu sehen. Unter der Oberfläche des Wortgeplänkels schließt sich der energetische Kontakt, und ohne daß irgendwelche Analysen notwendig wären, kommt der wirkliche Dialog zum Vorschein.

Auf der spirituellen Ebene sehen wir den Grund unserer Existenz aus einer weiteren Perspektive. Die Ganzheit ergreift uns so sehr, daß alles Nicht-Ganze immer mehr an Bedeutung verliert. Oft spüren wir, daß wir andere Freunde brauchen, die auch den Weg der Ganzheit gehen. Allmählich wird uns deutlicher, daß die Probleme, die wir erfahren, einfach Energieprozesse sind, die uns nur negativ beeinflussen können, wenn wir uns auf sie einlassen und sie uns zu eigen machen. Probleme sind wohl mit uns verbunden, aber wir sind nicht diese Probleme. Deshalb ist es so wichtig, sie richtig zu sehen. Wenn wir uns innerlich von ihnen ablösen, dann heißt das nicht, daß wir sie wegzuschieben versuchen oder uns gar durch eine Art schizoide Abspaltung von der Wirklichkeit trennen; das wäre eine Trennung von der Ganzheit und als solche ein krankhafter Prozeß. Diese Ablösung bedeutet vielmehr, daß wir uns nicht mehr mit unseren Problemen und sonstigen weltlichen Abhängigkeiten identifizieren; wir gehen über diese Fixierungen hinaus.

In dieser Dis-Identifikation sehen wir unsere Beziehung zu den Schwierigkeiten des Lebens noch, aber sie definieren nicht mehr unsere Identität. Wir sind jetzt frei von ihrer bindenden Kraft. Noch einmal: «Frei sein» heißt nicht, daß wir alle Probleme und überhaupt die ganze physische Wirklichkeit losgeworden sind, sondern bezeichnet das Eintreten in eine größere Ganzheit, in der wir unsere Spurenprobleme zwar annehmen, aber vom Standpunkt der Essentiellen Wahrnehmung betrachten. Wovon wir uns gewaltsam lossagen möchten, das machen wir dadurch nur noch stärker, indem wir es mit Energie versorgen. Nur wenn wir akzeptieren, was ist, und über dessen manifeste Formen zu seinem Wesen oder seiner spirituellen Botschaft vordringen, können wir uns wirklich weiterentwickeln. Als ein Energieprozeß sammelt die Dis-Identifikation die Kräfte der Spurenprobleme und hebt uns damit auf die Ebene des Geistes, wo die Lebensenergie im Dienst der Evolution ausgerichtet und verstärkt wird.

Durch die Kombination des Energy Patterning mit der Entwicklung der Essentiellen Wahrnehmung entsteht eine ganzheitliche Basis für die Dimensionen des Heilens und der Evolution. Je tiefer wir die Natur unserer Problemmuster erkunden, umso deutlicher wird uns, wie wir uns selbst von der Ganzheit entfernt haben. Je tiefer wir aber die Natur unserer Spaltungen erfahren, desto mehr werden wir wieder ein Ganzes, denn Spaltungen können nur da bestehen, wo es an Bewußtheit mangelt. Wie erst die Nacht uns ermöglicht, den Tag recht zu würdigen, bringt das Erkennen unserer Trennung von der Ganzheit uns auf den Weg, der zurück zur Einheit führt.

Haben wir erst einmal damit begonnen, uns den Schwierigkeiten unseres Lebens zu stellen, dann wächst unser Mut weiterzugehen, bis wir das energetische Gefüge ganz verstanden haben. Aufgrund unserer neuen Sicht von unseren Problemen sind wir nicht mehr auf ihrer Existenzebene an sie gebunden. Jetzt können wir sie als das sehen, was sie sind: Teile eines Energiefilms, der in und durch uns abläuft, wenn wir das zulassen, oder parallel zu uns, wenn wir bewußt werden. In beiden Fällen ist eine Verbindung vorhanden, aber im «gelebten Film» *sind* wir unsere Schwierigkeiten, während sie im «Situationsfilm» eine Lernsituation darstellen, in der wir sie als von unserem spirituellen Wesen zwar nicht getrennt, aber doch von ihm verschieden erleben. Die Natur, auch unsere Natur, kennt keine Probleme – also können wir unmöglich unsere Probleme *sein;* andererseits ist der «Situationsfilm» eine notwendige Voraussetzung unserer Entwicklung, denn ohne ihn würden wir den Unterschied oder gar Widerspruch zwischen unserem Wesen und unserer Existenz nicht einmal bemerken.

So sind also Energy Patterning und Essentielle Wahrnehmung Aspekte derselben Totalität, einer Totalität die man von höheren wie von niederen Bewußtseinszuständen her gleichermaßen erfassen kann, denn in der unpolarisierten Harmonie der Ganzheit gibt es kein «hoch» oder «niedrig». Selbst die Sphäre der Selbsterforschung, wie Sri Aurobindo sie in seinem Integralen Yoga beschreibt, ist ein Abstieg aus höherer Bewußtheit in niedere Energiebereiche – anders als bei vielen anderen identischen Ansätzen, die den umgekehrten Weg einschlagen. In der Ganzheit ist das Tiefere das Höhere und das Höhere das Tiefere, ebenso wie das Energy Patterning der Komplementäraspekt der Essentiellen Wahrnehmung ist.

Wo wirkliche Gesundheit entstehen soll, müssen wir diese beiden

Energieprozesse zusammenkommen lassen. Wer nur in eine von beiden Richtungen geht, wird sich festfahren und sieht nie die Ganzheit, die erst möglich wird, wenn wir beide Wege zugleich gehen. Es gibt in der Psychotherapie viele Menschen, die endlos nach den Ursachen für ihr unbefriedigendes Leben forschen, ohne je danach zu fragen, welche Botschaft dieses Unbefriedigtsein enthält. Das endlose Suchen, begleitet und geschürt von zu vielen Therapeuten, wird schließlich ihr einziges wirkliches Problem. Ihre Grundhaltung wird negativ, und wichtig sind am Ende nur noch ihre Probleme und deren Analyse. Auf der anderen Seite gibt es Menschen, die alles Negative leugnen, als gäbe es keinen «Schmutz» im Leben, und die das dann Spiritualität nennen. Sie wollen ein heiliges Leben führen, aber «heilig» heißt auch «heil», und heil heißt ganz, und das Ganze ist nun einmal nicht mehr ganz, wenn wir vor einem Teil die Augen verschließen. Wahre Spiritualität dringt zum Wesen aller Dinge vor, auch der negativen – oder vielleicht gerade der negativen, denn hier verstecken wir uns vor uns selbst und letztlich auch unserer eigenen Entwicklung.

Der Heilkanal

Heil und ganz zu werden und zu bleiben, erfordert intensives Bemühem um Gewahrsein. Das liegt nicht daran, daß der Prozeß des Wandels und der Entwicklung so schwierig ist, sondern daran, daß wir die Natürlichkeit ihrer Harmonie nicht mehr sehen. Wenn wir aus der Ganzheit herausfallen, werden unsere Selbstheilungskräfte schwächer, weil unsere Energien sich zersplittern und wir sie nicht mehr zielgerichtet einsetzen können. Zum Glück ist das Heilen jedoch ein natürlicher Prozeß, der uns außer in Fällen extremer Degeneration beständig in Richtung Ganzheit führt – wenn wir ihn lassen. Unser Körper weiß sich selbst zu heilen. Man kann die Symptome lindern und unterstützend eingreifen, aber die Heilung geschieht von selbst. Was die Selbstheilungskraft vermag, wird vielleicht an sogenannten spontanen Heilungen von Krebs am deutlichsten, die ohne Medikamente oder chirurgische Eingriffe zustandekommen.

Beim Studium der Dynamik dieser natürlichen Heilung entdeckte ich eine Art Durchlaß für die Lebensenergie, den ich Heilkanal nenne. Das ist keine physische Leitbahn wie die Nerven oder Blutgefäße und hat auch keinen genauen Verlauf wie etwa die Akupunkturmeridiane. Vielmehr ist es eine Energiepassage, die nach dem Prinzip der Schwingungsresonanz zwischen unserer individuellen Ganzheit (Atman) und der Universalen Seele (Brahman) funktioniert – ein Kanal für das spezifische Frequenzband unseres Geistes, ganz ähnlich den Kanälen eines Rundfunkempfängers. In unserem Fall ist die Sendestation das universale Feld, und der Empfänger ist der Körper. Meine Arbeit auf diesem Gebiet zeigte mir, daß jeder Mensch einen ganz spezifischen Kanal hat, und daß es möglich ist, sich auch nach Jahren der Trennung wieder an ihn anzuschließen. Wir können ihn als einen Schwingungszustand des Bewußtseins beschreiben, bei dem alle unsere Teile in Resonanz schwingen und so eine persönliche Ausprägung der Harmonie des Ganzen bilden. Der Heilkanal ist also das Medium der Energie-Harmonisierung, das alle Energieprozesse, die in uns wirken, trotz ihrer verschiedenen Frequenzen nach den Prinzipien der Energie-Harmonik zum Einklang bringt.

Der Heilkanal ist also nicht körperlicher Natur, aber doch mit dem Körper verbunden, wie die Chakras in Beziehung zu den Nervengeflechten stehen. Ein wichtiges Verbindungsstück zwischen Heilkanal und Körper ist die Wirbelsäule. Wie wir schon erörtert haben, schützt die Wirbelsäule die zerebrospinale Flüssigkeit, die feine Energiewellen leitet und so die Verbindung zwischen dem Gehirn und allen Organen herstellt. Der Heilkanal ist zwar in seiner Funktion nicht strikt von der Wirbelsäule abhängig, doch eine gut ausgerichtete Wirbelsäule unterstützt ihn. Überhaupt führt ja eine optimale, also natürliche Körperhaltung, wie sie etwa durch das Rolfing erreicht wird, zu ökonomischeren Bewegungsabläufen und bringt uns zur Harmonie mit den Energiestrahlungen der Erde und des Himmels. Auch hier *schafft* die Ausrichtung des Körpergefüges den Heilkanal nicht, sondern gibt der Energie lediglich die Möglichkeit, freier im Körper zu fließen.

Auf der ätherischen Ebene arbeitet der Heilkanal parallel mit der Ausrichtung und Öffnung der Chakras, die Energie von der Basis der Wirbelsäule aufnehmen, umwandeln und zum Scheitel und darüber hinaus weiterleiten. Wenn dieser Weg gebahnt und gereinigt ist, kann die Kundalini-Energie durch den Sushumna-Nadi und seine beiden Seitenkanäle Ida und Pingala aufsteigen. In der chinesischen Medizin entspricht dem Heilkanal die Zusammenarbeit des «Lenkergefäßes» entlang der Wirbelsäule mit dem «Die-

nergefäß» entlang der Mittellinie der Körpervorderseite. Im uralten taoistischen Ch'i Kung würde dieser Energiekreislauf «kleiner Himmelskreis» genannt. In der Akupunktur ist bekannt, daß
die freie Durchgängigkeit dieser Meridiane die Energie der Gesundheit schafft, aber auch die Energie der vollkommenen Geistesgegenwart, wie sie etwa bei den Kampfkünsten gebraucht
wird.

Der Heilkanal ist auf vielen Energieebenen wirksam und ist das
Wirkungsprinzip vieler therapeutischer Prozesse. Zum Beispiel:
bei der Freudschen Methode der freien Assoziation mit ihrem
Energiestrom durch die endlose Kette mentaler Beziehungen; im
Bewußtheitskontinuum der Gestalttherapie, das ein von Augen-
blick zu Augenblick aufrechterhaltenes Bewußtsein von Energiebewegungen durch psychische Gestalten beinhaltet; im Reichschen
Therapiekonzept, in dem der freie Fluß der Lebensenergie im
Körper als «Strömen» bezeichnet wird. Auch die auf- und abstei-
genden Bewegungen der Energie bei den verschiedenen Formen der
Meditation oder auch die schöpferische Kraft von Künstlern,
Tänzern und Erfindern ist auf diesen Strom der Lebensenergie
zurückzuführen. Eine für Künstler und andere schöpferische Menschen typische Äußerung lautet, daß etwa ein Bild «plötzlich vor
ihnen steht» oder ein Musikstück «durch» sie entsteht – nicht daß
sie diese Dinge «schaffen». Auch Heiler, Fakire und Medien greifen
für ihre Zwecke auf diesen Kanal zurück.

Der Heilkanal hat viele Ebenen, die man auch selektiv benutzen
kann, das heißt, ohne ihn in seiner Gesamtheit zu öffnen und
einzubeziehen. Nutzt man ihn beispielsweise nur für die freie
Assoziation, so kann man sich keine körperliche Kräftigung oder
spirituelle Entwicklung davon erwarten. Man könnte sagen, daß
Freuds Psychoanalyse vorwiegend an der gestörten Seite des Asso-
ziationskanals ansetzt, während Jung dem noch den Potentialitäts-
aspekt hinzufügte. Hier wird der Kanal an einigen Stellen durchgängig gemacht, an anderen nicht. Ähnliches geschieht bei mehr
körperlichen Ansätzen wie etwa der Ausrichtung der Wirbelsäule:
Ein Teil des Kanals wird geöffnet, aber es ist nicht gesagt, daß damit
auch schöpferische Kräfte freigesetzt werden. Keine Teilöffnung
kann also die ganze Landschaft verändern, aber sinnvoll sind sie
trotzdem, weil sie die weitere Öffnung erleichtern. Wenn jemand
zum Beispiel mit Hatha Yoga seinen Rücken in eine ausgewogene
Haltung bringen kann, wird er sich anschließend mit einer Medita-

tion, die im Sitzen geübt wird, also mit der spirituellen Seite des Heilkanals, leichter tun.

Die bewußte Nutzung des Heilkanals ist von großer Bedeutung für unsere Gesundheit und spirituelle Entwicklung, was sofort deutlich wird, wenn wir nur die wichtigsten Wirkungen der Öffnung dieses Kanals aufzählen: universale Bewußtheit, körperliche Gesundheit, persönliche Offenheit, Schutz (wie etwa in den Kampfkünsten), unbeschränkte Intelligenz; wir fühlen uns körperlich und seelisch wohl, der Geist wird still (durch Meditation), und wir schließen uns in all unseren Aspekten zu einer Ganzheit zusammen, was sich in körperlicher Anmut, in Klarheit, Selbstvertrauen und strahlender Lebendigkeit äußert. Wieviel Ganzheit wir im Leben erfahren, hängt direkt vom Öffnungsgrad des Heilkanals ab. Unsere Offenheit hängt wiederum davon ab, welche Art von Bewußtsein wir ausstrahlen. Ein höheres Bewußtseinsniveau deutet auf eine weitere Öffnung des Kanals hin und umgekehrt.

Der Heilkanal ist das Medium der spirituellen Entwicklung. Über die Resonanz der Schwingungen unseres persönlichen Frequenzbandes mit der Ganzheit verbindet er uns mit unserem Geist. In diesem Kanal leben wir in ständiger wacher Aufmerksamkeit für die Botschaften des Lebens, die uns den Weg zu weiterer Entwicklung zeigen. Lebensbotschaften sind kosmischen Ursprungs, und sie erreichen uns durch das Feld der Ganzheit. Sie sind die schwierige Beziehung, das verletzte Knie, die Autopanne, die uns wichtige Informationen über unsere Aufgaben in diesem Leben vermitteln, die uns also Lebens-Lektionen erteilen. In diesem Sinne ist das Leben Therapie, und Therapie ist Leben. Wie Richtungsschilder stehen diese Botschaften, die wir im täglichen Leben empfangen, an unserem Weg und leiten uns. Durch den Heilkanal erhalten wir Botschaften aus Quellen, die außerhalb unserer selbst liegen. Ein anschauliches Beispiel dafür ist der Radiästhesist, der einfach eine bestimmte Frage stellt und dann über sein Pendel oder seine Rute Antworten erhält. Man kann sich vorstellen, um wieviel einfacher das Leben wäre, wenn wir uns nur der universalen Ganzheit öffnen könnten. Im Zustand der Erleuchtung gibt es nicht einmal mehr Fragen, den die Information ist, wie wir gesehen haben, ohnehin allgegenwärtig, und im Erleuchteten trifft sie auf ein kontinuierliches Gewahrsein, eine lückenlose Bewußtheit.

Auf unserem gegenwärtigen Bewußtseinstand ist durch Ausweitung der Ganzheit noch viel zu gewinnen. Im Heilkanal werden uns

Informationen zugänglich, die ewig und daher absolut wirklich sind. Meine Erfahrung auf diesem Gebiet hat mich zu der Anschauung geführt, daß unsere Fähigkeit, kosmische Informationen zu empfangen, auf einem universalen Feld beruht, das alle Information zu einem organisierten Ganzen zusammenschließt. Jeder Prozeß hat ein größeres oder kleineres, stärkeres oder schwächeres Feld, doch alle besitzen sie Informationscharakter. Das universale Feld ist das Geflecht aller Energieprozesse, und man kann es jederzeit «anzapfen», wenn man die Frequenz auf das richtige Band abstimmt. Medial veranlagte Menschen können sich in verschiedene Bereiche dieses Feldes einschalten und empfangen klare und kohärente Informationsstrahlen.

Je breiter die Basis wird, auf der wir uns in das universale Feld einschalten können, desto umfassender ist natürlich auch die Information, die wir empfangen. Erleuchtung ist eine Weise des Kontakts mit diesem Feld, bei der alle Information aus Vergangenheit, Gegenwart und Zukunft, die in ihren Energieprozessen gebunden ist, zur Verfügung steht. Deshalb hören wir aus dem Munde hochentwickelter Menschen aus allen Zeiten und Kulturen immer wieder dieselben Grundwahrheiten. Jeder dieser Menschen hat auf seine Weise den Heilkanal zur Absoluten Wirklichkeit der Ganzheit geöffnet. Das Feld selbst ist ein anfang- und endloses Feedbacksystem, das die Ordnung im Universum aufrechterhält und zugleich ein zeitloses Wissen um die Energieprozesse und ihre Prinzipien bewahrt. Die Botschaften, die diese Quelle empfängt und sendet, sind für uns alle, sofern wir uns auf unserem jeweiligen Bewußtseinsstand dafür öffnen können, ein ständiger Strom von Information.

Das Phänomen des Energiekanals ist, wie ich glaube, nicht auf Dinge beschränkt, die im biologischen Sinne lebendig sind. Radio, Fernsehen und ähnliche Kommunikationsmittel arbeiten nach ähnlichen Prinzipien. In der subatomaren Physik wird ein sogenannter Reaktionskanal postuliert, der ebenfalls sehr viel Ähnlichkeit mit dem Heilkanal aufweist. Die Reaktionen «stark wechselwirkender» subatomarer Partikel (Hadronen), so die Theorie, läßt sich am besten als Energiestrom durch bestimmte Kanäle beschreiben. Bei der Kollision solcher Hadronen entstehen extrem kurzlebige Phänomene, sogenannte Resonanzen, die kurz darauf wieder verschwinden. Capra sagt dazu:

«Eine Resonanz ist ein Teilchen, aber kein Objekt. Es wird besser als Vorgang oder Ereignis beschrieben.»

Mit welcher Wahrscheinlichkeit eine Hadronenkollision eine Resonanz erzeugt, hängt von der Frequenz der entsprechenden Wahrscheinlichkeitswellen ab.

«Wenn diese Energie oder Frequenz einen bestimmten Wert erreicht, gerät der Kanal in Resonanzschwingungen. Die Schwingungen der Wahrscheinlichkeitswelle werden plötzlich sehr heftig und verursachen so einen steilen Anstieg der Wahrscheinlichkeit der Reaktion. Die meisten Reaktionskanäle haben mehrere Resonanzenergien. Jede von ihnen entspricht der Masse eines kurzlebigen Zwischen-Hadronenzustands, der entsteht, wenn die Energie der kollidierenden Partikel den Resonanzwert erreicht.»[1]

Heilkanäle sind Reaktionskanäle für Energieprozesse aller Ebenen. Bei der Interaktion unseres Geistes mit anderen Feldern entstehen Brennpunkte der Bewußtheit ähnlich den Knotenpunkten elektromagnetischer Felder, den Akupunkturpunkten der Energiemeridiane und vielleicht auch den Hadronen. Spirituelle Resonanzen könnten ultra-kurzlebige Ereignisse sein, die uns Bewußtseinsbotschaften übermitteln, wenn wir dafür offen sind. Vielleicht sind das die Momente eines feinen Kontakts mit der absoluten Ganzheit, die in unserem Leben immer wieder vorkommen und verschwinden und unsere Entwicklung lenken. Wie der subatomare Reaktionskanal besitzt auch der Heilkanal zahlreiche Resonanzfrequenzen, die in direkter Beziehung zu bestimmten Energieniveaus stehen. Je nach unserem Bewußtseinstand ist die Wahrscheinlichkeit des Kontakts mit bestimmten Ebenen größer oder geringer. Je weiter wir schon entwickelt sind, desto höher ist die Wahrscheinlichkeit, daß wir mit höheren Energien in Resonanz treten können. Solche spirituellen Resonanzen stellen uns immer wieder vor die Wahl, dem Pfad der Ganzheit zu folgen oder in unseren eingefahrenen Reaktions-(Resonanz-)Weisen zu verharren. Die Existenz der subatomaren Reaktionskanäle und der elektromagnetischen Kanäle unserer modernen Technologie beweist natürlich nicht die Existenz des Heilkanals, begründet aber die Auffassung, daß solch ein Übermittlungsmechanismus kein isoliertes Phänomen darstellt.

Meine Erfahrung sagt mir, daß der Heilkanal existiert und uns mit der universalen Intelligenz verbindet. Alle Reaktionen, die in diesem Energieraum ablaufen, sind Botschaften, die uns sagen, daß diese Verbindung tatsächlich existiert. Wir müssen sie allerdings auch wahrnehmen können, denn sonst können wir sie weder im täglichen Leben noch für unsere weitere Entwicklung nutzen.

Die meisten von uns haben noch zu lernen, wie man sich wieder an diesen Kanal anschließt. Manchen steht vielleicht schon ein Resonanzweg offen, doch wir übersehen dann meist, daß dies nur ein Bruchteil des Möglichen ist. Hier liegt sogar eine große Gefahr, nämlich darin, daß wir einen Aspekt des Heilkanals für das Ganze nehmen und folglich nicht mehr nach weiterer Entwicklung streben. Das geschieht häufig bei Menschen, die gewisse «übernatürliche» Kräfte entwickeln oder von Lehrern in die Irre geführt werden, die das Ganze zu kennen vorgeben. Niemand, der keinen erleuchteten Lehrer hat, ist dagegen gefeit, immer wieder mal vom Weg abzukommen, und unsere einzige Möglichkeit der Selbsthilfe besteht darin, in engem Kontakt mit unserem Heilkanal zu bleiben.

Dabei kommt es zuerst auf die bewußte Erfahrung des Kanals an. Sind wir einmal wirklich gewahr geworden, daß wir im Kanal sind, und was für Folgen das hat, dann fällt es uns leichter, dorthin zurückzufinden, auch wenn wir uns einmal entfernt haben. Im nächsten Schritt müssen wir lernen, wie es kommt, daß wir aus dem Kanal herausfallen. Da Ganzheit unsere wahre Natur ist und der Heilkanal einen wichtigen Verbindungsweg zur absoluten Ganzheit darstellt, ist es eigentlich natürlich, «in» diesem Kanal zu sein. Wir brauchen also nichts zu «unternehmen», um in ihn zurückzugelangen; wir müssen nur gewahrsein, wie wir unnatürlich werden, das heißt, uns selbst von der Ganzheit absondern. Kurz gesagt: Wir müssen nichts tun, sondern etwas lassen, nämlich aufhören, einen natürlichen Prozeß zu blockieren und uns selbst um seine positiven Auswirkungen zu betrügen. Und was wir an Gründen vorbringen, die angeblich dafür verantwortlich sind, daß wir nicht in unserem Kanal sind – unsere Eltern, die Gesellschaft, traumatische Erfahrungen und so weiter – sind nichts als Ausreden.

Wenn wir uns auf diese Heilenergie einstimmen, empfinden wir ein Mitschwingen in etwas, das größer ist, als wir es als Person jemals sein können. Wir spüren den Unterschied zwischen Schwingungen in uns und außerhalb, die mit unserem Geist oder bloß mit unserer festgehaltenen Energie in Resonanz treten. Im zweiten Fall entsteht eine *Reaktionsresonanz*, im ersten eine *Harmonieresonanz*. Schwingungen, die für uns keine Bedeutung haben, werden in uns keinen Resonanzraum finden und uns deshalb wenig oder gar nicht beeinflussen. Da jedoch alles schwingt, muß unser Geistfeld all die verschiedenen Frequenzen ständig verarbeiten, um zu ermitteln, was für uns bedeutsam ist. Um zu erkennen, was für uns wichtig ist, brauchen wir nur darauf zu achten, worauf wir uns durch Resonanz einstimmen. Dadurch können wir zugleich auch erkennen, an welcher Stelle unserer Entwicklung wir uns befinden. Stören uns zum Beispiel immer die gleichen Geräusche oder Menschen, so weist uns diese Tatsache häufig auf einen noch nicht akzeptierten Teil von uns selbst hin, dessen Resonanzschwingung auf einem niedrigen Bewußtheitsniveau liegt. Wir sind das, was uns stört!

Wenn wir nicht richtig «eingestellt» oder «abgestimmt» sind, werden fast alle Energiefrequenzen mehr oder weniger stark mit unseren Störungen in Resonanz treten, denn uns fehlt sozusagen die «Trennschärfe» für die Signale, die uns durch den Heilkanal erreichen. Wie bei einem schlechten Radio empfangen wir dann einen «Wellensalat» aus sich überschneidenden Sendern und viel Rauschen. Eine bessere Feinabstimmung erhöht unseren «Rauschabstand», so daß die eigentliche Information sich klar aus dem Rauschen heraushebt. Erst jetzt können wir unterscheiden, was im Leben wirklich wichtig für uns ist. Vorher strömten so viele Reize auf uns ein, daß wir gar nicht wußten, worauf wir reagieren sollten. Die ständige Überflutung stumpfte uns ab oder machte uns hysterisch, und wir reagierten auf kaum etwas oder auf alles. Unter Streß ist der Rauschabstand klein, denn der Druck, der auf uns einwirkt, behindert unsere organische Empfangs- und Sendefähigkeit. In manchen Fällen können wir dann nicht einmal auf wichtige Informationen reagieren, während wir andererseits wiederum bei Nichtigkeiten überreagieren. Meist tun wir beides und erzeugen damit nur ein regelloses Pendeln von Problemen und Störungen zwischen Psyche und Körper.

Solange unser Bewußtsein sich auf einem niederen Niveau befindet, stimmt es sich auf niederfrequente Energieschwingungen ein. Auf der emotionalen Ebene mögen beispielsweise Traurigkeit und Zorn überwiegen, während wir auf der physischen ganz unserem Aktivitätsdrang nachgeben, auf Kosten der Spiritualität. Durch Resonanzeigenschaften zieht diese Schwingungsebene alles Ungesunde geradezu an: Wir suchen Zerstreuung und Unterhaltung im

Schmutzigen, Perversen und Destruktiven; wir verleugnen unsere Geistfrequenz, indem wir uns für Schwingungen öffnen, die nicht mit ihr harmonisieren können. An einer Pflanze, so schreibt John Ott, ist alles auf natürliches Sonnenlicht eingestellt, und jede andere Lichtart schadet ihr. So sind auch wir auf allen Ebenen von Natur aus auf Ganzheit eingestellt, und jede nicht-ganzheitliche Schwingung schadet uns – es sei denn, unser Bewußtsein ist so umfassend entwickelt, daß wir auch potentiell schädliche Strahlungen in gesunde umwandeln können.

Auf der zwischenmenschlichen Ebene ist Einstimmung das, was Rapport oder Sympathie zwischen uns und anderen erzeugt. Fast jeder ist schon mal einem Menschen begegnet, mit dem er sich sofort einsfühlte; die Verständigung war leicht, die Interessen lagen ähnlich, und man war in der Lage, sich uneingeschränkt mitzuteilen. Manchmal ist man überrascht, wie leicht man dann selbst intime Erfahrungen preisgibt, so als bestünden keine Barrieren zwischen einem selbst und dem anderen. Das ist ein gutes Beispiel für die gelungene Abstimmung zweier Kanäle; die Lebensenergie kann frei fließen, und es entsteht augenblicklich eine Ganzheit. Bleibt diese ganzheitliche Resonanz erhalten, dann werden solche Menschen einander häufig immer ähnlicher, was man an vielen älteren Ehepaaren beobachten kann.

In der Life-Energy-Therapy werden die Prozesse von Bewußtheit, Energiemuster und Essentieller Wahrnehmung mit dem Heilkanal in Verbindung gebracht. Wenn wir erfahren, wie es sich anfühlt, in diesem Kanal zu sein, fallen uns Lebenssituationen aus der Vergangenheit wieder ein, bei denen wir vorübergehend schon einmal in ihm waren. Vielleicht erinnern Sie sich an Zeiten, in denen alles, was Sie taten, eine einzige Harmonie zu bilden schien. Vielleicht fanden Sie einen Job oder einen Partner, weil sie einfach zur rechten Zeit am rechten Ort waren. Wir schreiben solche Dinge gern dem Zufall zu. Das ist noch akzeptabel, wenn es selten vorkommt; wenn es Ihnen aber ständig passiert, dann spüren Sie, daß es einen anderen Ursprung hat. Drücken wir es mit einem Wortspiel aus: Zufall ist das, was fällig ist.

Im Heilkanal brauchen wir keine Entscheidungen zu fällen, müssen wir nicht mit dem Willen operieren, gibt es kein Suchen. Hier geschieht einfach, was geschehen muß. Je länger wir in diesem Kanal bleiben, desto einfacher wird das Leben, denn unsere wachsende Bewußtheit sensibilisiert uns für die Erfahrung der

Harmonie mit uns selbst und allem, was uns umgibt. Was nicht mit unserem Heilkanal harmoniert, hat immer weniger Platz in unserem Leben.

Wenn Sie ein Raucher sind, wird das Rauchen ihnen ganz von selbst immer weniger schmecken, da es eine ungesunde Energieschwingung hat. Nach ähnlichem Muster ändern sich auch unsere Ernährungsgewohnheiten; wir spüren, was richtig ist, und stellen uns darauf ein. Verhaltensweisen, die nicht in diese sich neu entwickelnde Ordnung passen, bleiben einfach als Anachronismen hinter uns zurück, wenn wir ihnen ihre Energie entziehen und diese Energie in ganzheitliches Verhalten investieren. Krankheits-und Gesundheitsmuster erkennen wir jetzt viel schneller, und der Kontakt zu höheren Energien, den der Heilkanal geschaffen hat, läßt uns aufwärts streben. Unsere Wahrnehmung richtet sich immer ausschließlicher auf das Wesentliche, und wir lassen uns nur noch auf Situationen ein, die unsere Entwicklung fördern.

Das Vertrautwerden mit dem Heilkanal in der Therapie bedeutet auch, daß wir bewußter werden, uns auf die Frequenz der Ganzheit einstimmen, diese Resonanz gesammelt aufrechterhalten und schließlich die Lebensenergie durchlassen. Das Durchlassen, der Energist nennt es einfach «Kanalisieren», besteht darin, daß wir Energien nicht mehr nach irgendwelchen Vorurteilen in Kategorien einteilen, sondern einfach in der Ganzheit bleiben. Es geht also darum, uns von der Energie zeigen zu lassen, was für unsere Entwicklung zu geschehen hat. Das heißt natürlich wiederum, daß wir den Willen, mit dem wir das Leben in bestimmte Rahmen zwingen möchten, aufgeben müssen. Im Heilkanal braucht man das Leben nicht mehr zu lenken; es entfaltet uns die für unsere Entwicklung notwendigen Situationen und Chancen gemäß unserem jeweiligen Bewußtseinsstand. Wir müssen das nur durchlassen, dann zeigt die Energie uns, was wir brauchen, um zu leben und zu wachsen. Die Lebensenergie findet an jedem Punkt unserer Evolution ganz von selbst die Stellen, die offen sind. Das ist etwas ganz anderes als der Prozeß des «Aufarbeitens», wie er von Freud entwickelt wurde und heute noch von vielen Therapeuten angewendet wird. Nach Freud muß der Patient sich seiner Widerstände bewußt werden und sich nach den Regeln der analytischen Methode allem Widerstand trotzend durch sie hindurcharbeiten, sie überwinden. Beim «Durchlassen» sind keine Widerstände mehr zu überwinden, denn Widerstand ist ja nur ein anderer Ausdruck für

Energieblockade. Wir brauchen diese Blockierung nur in unser
Bewußtsein aufzunehmen, bis wir sie akzeptieren können, und die
Lebensenergie fließt wieder. Beim Durchlassen fließt die Energie in
Brennpunkte der Energie-Interaktion und intensiviert Gefühle,
Ideen und Verhaltensweisen, die alle nur da sind, um uns etwas zu
lehren. Das Heilen geschieht von selbst; es ist in alle Energiefelder
auf allen Ebenen der Existenz sozusagen eingebaut. Es ist nichts
weiter erforderlich, als den Kontakt zum Heilkanal herzustellen
und wach und gesammelt in ihm zu bleiben, damit er uns unser
Leben zeigen kann.

Würden wir die Lebensenergie einfach so nehmen, wie sie
kommt, dann brauchten wir keine Therapie. Leider haben wir aber
gerade mit diesem Allereinfachsten die größten Schwierigkeiten, so
daß wir häufig den gerichteten therapeutischen Anstoß brauchen,
um zur Ganzheit zurückkehren zu können. Wir haben unsere
Energie so lange zurückgehalten, daß es uns jetzt schwerfällt, sie
loszulassen. Sie durchzieht wie ein Muster das Gewebe unseres
Lebens – Körper, Persönlichkeit, Rollen, Einstellungen. Gefühle,
Verhaltensweisen. All das loszulassen, bedeutet, daß wir lernen
müssen zu sterben.

Formen bilden sich aus kristallisierter Energie, und so vieles von
dem, was wir «ich» nennen, ist bis zur Versteinerung kristallisiert.
Von solchen Formen loszulassen, ist sehr schwer. Letztlich ist ja
unser ganzes Leben aus Energieprozessen geformt, die sich wieder
entflechten werden: Das nennen wir Tod. Unser physisches Selbst
muß sterben, damit die Energie wieder freigesetzt wird. Alle
Materie, vom kleinsten subatomaren Partikel bis zum größten
Himmelskörper, entwickelt sich ständig und löst sich wieder auf.
Auch der Körper und andere Einheiten unserer persönlichen
Ganzheit unterliegen dem ständigen Wechsel von Tod und Wiedergeburt. Das Entstehen und Absterben von Zellen und der Wandel
unserer Persönlichkeit – zu Lebzeiten – sind auf verschiedenen
Energieebenen Zeuge dieser Tatsache.

Wahre Evolution besteht in der immer weitergehenden Ablösung
von der Form – bis der physische Tod uns schließlich auch vom
Körper trennt. Wenn wir alles Unterdrückte und Versteinerte in
uns freilassen, also lebendig machen, lernen wir in Wirklichkeit zu
sterben. Dieses Freigelassene zeigt sich auf vielen Ebenen: an den
Körpersäften und Ausscheidungen, an Farben, Träumen und körperlichen Symptomen oder einfach als Energieschwingungen, die

den Körper durchschütteln und reinigen. Wir halten schon so lange Energie in uns zurück, daß wir wahre Stauseen der Energie geworden sind, denen Muskeln und Bindegewebe als Damm dienen. Auch diese Muskelpanzerung ist eine Energiecassette, genauso wie emotionale Reaktionsschablonen oder fixe Ideen. Lassen wir die Energie frei, so fällt die Cassette auseinander und die Energie kann wieder natürlichen und spontanen Bewegungen folgen.

Oft begegnen wir auf diesem Weg ins Leben unserem Tod und erleben die ungewohnte Energiebewegung als emotionale Explosion. Der Tod ist aber nicht nur das Endstadium der Krankheit, nicht nur Ausdruck der äußersten Entfremdung von der Ganzheit, sondern zugleich auch Befreiung von der Form und daher Wegbereiter für die Rückkehr in den Geist. So ist der Tod also tatsächlich der Schlüssel zum Leben. Nur in unserer Fähigkeit zu sterben, im Loslassen von aller Form also, sind wir wahrhaft lebendig. Der Tod aller Formen fühlt sich für Menschen in der Therapie oft so an wie der wirkliche körperliche Tod, doch liegt das nur an unserer Identifikation mit diesen Formen einschließlich unseres Körpers. Durchlässig werden und eine Form nach der anderen sterben lassen, ist der Durchbruch zum wahren Selbst unter allen Illusionen und deshalb die Befreiung für Geist, Körper und Emotionen.

Nachwort

Ich habe in diesem Buch darzulegen versucht, daß in dem, was wir unter Lebensenergie verstehen, ein umfassendes Erklärungsmodell steckt – sowohl für die religiösen Praktiken und Heilpraktiken der verschiedensten Kulturen als auch für die natürliche Beziehung, die Geist, Körper und Emotionen zur bewußten Erfahrung der Ganzheit haben. Diese Weite des Horizonts beruht darauf, daß die Lebensenergie in allen Phänomenen gegenwärtig ist als ihr Wesen und als das Medium ihrer Manifestation in der Welt stofflicher Formen. Zudem glaube ich, daß der Begriff der Lebensenergie von größter Bedeutung ist für die Erforschung und letztlich das Verstehen der *physis* oder wahren Natur durch die Wissenschaft, insbesondere die Physik. So bestätigt die neue Physik viele uralte Anschauungen über die Natur des Universums, die auch in unserer Zeit wieder einen Sinn bekommen können, wenn wir sie aus der Perspektive der Lebensenergie betrachten. Diese Betrachtungsweise läßt das Physische und das Metaphysische zu einer neuen Einheit zusammenfließen, und das liegt in der Natur dieser Betrachtungsweise – eine Tatsache, die vor allem deshalb so schwer zu sehen ist, weil uns bislang eine gemeinsame Sprache für die Beschreibung dieses geeinten Ganzen fehlte. Beschreiben wir jedoch alle Prozesse als spezifische Energiemanifestationen auf verschiedenen Wirklichkeitsebenen, so wird es möglich, zwischen allen Arten von Prozessen Beziehungen herzustellen. Auf diese Weise entdecken wir eine Ganzheit, die sowohl im Detail präzise als auch umfassend sein kann. Dadurch unterscheidet sich dieses Modell grundsätzlich von anderen, die entweder Details erfassen oder eine Gesamtschau ermöglichen, aber nicht beides können. Ganz gewiß gilt dies für Medizin, Psychotherapie und Naturwissenschaft.

Die Zeit ist jetzt reif für eine neue Integration von Detailgenauigkeit und Gesamtschau. Dieser umfassende Ansatz steht weder zu uralter überlieferter Weisheit im Widerspruch noch zu den heutigen Forschungen auf den Gebieten der subatomaren Physik und der Psychotronik. In diesem Streben nach Ganzheit bildet sich eine energetische Philosophie heraus, die alle Aspekte des Ganzen in Energiebegriffen beschreibt.

Das hat weitreichende Konsequenzen für therapeutische Ansätze und die Naturwissenschaft. Wenn sich die Medizin dieses neue Leitmodell zu eigen macht, wird sie gezwungen sein, ihre Heilverfahren zu überprüfen und die Symptombeseitigung zugunsten einer Behandlungsweise aufzugeben, die zu den Wurzeln der Krankheit vordringt und von dort aus heilt. Man würde mehr Wert auf vorbeugende Maßnahmen legen und ganzheitliche Heilmittel entwickeln, die weniger Nebenwirkungen haben, dafür aber die Selbstheilungskraft des Körpers unterstützen. In der Psychotherapie wird sich die Notwendigkeit zeigen, ihren theoretischen und praktischen Rahmen zu erweitern, so daß neben den bislang überwiegend kognitiv orientierten Ansätzen auch der transpersonalen Dimension und den körperorientierten Therapieformen genügend Platz eingeräumt werden kann.

Was heute noch weitgehend aus der Psychologie und Psychotherapie ausgeschlossen bleibt, weil es «Sache der Theologen» ist – ich meine die spirituelle oder mystische Dimension der Erfahrung –, kann unter der energetischen Perspektive einbezogen werden, denn die Sprache der Lebensenergie klärt das häufig mißverstandene Verhältnis von Physischem und Metaphysischem. Die neue Ganzheitlichkeit würde uns auch zwingen, noch einmal zu überdenken, ob Wissenschaft und Mystik wirklich zwei grundverschiedene Erfahrungsbereiche sind. Unterschiede gibt es gewiß, aber das heißt nicht, daß keine Verbindungen bestehen und keine Seite von der anderen lernen kann. Wenn die Gesetze der Ganzheit durchgängig gültig sind, dann *muß* es sogar einen Zusammenhang von Wissenschaft und Mystik geben – nur haben wir bis vor kurzem nicht einmal danach Ausschau gehalten. Wir müssen ein Empfinden für diese Ganzheit entwickeln, deren Existenz und Bedeutung uns die Naturwissenschaft täglich und in immer neuen Beispielen vor Augen führt, und es ist nicht zu bezweifeln, daß spirituelle Praxis uns dazu verhelfen kann. Es gibt keine naturgegebene Trennung zwischen der «inneren» Welt spiritueller Entwicklung und der «äußeren» Welt des täglichen Lebens.

Unser gegenwärtiges Zeitalter bietet uns sehr günstige Voraussetzungen, um mit unserem paradoxen Verhalten ins Reine zu kommen: Einerseits wünschen wir uns Frieden, Harmonie und Stabilität, zum anderen verleugnen wir aber das, was unsere Wünsche erfüllen könnte, die Ganzheit. Die Probleme, die wir ständig zu lösen haben, schaffen wir uns selbst. Wir können diese «Probleme» jedoch auch anders betrachten, wenn wir einmal einhalten und uns nicht ständig damit beschäftigen, sie zu lösen und dabei wieder neue zu schaffen. Dann können sie Botschaften sein, die uns etwas über unseren Standort und unseren Zustand sagen, Zeichen, die als Bezugs- und Orientierungspunkte jeden Bewußtseinswandel begleiten. Sie sind Zeichen, an denen wir ablesen können, wo wir den Strom der Energie stören oder gar unterbrechen; es sind Prüfungen, die uns zeigen, ob wir für die nächsten Schritte der Entwicklung bereit sind. Es sind notwendige Schocks, die uns immer wieder aus Lethargie und Selbstzufriedenheit herausreißen, damit wir auf dem Weg der Evolution bleiben.

Daß es Ganzheit nicht gibt und ein ganzheitliches Leben nicht möglich ist, erweist sich als Mythos, sobald wir ernsthaft danach streben. Wir haben uns jetzt zu entscheiden, ob wir auf der Problemseite, der Seite des Un-Heils bleiben oder selbst zu einem Teil der Lösung werden wollen, die Ganzheit heißt. Beides zugleich geht nicht. Ganzheitlichkeit ist ein klarer Weg des Geistes, der zu einer Wiedervereinigung mit der ewigen Ganzheit hinstrebt. Auf diesem Weg ist nichts anderes mehr akzeptabel als Ganzheit. Unser Bewußtsein von der Ganzheit als einem universalen Kraftfeld der Lebensenergie ist der Beginn einer Wandlung von Schwierigkeiten hin zu Möglichkeiten. Nur indem wir diesen Wandel weiterführen, erschließen wir uns unser wahres spirituelles Selbst und den Frieden, den es ausstrahlt.

Gerade in dieser Zeit der Spaltung und Isolation brauchen wir Wegbereiter, die bereit sind, die Ganzheit des Lebens zu sehen und nach ihren Regeln zu leben, auch wenn andere Menschen diesen Weg noch nicht verstehen können. Ob wir darin akzeptiert werden oder nicht, sollte keinen Unterschied machen. Wenn wir nur *ganz* leben, anstatt mit Phantasien und Ideen *über* Ganzheit zu spielen, wird unser Weg klar vorgezeichnet sein. Der Weg der Ganzheit ist uralt; es kommt nur darauf an, ihn immer wieder sichtbar zu machen. Wir brauchen nur der Ganzheit innezuwerden, immer wieder – und vor allem JETZT.

Dank

Folgenden Personen, die zum Entstehen dieses Buches beigetragen haben, gebührt mein herzlicher Dank:

Renate W. Erlemann
Heidi Bongers
Liselotte Eder
Matt Sabetti
Sue Steinberg
Siegfried Weitz
Icilius von Quintus
Thelma Coutts
Joachim Vieregge
Marlies A. Marca
Kim Segal
und H.

Als Institut zur Erforschung der verschiedenen Manifestationen der Lebensenergie und ihrer zugrunde liegenden Prozesse, als Forum zur interdisziplinären Diskussion der in diesem Buch angesprochenen Themen und als therapeutisches Zentrum hat Dr. Stephano Sabetti in München das «Institute for Life Energy» gegründet.

Wer Näheres über die Arbeit an diesem Institut erfahren möchte, kann sich an Dr. Stephano Sabetti oder Renate Wolff-Erlemann unter der folgenden Adresse wenden:

Institute for Life Energy
Trautenwolfstr. 3
D-8000 München 40
Tel. 089/34 76 92

Anmerkungen

(Die vollständigen bibliographischen Angaben für die angeführten Quellen sind dem Literaturverzeichnis zu entnehmen.)

Vorwort

1 Das deutsche Wort «Ganzheit» ist keine ganz adäquate Übersetzung des englischen *wholeness*, da dieses sich etymologisch von *heal*, also «heil», «heilen» ableitet. Wir verwenden im folgenden dennoch den Begriff «Ganzheit», da *wholeness* einer der Grundbegriffe des ganzen Werks ist und es daher wenig sinnvoll wäre, die Wortschöpfung «Heilheit» einzuführen (Anm. d. Ü.).

Eine Kulturgeschichte der Lebensenergie

1 Patton.
2 Lamy.
3 Allen, S. 195.
4 Berk, S. 2.
5 DNS: Desoxyribonukleinsäure, doppelspindelförmiges Molekül, Träger der genetischen Information, Hauptbestandteil der Zellchromosomen. RNS: Ribonukleinsäure, eine Überträgersubstanz, die die Eiweißsynthese gemäß der in der DNS gespeicherten Erbinformation regelt.
6 Yantra: mystisches Diagramm mit magischen und okkulten Kräften, das als Vorlage für die Meditation oder Visualisierung benutzt wird.
7 Diesen Abstieg in die Materie bezeichnen wir als «Involution», den Aufstieg der erweckten Kundalini als «Evolution; im 3. Kapitel wird davon eingehender die Rede sein.
8 Love, S. 43.
9 Dazu Näheres im Abschnitt über Hippokrates.
10 Pierrakos.
11 Darauf werden wir im nächsten Kapitel näher eingehen.
12 Ein von Hahnemann geprägter Begriff, der den typisch westlichen Ansatz des Behandelns mit Gegen-Mitteln bezeichnet.
13 Krippner, S. 165.
14 Dean.
15 Allen et al., S. 102.

Die Physik der Energie

1 Blair, S. 5
2 Zukav 1981, S. 223 f.
3 Capra 1984a (alle folgenden Zitate ebenfalls aus diesem Buch).
4 Capra, S. 66–68.
5 Capra, S. 69.
6 Año.
7 Capra, S. 76 f.
8 Freedman und Nieuwenhuizen.
9 Hills, S. 787.
10 Capra, S. 74.
11 Siehe z. B. De La Warr.
12 Die Radiästhesie umfaßt Phänomene wie etwa das Rutengehen und das Pendeln.
13 Daniels, S. 36.
14 Motoyama, 1974.
15 Tiller, 1976 a.
16 Allen et al., S. 105.
17 Tiller, 1976 b.
18 Ostrander und Schroeder.
19 Als Beispiel für den Versuch, Materie, Kraft und Äther zu integrieren, siehe G. Pat Flanagan.
20 Zukav 1981, S. 306.
21 Pelletier, 1978, S. 47.
22 Zitiert in Allen et al., S. 86.
23 Selbst unsere arithmetischen Ziffern sind willkürlich – ganz anders als etwa die Einheiten der Druiden oder Ägypter, die auf natürlichen Proportionen beruhten (Blair).
24 Toben et al.
25 Globus.
26 Zitiert in Zukav, S. 82.
27 Zitiert in Capra, S. 290.
28 Tiller, 1972 a.
29 Bohm, 1980, S. XI f.
30 Zitiert in Zukav.
31 Ebenda.
32 Zukav, S. 118.
33 Einstein/Infeld 1938, S. 243.
34 Dubrov, S. 231.
35 Capra, S. 212.
36 Allen et al.
37 Ebenda, S. 122.
38 Sarfatti, unveröffentlichtes Manuskript, zitiert in Zukav.
39 Bentov 1977, S. 59.
40 Die in europäischen Sprachen verwendeten Ausdrücke für «Leben» leiten sich nach Blair vom lateinischen *vibrare* ab.
41 Capra, S. 76 f.

Ganzheit und Energie

1 Schallfrequenzen, die unterhalb, beziehungsweise oberhalb des Hörbereichs liegen, werden Infraschall, beziehungsweise Ultraschall genannt.
2 Kybalion.
3 Beasley, S. 11.
4 Andere Manifestationen wie etwa die ätherische, die astrale und die mentale Ebene des Bewußtseins habe ich in *Energie-Manifestationen* untersucht.
5 Dies gilt für Ebenen sehr feiner Energie, wie sich mit Pendeln oder radionischen Instrumenten zeigen läßt.
6 Allen et al., S. 29.
7 Ebenda, S. 16.
8 Ebenda, S. 25.
9 Rußland: Dr. Inyushin; Rumänien: Dr. Dumitrescu; England: Harry Oldfield; USA: Dr. Burr.
10 Mishlove.
11 Kötke.
12 Pykett.
13 Beasley, S. 17.
14 Barnothy, S. 15.
15 Dies ist praktisch zu erreichen etwa durch Yoga-Atemtechniken (Pra-

nayama), Meditation, T'ai Chi, Aikido und besondere Mikrobewegungen, wie sie in der Life-Energy-Therapie entwickelt wurden.

16 Hills.

17 Davies.

18 Beasley, S. 20.

19 Allen et al., S. 59.

20 Zitiert in Allen et al., S. 118.

21 Ebenda.

22 Ebenda, S. 8.

23 Beasley, S. 22.

24 Allen et al., S. 115.

25 Beasley, S. 113.

26 Ebenda, S. 105.

27 Ebenda.

28 Ebenda, S. 106.

29 Allen et al., S. 112.

30 Rubin und Katz.

31 Nach Davis (zitiert in Beasley, S. 78) ist die Vorderseite des Kopfs negativ geladen, die Rückseite positiv.

32 Beasley, S. 115.

33 Bridges.

34 Hans Selye: *Stress,* Reinbek b. Hamburg (Rowohlt TB 7072).

35 Schneider, S. 28.

36 Tridosha ist die indische Lehre von den drei dynamischen Prinzipien; im Zustand der Gesundheit stehen Pitta (Feuer), Kapha (Erde und Wasser) und Vayu (Luft und Äther) in ausgewogenem Verhältnis.

37 Averill.

38 Tatsächlich zeigt sich bei solchen Menschen häufig eine Unfähigkeit, Wut zum Ausdruck zu bringen, sowie starker Selbsthaß und Egozentrik; außerdem kann die Zuwendung, die sie von anderen erfahren, zu einer weiteren Verstärkung der Krankheitsneigung führen.

39 Bohm 1980, S. 197.

40 Dadurch wurde Reich zum Vater der Körper-Psychotherapie, aus der Systeme wie die Bioenergetik und die Gestalttherapie hervorgingen.

41 Wilhelm Reich sprach auch von emotionaler – insbesondere sexueller – Selbstregulierung.

42 Manchmal benötigen wir eine bestimmte Krankheit oder psychische Störung, um durch diesen Schock in einen veränderten Bewußtseinszustand eintreten und uns entwickeln zu können. Viele Menschen, die Erleuchtung fanden, waren vor diesem Erlebnis sterbenskrank, weil sie sich nur in diesem Zustand ganz ergeben konnten.

43 Beim Kleinkind ist der Lebenswille von erfahrbar bekundeter Liebe abhängig. Kinder sterben häufig, wenn liebevolle physische Berührung ausbleibt.

44 Zitiert in Cannon, S. 21.

45 Mit Hilfe von Yoga und Biofeedback-Techniken läßt sich, wie neuere Untersuchungen gezeigt haben, auch das vegetative Nervensystem dem Willen unterwerfen.

46 Die Thymusdrüse wird hier nicht immer mitgezählt; erst in neuerer Zeit werden ihre Funktionen genauer erforscht.

47 Anakraut und Solomon.

48 Pelletier 1977.

49 *Psychology Today,* Dez. 1982.

50 Pelletier 1977, S. 45.

51 Gray.

52 Allen et al., S. 17.

53 Pelletier 1977.

54 Ebenda, S. 67.

55 Ebenda, S. 42.

56 Ebenda, S. 77.

57 Lindlahr, S. 23.

58 Sigerist berichtet, daß der Glaube an die Macht dieser Geister bei manchen Stämmen (zum Beispiel den australischen Kurnai) so stark ist, daß Menschen tatsächlich fast augenblicklich sterben, wenn sie hören, daß sie mit einem Fluch belegt wurden, oder wenn sie das Gesetz ernsthaft verletzt haben.

59 Kingston.
60 In Pelletier 1979, S. 98.
61 Ebenda.
62 Zur Zeit wird in Stockholm unter

Führung von Dr. Lenke ein Pilotprogramm zu diesem Thema geplant.

Energie und Umwelt

1 Die Zirbeldrüse steht im indischen Kundalini-System in Beziehung zum «Dritten Auge» oder Ajña-Chakra.
2 Ott, S. 150.
3 Ebenda, S. 103.
4 Ebenda, S. 150.
5 Ebenda, S. 80.
6 *New York Times*, 28.4.77.
7 *Vital*, Okt. 1981.
8 Auch Rockmusik, über Kopfhörer gehört, kann epileptische Anfälle auslösen, und das bei Jugendlichen, die nie zuvor solche Anfälle hatten.
9 *Omni*, Sept. 1982.
10 Elias.
11 Gimbel, S. 78.
12 Hellman.
13 Blair, S. 56.
14 Biologische Rhythmen unterliegen dem Einfluß von Licht, Schwerkraft, Luftdruck, Ionendichte und dem Einfluß der Sonne (Beasley, S. 98).
15 Baker in Panatti, S. 133.
16 Beasley, S. 104.
17 Ebenda.
18 Ebenda, S. 97.
19 Ebenda, S. 82.
20 Goddavage.
21 Beasley, S. 163.
22 Hall.
23 Panatti.
24 Hartmann.
25 Zitiert in Bachler.
26 Kreitz.
27 Blair.
28 Blair weist darauf hin, daß die Trauerweide immer noch für magische Zeremonien eine Rolle spielt, insbesondere bei Vollmond, wenn die negativen Kräfte am stärksten sind.
29 von Quintus.
30 Marsh.
31 Ebenda, S. 90.
32 Ecker und Branesco.
33 König.
34 Marsh.
35 Ecker und Branesco, S. 48.
36 König.
37 Kending.
38 Beasley, S. 110.
39 Tromp.
40 Allen et al., S. 170.
41 King.
42 Blair.
43 Tomlinson.
44 Mann.
45 Es gibt Untersuchungen, die zeigen, daß Krankheiten umso häufiger auftreten, je höher die Einwohnerzahl einer Stadt ist.

Lebensenergie in Medizin und Psychotherapie

1 Mendelsohn 1979, S. 52 f.
2 Coulter.
3 Strupp; Bergin und Garfield.
4 Strupp, S. 292.
5 Stampfl.

6 Strupp, S. 293, 301.
7 Allport stellt hier eine Ausnahme dar.
8 Capra, S. 306.

Die Life-Energy-Therapie (L.E.T.)

1 Capra, S. 268 f.

Literaturverzeichnis

Ackerman, Eugene: *Biophysical Science*, Englewood Cliffs/New Jersey (Prentice-Hall) 1962.

Adams, Ruth, und Frank Murray: *Megavitamin Therapy*, New York (Lerchmont Books) 1973.

Agras, W. Stewart: *Behavior Modification Principles and Clinical Applications*, Boston (Little, Brown & Co.) 1972.

Aichelburg, Peter C., und Roman U. Sexl, Hrsg.: *Albert Einstein*, Braunschweig (Viehweg) 1979.

Airola, Paavo: *Health Secrets from Europe*, New York (Arco) 1975.

Allen, Phil, et al.: *Energy, Matter and Form*, Boulder Creek/Calif. (University of the Trees Press) 1977.

Allport, Gordon Willard: *Persönlichkeit. Struktur, Entwicklung und Erfassung der menschlichen Eigenart*, Stuttgart (Klett) 1949.

Anakraut, A., und G. F. Solomon: «From the Symbolic Stimulus to the Pathophysiological Response: Immune Mechanism», in: *International Journal of Psychiatry in Medicine* 5, Nr. 4 (1975) S. 541–563.

Año, Ed.T.: «Mind and the Quantum: Two Universes or One?», in: *Bulletin Today* (28.12.1981).

Averill, J. R.: «Autonomic Response Patterns During Sadness and Mirth», in: *Psychophysiology* 5 (1969) S. 399–414.

Babbitt, Edwin: «Principles of Light and Color», in: *Color Healing*, Mokelumne/Calif. (Health Research) 1956.

Bach, Edward: *Blumen, die unsere Seele heilen*, München (Hugendubel) 1979.

Bachler, Käthe: *Erfahrungen einer Rutengängerin*, Wien (Veritas) 1980.

Backster, C.: «Evidence of Primary Perception in Plant Life», in: *International Journal of Parapsychology* 20 (1968).

Bailey, Alice: *The Soul and its Mechanism*, New York (Lewis) 1965.

Bailey, M., und L. Zabrisky: «Changes in Proteins during Growth and Development in Animals», in: Gilbert Forbes (siehe dort).

Baltimore, David: Beitrag in *Psychology Today* (Dez. 1982) S. 30.

Baranski, J. L.: «The Frequency Spectrum and the Principle of Resonance Absorption», in: *North American Aviation* (1963).

Barnothy, Madeleine, Hrsg.: *Biological Effects of Magnetic Fields*, New York (Plenum Press) 1964.

Baron, Robert Alex: *The Tyranny of Noise*, New York (St. Martin's Press) 1970.

Basbam, A. L.: «The Practice of Medicine in Ancient and Medieval India», in: Leslie Charles (Hrsg.): *Asian Medical Systems*, Berkeley/Calif. (University of California Press) 1976.

Bayes, K.: *The Therapeutic Effect of Environment on Emotionally Disturbed and Mentally Subnormal Children*, London (Allen and Unwin) 1967.

Beasley, Victor: *Your Electro-Vibratory Body*, Boulder Creek/Calif. (University of the Trees Press) 1978.

Becker, F.: «Focus on the News: Empowering Body to Regenerate», in: *Medical World News* (1. Sept. 1972).

Becker, R. D., und D. G. Murray: «The Electrical Control System Regulating Fracture Healing in Amphibians», in: *Clin. Orthop. and Rel. Res.* 75 (1970) S. 169.

Becker, Robert O.: «Relationship of Geo-Magnetic Environment to Biology», in: *New York State Journal of Medicine* (1.8.1963).

Behring, Emil Adolph von: «Modern Pthisiogenic and Pthisiotherapeutic Problems in Historical Illumination», in: *Section V*, New York 1906.

Benoit, Jacques, und Ivan Assenmacher: «The Control by Visible Radiations of the Gonadotropic Activity of the Duck Hypophysis», in: *Recent Progress in Hormone Research* Vol. 15 (1955) S. 143–164.

Bentov, Itzhak: *Stalking the Wild Pendulum*, New York (Dutton) 1977; deutsch: *Töne – Wellen – Vibrationen*, München (Dianus/Trikont) 1984.

Bergin, A. E., und S. L. Garfield, Hrsg.: *Handbook of Psychotherapy and Behavior Change*, New York (Wiley) 1971.

Berk, William, Hrsg.: *Chinese Healing Arts. Internal Kung Fu*, Culver City/Calif. (Peace Press) 1979.

Berkowitz, Leonard: *Aggression: A Social Psychological Analysis*, New York (McGraw-Hill) 1962.

Bessenich, Frieda: *Zur Methode der empfindlichen Kristallisation*, Dornach (Philosophisch-Anthroposophischer Verlag) 1960.

Beynam, Lawrence: «Quantum Physics and the Paranormal», in: *Astrologia* Bd. 1, Nr. 2 (1975).

Blair, Lawrence: *Rhythms of Vision*, New Jersey (Schocken Books) 1976.

Böhm, Helmut: «Die Infrarotphotographie im Dienste der Radiästhesie», Radiästhesie-Kongreß in Puchberg, Österreich, 1973.

Bohm, David: *Wholeness and the Implicate Order*, London (Routledge and Kegan Paul) 1980.

ders., und B. Riley: «On the Intuitive Understanding of Nonlocality as Implied by Quantum Theory», University of London (1974).

Bolen, Jean Shinoda: *The Tao of Psychology* San Francisco (Harper & Row) 1979.

Boling, Nick: «Tree ESP», in: *Omni* (Dez. 1982).

Bourne, L., und B. Ekstrand: *Psychology*, New York (Holt, Rinehart & Winston) 1979.

Bradley, Buff: *Endings*, Reading/Mass. (Addison Wesley) 1979.

Breggin, Peter: «The Return of Lobotomy and Psychosurgery», in: *U.S. Congressional Record* 118, 24.2.1972, S. 5567–5577.

Bridges, K.M.B.: «Emotional Development in Early Infancy», in: *Child Development* 3 (1932) S. 324–341.

Brodsky, G.: *From Eden to Aquarius*, New York (Bantam) 1974.

Bulger, R., Hrsg.: *Hippocrates Revisited*, New York (Medion Press) 1973.

Burns, William: *Noise and Man*, Philadelphia (Lippincott) 1969.

Burrows, Graham D., und L. Pennerstein: *Handbook of Hypnosis and Psychosomatic Medicine*, New York (Elsevier) 1980.

Butler, W. E.: *The Magician: His Training and Work*, New York (Weiser) 1971.

Camp, John: *The Healer's Art*, New York (Taplinger) 1977.

Cannon, Walter B.: *The Wisdom of the Body*, New York (W. W. Norton) 1932.

Capek, Milic: *The Philosophical Impact of Contemporary Physics*, Princeton/New Jersey (D. van Nostrand) 1961.

Capra, Fritjof: *Das Tao der Physik*, Bern, München, Wien, (Scherz) ^{4}1984 a.

ders.: *Wendezeit*, Bern, München, Wien (Scherz) ^{8}1984 b.

Chapman, Garth: *The Body Fluids and Their Functions*, Southampton (Camelot Press) 1980.

Cirlot, Juan E.: *Dictionary of Symbols*, New York (Philosophical Library) 1962.

Condrau, Gion: *Einführung in die Psychotherapie*, München (Kindler) 1974.

Coulter, Harris L.: «Homeopathy», in: *Boston University Bulletin*, Juni 1981.

Cousins, Norman: *Anatomy of an Illness as Perceived by the Patient*, New York (W. W. Norton) 1979.

Daniels, Rexford: «The Possibility of an New Force in Nature», in: Regional Electromagnetic Compatibility Symposium Record (6.–8. Okt. 1970).

Dantsig, N. M., et al.: «Ultraviolet Installations of Beneficial Action», International Committee on Illumination, Washington/D. C. (1967).

Davies, Owen: «Clones versus Cancer», in: *Omni* (Sept. 1982) S. 89–92.

Davis, A. R., und A. K. Battacharya: «Magnet and Magnetic Fields or Healing by Magnets», Kalkutta (KLM Private Ltd.) 1976.

Davis, George: *Radiation and Life*, Iowa (Iowa State University Press) 1967.

Dean, D.: «Pletismograph Recording of ESP Responses», in: *International Journal of Neuropsychology* 2, 5 (1966).

De La Warr, George: «Power of Thought», Vortrag, gehalten vor der Oxford University Scientific Society (5.5.1961).

Dhawan, P. D.: «The Tribasic Concept of Ayurveda – Explained in Terms of Allopathy», in: *Theories and Philosophies of Medicine*, New Delhi (Institute of History and Medical Research) 1973.

Dixon Bernard: «The Master Code», in: *Omni* (Sept. 1982) S. 18.

Doczi, György: *The Power of Limits*, Boulder/Colorado (Shambhala) 1981; deutsch: *Die Kraft der Grenzen*, München (Dianus/Trikont) 1984

Dollard, John, et al.: *Frustration and Aggression*, New Haven/Conn. (Yale University Press) 1939; deutsch: *Frustration und Aggression*, Weinheim (Beltz) 1970.

Doyle, James: «Unnecessary Hysterectomies», in: *Journal of the American Medical Association* 151 (1953) S. 360–365.

Dreyfuss, Henry: *Symbol Sourcebook*, New York (McGraw-Hill) 1972.

Dubrov, Alexander: «Biogravitation and Psychotronics», in: White und Krippner (siehe dort).

Dunbar, F.: *Mind and Body: Psychosomatic Medicine*, New York (Random House) 1947.

Eccles, John: *Facing Reality*, New York (Springer) 1970; deutsch: *Wahrheit und Wirklichkeit*, Berlin (Springer) 1975.

Eckardt, Nikolaus: «Strahlend geht das Meer zugrunde», in: *Stern* Nr. 28 (8.7.1982).

Ecker, Martin, und Martin Bramesco: *Radiation,*New York (Random House) 1981.

Edgar, Irving, I.: *The Origins of the Healing Art*, New York (Philosophical Library) 1978.

Einstein, Albert, und Leopold Infeld: *The Evolution of Physics*, New York (Simon and Schuster) 1938; deutsch: *Die Evolution der Physik*, Reinbek b. Hamburg (Rowohlt, rde Bd. 12) 1957.

Elias, M.: «Using Colors to Alter Behavior», in: *Los Angeles Times* (3.8.1980).

Enge, L.: *Introduction to Atomic Physics*, Reading/Mass. (Addison Wesley) 1972.

Engel, G.: «Unified Concept of Health and Disease» in: *Perspectives in Biology and Medicine* 3 (1960) S. 459–480.

Evans-Wentz, Walter Y.: *Tibetan Yoga and Secret Doctrines*, London (Oxford University Press) 1958; deutsch: *Yoga und Geheimlehre Tibets*, München (O.W. Barth) 1937.

Farr, Lee: «Medical Consequences of Environmental Home Noise», in: Robert Gutman, Hrsg.: *People and Buildings*, New York (Basic Books) 1972.

Feller, R. P., et al.: «Some Effects of Light on the Golden Hamster», New York (International Association of Dental Research Abstracts) 1970.

Flanagan, G. Pat: *Pyramid Power*, Glendale/Calif. (Pyramid) 1974.

Flannagan, J. L.: *Speech Analysis. Synthesis and Perception*, Berlin (Springer) ²1972.

Forbes, Gilbert: «Changes in Body Water and Electrolyte during Growth and Development», in: *Body Composition in Animals and Man*, Washington/D. C. (National Academy of Sciences) 1968.

Forwald, H.: *Mind, Matter and Gravitation*, New York (Parapsychology Foundation) 1969.

Freedman, D., und P. van Nieuwenhuizen: «Supergravitiv and the Unification of the Laws of Physics», in: *Particles and Fields*, San Francisco (W. A. Freeman) 1980.

French, A.: *Vibrations and Waves*, New York (W. W. Norton) 1971.

Freud, Sigmund: «Die endliche und die unendliche Analyse», in: *Gesammelte Werke*, Bd. 16, Frankfurt/M. (S. Fischer) 1961.

Fuller, Richard Buckminster: *Synergetics*, New York (MacMillan) 1975.

Gallert, Mark: *New Light on Therapeutic Energies*, London (James Clark) 1966.

Gallimore, J. G.: *The Handbook of Unusual Energies*, Mokelumne Hill/Calif. (Health Research) 1976.

Gimbel, Theo: *Healing through Color*, Essex (C.W. Dunill) 1980.

Glazewski, A.: «The Music of Crystals, Plants and Human Beings», Reprint aus *Radio Perception* (Sept. 1951).

Globus, Gordon G.: «Consciousness and the Brain», in: *Arch. Gen. Psychiatry* 29 (1973) S. 153–157.

Goddavage, Joseph: «Man, the Biomagnetic Animal», in: *Fate* (Juli 1964).

Goethe, Johann Wolfgang von: *Farbenlehre*, Stuttgart (Freies Geistesleben) 1980.

Goffman, Erving: *The Presentation of Self in Everyday Life*, London (Penguin) 1971; deutsch: *Wir alle spielen Theater*, München (Piper) 1969.

Goldwag, Elliott M. (Hrsg.): *Inner Balance. Power of Holistic Healing*, Englewood Cliffs/New Jersey (Prentice-Hall) 1979.

Gordon, William: *Synectics*, New York (MacMillan) 1961.

Grad, Bernard: «The Laying on of Hands: Implications for Psychotherapy», in: *Journal of the American Society for Psychical Research* 61 (1967) S. 286–305.

ders.: «The Influence of an Unorthodox Method of Wound Healing in Mice», in: *International Journal of Parapsychology* (Frühjahr 1961) S. 5–24

ders.: «A Telekinetic Effect on Plant Growth», in: *International Journal of Parapsychology* 5 (1964) S. 117–133.

Grollman, S.: *The Human Body*, New York (MacMillan) 1978.

Guirdham, A.: *The Nature of Healing*, London (Allen and Unwin) 1964.

Gurwitsch, Alexander, G.: *Die Mitogenetische Strahlung*, Jena (Gustav Fischer) 1959.

Gutslein, B.: «Neural Factors Contributing to Atherogenesis» in: *Science* 199 (1978) S. 449–451.

Guyton, A.: *Basic Human Physiology*, Philadelphia (W. B. Saunders) 1977.

Hackmann, Heinrich: *Chinesische Philosophie*, München 1927.

Hahnemann, Samuel: *Organon der rationellen Heilkunst*, Dresden (Arnold) 1810; Neuausgabe: *Organon der Heilkunst*, Stuttgart (Hippokrates) 1955.

ders.: «Versuch über ein neues Prinzip zur Auffindung der Heilkräfte der Arznei-substanzen, nebst einigen Blicken auf die bisherigen», in: *Journal der praktischen Arzneikunde und Wundart-Heilkunst* 2 (1796) S. 391–439; 465–651.

Hall, Calvin, und Gardner Lindzey: *Theories of Personality*, New York (Wiley) 1970.

Hall, Eric: *Radiobiology for the Radiobiologist*, Hagerstown/Maryland (Harper & Row, Medical Department) 1978.

Halle-Tischendorf, L. von: «Städtebau und Medizin», in: *Forum, Städte, Hygiene* 6 (Nov./Dez. 1981).

Hameroff, Stuart, R.: «Chi: A Neural Hologram? Microtubules, Bioholography and Acupuncture», in: *American Journal of Chinese Medicine* Bd. 2, Nr. 2 (1974) S. 163–170.

Harrison, Jane E.: *Prolegomena to the Study of Greek Religion*, New York (Noonday) 1955.

Hartmann, E.: *Krankheit als Standortproblem*, Heidelberg (Haug) 1967.

Harvalik, Z. V.: «Sensitivity Tests on a Dowser Exposed to Artifical D. C. Magnetic Fields», in: *American Dowser* 14: 1,4 (1974).

Heidt, Patricia: «Effects of Therapeutic Touch on Anxiety Level of Hospitalized Patients», in: *Nursing Research* Bd. 30, Nr. 1 (Jan./Feb. 1981).

Hellman, Hal: «Kann Licht Depressionen heilen?», in: *Psychologie heute* (Nov. 1982) S. 44–47.

Hills, Christopher: *Nuclear Revolution*, Boulder Creek/Calif. (University of the Trees Press) 1977.

Holzer, Hans: *Beyond Medicine*, Chicago (Henry Regnery) 1973.

Illich, Ivan: *Medical Nemesis, the Expropriation of Health*, London (Calder & Boyars) 1975; deutsch: *Die Nemesis der Medizin*, Reinbek b. Hamburg (Rowohlt) 1977.

Inglis, Brian: *Fringe Medicine*, London (Faber & Faber) 1964.

Jenkins, David: «Psychological and Social Precursors of Coronary Disease», in: *New England Journal of Medicine* 284 (1971) S. 307.

Jenner, Edward: An Inquiry into the Causes and Effects of the Variolae Vaccine, a Disease Known by the Name of Cow-Pox, London (Sampson Low) 1798.

Jenny, Hans: *Kymatik. Cymatics. Wellen und Schwingungen in ihrer Struktur und Dynamik*, Basel (Basilius Pr.) 1967.

Johnson, Lillemoor: *Psychic Aspects of Muscular Testing and Therapy*, Oslo (Sem & Stenersen) 1969.

Justa-Smith, Sister: «The Influence of Enzyme Growth by the ›Laying-on-of-Hands‹», Academy of Parapsychology, Los Altos/Calif. (1972).

Karagulla, S.: *Breakthrough to Creativity*, Los Angeles (De Vorss) 1967.

Kending, Frank: «Listening to Radar», in: *Psychology Today* (Dez. 1982).

Kervran, C.: *Transmutations à Faible Energie (Naturelles et Biologiques)*, Paris (Maloine) 1972.

Kiev, Ari: «The Psychotherapeutic Aspects of Primitive Medicine», in: *Human Organization* 21 (1962).

King, Serge: «Neoenergy and Geometric Forms», in: White/Krippner (siehe dort).

Kingston, Jeremy: *Healing without Medicine*, London (Aldus) 1976.

König, Herbert L.: *Unsichtbare Umwelt*, München (Selbstverlag) 1980.

Kötke, Rainer: «Heil aus dem Tunnel», in: *Stern* Nr. 3 (1981) S. 127.

Kreitz, Hanjo: *Die Krankheitsursache*, München (Herold) 1982.

Krieger, Dolores: «Therapeutic Touch: An Imprimatur of Nursing» in: *American Journal of Nursing* (Mai 1975).

Krieger, Doris: «Healing by Laying on of Hands as a Facilitator of Bioenergetic Change», in: *International Journal of Psychoenergetic Systems* 1 (1976) S. 121–129.

Krippner, Stanley, und Daniel Rubin: *The Kirlian Aura*, New York (Anchor) 1974; deutsch: *Lichtbilder der Seele*, Bern, München, Wien (Scherz) 1975.

Krishnamurti, Jiddu: *The Awakening of Intelligence*, New York (Aron) 1973.

Kryter, Karl: *The Effects of Noise on Man*, New York (Academic Press) 1970.

Kunz, F. L.: «On the Symmetry Principle», in: *Main Currents* (März/April 1966).

Kurtsin, Ivan T.: *Theoretical Principles of Psychosomatic Medicine*, New York (John Wiley) 1976.

Kushi, Mischio: *Acupuncture, Ancient and Future Worlds*, Boston/Mass. (Tao Publications) 1973.

Kybalion. Eine Studie über die hermetische Philosophie des alten Ägyptens und Griechenlands, Haar (Akasha) 1981.

Laing, Ronald David: *The Politics of Experience*, London (Penguin) 1970; deutsch: *Phänomenologie der Erfahrung*, Frankfurt/M. (Suhrkamp; es 314) 1969.

Lakhovsky, Georges: *L'Oscillation Cellulaire*, Paris (G. Doin) 1931; deutsch: *Das Geheimnis des Lebens. Kosmische Wellen und vitale Schwingungen*, München (Beck) 1931.

Lamy, Lucy: *Egyptian Mysteries*, New York (Crossroad) 1981.

Lang, P.: «A Psychophysiological Analysis of Fear Reduction Using an Automated Desensitizing Procedure», in: *Journal of Abnormal Psych.* 76 (1970) S. 220–234.

La Patra, Jack: *Healing: The Coming Revolution in Holistic Medicine*, New York (McGraw-Hill) 1978.

Lazarus, Arnold A.: *Behavior Therapy and Beyond*, New York (McGraw-Hill) 1971; deutsch: *Verhaltenstherapie im Übergang*, München, Basel (Reinhardt) 1978.

Lazarus, Richard: «Little Hassles Can Be Hazardous to Health», in: *Psychology Today* (Juli 1981) S. 58–62.

Levi, Eliphas: *Transzendentale Magie*, Basel (Sphinx) 1977.

Lewis, Howard R. und Martha E.: *Psychosomatics*, New York (Viking) 1972; deutsch: *Heilerfolge der psychosomatischen Medizin*, München (Kindler) 1975.

Ligeros, K.: *How Ancient Healing Governs Modern Therapeutics*, New York (Putnam) 1937.

Lindlahr, Henry: *Philosophy of Natural Therapeutics*, Chicago (Lindlahr) 1922.

Long, Max F.: *The Secret Science at Work*, Los Angeles (De Vorss) 1953.

Love, Jeff: *The Quantum Gods*, New York (Samuel Weiser) 1979; deutsch: *Die Quantengötter*, Köln (Diederichs) 1979.

Mahnke, F.: «Color in Medical Facilities», in: *Interior Design Magazine* (April 1981).

Main, Ian: *Vibrations and Waves in Physics*, Cambridge/England (Cambridge University Press) 1978.

Malan, D. J.: *Physics of Lightening*, London (English Universities Press) 1963.

Mann, William E.: *Orgone, Reich and Eros*, New York (Simon and Schuster) 1973.

Marsh, Ken: *The Way Technology Works*, New York (Simon and Schuster) 1982.

McFarland, Richard: *Physiological Psychology*, Palo Alto/Calif. (Mayfield) 1981.

Mendelsohn, Robert: *Confessions of a Medical Heretic*, New York (Warner) 1979.

ders.: «Ultrasound», in: *Let's Live* (April 1981).

Middleton, J. (Hrsg.): *Magic, Witchcraft and Curing*, Austin/Texas (University of Texas Press) 1976.

Mishlove, Jeffry: *Roots of Consciousness*, New York (Random House) 1975.

Moss, Ralph: *The Cancer Syndrome*, New York (Grove Press) 1982.

Moss, Thelma: *The Probability of the Impossible*, Los Angeles (J.P. Tarcher) 1974.

Motoyama, Hiroshi: «Electrophysiological and Preliminary Biochemical Studies of Skin Properties in Relation to Acupuncture Meridians», in: *Research for Religion and Parapsychology* Bd. 6, Nr. 2 (Juni 1980).

ders.: «The Mechanism By Which Psi-Ability Manifests Itself», in: *Impact of Science on Society* 24 (1974) S. 321.

Musès, Charles: «Paraphysics: A New View of Ourselves and the Cosmos», in: White/Krippner (siehe dort).

Neuburger, Max: «The Doctrine of the Healing Power of Nature throughout the Course of Time», unveröffentlichte Dissertation (University of Kansas Library) 1933.

New York Times: «Fluorescent Light's Effect on Cells», zitiert in *San Francisco Cronicle*, 28.4.1977.

Ostrander, Sheila N., und Lynn Schroeder: *Psychic Discoveries behind the Iron Curtain*, Englewood Cliffs/New Jersey (Prentice-Hall) 1970; deutsch: *Psi*, Bern, München, Wien (Scherz) ¹⁵1980.

Otto, H., und J. Knight: *Dimensions in Wholistic Healing*, Chicago (Nelson-Hall) 1979.

Pálos, Stephan: *Chinesische Heilkunst*, München (O. W. Barth) 1984.

Panati, Charles: *Breakthroughs*, New York (Berkley Books) 1980.

Patton, Robert: «Ooparts», in: *Omni* (Sept. 1982).

Paxlicki, J. B.: *How to Build a Flying Saucer*, Englewood Cliffs/New Jersey (Prentice-Hall) 1981.

Pelletier, Kenneth: *Mind as Healer, Mind as Slayer*, New York (Delacorte) 1977.

ders.: Toward a Science of Consciousness, New York (Dell) 1978; deutsch: *Unser Wissen vom Bewußtsein*, München (Kösel) 1982.

ders.: *Holistic Medicine*, New York (Merloyd Lawrence) 1979; deutsch: *Gesund leben – gesund sein: für eine ganzheitliche Medizin*, München (Kösel) 1983.

Picardi, G.: *The Chemical Basis of Medical Çlimatology*, London (G.T. Thomas) 1962.

Pierce, J. R.: *Almost All about Waves*, Cambridge/Mass. (MIT-Press) 1974.

Pierrakos, John: *Human Energy Systems Theory*, New York (Institute for the New Age of Man) 1976.

Pitt, Valerie (Hrsg.): *The Penguin Dictionary of Physics*, New York (Penguin) 1977.

Ponte, Lowell: «Biomagnetism: The Force that Shapes our Lives», in: *Reader's Digest* (Nov. 1982).

Popp, F. A.: «So könnte Krebs entstehen», in *Bild der Wissenschaft* 1 (1976).

Porkert, Manfred: «Chinese Medicine: A Traditional Healing Science», in: David S. Sobel (Hrsg.): *Ways of Health*, New York (Harcourt, Brace, Jovanovich) 1979.

Porter, T., und B. Mikellides: *Color for Architecture*, New York (Van Nostrand Reinhold) 1976.

Portnoy, Ethel: «Spinoza, the Outcast Philosopher», in: *Holland Herald* Bd. 17, Nr. 10 (1982).

Presman, A.S.: *Electromagnetic Fields and Life*, New York (Plenum Press) 1970.

Proceedings of the Scientific and Technical Congress of Radionics and Radiesthesia, London (Markham House Press) 1950.

Puharich, A.: «The Search for a Common Denominator in Medicine and Healing», in: *Proceedings of the Dimensions of Healing Symposium*, Los Altos/Calif. (Academy of Parapsychology and Medicine) 1973.

Pykett, Ian: «NMR Imaging in Medicine», in: *Scientific American* (Mai 1982), S. 54–64.

Quintus, Icilius von: *Durchbruch zum Ursprung* (unveröffentlicht).

Rabi, I.: Associated Press Release, 30.12.1939.

Radionic Centre Organization: *Mind and Matter*, Oxford 1965.

Ramana Maharshi. Seine Lehren, hrsg. von Arthur Osborne, München (Hugendubel) 1983.

Rambeau, V.: «Besteht ein Zusammenhang zwischen der Tektonik der Erde und dem Krankheitsproblem?», in: *Wetter, Boden, Mensch* 7 (1969), S. 341–354.

Rattemeyer, M., und F. A. Popp: «Evidence of Photon Emission from DNA in Living Systems», in: *Naturwissenschaften* 68 (1981) S. 572.

Reich, Wilhelm: *Charakter Analysis*, New York (Farrar, Straus & Giroux) 1949; deutsch: *Charakteranalyse*, Köln (Kiepenheuer & Witsch) 1968.

ders.: *The Cancer Biopathy*, New York (Farrar, Straus & Giroux) 1973; deutsch: *Der Krebs*, Köln (Kiepenheuer & Witsch) 1975.

Reiser, Oliver, L.: *Cosmic Humanism*, Cambridge/Mass. (Schenkman) 1966; deutsch: *Kosmischer Humanismus und Welteinheit*, Frankfurt/M. (Fischer TB 3372) 1978.

Reynolds, David: *The Quiet Therapies*, Honolulu (University of Hawaii Press) 1980.

Rieff, Philip, Hrsg.: *Therapy and Technique*, New York (Collier) 1963.

Roddie, Jan C., et al.: *The Physiology of Disease*, London (Lloyd-Luke) 1975.

Literaturverzeichnis 331

Rubin, H.E., und E. Katz: «Auroratone Films for the Treatment of Psychotic Depressions in an Army General Hospital», in: *Journal of Clinical Psych*. (Okt. 1946).

Runes, Dagobert D.: *Dictionary of Philosophy*, New Jersey (Littlefield, Adams) 1962.

Russell, Edward: «The Fields of Life», in: White/Krippner (siehe dort).

ders.: *Report of Radionics: Science of the Future*, London (Neville Spearman) 1973.

Sabetti, Stephano: *Energy Concepts of Life Energy Therapy*, Trautenwolfstr. 3, 8 München 40 (Life Energy Publications) 1978; deutsch: *Life Energy Therapy – Energie-Konzepte* (Verlag und Verlagsort für alle Veröffentlichungen wie oben) 1982.

ders.: *Life Energy Therapy: An Introduction* 1978; deutsch: *Einführung in die Life Energy Therapy* 1980.

ders.: *Life Energy: A Psychotherapeutic Evolution* 1978; deutsch: *Psychotherapeutische Entwicklung* 1980.

ders.: *Manifestations of Energy* 1979; deutsch: *Energie-Manifestationen* 1982.

Sabbagha, Rudy E.: *Ultrasound in High-Risk Obstetrics*, Philadelphia (Lea and Feliger) 1979.

Sattilaro, A.: *Recalled by Life*, Boston (Houghton, Mifflin) 1982.

Schackter, S., und J.E. Singer: «Cognitive, Social and Physiological Determinants of Emotional States», in: *Psychological Review* 69 (1962) S. 379–399.

Schneider, A., und B. Tarskis: *Physiological Psychology*, New York (Random House) 1980.

Schneider, P.: *Revolution in the Body-Mind*, New York (Alexa Press) 1976.

Schnitzer, L.E.: «Diagnostic Ultrasound: Basic Principles», in: W.S. van Bergen (Hrsg.): *Obstetric Ultrasound: Applications and Principles*, Menlo Park/Calif. (Addison Wesley) 1980.

Shah, Lt. Col.: «The Constitution of Medicine», in: *Theories and Philosophies of Medicine*, New Delhi (Institute of History and Medical Research) 1973.

Shapiro, Marc: «Mesmer, Reich and the Living Process», in: *Creative Process Bulletin of the Interscience Institute* Bd. IV, Nr. 2 (Juni 1965).

Sheldrake, Rupert: «A New Science of Life», in: *New Scientist* (18.6.1981).

Siegman, A.E.: *An Introduction of Lasers and Masers*, New York (McGraw-Hill) 1971.

Sigerist, Henry, E.: *A History of Medicine*, Bd. II: *Early Greek, Hindu and Persian Medicine*, New York (Oxford University Press) 1961; deutsch: *Anfänge der Medizin*, Zürich (Europa) 1963.

Slager, U.: *Space Medicine*, Englewood Cliffs/New Jersey (Prentice-Hall) 1962.

Snively, W.D.: *The Sea of Life*, New York (David McKay) 1969.

Solomon, R.L., und J. Corbit: «An Opponent-Process Theory of Motivation», in: *Journal of Abnormal Psych*. 83 (1973) S. 158–173.

Soo, Chee: *Tao of Long Life. The Chinese Art of Chang Ming*, London (Gordon and Cremones) 1979.

Stampfl, T.G.: «Implosive Therapy; Part I: The Theory», in: Stewart G. Armitage (Hrsg.): *Behavior Modification Techniques in the Treatment of Emotional Disorders*, Battle Creek (V.A. Publications) 1967.

Stone, R.B. und L.: *Hawaiian and Polynesian Miracle Health Secrets*, New York (Parker) 1980.

Strauss, A.: *Where Medicine Fails,* New Brunswick/New Jersey (Transaction Books) 1970.

Strupp, Hans: «Towards a Reformulation of the Psychotherapeutic Influence», in: *International Journal of Psychiatry* Nr. 3, 11 (1973) S. 263–354.

ders., et al.: *Patients View their Psychotherapy,* Baltimore (Johns Hopkins Press) 1969.

Sulman, F. G.: «Health, Weather and Climate», in: *International Journal of Biometeorology* 18, Nr. 4 (1974) S. 313–318.

Swann, I.: *To Kiss Earth Good-Bye,* New York (Hawthorne) 1975.

Symonds, Percival: «A Comprehensive Theory of Psychotherapy», in: *American Journal of Orthopsychiatry* 24 (1954) S. 697–712.

Szasz, Thomas: *The Myth of Mental Illness,* New York (Harper & Row) 1974; deutsch: *Geisteskrankheit, ein moderner Mythos?,* Olten und Freiburg i. Br. (Walter) 1972.

ders.: *The Myth of Psychotherapy,* Garden City/New York (Anchor) 1979; deutsch: *Der Mythos der Psychotherapie,* Wien (Europa) 1982.

Szent-Györgi, Albert: *Introduction to a Sub-Molecular Biology,* New York (Academic Press) 1960.

Takayama, S., und Y. Ojima: «Photosensitizing Activity of Carcinogenic and Non-Carcinogenic Polycyclic Hydrocarbons on Cultured Cells», in: *Japanese Journal of Genetics* Bd. 44 (1969) S. 231–240.

Targ, R., und H. Putoff: «Information Transmission under Conditions of Sensory Shielding», in: *Nature* 252 (1974) S. 602.

Taylor, J.: *Superminds,* London (MacMillan) 1975.

Teilhard de Chardin, Pierre: *Der Mensch im Kosmos,* München (Beck) 1959.

Thomas, Lewis: *Lives of a Cell,* New York (Bantam) 1974; deutsch: *Das Leben überlebt,* Köln (Kiepenheuer & Witsch) 1976.

Thomson, W.: *Natural Medicine,* New York (McGraw-Hill) 1978.

Thorwald, Jürgen: *Macht und Geheimnis der frühen Ärzte,* München (Knaur TB 138) 1967.

Tiller William: «Consciousness, Radiation and the Developing Sensory System», in: *Proceedings of A.P.M. Symposium on «Dimensions of Healing»,* Stanford University (Sept. 1972 a).

ders.: «Radionics, Radiesthesia and Physics», in: *Proceedings of the Varieties of Healing Experience Symposium,* Los Altos/Calif. (Academy of Parapsychology and Medicine) 1972 b.

ders.: «Toward a Future Medicine Based upon Controlled Energy Fields», in: *Proceedings of the Association for Research and Enlightenment Medical Symposium,* Phoenix/Arizona (Jan. 1976 a).

ders.: «Creating a New Functional Modal of Body Healing Energies», Stanford University, Palo Alto/Calif. 1976 b (unveröffentlicht).

ders.: «Toward a Future Medicine Based on Controlled Energy Fields», in: *New Directions in the Study of Man* Bd. 1, Nr. 1 (Sommer 1977).

Tillich, Paul: *The Courage to Be,* Connecticut (Yale University Press) 1952; deutsch: *Der Mut zum Sein,* Stuttgart (Steingrüben) 1954.

Toben, B., et al.: *Space-Time and Beyond,* New York (Dutton) 1975; deutsch: *Raum, Zeit und erweitertes Bewußtsein,* Essen (Synthesis) 1981.

Tomlinson, H.: *Medical Divination,* Bradford/England (Health Science Press) 1966.

Tromp, S. W.: *Psychical Physics*, Amsterdam (Elsevier) 1949.

Tyberg, Judith: *Sanskrit Keys to the Wisdom Religion*, San Diego/Calif. (Point Loma) 1968.

Vayda, E.: «A Comparison of Surgical Rates in Canada and in England and Wales», in: *New England Journal of Medicine* 289 (1973) S. 1224–1229.

Veith, Ilza: *Huang Ti Ne: Ching Su Wên. The Yellow Emperor's Classic of Internal Medicine*, Berkeley/Calif. 1949.

Verlag, H.: *The Power of Breath*, Whittier/Calif. (Doty Trade) 1958.

Vital (Eigenbericht): «Kopfschmerzen durch falsches Licht», Okt. 1981.

Vithoulkas, George: *Homeopathy*, New York (Avon) 1971; deutsch: *Medizin der Zukunft: Homöopathie*, Kassel (Wenderoth) 1979.

Wade, Nicolas: «Drug Regulation», in: *Science* 179 (1973) S. 775–777.

Walker, Evan H.: *Encyclopedia of Metaphysical Medicine*, London (Routledge & Kegan Paul) 1978.

Watkins, Alfred: *The Old Straight Track*, New York (Ballantine) 1973.

Watson, Lyall: *Supernature*, New York (Bantam) 1974; deutsch: *Geheimes Wissen*, Frankfurt/M (S. Fischer) 1977.

Weeks, R.: «Hospitals», in: *Architectural Review* 168 (1980) S. 55.

Westbrook, A., und O. Ratti: *Aikido and the Dynamic Sphere*, Rutland/Vermont (Charles E. Tuttle) 1970.

White, John, und Stanley Krippner (Hrsg.): *Future Science*, New York (Anchor) 1977.

Wilson, O. E.: *On Human Nature*, Cambridge/Mass. (Harvard University Press) 1978.

Wong, K., und W. Lien-Teh: *History of Chinese Medicine*, China (National Quarantine Service) 1936.

Woolridge, D. E.: *The Machinery of the Brain*, New York (McGraw-Hill) 1963.

Zarel, Milton: «A Doctor's View of Electromagnetism», in: Ken Marsh (siehe dort).

Zukav, Gary: *The Dancing Wu-Li Masters*, New York (William Morrow) 1979; deutsch: *Die tanzenden Wu Li Meister*, Reinbek b. Hamburg (Rowohlt) 1981.